Management von Webprojekten

Robert Stoyan
Herausgeber

Management von Webprojekten

Führung, Projektplan, Vertrag

Mit Beiträgen zu IT, Branding, Webdesign und Recht

Zweite, überarbeitete Auflage

Mit 67 Abbildungen und 11 Tabellen

Springer

Robert Stoyan
Freudenbergstraße 146
8044 Zürich
Schweiz
stoyan@management-von-webprojekten.de

ISBN 978-3-540-71194-0 Springer Berlin Heidelberg New York
ISBN 978-3-540-00582-7 1. Auflage Springer Berlin Heidelberg New York

Bibliografische Information der Deutschen Nationalbibliothek
Die Deutsche Nationalbibliothek verzeichnet diese Publikation in der Deutschen Nationalbibliografie; detaillierte bibliografische Daten sind im Internet über http://dnb.d-nb.de abrufbar.

Springer ist ein Unternehmen von Springer Science+Business Media

springer.de

Herstellung: LE-TeX Jelonek, Schmidt & Vöckler GbR, Leipzig
Umschlaggestaltung: WMX Design GmbH, Heidelberg
Lektorat: Wortpark - Redaktion für Kultur und Kommunikation www.wortpark-online.de

SPIN 12028511 43/3100YL - 5 4 3 2 1 0 Gedruckt auf säurefreiem Papier

Vorwort zur zweiten Auflage

Seit der ersten Auflage sind drei Jahre mit vielen Entwicklungen in der Praxis der Webprojekte vergangen. Nicht nur in der Informationstechnologie, sondern auch im Design haben sich wichtige Änderungen ergeben. Die Kapitel »IT« und »Design« wurden, nach mehreren unveränderten Nachdrucken des Buches, für die vorliegende Neuauflage aktualisiert. Diese Kapitel im dritten Teil des Buches richten sich nach wie vor an Projektleiter und Entscheidungsträger, deren fachlicher Hintergrund nicht die Informationstechnologie oder das Design sind. Neben Überarbeitungen im gesamten Buch wurde insbesondere noch das Kapitel »Tätigkeiten und Dokumente« umfassend geändert, um mit weiteren Best Practices dem Unterricht von Hochschulstudenten und Praktikern zu dienen.

Zürich, im Januar 2007 Robert Stoyan

Vorwort

Webprojekte sollen zu erfolgreichen Websites führen. Das kann nur gelingen, wenn Designer, Informationstechnologen und Marketing-Experten, Betriebswirtschaftler und Führungskräfte eng zusammenarbeiten. Damit kommt es seit der Verbreitung des Internets zu interdisziplinärer Zusammenarbeit in einem Ausmaß, das in der alten EDV-Welt unbekannt war. Unter Zeitdruck und straffem Budget soll nun gemeinsam viel vollbracht werden.

Früher arbeiteten fachlich homogene Teams an verschiedenen Projekten mit ebenso unterschiedlichen Vorgehensweisen. Für die Sachzwänge der Informationstechnik und die daraus abgeleiteten risikoorientierten Methoden gab es auf Seiten der Designer als Vertreter der Anwender kein Interesse. In der IT war man sich dagegen der Bedeutung einer Marke oft nicht bewusst oder kannte nicht die Gestaltungsprinzipien und Testverfahren, die zu einer gut gebrauchbaren Nutzungsoberfläche führen. Warum auch, wenn IT überwiegend für firmeninterne Nutzer erstellt wurde, denen man selbst die schlechteste Oberfläche irgendwann näher bringen konnte. Immerhin haben sich schon damals Marketing, Design und Informatik mit der Betriebswirtschaft anfreunden müssen, sowohl über die Inhalte des Geschäftsfeldes, für das sie arbeiteten, als auch über Projektziele und Budget, welche von der Geschäftsleitung vorgegeben wurden.

Alle diese Disziplinen wirken in einem Webprojekt zusammen. Ihre Spezialisten denken aber über verschiedene Herausforderungen derselben Sache nach und haben dementsprechend auch heute unterschiedliche Ansätze, Projekte aus ihrer Sicht zum Erfolg zu führen. Diese Differenzen bewirken Missverständnisse sowohl im heterogenen Team als auch zwischen den Vertragsparteien – und Fehlkommunikation führt zu Fehlleistung im Arbeitsergebnis.

Wer kann sich diese Ineffizienz heute noch leisten? Die Zeiten sind längst vorbei, in denen jede Firma Geld verdienen konnte, die »Internet«, »Web« oder »E-« in ihrem Namen hatte. Inzwischen sind auch die Anforderungen an Führungskräfte gestiegen. Sie sollen mit einer enormen fachlichen und menschlichen Diversität im heterogenen Team umgehen können, aber auch die Besonderheiten von Webprojekten, deren Kunden oder Dienstleister kennen. Dass sie das allgemeine Handwerkszeug eines Projektleiters beziehungsweise Entscheiders beherrschen, wird als selbstverständlich vorausgesetzt.

Dieses Buch soll Führungskräften helfen, diesen Anforderungen gerecht zu werden.

Frankfurt am Main, im September 2003 Robert Stoyan

Fragen zum Management von Webprojekten

Die Inhalte dieses Buches folgen konsequent den Aufgaben und Herausforderungen bei der Arbeit an Webprojekten.

Webprojekte

Was ist ein »Webprojekt«? (2) In welcher Hinsicht brauchen Webprojekte ein anderes Management als andere Projekte? (4, 250-253)

Projektmanagement

Wie können bereits am Anfang spätere Projektrisiken vermieden werden, wenn alles noch so gut aussieht? (40-42, 48-56, 190-199) Was sind die Fallstricke in den einzelnen Phasen eines Webprojekts? (18-34, 39) Wie meistert man die Besonderheiten von internen, internationalen und großen Projekten? (207-222) Wie zerlegt man Großvorhaben in Projekte, die fertig werden, ohne dabei das Gesamtziel aus den Augen zu verlieren? (210-212)

Vertragsverhältnis und Kostensteuerung

Wie erstellt man Ausschreibung, Vertrag oder Schätzung, wenn noch wenig über das Projekt bekannt ist? (80, 98-99, 126-130) Wie genau können Kostenvoraussagen sein? (60-62) Wie vermeidet man, dass immer wieder mitten in Projekten die Kosten explodieren? (53, 141-162) Wie können Projektfortschritt und Termineinhaltung gesteuert werden, wenn sich Anforderungen ändern und der Projektablauf nicht strikt vorausgeplant werden kann? (144, 212, 317)

Interdisziplinäre Projektarbeit

Wie kann man Arbeiten steuern, die man selbst nie getan hat und die man aus Zeitmangel auch nie wirklich verstehen wird? (250, 255) Wie kann man die Zusammenarbeit von Disziplinen koordinieren, die einander nicht immer verstehen? (90-91) Was müssen Führungskräfte über IT, Design, Informationsarchitektur, Markenführung im Internet und Recht unbedingt selbst wissen? (251-253, 257-370)

Teamführung, Kommunikation

Wenn schlechte Kommunikation eine der Hauptursachen für gescheiterte Projekte ist, wie ist sie zu verbessern? (235-247) Wie findet man die richtigen Mitarbeiter für das Projekt? (201, 224-226) Wann und wie nimmt man einen Mitarbeiter aus dem Projekt? (232-233)

Führung im realen Chaos

Wie kann man bei all den Risiken, Problemen, sich ändernden Motivationen, Informationen, Geschäftsstrategien, Budgets und Technologien eine gute Managementleistung erbringen? (131, 209) Wann soll man die Verantwortung für ein Projekt ablehnen? (190-199) Was ist zu tun, wenn das Projekt vor dem Scheitern steht? (203-206)

Dieses Buch hilft Ihnen, obige Fragen zu beantworten.

Es werden Best Practices gegeben, diese werden konkretisiert durch Beispiele, Listen der wichtigsten Fragen, die Sie stellen sollten, Musterdokumente und FAQs. Wo direkte Handlungsanweisungen nicht sinnvoll sind, weil sie keine flexible Reaktion auf immer unterschiedliche Situationen ermöglichen, werden Erfahrungswerte, Managementprinzipien und Fachkenntnisse in der notwendigen Tiefe beschrieben, aus denen geeignete Maßnahmen schnell abgeleitet werden können.

Einige Themen von besonderem Interesse

Im Folgenden wird jeder Lesergruppe besonders Wichtiges empfohlen.

Für alle:

Kapitel 1 liefert den Rahmen für das gesamte Buch.

Der umfangreiche Index macht das Buch als Nachschlagewerk nutzbar. Die meisten Definitionen von Fachbegriffen stehen im Buchtext und nicht im Glossar. Diese können über den Index bei dem fettgedruckten Eintrag aufgefunden werden. Im Buchtext sind diese Definitionen in *Schrägschrift* gesetzt.

Für Entscheider und Leiter von Großprojekten:

Die Kostenfaktoren von Webprojekten benennt Kapitel 1.7. Faustregeln zur Voraussagbarkeit von Kosten gibt Kapitel 3.1. Kapitel 8.1 behandelt speziell Großprojekte, Kapitel 8.2 internationale Projekte.

Für Projektleiter:

Das ganze Buch befasst sich mit Projektmanagement... Die Kapitel 1.6 und 7.1.2ff. haben jedoch eine besondere Rolle, sie klären Erfolgschancen im Projekt und wie man sie beeinflusst.

Für Studierende, Dozenten, Kursleiter:

Kapitel 1 gibt Definitionen und zeigt, was praxisrelevant ist. Ein durchgängiges didaktisches Beispielprojekt (Kapitel 3 und 4) demonstriert den Weg Schätzung ▸ Projektplanung ▸ Vertrag. Beispieldokumente (Kapitel 3, 4 und 6) eignen sich für Übungen.

Für Quereinsteiger:

Kapitel 1.1.3 fasst zusammen, in welcher Hinsicht Webprojekte anders sind. Teil III. erläutert die Besonderheiten von Webprojekten für jede Fachdisziplin im Detail.

Inhaltsverzeichnis

1 Das Wichtigste über Webprojekte

Robert Stoyan

Dieses Kapitel bietet das Gerüst zum Verständnis des ganzen Buches. Beginnend mit grundlegenden Begriffen, werden die Besonderheiten von Webprojekten im Vergleich zu anderen Projekten vorgestellt sowie Erfolgsstatistiken und -faktoren besprochen, die auch für erfahrene Führungskräfte von Interesse sind. Anhand eines Beispielprojektablaufs werden Webprojekte Schritt für Schritt erläutert; dieser Ablauf wird im gesamten Buch zur Demonstration von Sachverhalten des Projektmanagements genutzt. Zu den Fachbegriffen kann eine umfangreichere Definition im Glossar oder über den Index nachgeschlagen werden.

Mit den Inhalten dieses Kapitels wird der Leser in verschiedenen Hinsichten erläutern können, was ein Webprojekt ist und worauf es in der Praxis ankommt.

Inhalte:

1.1 Was ist ein Webprojekt?

1.1.1 Was ist ein Projekt?

John Keenan
Übersetzt aus dem Englischen von Robert Stoyan

Wenn man Projekte zum Erfolg führen will, muss man zuerst wissen, welche Eigenschaften ein Projekt ausmachen. Ein *Projekt* wird festgelegt durch einen Starttermin, das Ergebnis und ein definiertes Ende. Damit Projekte gelingen, werden drei weitere Attribute benötigt: der Kunde, der zufriedenzustellen ist, der Aufwand, der investiert werden kann und eine Definition, wann es erfolgreich ist.

Attribute eines Projektes

- ✓ Kunde
- ✓ Erfolgsdefinition
- ✓ Liste der Ergebnisse
- ✓ Startdatum
- ✓ Fertigstellungsdatum
- ✓ Budget

Checkliste 1:
Leiten Sie ein Projekt?

Auch wenn das soweit offensichtlich erscheint, begegnet man immer wieder Projekten, in denen der Kunde nicht eindeutig festgelegt ist oder nicht ausgesprochen wurde, wann das Projekt als erfolgreich gilt. Diese Projekte kranken auch daran, dass die potenziell besten Teammitglieder diese Projekte meiden werden. Solch ein Projekt kann nicht gelingen. Die Erfolgsdefinition wird für die Zusammenarbeit mit dem Kunden und den Teammitgliedern benötigt. Das muss keine komplizierte Erklärung sein, sie dient nicht vertraglichen Zwecken, sondern der Kommunikation und dem Teamgeist. Sie soll jedoch prägnant und eindeutig sein. Zum Beispiel: »Wir liefern dem Kunden bis zum 30. September ein System, mit dem er Inhalte veröffentlichen kann.« (Manchmal kann es hilfreich sein, das Jahr zu nennen...).

Der simple Punkt ist: Wenn man nicht weiß, wohin man geht, woher weiß man, wann man angekommen ist?

1.1.2 Definition Webprojekt

Ein *Webprojekt* dient zur Neuerstellung oder Änderung einer Website.

Eine *Website* ist eine Menge zusammengehöriger Webseiten, die zu einer URL gehören. Eine *URL* (Uniform Ressource Locator) ist eine Adresse im Internet wie zum Beispiel http://www.springer.de. Die Seite einer Website, welche bei Eingabe der URL im Browser erscheint, ist die *Homepage*. Die einzelnen Seiten der Site können eine eigene URL haben, welche die URL ergänzt (http://www.springer.de/management-de). Eine

Website kann unter anderem öffentlich zugänglich sein (*Internet-Site*) oder auch nur innerhalb eines Firmennetzes (*Intranet-Site*).

Einordnung der Webprojekte

Webprojekte sind E-Businessprojekte, die wiederum einen Teil der Projekte der Informationstechnologie (IT) ausmachen. Genauso sind Webprojekte jedoch auch Designprojekte:

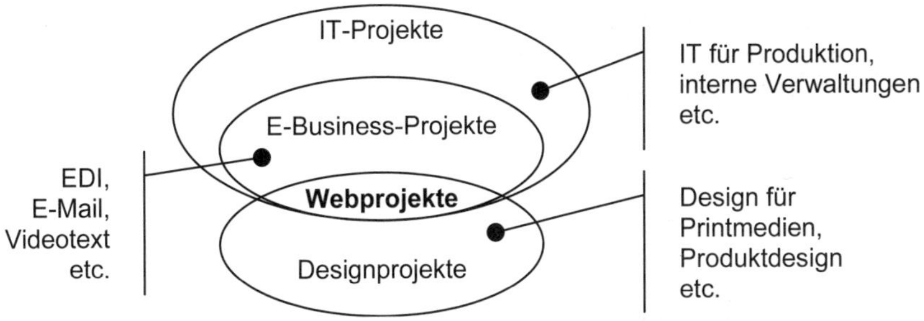

Abbildung 1: Webprojekte sind E-Business-, IT- und Designprojekte

E-Business ist die Unterstützung von Geschäftsbeziehungen und -prozessen durch elektronische Medien. Das beinhaltet Websites, aber auch E-Mail, EDI oder Videotext gehören dazu. *EDI* bedeutet Electronic Data Interchange und ist die Computer-zu-Computer-Übertragung von Geschäftsdaten in einem standardisierten Format. Nicht zum E-Business zählt der Teil der IT, der nicht dem Kundenkontakt dient, wie Mitarbeiterverwaltungen oder Steuerungen von Produktionssystemen.

Randgebiete

Wie jede Klassifizierung, so hat auch die in Abbildung 1 gegebene ihre Randgebiete. So gibt es Webprojekte, die zum Bereich Design, aber höchstens mit viel gutem Willen zu den IT-Projekten gehören, etwa wenn eine reine Imagepräsenz erstellt wird, eine Website also, die nur der Darstellung des Images der Firma dient. Noch deutlicher ist es, wenn das Projekt darin besteht, die Bilder in einer Website zu ändern oder ein neues elektronisches Firmenlogo zu entwerfen und einzuführen. Analog gibt es Webprojekte, die zur IT, aber nicht mehr zum Design gehören, so zum Beispiel die technische Anbindung einer geänderten Datenquelle der Website über eine neue Schnittstelle, ohne dass dies zu einem anderen Verhalten der Oberfläche führt.

1.1.3 Besonderheiten von Webprojekten

Webprojekte sind anders. Es sind wenige, aber grundlegende Besonderheiten, die Webprojekte von anderen Projekten im Dienstleistungssektor unterscheiden. Deren Konsequenzen durchweben jedoch das gesamte Projektmanagement.

Schnelligkeit

Kurze Projektzyklen sind das sprichwörtliche Phänomen der Internetwelt. Dieses Buch empfiehlt, die Projektdauer auf ca. drei, maximal sechs Monate auszulegen, siehe Kapitel 2 »Von der Idee zum Projekt«.

Content

Content bezeichnet alle Arten von Inhalten einer Webseite (Texte, Bilder und auch Funktionen), soweit sie der Information des Nutzers dienen. Nicht zum Content gehören die Struktur der Website und Elemente von Webseiten, die der Orientierung in dieser Struktur dienen. Ein besonderes Merkmal von Webprojekten ist die Arbeit am Content. Nach seiner Erstellung muss der Content ständig aktualisiert werden. Veralteter Content macht eine Website uninteressant.

Hohe Kosten nach dem Projekt

Die Contentpflege, aber auch die erforderliche ständige Weiterentwicklung von Websites, Antwort auf Mails der Nutzer usw. bedeuten in der Regel deutlich höhere Kosten als die gesamte Projektvorbereitung und -durchführung, vgl. Kapitel 1.7.1.

Markenfusion

Die »Markenfusion« im Internet ist über alle Medien hinweg gesehen einzigartig: Alle Marken einer Firma werden im selben Medium, oft direkt nebeneinander, präsentiert. Sicher sollen unterschiedliche Zeitungsannoncen desselben Unternehmens auch einen gewissen Wiedererkennungswert bieten, auch hier stehen, wenn auch über verschiedene Zeitungen verteilt, die Botschaften der verschiedenen Marken des Unternehmens nebeneinander. Im Internet ist dieser Effekt jedoch am stärksten. Dies bedeutet eine besondere Herausforderung bei der Umsetzung des Brandings im Webprojekt: die Marken und deren Botschaften klar abzugrenzen und sie dennoch als Marken eines Gesamtunternehmens zu präsentieren. Siehe Kapitel 12 »Die Marke im Internet«.

Breite Zielgruppen

Auf das Internet kann jeder zugreifen. Aber auch innerhalb der Zielgruppe, die eine Website ansprechen soll, befinden sich oft Menschen unterschiedlichsten Alters, Bildungsniveaus und unterschiedlichster Interneterfahrung sowie mit verschiedenster technischer Ausrüstung. Sie alle sollen die Site nutzen können und mögen.

Interdisziplinäre Zusammenarbeit

Webprojekte sind interdisziplinär. Betriebswirtschaftler, Informatiker, Designer, Marketing- und Branding-Spezialisten, Redakteure (Content-Verantwortliche) und Juristen müssen für ein gutes Ergebnis zusammenwirken. Das ergibt viel Kommunikationsaufwand im Projektteam und mit zahlreichen Teilen des Unternehmens. Siehe auch Kapitel 10 »Kommunikation«. Interdisziplinäre Teams, die für Projekte mit kurzen Laufzeiten häufig neu zusammengestellt werden, sind aber auch eine besondere Herausforderung für die Teamführung, siehe Kapitel 9 »Teamführung«. Schließlich führt interdisziplinäre Zusammenarbeit auch zu einer Fülle unterschiedlicher Qualitätsbegriffe; das Ergebnis muss aus Sicht aller Disziplinen gleichzeitig gut sein (Kapitel 5.3 »Qualität«).

Änderungsfreudiges Umfeld

Neben der Technologieentwicklung im Internet ist der Effekt des flexiblen Mediums mindestens genauso wichtig: Eine Website ermöglicht prinzipiell sehr schnelle Änderungen – sie ist nicht auf Papier gedruckt und auch nicht in Stein gemeißelt. Zusätzlich sind Ziele und Inhalte der Site vielen Änderungseinflüssen ausgesetzt. Wenn z. B. die Site das Unternehmen und sein Angebot darstellt, schlagen Änderungen des Marktes, der Produktpalette, der geschäftlichen Ausrichtung und der Organisation auf die Site durch.

Herausfordernde Projektsteuerung

Interdisziplinäre Zusammenarbeit unter dem Druck, schnell fertig zu werden, und bei permanenten Änderungen im Umfeld bietet ein einmaliges Terrain, auf dem man sein Können in der Projektsteuerung beweisen kann.

Wer jedoch mit Methoden aus anderen Bereichen Webprojekte steuern will, wird keinen Erfolg haben. Nachfolgende Punkte belegen dies beispielhaft.

Schwierige Ergebnis- und Kostensicherheit

Wie weit können Kosten und Ergebnisse vorausgeplant werden? Es gibt bei Webprojekten kein etabliertes Preismodell. Für die gemeinsame Arbeit von Design und IT (eventuell noch mit wichtigen Business-, Content- oder Branding-Anteilen) gibt es auch keine etablierten Vorgehensmodelle der Projektabwicklung wie zum Beispiel in der IT (RUP, XP etc.). Die Möglichkeiten der Kostenvoraussage zeigt Kapitel 3.1 »Wie genau sind Kosten planbar?«.

Herausfordernde Vertragsgestaltung

Wird das zu Beginn vereinbarte Projektergebnis zum Ende des Projekts noch benötigt? Bei der genannten Änderungsfreudigkeit im Webumfeld wird die kaufmännische Planbarkeit herausgefordert. Die klassische Auftragsvergabe zum Fixpreis bietet keine Sicherheit, wenn sich das benötigte Projektergebnis ändert. Kunden benötigen dennoch Kostensicherheit. Antworten bietet Kapitel 4.3.4, Schritt 4.

Parallelität und weiche Übergaben

Die interdisziplinäre Zusammenarbeit hat Konsequenzen für die Projektsteuerung. »Sauber definierte Übergaben: einer ist fertig, der nächste fängt an zu arbeiten« hört sich effizient an, führt hier jedoch zum Scheitern. Ergebnisse einer sequentiellen Übergabe Business ▸ Branding ▸ Design ▸ IT sind: »Dieser Geschäftsprozess wird nicht auf Interesse der Nutzer stoßen, gehen wir von den Bedürfnissen des Nutzers aus und beginnen wir von vorne!« oder »Dieses Design ist technologisch nicht umsetzbar. Beginnen wir von vorne!«. Sequentielle Arbeit würde insbesondere auch viel zu lange dauern. Gleich von Anfang an müssen alle Disziplinen in gewissem Umfang involviert sein, gleich von Anfang an muss die Projektidee aus allen Sichten sinnvoll sein, permanent müssen Absprachen und Prüfungen seitens mehrerer Disziplinen erfolgen. Siehe Kapitel 3.5.3ff. »Mitarbeitereinsatz«.

Branchenjargon

Schließlich haben Webprojekte, wie jedes Arbeitsgebiet, auch ihre spezielle Sprache. Besonders auffällig ist der Ausdruck »die Kreativen« und daraus abgeleitet »kreative Aufwände«. Diese Verwendung stammt aus der Werbebranche. Als »Kreative« werden in Webprojekten Designer und Experten für Marketing & Branding bezeichnet. ...Als ob die Arbeit aller anderen Beteiligten nicht ebenfalls viel Kreativität verlangen würde.

1.2 Wie unterscheiden sich Webprojekte voneinander?

Dieses Kapitel führt durch die Vielfalt der Webprojekte und erläutert das Grundvokabular der Kunden und Dienstleister von Webprojekten. In Klammern hinter den Begriffen befinden sich Synonyme, Kurzerklärungen folgen nach dem Doppelpunkt. Für ausführliche Beschreibungen siehe Glossar und Index.

1.2.1 Webprojekte

Webprojekte werden in der Geschäftspraxis oft nach folgenden Kriterien unterschieden:

Auftragsvergabe

Internes Projekt (In-House-Projekt); extern vergebenes Projekt.

Letzteres kann sein: Projekt mit einem Dienstleister, Projekt mit GU (Generalunternehmer): nur er schließt einen Vertrag mit dem Kunden, er hat eventuell Unterauftragnehmer, Projekt mit mehreren selbstständigen Teilunternehmern.

Projektgröße

Großprojekt: dem Gesamtprojektleiter sind Teilprojektleiter untergeordnet; kleines Projekt: die Beschäftigung eines Vollzeit-Projektleiters lohnt noch nicht.

Leistungsumfang

Neuerstellung der Website; Relaunch: groß angelegte Neugestaltung der Site, oft auch mit Technologie- und Funktionalitätsänderung; Redesign: Änderung des Designs; Technologie-Umstellung; inhaltliche Erweiterung oder Änderung; Wartung; Contentpflege.

Zusammenarbeit über Entfernung

Projekt an einem Standort; verteiltes Projekt; international verteiltes Projekt.

1.2.2 Websites

Webprojekte werden auch nach der Art der Website unterschieden. Die häufig verwendeten Beschreibungsmerkmale sind nachfolgend aufgelistet.

Inhalt der Site

Darstellung der Firma oder eines Produktes; Warenkatalog: Angebotspalette ohne Kauffunktionalität; E-Shop: Angebote und Kaufmöglichkeit; E-Procurement: elektronische Beschaffung, typischerweise kaufen größere Unternehmen hier allgemeine Verbrauchsgüter wie Büromaterial ein; Supply Chain Management: Management des Beschaffungs- und Auslieferungsprozesses für den eigentlichen Geschäftszweck der Firma, also zum Beispiel Rohstoffbeschaffung; Marktplatz: Austausch von Waren und Dienstleistungen zwischen Teilnehmern; Community: Chat

(Meinungsaustausch in der Gruppe in Echtzeit) oder Foren (dasselbe zeitversetzt).

Erreichbarkeit der Site

Intranet-Site: nur innerhalb der Firma erreichbare Site; Internet-Site: uneingeschränkt erreichbar; Extranet-Site: passwortgeschützte Site für die Interaktion mit Geschäftspartnern, die Startseite ist uneingeschränkt erreichbar.

Sprache

Einsprachig oder mehrsprachig.

Technische Contentaufbereitung, CMS

Statische Website: die Webseiten stehen fertig vorbereitet zum Abruf bereit; dynamische Website: die Seiten werden bei Abruf generiert. Das ist zunächst ein interner Unterschied des technischen Ablaufs, dynamische Seitengenerierung bietet jedoch mehr Möglichkeiten, den Nutzer flexibel zu bedienen.

Die komplexeste und leistungsfähigste Form der dynamischen Seitengenerierung ist ein Content Management System (CMS). Solche Systeme sind bei größeren professionellen Websites verbreitet, sie sind auch Teil von Internet-Shops. Sie werden eingesetzt, wenn in einer feststehenden Struktur immer neue Inhalte dargestellt werden sollen. Diese Systeme ermöglichen Contentpflegeprozesse mit Online-Redakteuren (»Redaktionsworkflow«) und formatieren den Content nach einmal vorgegebenen Regeln selbst.

Funktionalität

Reine Darstellung von Inhalten; Funktionen, welche der Nutzer auslösen kann; Transaktionen, bei denen Geld und Waren bewegt werden.

Performance

Bei der Planung einer Website ist generell das wichtigste Performancekriterium die maximal mögliche Anzahl der gleichzeitig aktiven Nutzer. Weitere Leistungsmerkmale sind die Antwortzeiten und die Verfügbarkeit. Die Antwortzeit ist die Zeit vom Klick bis zur Reaktion. Das ist keine Maßzahl für die gesamte Site, sondern für eine einzelne Funktion. Die Verfügbarkeit ist der Anteil der Zeit, in welcher die Site erreichbar ist, also nicht gerade gewartet wird oder defekt ist.

Sicherheitsanforderungen

Websites werden auch nach höherer oder niedrigerer Sicherheit unterschieden. Dies kann umfassen: Schutz vor unbefugter Veränderung der Site, Schutz davor, dass sie funktionsunfähig gemacht wird sowie Sicherheit von Informationen und Transaktionen.

Anbieter und Adressaten in der Website

B-B: Business to Business, d. h. in solch einer Site bieten ein oder mehrere Unternehmen anderen Unternehmen etwas an. Beispiel: E-Procurement, siehe oben.

B-C: Business to Consumer (Unternehmen an Endverbraucher), beispielsweise Internetshops und Internetbanking.

C-C: Consumer to Consumer (Verbraucher an Verbraucher), zum Beispiel Chats, Foren, Suche-Biete-Dienste.

1.3 Wer bestimmt in einem Webprojekt?

1.3.1 Projektorganisation

Folgende Grundstruktur einer Projektorganisation präsentiert die wichtigsten Akteure.

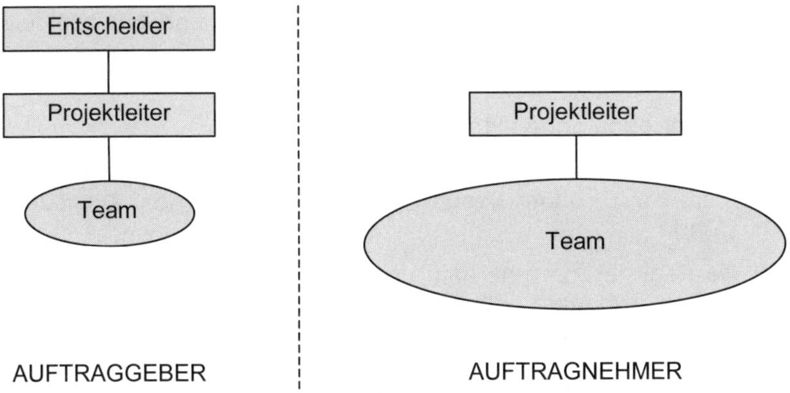

Abbildung 2: Die wichtigsten Rollen in einem Webprojekt

Der *Auftragnehmer* realisiert das Projekt oder einen Teil davon für den *Auftraggeber*. In diesem Buch werden jedoch meistens die kürzeren Synonyme *Dienstleister* und *Kunde* verwendet.

Die Bezeichnung *Entscheider* stammt aus dem Vertrieb. Sie wird hier verwendet, weil sie auch aus der Sicht der Projektarbeit die zentrale Rolle dieser Person festlegt: wichtige Entscheidungen treffen. Der Entscheider sollte gleichzeitig auch über das Budget verfügen und die übergeordneten Ziele für das Projekt festlegen. Der Entscheider ist in der Kundenorganisation zum Beispiel Abteilungsleiter. Er ist verantwortlich für ein Portfolio von Projekten, beispielsweise für alle Webprojekte.

Hierarchisch unter dem Entscheider angesiedelt ist der *Projektleiter*. In einem größeren Projekt wird unterschieden zwischen Projektleiter und *Projektmanager*, letzterem sind mehrere Projektleiter unterstellt. Wo der Unterschied nicht relevant ist, wird in diesem Buch der einfachere Begriff Projektleiter verwendet.

Dem *Kundenprojektleiter* steht der *Projektleiter auf Dienstleisterseite* gegenüber. Je nach Projektgröße und je nachdem, ob das gesamte Projekt oder nur ein Ausschnitt extern vergeben wird, hat der Kundenprojektleiter ein größeres oder kleineres Team oder auch gar keines.

Zusammenfassende Begriffe

Im Weiteren werden folgende Sammelbegriffe verwendet, um mehrere Rollen gleichzeitig anzusprechen:

Projektleiter bezieht sich auf Projektleiter beider Parteien.

Der Kunde fasst Entscheider und Projektleiter auf Kundenseite zusammen, kann je nach Kontext auch allgemein Ansprechpartner auf Kundenseite oder die Kundenfirma bedeuten.

Mit *Führungskraft* oder *Manager* sind Projektleiter und Entscheider zusammen gemeint.

Projektorganisation ohne externen Dienstleister

Ein *internes Projekt* (oder auch *In-House-Projekt*) wird mit den eigenen Ressourcen, d. h. ohne Beauftragung eines externen Dienstleisters durchgeführt.

Durch die Realisierung innerhalb der eigenen Firma können Rollen zusammenfallen, trotzdem sollte klar sein, wer sie innehat. Generell wird in diesem Buch davon ausgegangen, dass Kunde und Dienstleister getrennte Firmen sind, weil das der kompliziertere Fall ist. Interne Projekte haben jedoch auch ihre Tücken, sie werden in Kapitel 8.3 »Interne Projekte« beschrieben.

1.3.2 Weitere Teile der Projektorganisation

In Großprojekten

Um die Verantwortung für ein besonders großes Projekt anzudeuten, sind die Bezeichnungen *Gesamtprojektleiter* und *Project Director* üblich. Ihm sind auf Kunden- beziehungsweise Dienstleisterseite (Teil-)Projektleiter oder Projektmanager zumindest für Design und IT unterstellt. Eine Gruppe von zusammenhängenden Projekten steuert der *Programme Manager*, das ist die höchste »Projektleiter«-Bezeichnung, die es gibt.

Auf Kundenseite

Bei großen Kundenfirmen ist zusätzlich zum Entscheider auch die Unterschrift des Einkaufes für einen Vertrag erforderlich. Der *Einkauf* ist eine Abteilung, die alle Einkaufsvorgänge bündelt und prüft.

Es gibt außerdem noch eine Reihe von *Stakeholdern*: Das sind alle, die von dem Projekt in irgendeiner Art berührt werden. Sie müssen vor dem Projekt um Unterstützung und im Zuge der Projektarbeit um Informationen oder Einverständnis bei Entscheidungen gebeten werden.

»Der Entscheider« ist in vielen Projekten nicht als Einzelperson vorhanden, wie oben eingeführt. Der Begriff ist eine Abstraktion, anhand derer sich Zusammenhänge einfach erklären lassen. Einerseits müssen auch Entscheider Rücksprachen halten oder dies ist zumindest für ein gutes Ergebnis und ein gutes Betriebsklima sinnvoll. Andererseits gibt es tatsächlich oft mehrere Entscheider, die Kompetenzen sind verteilt: Budget (bis zu verschiedenen Grenzen), strategische Fragen, Feststellung der Erfüllung oder Verfehlung vertraglicher Pflichten können die Domänen unterschiedlicher Befugter sein. IT, Design, Marken- oder Firmenimage betreffende Entscheidungen müssen von den jeweiligen Kompetenzträgern getroffen werden (zum Beispiel IT-Abteilung). Der *Projektsponsor* ist eine organisatorisch sehr hoch angesiedelte Person (zum Beispiel Vorstandsmitglied), die das Projekt befürwortet, unterstützt und gegenüber anderen Teilen der Organisation vertritt. Er ist im Allgemeinen nicht in die operative Projektarbeit (Entscheidungen treffen) involviert. Alles Beschriebene wird in der Realität nochmals verkompliziert durch organisatorische Änderungen oder ungenau definierte Kompetenzen. Trotz all dieser Facetten der Realität, welche besonders in großen Firmen eine hohe Vielfalt und Komplexität erreichen können, wird hier weiterhin der Begriff Entscheider verwendet, weil er pragmatisch ist. Es soll aber bekannt sein, was tatsächlich dahinter steht.

Auf Dienstleisterseite

Bei den Dienstleistern ist für die Auftragsakquisition, die Vertragsverhandlungen und die Gesamtbetreuung des Kundenkontaktes der *Accountmanager* verantwortlich. Im laufenden Projekt wendet sich der

Kunde an ihn, falls ein Problem über den Projektleiter nicht gelöst werden konnte. Der Accountmanager hat in der Regel keine Befugnis, einen Vertrag eigenständig zu unterschreiben - die andere Unterschrift leistet eine Person, die als »Entscheider auf Dienstleisterseite« bezeichnet werden kann.

Gesamtbild

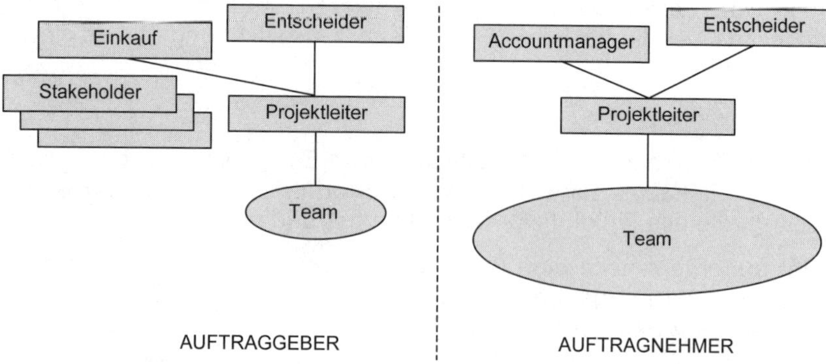

Abbildung 3: Projektorganisation und Umfeld

Weiteren Komplexitätsstufen sind keine Grenzen gesetzt ...

1.3.3 Die »Projektsteuerungsorganisation«

Ab einer bestimmten Projekt- und Unternehmensgröße wird als zentraler Teil der Projektorganisation ein *Steuerungsausschuss* eingesetzt. Er trifft wichtige Entscheidungen und kontrolliert den Projektfortschritt.

In diesem Ausschuss sitzen der Entscheider auf Kundenseite, der Accountmanager seitens des Dienstleisters, die Projektleiter sowie Vertreter einiger Stakeholder des Projekts. Letztere können unter anderem Vertreter der Produktion, des Marketing oder der IT auf Kundenseite sein.

Große Kundenfirmen benötigen bei großen Projekten eventuell ein weiteres Entscheidungsgremium auf einer höheren organisatorischen Ebene. Hier sind zum Beispiel auch Mitglieder des Vorstandes oder der Ebene unter dem Vorstand involviert. Dann heißt typischerweise das eine Gremium *Steuerungsausschuss* (StA), das andere *Lenkungsausschuss* (LA) oder *-kreis*. Entscheiden wird dadurch alles andere als leichter...

1.4 Was ist zu tun?

Webprojekte lassen sich zunächst wie Projekte im Allgemeinen in drei große Phasen gliedern:

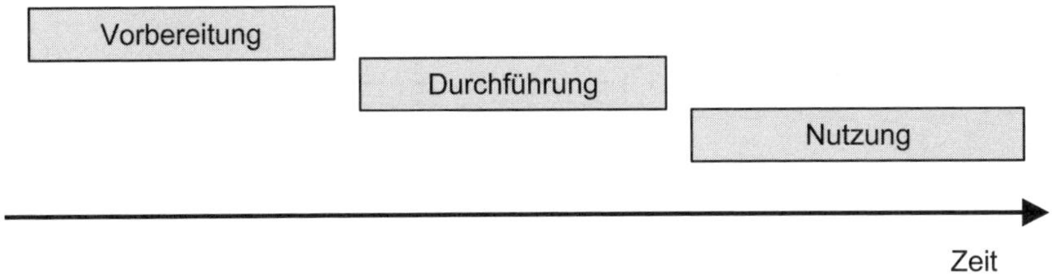

Abbildung 4: Projektphasen

Anhand dieser allgemeinen Struktur eines Projektablaufs lässt sich bereits das Wichtigste sagen:

Ob das Projekt erfolgreich wird, entscheidet sich häufig vorher, in der Vorbereitungsphase, in der aus einer Idee ein konkretes Projekt wird. Gute Lenkungsmöglichkeiten hat eine Führungskraft noch während der Konzeption am Anfang der Durchführung, bevor eine Webseite entworfen und eine Zeile programmiert ist. Im weiteren Projektverlauf kann man stolz sein auf das gut laufende Projekt oder sein angeschlagenes Schiff aus immer neuen Wogen retten.

Schön wäre es, wenn Vorbereitung und Durchführung kurz und die Nutzung lang wären. In der Praxis sind diese Phasen durchaus vergleichbar. Es dauert bei vielen Unternehmen Jahre, bis aus einer Idee ein oder mehrere Projekte werden. Die eigentliche Projektdurchführung sollte im Webumfeld wirklich kurz sein, innerhalb eines halben Jahres liegen. Normal ist jedoch auch ein Jahr, bei Großkunden sogar mehr. Die Nutzung kann so kurz ausfallen, dass bei Fertigstellung des Projekts bereits das nächste ansteht – das ist vor allem eine Budgetfrage. In diesem Fall wird das erste Projektergebnis nur genutzt, während das nächste erstellt wird...

1.4.1 Beispielprojektablauf

Anhand eines beispielhaften Projektablaufs wird im Folgenden erläutert, was in einem Webprojekt passiert. Im gesamten Buch wird dieser Ablauf als Demonstrationsbeispiel verwendet, um Zusammenhänge des Projektmanagements zu besprechen.

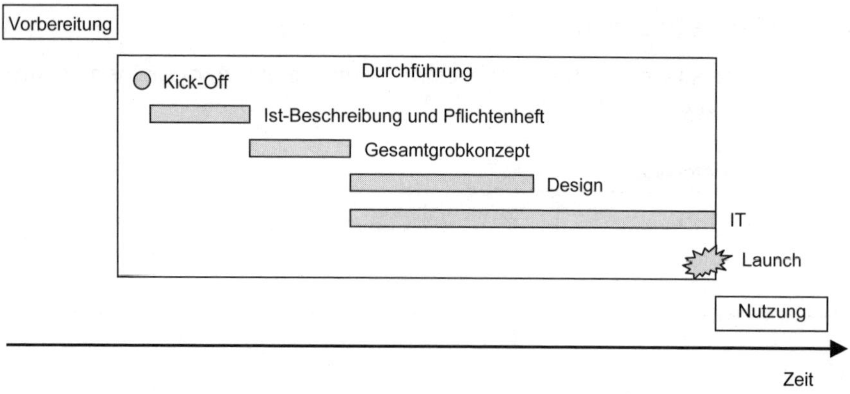

Abbildung 5: Projektablauf

Der »Launch« bezeichnet die Online-Schaltung der Site, also den Moment, in dem sie für das Publikum erreichbar gemacht wird.

1.4.2 Abfolge der Projektschritte

Folgende Liste zählt die einzelnen Schritte auf, die aus Projektmanagementsicht besonders wichtig sind. In Kapitel 1.4.5 werden diese dann vorgestellt.

Vorbereitung

1. Projektidee
2. Beauftragung des Kundenprojektleiters
3. Interne Projektdefinition
4. Beauftragung des Dienstleisters
5. Beauftragung des Projektleiters auf Dienstleisterseite (geschieht idealerweise während des vorigen Punktes)

Durchführung

6. Kick-Off: die Zusammenarbeit vorbereiten
7. Ist-Beschreibung und Pflichtenheft: was ist da und was wird benötigt
   - Geschäftlicher Sinn des Projekts (Ziel, Geschäftsmodell)
   - Aufnahme des Ist-Zustandes aus Sicht der verschiedenen Disziplinen
   - Beschreibung der Zielgruppe und ihrer Bedürfnisse
   - Umzusetzende Anforderungen
8. Gesamtgrobkonzept: die grundlegenden Entscheidungen treffen
   - Positionierung für die Zielgruppe (Nutzen, Markenwerte)

- Grobe Use Cases (Was können Nutzer in der Site tun? Welche Aktionen sind in der Contentpflege möglich?)
- Grobes Content-Diagramm (Übersicht des Contents)
- Gegebenenfalls Personalisierungskonzept (Die Site geht auf individuelle Nutzermerkmale ein)
- Gegebenenfalls grobes Internationalisierungskonzept
- Grobes Marketingkonzept (Wie werden Nutzer gewonnen?)
- IT-Ziele (Performance, Sicherheit)
- IT-Lösungsidee und Machbarkeit (Daten, Technologie, Organisatorisches, Integration)
- Grobe IT-Architektur (Softwareprodukte, Hardware, Standort)
- Prototypen

9. Design
   - Informationsarchitektur:
     Use Cases (detaillierte Handlungsabläufe des Nutzers)
     Beschreibung des Content (Inhalte und Funktionalitäten)
     Content-Diagramme (Inhaltmodule und ihre gegenseitige Vernetzung)
     Navigationskonzept
   - Audio-visuelles Konzept
     (Detailkonzeption der gestalterischen Maßnahmen, die unmittelbar zur Implementierung des Designs führen)
   - Styleguide
   - Medienproduktion
   - Usability-Tests (während des gesamten Designprozesses)
10. IT (kann teilweise parallel zum Design erfolgen)
    - Etablierung der IT-Struktur für Softwareentwicklung, Integration, Roll-Out und Betrieb (Softwareprodukte, Hardware, Netzwerke, Konfigurationsmanagement, Provider)
    - IT-Feinkonzept (detailliertes Konzept für die Umsetzung des Grobkonzepts und des Designs, führt unmittelbar zur Implementierung)
    - Softwareentwicklung
    - IT-Tests
    - Usability-Tests (Fortführung der Tests aus Punkt 9. Design)
    - Dokumentation (für Wartung und spätere Änderungen)
11. Launch und verschiedene Vorbereitungsschritte (Vorbereitungsschritte sind im Diagramm nicht eingezeichnet)
    - Schulung des Personals für den Betrieb
    - Abnahmetest
    - Eventuell Betrieb im eingeschränkten Rahmen (mit Feedback)
    - Launch (Website online schalten, d. h. Start der Nutzung)
12. Marketing: für die entstehende Site werben (im Diagramm nicht eingezeichnet)
    - Marketingkonzept (online und offline)
    - Marketing-Roll-Out (Werbung)

Nutzung

13. Betrieb und Pflege
    - Einsatz für die Zielgruppe
    - Pflege des Content
    - Wartung
    - Bedarfserkennung für Weiterentwicklungen

Kontinuierliche Aktivitäten

Zusätzlich zu den aufgelisteten Projektschritten gibt es noch eine Reihe wichtiger Aufgaben, die kontinuierlich im Projektverlauf oder in mehreren Etappen ausgeführt werden. Siehe Kapitel 1.4.6.

1.4.3 Verständnis des Ablaufs

Angenommener Projektumfang

Der vorgestellte Projektablauf geht von einem größeren Webprojekt aus, an dem die einzelnen Schritte gut zu demonstrieren sind. In der Praxis sind die meisten Projekte nicht so ausdifferenziert, weil ihre Größe es nicht erfordert. Oft sind einzelne Disziplinen mehr oder weniger betont – so wird in dem einen Webprojekt schwerpunktmäßig IT-Funktionalität geschaffen, in dem anderen geht es um die Inszenierung einer Marke bei einfacher IT-Funktionalität. Da Führungskräfte jedoch darüber entscheiden müssen, welches Vorgehen für ein konkretes Projekt richtig ist, brauchen sie die Gesamtsicht aller beteiligten Disziplinen sowie aller oft vorkommenden Projektschritte.

Iteratives Vorgehen

Der vorgestellte Projektablauf unterscheidet nicht zwischen iterativer (wiederholender) und Wasserfall-Vorgehensweise (sequentiell). Je nach Aufgabe kann beides, auch gemischt, sinnvoll sein. Überwiegend werden Webprojekte jedoch iterativ durchgeführt, indem bereits beim Grobkonzept intensiv mit Prototypen gearbeitet wird und nach dem Grobkonzept Feinkonzeption, Implementierung und Tests in mehreren Verfeinerungsstufen wiederholt durchgeführt werden. Kapitel 3.6 »Iteratives Vorgehen« erklärt das iterative Vorgehen und seinen Praxiseinsatz.

Das ist ein Beispiel!

Für das korrekte Verständnis dieses Projektablaufs hier einige Warnungen:

Bevor die noch wenig erfahrene Führungskraft obigen Projektablauf an die Wand nagelt und sich und ihre Mitarbeiter darauf »festnagelt«: Der Ablauf ist ein Beispiel, das als erste Orientierung und nicht als Vorgabe dienen soll. Um konkrete Projekte zu planen, müssen die Aufwände geschätzt und der Projektplan anhand der individuellen Anforderungen entworfen werden. Eine Anleitung hierzu gibt das Kapitel 3 »Projektplanung«.

Ein »typisches Webprojekt« gibt es eigentlich kaum, entsprechend ignoriert werden von den Mitarbeitern auch die Versuche einiger Firmen, einen einzigen Standardablauf für alle Projekte des Hauses festzulegen. Siehe Kapitel 3.5.6 »Projektplanung mit (oder trotz) Firmenrichtlinien«.

1.4.4 Häufige Abweichungen vom Musterablauf

Folgende Abweichungen zum oben vorgestellten Projektablauf resultieren aus Besonderheiten der Aufgabe oder der Situation und kommen häufig vor.

Vorgeschaltete Managementberatung

Die Schritte »Projektidee« und »Interne Projektdefinition« werden mit Hilfe einer Managementberatung im Rahmen eines eigenständigen Beratungsprojekts durchgeführt. Das ist sinnvoll, wenn nur ein Problem oder ein Wunsch da ist, die Lösung aber unklar ist oder wenn Know-How fehlt, um ein komplexes Vorhaben in durchführbare Projekte zu untergliedern.

Beauftragung der Projektleiter zu einem späteren Zeitpunkt

Für die Projektarbeit ist es ideal, die Projektschritte in der Vorbereitungsphase in der angegebenen Reihenfolge durchzuführen. In vielen Organisationen ist es jedoch die Regel, dass Projektleiter erst später eingebunden werden und somit an den entscheidenden Punkten nicht mitgewirkt haben, die den Erfolg des Projekts – und so auch ihren persönlichen Erfolg – bestimmen. Dieses typische Projektproblem wird in Kapitel 7.1.2 »Checkliste Risikoprojekt« besprochen.

Besondere Voruntersuchungen

Bei besonders neuartigen Vorhaben kann es erforderlich sein, Nutzerbefragung oder Erstellung von Prototypen sehr umfangreich durchzuführen, um Akzeptanz oder Machbarkeit der Umsetzung auszuloten. Daraus kann ein eigenständiges Projekt werden, nach dessen Ergebnissen über das eigentliche Vorhaben entschieden wird.

Beauftragung des Dienstleisters entfällt

Ca. 25% der Projekte werden intern, also ohne Beauftragung eines externen Dienstleisters, durchgeführt, siehe Kapitel 8.3 »Interne Projekte«.

Großvorhaben

Ein großes Vorhaben wird oft in mehrere Projekte unterteilt, um es durchführbar zu gestalten. Siehe Kapitel 8.1 »Große Projekte«.

Internationales Projekt

Die Website muss für mehrere Sprachen oder Länder entwickelt werden. Es ist sinnvoll, erst eine nationale Version zu erstellen, dann die Site auf einige Pilotländer und Sprachen zu erweitern - und erst mit diesen Erfahrungen ausgestattet die breite Masse der Zielländer und Sprachen anzugehen. Siehe Kapitel 8.2 »Internationale Projekte«.

Kleines Projekt

Wenn zur Bewältigung der Aufgabe nur ein oder wenige Mitarbeiter erforderlich sind, werden naturgemäß die Schritte auch nicht sonderlich ausdifferenziert im Projektplan dargestellt. An der Stelle sollte jedoch bewusst sein, dass dennoch alle Schritte durchgeführt werden müssen, welche die Aufgabe erfordert - jeder Schritt passiert nur eben schneller.

1.4.5 Die einzelnen Projektschritte

Nachfolgend wird jeder Projektschritt erläutert, es werden Akteure, Aufgaben, Ergebnisse vorgestellt. Zu jedem Projektschritt wird auf die Kapitel verwiesen, in denen die Anleitung zur erfolgreichen Durchführung diesen Schrittes zu finden ist. Durch die zahlreichen Verweise dient dieses Kapitel auch der Orientierung. Die Abfolge der Projektschritte ist der »rote Faden«, auf den sämtliche Themen dieses Buches aufgefädelt werden. In einigen Punkten werden Best Practices bereits hier gegeben.

Schritt 1. Projektidee

Hauptrollen: Entscheider und Antragsteller

Aufgaben:

In dieser Phase wird eine Idee erstmalig und intern entworfen, es wird über Ziele, möglichen Nutzen und Notwendigkeit gesprochen.

Ergebnisse:

- Skizze der Idee
- Eine erste Entscheidung, ob die Idee weiterverfolgt wird

Schritt 2. Beauftragung des Kundenprojektleiters

Hauptrollen: Projektleiter und Entscheider

Aufgaben:

Die Benennung des Projektleiters erfolgt in zwei Etappen. Zunächst wird er mit der Leitung der internen Projektdefinition (Schritt 3.) beauftragt. Wenn danach das Projekt fortgeführt werden soll, sollte nochmals über die am besten geeignete Person nachgedacht und diese explizit mit der Projektleitung betraut werden. Dieser Absatz steht stellvertretend für beide Beauftragungen. Im ersten Fall ist das Kriterium für Erfolg eine gute Projektdefinition und die Mobilisierung von Unterstützung für das Projekt, im zweiten ist es die Erfüllung der in dieser Projektdefinition erarbeiteten Ziele.

Falls für die interne Projektdefinition ein Team erforderlich ist, so ist dessen Aufbau die nächste Aufgabe, siehe hierzu Kapitel 9 »Teamführung«.

Ergebnisse:

- Der Projektleiter ist benannt, will das Projekt leiten und weiß, was er zu tun hat. Das klingt einfach, tatsächlich sind jedoch alle drei Punkte entscheidend für den Projekterfolg - und in der Praxis nicht selbstverständlich gegeben

Best Practices:

Es gibt viele wichtige Punkte, die der Projektleiter auf Kundenseite bei der Übernahme der Verantwortung beachten sollte. Diese Punkte gelten ebenfalls für Projektleiter auf Dienstleisterseite, analog auch bei internen Projekten. Sie werden daher einmal für alle in Kapitel 7.1 »Professionelle Übernahme der Projektverantwortung« besprochen.

Der Entscheider soll hier erklären, wovon seine Zufriedenheit abhängt. Die gesteckten Ziele werden wirksam und einforderbar, wenn sie in einem Gespräch gemeinsam vereinbart und dokumentiert werden. Das ist entscheidend für den Projekterfolg, denn wer keine Ziele hat, wird sie auch nicht erreichen.

Schritt 3. Interne Projektdefinition

Hauptrollen: Projektleiter und Entscheider

Aufgaben:

Inhalt dieser für den Erfolg sehr wichtigen Phase ist die Festlegung dessen, was das Projekt im Wesentlichen erreichen soll.

Wenn intern die Ressourcen mit entsprechender Erfahrung vorhanden sind, kann hier bereits der Schritt 7 »Ist-Beschreibung und Pflichtenheft« erledigt werden. Es entspricht jedoch einer häufigen Praxis, dass das Projekt erst kundenseitig grob definiert wird, indem bekannte Anforderungen zusammengetragen werden. Dann wird entschieden, ob das Projekt weiterverfolgt wird. Später führt der Dienstleister in dem Projektschritt 7 eine detailliertere Ist-Aufnahme und Pflichtenhefterstellung durch. Dieser Praxis folgt auch die hier beschriebene Reihe der Projektschritte.

Unabhängig von der Aufteilung in Projektschritte bespricht Kapitel 2 »Von der Idee zum Projekt«, was in der internen und externen Projektdefinition insgesamt zu tun ist.

Ergebnisse:

- Prinzipiell alle Ergebnisse des Schrittes 7 »Ist-Beschreibung und Pflichtenheft«, zumindest jedoch eine priorisierte Liste von Anforderungen, siehe Kapitel 2
- Ein erster Plan, wie das Vorhaben durchgeführt wird: Ziel, Zeitrahmen und die Definition eines oder mehrerer konkreter Projekte, siehe Kapitel 2.3 »Anforderungen Priorisieren und Projektumfang festlegen«
- Kooperation der Stakeholder. Siehe Kapitel 2.4 »Für Unterstützung werben«
- Eventuell bereits eine grobe Kosten-Nutzen-Analyse, Entscheidung, ob das Projekt weiterverfolgt wird und Zuordnung eines Budgets, siehe Kapitel 2.5 »Entscheidung über das Projekt«

Best Practices:

Die Kernanforderungen des Projekts sollten vom Kunden selbst stammen, schließlich stellen sie den Sinn des Projekts dar. Wenn hierzu die Kompetenz im Hause fehlt, dann sollte ein Berater engagiert werden, der jedoch von der späteren Projektdurchführung ausgeschlossen wird. Interessenkonflikte müssen unbedingt vermieden werden, denn gerade wenn der Kunde keine eigene Internetkompetenz hat, ist es nicht schwierig, ein Pflichtenheft so zu gestalten, dass überhöhter Aufwand nötig wird oder dass die im Projekt zu erbringende Leistung ideal auf den konkreten Dienstleister zugeschnitten ist.

Stellen Sie als Entscheider nicht nur Geld für das Projekt bereit, sondern auch einen Anteil Ihrer eigenen Zeit. Webprojekte brauchen im Allgemeinen viel Kommunikation und viel Betreuung, vor allem aber schnelle Entscheidungen. Vorhaben zu starten und an andere zur Durchführung zu übergeben bedeutet nicht, weniger zu tun zu haben. Es bedeutet, sich Zeit zu nehmen, damit andere erfolgreich arbeiten können. Eine der typischen Ursachen, warum Projekte sich verzögern und teuer werden, ist, dass Entscheider zu selten zur Verfügung stehen, siehe Kapitel 1.6 »Was macht den Erfolg aus?«. Die Projektarbeit kann nicht effektiv voranschreiten, wenn Entscheidungen nicht rechtzeitig getroffen werden, wenn Meetings des Steuerungsausschusses nicht dann stattfinden, wenn sie für die Projektarbeit erforderlich sind. Leider ist der Effektivitätsverlust, den die Abwesenheit eines Entscheiders verursacht, nicht tagtäglich objektiv messbar. Bei konkreten Entscheidungen sind Kosten von Verzögerungen vielleicht grob abschätzbar. Die meisten Entscheider, die zu wenig zur Verfügung stehen, erkennen die Kosten aber erst, wenn sie die »Rechnung« in Form des verspäteten oder gescheiterten Projekts und der erhöhten Gesamtkosten erhalten.

Damit ein Projekt gelingt, ist in der Regel die Mitwirkung vieler Personen und Organisationsteile auch außerhalb des Projektteams erforderlich. Diese Stakeholder unterstehen nicht der Weisung des Projektleiters, eventuell teilweise nicht einmal der Weisung des Entscheiders. Kümmern Sie sich als Projektleiter oder Entscheider so früh wie möglich darum, Ihre Kontakte auszubauen und zu intensivieren. Sie werden später darauf angewiesen sein. Auch ist es späteren Dienstleistern gegenüber eine Ihrer wichtigsten Aufgaben, diesen den Weg zu verschiedenen anderen Abteilungen im Hause zu ebnen, Ansprechpartner zu besorgen. Wie wollen Sie Dritten die Türen öffnen, wenn diese für Sie selbst verschlossen sind?

Schritt 4. Beauftragung des Dienstleisters

Hauptrollen: Entscheider und Projektleiter auf Kundenseite, Akquiseteam auf Dienstleisterseite

Aufgaben:

In dieser Phase werden die für das Projekt benötigten und zur Verfügung stehenden Ressourcen geprüft, es wird entschieden, was davon einzukaufen ist. Falls die Projektdurchführung oder Teile davon extern vergeben werden, wird eine Ausschreibung erstellt und möglichen Dienstleistern bekannt gemacht. Die Dienstleister präsentieren sich und ihre Angebote, es werden Verhandlungen geführt und ein oder mehrere Dienstleister ausgewählt, schließlich der Vertrag unterzeichnet.

Dieser Musterprojektablauf geht von einer externen Projektvergabe aus. Diese kann bei je nach Bedarf mehrere Male im Projektverlauf oder nur einmal oder überhaupt nicht erfolgen.

Ergebnisse:

- Ausschreibung, siehe Kapitel 4.3.5 »Vorauswahl«
- Angebot zumindest für den Schritt 7 »Ist-Beschreibung und Pflichtenheft«, siehe Kapitel 4.2.4 »Angebotsgestaltung«
- Eventuell wird kundenseitig erst in diesem Projektschritt, nach der Auswahl eines Angebots, über die Weiterverfolgung des Projekts und über das Budget entschieden, siehe Kapitel 2.5 »Entscheidung über das Projekt«
- Eine Rechtsgrundlage, damit die Arbeit des Dienstleisters beginnen kann: der Vertrag oder zumindest ein Vorvertrag (Kapitel 15.2 »Vertragstypen im Onlinerecht«), der die Zahlung auflaufender Aufwände sichert
- Geheimhaltungsvereinbarung, siehe Kapitel 15.3.12 »Abwerbungsverbot, Geheimhaltung«

Best Practices:

Kapitel 4 und 15 beschreiben die gesamte Umsetzung dieses Projektschrittes sowohl für Kunden als auch für Dienstleister.

Schritt 5. Beauftragung des Projektleiters auf Dienstleisterseite

Hauptrollen: Projektleiter auf Dienstleisterseite, sein Vorgesetzter und der Accountmanager

Aufgaben:

Der Projektleiter sollte inhaltlich bereits an der Auftragsvorbereitung, insbesondere der Aufwandsschätzung, mitarbeiten. Daher sollte die Beauftragung des Projektleiters während des Schrittes 4. erfolgen. Je nachdem, ob der Auftrag gewonnen wird und ob der Kunde eventuell auch bei der Auswahl der Person des Projektleiters mit entscheidet, wird er dann mit der Leitung des Projekts beauftragt.

Für den Projektleiter ist das der wichtigste Projektschritt, hier muss er am meisten aufpassen. Im Anschluss an seine Beauftragung beginnt der Projektleiter, das Team aufzubauen, siehe Kapitel 8.

Ergebnisse:

- Der Projektleiter ist benannt, will das Projekt leiten und weiß, was er zu tun hat

Best Practices:

Dieser Projektschritt wird in Kapitel 7.1 »Professionelle Übernahme der Projektverantwortung« erläutert.

Schritt 6. Kick-Off

Hauptrollen: Projektleiter beider Seiten. Weiter nehmen oft auch der Entscheider, Teilprojektleiter oder erfahrene Teammitglieder teil.

Aufgaben:

Gemeint sind das erste oder die ersten Treffen von Kunden und Dienstleister nach der Projektzusage. Spätestens hier sitzen die Projektleiter auf Kunden- und Dienstleisterseite zusammen. Diese Meetings haben einen recht schablonenhaften Ablauf: sich einander vorstellen, Visitenkarten austauschen usw. Oberflächlich betrachtet geht es nur um Formalitäten vor der eigentlichen Arbeit. Tatsächlich ist es jedoch für die Projektleiter der wichtigste Schritt nach der Übernahme des Projekts.

Zeitnah zu diesem externen Kick-Off findet der interne Kick-Off für das Team statt. Teamaufbau und -führung werden in Kapitel 8 beschrieben.

Ergebnisse:

- Gegenseitiges Kennenlernen
- Gemeinsames Bewusstsein, was für den Projekterfolg wichtig ist, siehe Kapitel 10.2.2 »Den Erfolg definieren«
- Organisatorisches
- Besprechung der Entscheidungswege für die spätere Projektarbeit, der Entscheidungskompetenzen und Stakeholder beim Kunden
- Vorbereitung der anstehenden Projektarbeit durch Übergabe vorhandener Dokumente an den Dienstleister
- Kontaktanbahnung zu den für das Projekt (zukünftig) relevanten Personen und Organisationsteilen

»Organisatorisches« umfasst hier:

- Reporting und regelmäßige Meetings festlegen, siehe Kapitel 6 »Tätigkeiten und Dokumente«
- Organigramme, Adresslisten und Urlaubsplanung austauschen
- Eine gemeinsame Dokumentenhaltung für das Projekt einrichten. Eine passwortgeschützte Site (*Projekt-Extranet*) eignet sich ideal dafür, hier können Dokumente hochgeladen werden, so dass die aktuellen Versionen von allen Projektbeteiligten jederzeit abgerufen werden können.

Best Practices für beide Projektleiter:

Vorbereitung und Begleitung der Projektarbeit auf einer persönlichen Ebene, über gute Bekanntschaft, sind das beste Mittel, um den größten Projektrisiken vorzubeugen: schlechte Kommunikation und wenig Vertrauen. Sicher lassen sich im Gespräch persönliche Anknüpfungspunkte finden, ein informeller Kennenlernabend in einer geeigneten Lokalität ist dazu die beste Gelegenheit. Zu dem Abend lädt der Dienstleister ein.

Binden Sie den Entscheider eng in das Projekt ein. Er ist die Person, die letztendlich bewertet, ob das Projekt ein Erfolg war, er stellt das Budget bereit, das für die Erreichung der Ziele aufgewendet werden soll, er trifft die wichtigsten Entscheidungen.

Finden Sie schnell heraus, welchen Hintergrund, welche Erfahrungen und welchen Rang die anderen haben, sonst werden Sie viel Fehlkommunikation leisten. Ein wichtiger Umstand, der gegebenenfalls unbedingt berücksichtigt werden muss, ist, dass sehr viele Projektleiter auf Kundenseite das erste Mal ein Webprojekt (in der gegebenen Größenordnung) leiten! Siehe auch Kapitel 7.2 »Umgang mit mangelnder Führungserfahrung«.

Eine bewährte Best Practice zur Vorbereitung der anstehenden Projektarbeit ist es, mögliche zukünftige Projektsituationen zu besprechen, um ein gemeinsames Verständnis der Risiken und der Möglichkeiten im Umgang mit ihnen zu entwickeln. Dabei kann der Kundenprojektleiter dem Projektleiter auf Dienstleisterseite und seinem Team die Gelegenheit geben, das Projektumfeld und die Abläufe des Hauses zu verstehen. Das wird dem Dienstleister helfen, zu einer Unterstützung des Kundenprojektleiters zu werden und zu vermeiden, dass dieser den Dienstleister aus immer neueren »politischen« Katastrophen retten muss. Der Dienstleister soll hier konkrete Situationen abfragen, die für seine Arbeit wichtig sind wie zum Beispiel die Entscheidung über die einzusetzende Technologie. Dabei klärt sich schnell, wer das Recht hat, diese Entscheidung zu treffen (Kompetenzträger), wer um Einverständnis zu fragen ist, wer Informationen geben kann und welche parallel laufenden Projekte die Entscheidung mit beeinflussen können. Hier werden oft auch wichtige Hintergründe bekannt, wer zum Beispiel das Projektbudget finanziert und welche Bestrebungen verschiedene Personen und organisatorische Einheiten verfolgen.

Best Practices für den Projektleiter auf Dienstleisterseite:

Achten Sie ganz besonders auf kleine Hinweise, die Erwartungshaltungen, Werte und Gründe andeuten. Fragen Sie Ihren Kunden direkt: »Wovon hängt es ab, ob Sie zufrieden sein werden?«. Das ist Ihre wichtigste Frage im Kick-Off.

Zu allen (zukünftig) im Projekt beteiligten Personen und Organisationsteilen sollte möglichst vorab Kontakt aufgenommen werden, damit diese Kontakte da sind, wenn sie später gebraucht werden. Hier ist es oft sinnvoll, sich vorab konkrete Argumente zurechtzulegen, warum Sie Zugang zu allen Stakeholdern und Ressourcen benötigen. Eventuell stoßen Sie auf Unverständnis oder Widerwillen. Der Kundenprojektleiter und der jeweilige Wunschkontakt sollten daher verstehen, warum sie Zeit für Sie aufbringen sollen. Manchmal reicht schon ein »Ich möchte Sie kennen lernen!«, gelegentlich meldet sich eine Abteilung von selbst, meistens muss den Personen jedoch klar gemacht werden, dass Ihnen deren Unterstützung, Information, Mitarbeit oder Dokumente aus konkreten Gründen wichtig sind. Wenn Sie jetzt noch nicht überzeugen können, melden Sie anhand erhaltener oder fehlender Dokumente und Informationen sofort gut überlegte Fragen an.

Finden Sie möglichst viel heraus über die Firmenkultur des Kunden und passen Sie Ihr Vorgehen daran an. So werden Sie erkennen, wo Sie die Stärken der eigenen Firmenkultur passend einbringen können.

Best Practices für den Projektleiter auf Kundenseite:

Lassen Sie Ihren Dienstleister wissen, in welcher Hinsicht Sie Unterstützung benötigen und worauf Sie Wert legen. Dann erhalten Sie es.

Es lohnt, die Projektziele detailliert mit dem Dienstleister durchzusprechen – überreichte Unterlagen ergeben noch lange kein gemeinsames Verständnis. Hier investierte Zeit zahlt sich in der anstehenden Zusammenarbeit und im Projektergebnis aus.

Geben Sie bereitwillig und rechtzeitig Informationen, sonst werden Sie nicht rechtzeitig nutzbare Ergebnisse erhalten. Ohne Input kein Output. Wie wollen Sie maßgeschneiderte Ergebnisse bekommen, ohne Maß nehmen zu lassen? Sie sollten zum Beispiel als Teil des Vertrages mit dem Dienstleister eine Geheimhaltungsvereinbarung geschlossen haben. Das bedeutet zwar keine Sicherheit – die einzige wirkungsvollere Alternative ist es jedoch, das Projekt nicht extern zu vergeben. Dann haben Sie »nur« das normale Risiko, dass eventuell kündigende Mitarbeiter Informationen mit zur Konkurrenz tragen.

Schritt 7. Ist-Beschreibung und Pflichtenheft

Hauptrollen: Projektleiter und erfahrene Mitarbeiter auf beiden Seiten

Aufgaben:

In diesem Projektschritt gehen die Mitarbeiter des Dienstleisters durch das Haus des Kunden, um Informationen zum derzeitigen Zustand und den Anforderungen aufzunehmen. Das kann nur funktionieren, wenn vorher im Kick-Off und darauffolgenden Besprechungen der Zugang zu den Stakeholdern des Projekts hergestellt wurde. Falls es bereits eine Website gibt, so wird diese auf Verbesserungsbedarf untersucht. Inhaltlich ist dieser Schritt Teil der Projektdefinition, siehe Kapitel 2 »Von der Idee zum Projekt«.

Ergebnisse:

- Ist-Beschreibung (Synonym: Ist-Konzept)
- Pflichtenheft
- Anhand der Inhalte des Pflichtenhefts und der Aufwandsschätzungen kann der Kunde evaluieren, ob der Nutzen im Verhältnis zu den Kosten steht und das Projekt weitergeführt wird (Kapitel 2.5 »Entscheidung über das Projekt«). Dabei sollen die einzelnen Anforderungen im Pflichtenheft priorisiert werden
- Falls erforderlich, legt der Dienstleister hier ein Angebot für die Projektfortsetzung vor, zumindest für die Gesamtgrobkonzeption

Inhalte der Ist-Beschreibung:

- Business-Ist: Geschäftssituation und derzeitige Geschäftsprozesse
- Branding-Ist: Markenwerte
- Marketing-Ist: laufende Maßnahmen und Marketingerfolg
- Design-Ist: Benutzerführung, Informationsarchitektur, Usability und viele andere Eigenschaften der aktuellen Website, siehe Kapitel 13.4.1 »Recherche«
- IT-Ist: Kennzahlen der Website, eingesetzte Hardware und Software, siehe Kapitel 14.4.1 »Ist-Beschreibung und Pflichtenheft: Kostenentscheidende IT-Fragen«
- Probleme im Zusammenhang mit der Site aus Sicht aller Disziplinen
- Richtlinien des Hauses zur Site und zu Marketing & Branding, Design, Prozessen, IT
- Parallel laufende Projekte

Inhalte des Pflichtenhefts:

- Gesamtziel des Projekts
- Geschäftsmodell bezogen auf die Website
- Beschreibung der Zielgruppe und ihrer Bedürfnisse
- Priorisierte Anforderungen: Kundenvorgaben und -wünsche aller Art, umzusetzender Verbesserungsbedarf bei der vorhandenen Site.
- Gegebenenfalls Domainkonzept: Es ist sinnvoll, die benötigten Domänen so früh wie möglich festzulegen und sich unverzüglich um deren Sicherstellung zu kümmern, siehe Kapitel 15.1 »Domain-Recht«
- Liste der Entscheidungen, die im Grobkonzept zu treffen sind
- Inhaltsverzeichnis des Grobkonzepts

Inhalte des Geschäftsmodells:

Es beschreibt die Geschäftsziele und Geschäftsprozesse im Zusammenhang mit der Site: Wie wird durch die Site die Geschäftstätigkeit der Firma unterstützt und auf welche Art und Weise und in welchem Umfang soll eventuell direkt im Internet Geschäft gemacht werden? Auf der Ebene von groben, rein betriebswirtschaftlich formulierten Abläufen wird dargelegt, wie diese Ziele erreicht werden und wie sich das Internet in die Prozesse der gesamten Organisation eingliedert. Das Geschäftsmodell gibt oft der Kunde vor, schließlich stellt es den Sinn des Projekts dar. Andere Kunden haben jedoch einfach den Wunsch, ein Problem zu lösen oder geschäftliche Ziele zu erreichen. Dann wird diese Aufgabe von Managementberatern in einem eigenständigen Projekt durchgeführt. Auch wenn die Ziele und Geschäftsprozesse bereits definiert sind, ist es erforderlich, diese – mit viel geringerem Aufwand – auf ihre Umsetzbarkeit im Web hin zu überprüfen und vorzubereiten. Das Geschäftsmodell und die -prozesse sind jedoch nicht Thema dieses Buches, siehe hierfür Bücher über E-Business [E-Business].

Beschreibung der Zielgruppe und ihrer Bedürfnisse:

Akzeptieren Sie nicht die naheliegende, aber unsinnige Aussage: »Auf das Internet kann doch jeder zugreifen«. Die Designer müssen wissen, wen die Site ansprechen soll, konkrete Charakteristika der angestrebten Zielgruppe sind gefragt: Altersverteilung, soziale Merkmale usw. Ihre Bedürfnisse sollen aufgenommen werden: Welche Werte sind ihnen wichtig, wie verhalten sich die Nutzer offline, was tun sie online und was würden sie gerne in Zukunft tun, was hilft ihnen wirklich in der Site? So können völlig andere Erkenntnisse darüber entstehen, was die Site enthalten muss.

Diese Zielgruppenanalyse wird innerhalb des Pflichtenhefts für die Findung und Priorisierung der Anforderungen benötigt. Bevor viel Geld in die weitere Konzeption investiert wird, lohnt es, die Nutzer auf diese Weise in den Erstellungsprozess einzubeziehen, denn sie sind das Ziel der Site.

Best Practices für Projektleiter auf Dienstleisterseite:

Das Wichtigste in diesem Projektschritt ist, dass die Anforderungen und Informationen des Kunden wirklich aufgenommen werden. Der Kunde wird am Resultat prüfen, ob »die verstehen, was ich ihnen sage«. Gleichzeitig darf der Dienstleister sich nicht vor erfahrenen Mitarbeitern beim Kunden blamieren oder Dinge widerstandslos aufnehmen, die nachher nicht umsetzbar sind. Setzen Sie daher bei der Befragung des Kunden und der Erstellung des Pflichtenhefts erfahrene Mitarbeiter ein. Anfänger würden hier irreversible Schäden anrichten.

Kunden nehmen von der Ist-Beschreibung hauptsächlich die Kosten wahr und sehen sie als notwendiges Übel zur Einarbeitung des Dienstleisters an. Das kann der Fall sein und ist dann der Zusatzpreis der externen Projektvergabe. Tatsächlich ist die Aufnahme des Ist-Zustandes aber oft nötig, weil das Wissen in der Organisation verstreut oder auch nicht (mehr) vorhanden ist. Kunden können nicht immer aktuelle Dokumente vorlegen, welche die Prozesse oder die IT-Struktur beschreiben. Styleguides (Stilvorgaben) gibt es oft, sie sind aber eventuell für Printmedien erstellt oder nur minimal für Webdesign adaptiert worden. Das sind die Arbeiten, die in dieser Phase den eigentlichen Zeitaufwand ausmachen. Rechnen Sie auf Kundenseite mit Widerstand gegen den Zeitaufwand. Sie werden hören: »Es gibt doch Ausschreibungsunterlagen, da steht alles ...«. Das Argument, »Sie würden nicht zu einem Doktor gehen, der Sie nicht untersucht, bevor er etwas verschreibt«, schafft schnell grundsätzliche Bereitschaft. Einige konkrete Beispiele nicht vorhandener Informationen und die Bereitschaft, den Aufwand minimal zu halten, können die gewünschte Akzeptanz bewirken. Es gibt Firmen, die Prozesse und IT-Struktur regelmäßig und genau dokumentieren. Es ist jedoch für viele effektiver, so etwas gelegentlich, wenn erforderlich, für ein Projekt aufzunehmen oder nur die wichtigsten Informationen regelmäßig zu dokumentieren - schließlich sind Web und IT nicht der Geschäftszweck der Kunden. Ohne diese Informationen und Dokumente werden Sie als Dienstleister später jedoch nicht arbeiten können.

Was ist zu tun, um auf die nächste Phase vorbereitet zu sein? Ziel des Grobkonzepts ist es, die wichtigen Entscheidungen für das Projekt zu treffen. Dies hilft eine Liste der anstehenden Entscheidungen als Teil des Pflichtenhefts vorzubereiten. Wenn der Kunde zu diesem Zeitpunkt schon vieles von dem, was in das Grobkonzept gehört, genau weiß, können Sie das schon in das Pflichtenheft aufnehmen. Ein Entwurf für das Inhaltsverzeichnis des Grobkonzepts und die Liste anstehender Entscheidungen bieten eine Grundlage für das Angebot zur Grobkonzepterstellung.

Als Projektleiter auf Dienstleisterseite hängt Ihr Erfolg in dieser Phase völlig von der Verfügbarkeit der Ansprechpartner ab. Es kann passieren, dass Ihre Spezialisten bereitstehen, einige der Ansprechpartner beim Kunden aber erst einen sehr späten Termin anbieten – oder im Extremfall sogar gar keinen. Sie als Externer werden dem Ansprechpartner weniger wichtig sein, bei einer Anfrage von möglichst hoher Stelle aus der eigenen Organisation entsteht das Problem deutlich seltener. Nach Terminen fragt niemand gerne, besonders in einer anderen Abteilung. Wenn Sie sich darauf einlassen, das zu übernehmen, ist der schwarze Peter bei Ihnen, es bleibt Ihnen nicht anderes übrig als zu bitten – und alle (wichtigen) Ansprechpartner werden sehr beschäftigt sein. Der Kunde soll den Kontakt zumindest herstellen und es ist auch seine Aufgabe, den Chef einzuschalten, falls Widerstand da ist.

Schritt 8. Gesamtgrobkonzept

Hauptrollen: Projektleiter und erfahrene Mitarbeiter auf Kunden- und Dienstleisterseite

Aufgaben:

Während bisher im Projekt zusammengetragen wurde, *was* erreicht werden soll, wird hier der grobe Lösungsweg gezeigt, *wie* das geschieht. Es werden die grundlegenden Entscheidungen innerhalb des Projekts getroffen, von denen die Arbeit in den späteren Phasen und die Kosten im Wesentlichen abhängen.

Ergebnisse:

- Gesamtgrobkonzept, siehe unten
- Bei Fertigstellung des Gesamtgrobkonzepts werden Inhalte des Projekts detaillierter ersichtlich und Kosten genauer abschätzbar (Kapitel 3.1 »Wie genau sind Kosten planbar?«). Hier soll der Kunde letztmalig evaluieren, ob das Projekt durchgeführt wird (Kapitel 2.5 »Entscheidung über das Projekt«). Dabei können Kunde und Dienstleister die Anforderungen erneut priorisieren und den genauen Leistungsumfang bestimmen (Kapitel 2.3 »Anforderungen priorisieren und Projektumfang festlegen«. Eventuell wird das Budget auf Kundenseite erst hier endgültig bestimmt.
- Der Dienstleister erstellt ein Angebot zur Projektfortsetzung. Dabei soll überlegt werden, ob bereits ein Vertrag bis zum Projektende geschlossen werden kann (Kapitel 4.3.4, Schritt 4 »Das Projekt in Vertragsphasen gliedern«).

Inhalte des Gesamtgrobkonzepts:

- Positionierung für die Zielgruppe:
  Gemeint sind hier die differenzierte Beschreibung des Nutzens aus Sicht der Zielgruppe (Kernnutzen, Zusatznutzen), die Markenwerte, die Markenpersönlichkeit und die Tonalität. Der Nutzen wird später für den Entwurf der Use Cases benötigt, die anderen Punkte beschreiben, welches Gefühl das zu erstellende Design vermitteln soll. Es kann sich je nach Projektziel einfach um einige Textabschnitte handeln, die kurz, aber präzise in einigen Stichworten die Marschrichtung für das Design festlegen oder auch um eine aufwendige Markenanalyse. Beispiele für Markenwerte sind: »jung und aggressiv« oder »verantwortungsbewusst und ökonomisch«. Dieser Punkt im Grobkonzept ist die Vorbereitung der Umsetzung der Marke in der Projektarbeit, siehe Kapitel 12 »Die Marke im Internet«.
- Grobe Use Cases:
  Das ist die grobe Planung, wie die Geschäftsprozesse in Form von möglichen Nutzerhandlungen umgesetzt beziehungsweise durch Nutzerhandlungen ausgelöst werden. Sie beschreibt, welche Handlungen Nutzer, Contentpfleger und Administratoren ausführen können. Die Beschreibung erfolgt aus Sicht der Informationsarchitektur (siehe Kapitel 13 »Design«), um die technische Umsetzung geht es hier noch nicht. IT-Experten sind jedoch involviert, sie prüfen vorab, ob alles mit sinnvollem Aufwand umsetzbar sein wird.

- Grobes Content-Diagramm:
  Hier werden die großen Einheiten des Inhalts der Site beschrieben sowie um welche Größenordnungen an Webseiten und um welche wesentlichen Funktionalitäten es geht.
- Gegebenenfalls Personalisierungskonzept:
  Anhand der groben Use Cases wird festgestellt, ob *Personalisierung* erforderlich ist (die Site bietet dem Nutzer individuellen Content, das ist zum Beispiel der Fall beim Online-Banking). Wenn ja, so muss ein Personalisierungskonzept auch Teil des Grobkonzepts sein, denn Personalisierung ist ein enormer Kostentreiber für Webprojekte und hat Auswirkungen auf alle Teile des Projekts. Hier werden beschrieben: Umfang und Art der Personalisierung, welche Eigenschaften des Nutzers werden registriert, in welcher Hinsicht reagiert die Site individuell auf den Nutzer.
- Gegebenenfalls grobes Internationalisierungskonzept:
  Für welche Länder und in welchen Sprachen soll die Site erreichbar sein? Werden Teile des soweit grob definierten Content unterschiedlich sein? Welche Länder werden zuerst bedient? Wird international verteilt entwickelt? Siehe Kapitel 8.2 »Internationale Projekte«
- Grobes Marketingkonzept:
  Hier wird beschrieben, wie Nutzer für die Site gewonnen werden. Dazu gehören Marktforschungen und Werbemaßnahmen, um die Site (oder deren Veränderung) bekannt zu machen.
- IT-Ziele (Performance, Sicherheit):
  Das ist der erste IT-Teil des Grobkonzepts. Damit kann bereits nach »Grobe Use Cases« begonnen werden. Der Kunde hat hier die Aufgabe, konkrete Zahlen zu nennen für: Anzahl registrierter Nutzer, maximale Anzahl parallel aktiver Nutzer, Anzahl der Zugriffe pro Tag, besondere Zugriffspeaks. Diese Schätzungen werden ihm eventuell schwer fallen – den IT-Spezialisten wird es aber leicht fallen zu sagen, was alles davon abhängt und dass daher ohne diese Daten keine Weiterarbeit möglich ist. Eine Verschiebung der Schätzung auf später macht diese übrigens nicht leichter. Weitere Aspekte können besondere Anforderungen an die Verfügbarkeit (Website fällt selten aus) oder die Sicherheit (Maßnahmen gegen externe oder interne Angriffe) sein.
- IT-Lösungsidee und Machbarkeit:
  Die IT-Lösungsidee ist (ähnlich wie die bisherigen Punkte) keine umfangreiche Dokumentation, sondern eine Skizze der wichtigsten Punkte der IT-Lösung.
  Machbarkeit ist ein IT-Fachausdruck, der den Anschein erweckt, es werde hier das gesamte Projekt in Frage gestellt. Das kann der Fall sein, in der Regel geht es jedoch darum, durch einige vorgeschaltete Überlegungen und Prototypen effektiv funktionierende und effektiv realisierbare technologische Lösungen auszuloten.
  Zu diesem Zeitpunkt existieren schon Anhaltspunkte für den nächsten Teil des Grobkonzepts: »Softwareprodukte, Hardware, Standort«. Dieser und erste Ansätze der IT-Lösungsidee werden evaluiert.

Zentrale Punkte sind: Können die benötigten Daten zur Verfügung gestellt werden? Ist die Performance der Technologie ausreichend? Gibt es organisatorische oder rechtliche Hindernisse in der Benutzung der IT-Lösung, zum Beispiel in der Datenpflege oder hinsichtlich des Datenschutzes? Wie kann die Integration mit der bestehenden Software erfolgen?
Am Ende der Machbarkeitsuntersuchungen wird eine verbesserte IT-Lösungsidee erstellt, darauf folgend wird zur engeren Auswahl von Software, Hardware und gegebenenfalls Standorten übergegangen.

- Grobe IT-Architektur (Softwareprodukte, Hardware, Standorte):
  Um einzusetzende Hardware und Softwareprodukte endgültig zu bestimmen, werden fast alle bisherigen Ergebnisse benötigt: Geschäftsmodell, Content, die wichtigsten Use Cases, IT-Ziele, IT-Lösungsidee. Die zentralen Fragen sind: Gibt es fertige Softwareprodukte, mit denen die Funktion der Site realisiert werden kann, oder ist Eigenentwicklung angesagt (»make or buy«)? Welchen Umfang hat die Site? Wie oft und wofür greifen Nutzer auf sie zu? Handelt es sich primär um eine statische Site oder um eine, deren Content permanent gepflegt wird? Gibt es viele Funktionen, die der Nutzer aktivieren kann? Hängen an diesen Funktionen weitreichende Geschäftsprozesse? Handelt es sich um eine Site, bei der spezielle Qualitätsmerkmale - etwa sehr hohe Sicherheit oder extreme Performance gefragt sind? Mehr dazu steht in Kapitel 14 »IT«.
- Prototypen:
  Prototypen sind sehr wichtig für den Projektfortschritt. Sie können zur Unterstützung aller obigen Punkte eingesetzt werden, sei es zur Evaluierung der Reaktion der Zielgruppe, der IT-Lösungsidee oder von Softwareprodukten.

Best Practices:

In dieser Phase ist bei den Projektleitern insbesondere Durchsetzungskraft gefragt, weil in der Praxis lauter Hindernisse überwunden werden müssen, damit Entscheidungen gefällt werden. Sie müssen selbst grob verstehen, was erfragt und entschieden werden soll, um die entsprechenden Spezialisten anfordern sowie die notwendigen Meetings begründen und vereinbaren zu können. Das Hintergrundwissen hierzu liefert Teil III.

Es sollte unbedingt vermieden werden, Grundlegendes erst nach dem Grobkonzept zu entscheiden: In diesem Fall werden die Spezialisten im Team mit unerfreulichen Nachrichten aufwarten, dass sie beispielsweise kein Design erstellen können, wenn sie nicht wissen, welche Technologie verwendet wird. Nicht jede Technologie unterstützt alle Designelemente. Auch werden diese Entscheidungen für die Schätzung des restlichen Projektaufwands benötigt.

Warum ist ein Gesamtgrobkonzept erforderlich, warum reicht es nicht, nur über Ziele, Nutzerverhalten, Marketing und Content zu reden? Solange nicht über Hardware, Software und Standort entschieden wurde, kann der Dienstleister auch keine genaueren Schätzungen vorlegen, diese aber will der Kunde mit Sicherheit haben. Wenn er bereit ist, eine genaue Schätzung später zu akzeptieren, können Software, Hardware und Standort auch noch parallel zum Beginn des nächsten Projektschrittes festgelegt werden. Es lohnt jedoch, bereits jetzt auf eine Entscheidung hinzuwirken - sie kann lange dauern. Das Gesamtgrobkonzept ist auch deswegen sinnvoll, weil in der Projektrealität die in der IT-Grobkonzeption sichtbar werdenden Kosten zu einem Überdenken der vorab leicht gesteckten Ziele führen können. Das Grobkonzept kann in solch einem Fall letztendlich erst als zusammenhängendes Ganzes abgenommen werden; falls erforderlich muss es überarbeitet und erst dann abgenommen werden. Wenn dieses Risiko hoch ist, dann ist es sicher nicht sinnvoll, schon parallel mit dem nächsten Projektschritt zu beginnen. (...Ist Projektmanagement einfach und sind Projektabläufe wirklich planbar...?)

Schritt 9. Design
Schritt 10. IT
Schritt 11. Launch
Schritt 12. Marketing

Diese Schritte werden zusammen beschrieben. Der Grund dafür ist, dass sie aus der Sicht der Managementaufgabe Ähnlichkeiten aufweisen. Auch müssen die Weichen für den Erfolg bereits in den bisherigen Phasen gestellt worden sein. Die Hauptrolle haben hier die Mitarbeiter des Projektteams. Die Inhalte beschreiben die Kapitel 13 »Design«, 14 »IT« und 12 »Die Marke im Internet«.

Best Practices:

Projektleiter sollen sich hier wenig in das Projektgeschehen einmischen. In diesen Projektschritten werden die meisten Mitarbeiter beschäftigt. Sie zu führen reicht vollauf als Aufgabe:

- Auswahl weiterer Mitarbeiter für das Team
- Führung des Teams
- Ausräumen von Hindernissen, noch bevor sie auf das Team treffen. Dazu gehören benötigte Ressourcen, Informationen, Termine, menschliche Probleme etc.
- Vertrauen, Ziele, Verständnis und Informationen auf das gesamte in diesen Phasen eingesetzte Team ausweiten

Eine besondere Beachtung erfordert die Zeit vor und nach dem Launch. Hier können viele Probleme auftreten, zum Beispiel:

Es besteht das Risiko, dass die Webseite nach dem Launch überrannt wird und die Performance nicht ausreicht. Ein verpatzter Start ist peinlich und dennoch schon besten Adressen passiert. Im einfachsten Fall kann ein zusätzlicher Rechner gekauft oder gemietet werden. Wenn die Technik nicht hilft, hilft verzögertes Bekanntmachen. Bei manchen Websites geht das so weit, dass nur ein kleiner Hinweis auf die neue Site in eine einzige Onlinezeitschrift gesetzt wird. Der erste Ansturm der Nutzer ist dann hoffentlich noch zu verkraften, die Masse der Werbung startet danach.

Schritt 13. Nutzung

Die Hauptrolle haben hier natürlich die Nutzer. Inhalt dieses »Projektschrittes« ist die Nutzung in der Praxis durch die Zielgruppe. Mit ihren Klicks stellen die Nutzer jedoch einige Aufgaben an Kunden und Dienstleister:

- Der Content muss permanent gepflegt werden. Ein inaktueller Content senkt die Attraktivität der Site oder lässt Nutzer gänzlich ausbleiben.
- Das tatsächliche Nutzerverhalten soll gemessen werden, das lässt Rückschlüsse auf Verbesserungsbedarf zu.
- Es ist ständig technische Administration zu leisten, zum Beispiel Durchführung von Datensicherungen.
- Eine automatisierte Betriebsüberwachung kann von darauf spezialisierten Anbietern gekauft werden. Hierzu gehört die regelmäßige Überprüfung der Nutzbarkeit der Site, zum Beispiel ob sie online ist, ob die Antwortzeit zufriedenstellend ist oder ob tote Links entstanden sind.
- Daraus resultieren Aufgaben der Fehlersammlung und -behebung.

1.4.6 Aufgaben, die in mehreren Schritten vorkommen

Zusätzlich zu den beschriebenen Projektschritten gibt es noch eine Reihe wichtiger Aktivitäten, welche kontinuierlich im Projektverlauf oder in mehreren Etappen ausgeführt werden:

- Entscheidung über das Projekt: Im Projektverlauf muss immer wieder evaluiert werden, ob Kosten und Nutzen im Einklang stehen. (Kapitel 2.5 »Entscheidung über das Projekt«)
- Erstellung von Angeboten (Kapitel 4.2.4 »Angebotsgestaltung«)
- Vertragsmanagement: Sicherstellung eines lückenlosen Projektablaufs, Überwachung, ob genau das getan wird, was im Vertrag steht, Durchführung von Vertragsänderungen usw. Siehe hierzu Kapitel 5.6 »Steuerung von Kosten, Vertragszustand und Leistungsumfang«
- Evaluierung des Dienstleisters: Siehe Kapitel 2.5 »Entscheidung über das Projekt«
- Erstellung von Aufwandsschätzungen (Kapitel 3.2 »Schätzen«)
- Erstellung von Projektplänen (Kapitel 3.5 »Projektplan und Mitarbeitereinsatz«)

- Kostensteuerung: Kosten sparen, Überwachung der Budgeteinhaltung usw., siehe Kapitel 5.6 »Steuerung von Kosten, Vertragszustand und Leistungsumfang«
- Zusammenstellung und Führung des Projektteams: Siehe Kapitel 9 »Teamführung«

1.5 Wer ist an einem Webprojekt beteiligt?

1.5.1 Mitarbeitereinsatz

Folgendes Diagramm gibt ein Beispiel, wie im Laufe eines Webprojekts die Mitarbeiter eingesetzt werden.

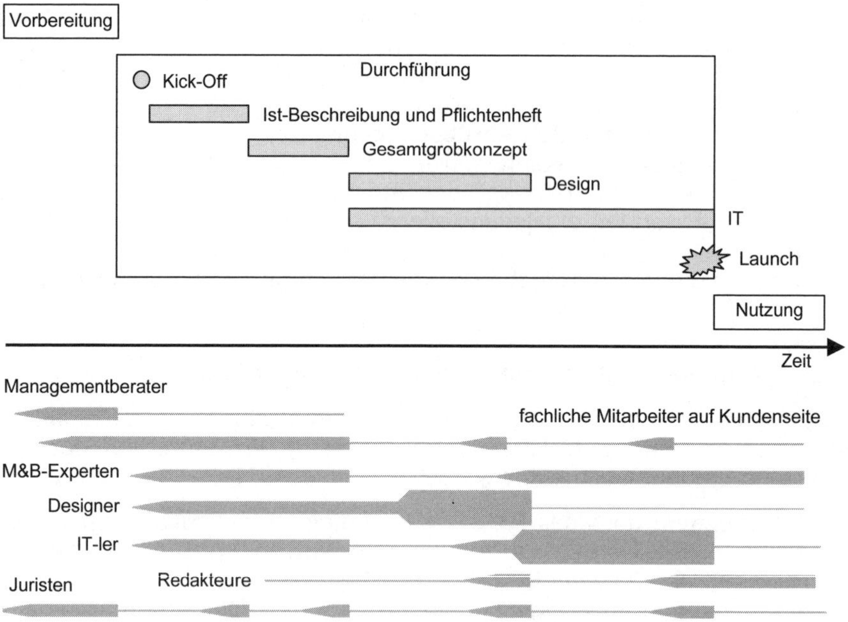

Abbildung 6: Beispiel für Mitarbeitereinsatz im Projektverlauf

Je nach Projekt ist der Ressourceneinsatz – wie der Projektablauf im Allgemeinen – sehr unterschiedlich. Der Ressourceneinsatz auf Kunden- und Dienstleisterseite zeigt ebenfalls Unterschiede. Die Abbildung stellt die Ressourcen beider Seiten insgesamt dar.

Sie werden in diesem Buch den Begriff *Consultant* (oder *Berater*) selten lesen. Natürlich sind interne wie externe Berater sehr wichtig in jedem Projekt, besonders in der Anfangsphase. Der Begriff wird jedoch mit sehr vielen verschiedenen Assoziationen benutzt, so dass damit kaum konkret gesagt werden kann, wer eigentlich gemeint ist. Die wichtigsten Beratungsfunktionen im erweiterten Kontext eines Webprojekts haben:

- *Prozessberater*, sie analysieren Geschäftsprozesse im Unternehmen
- *Strategieberater*, sie beraten das (Top-)Management hinsichtlich der Ausrichtung des Unternehmens oder hier speziell bezüglich der E-Business-Strategie
- *Senior-Mitarbeiter* aller Disziplinen, sie leisten fachliche Beratung aus Sicht der jeweiligen Disziplinen

Die ersten beiden Typen von Beratern sind im Diagramm zusammengefasst zu *Managementberatern.* Sie werden auch als *Business Consultants* bezeichnet. Sie schaffen die Voraussetzungen für die spätere erfolgreiche Projektdurchführung. Wichtig ist, dass sie während der Umsetzung, nach Abschluss ihrer eigentlichen Arbeit, für Fragen zur Verfügung stehen und nicht »einen Papierberg abliefern und gehen«.

Die *fachlichen Mitarbeiter auf Kundenseite* tragen das branchenspezifische fachliche Know-How bei. Sie sind meist nicht Teil des Projektteams, sondern haben eine Beraterrolle. Im Zuge einer Managementberatung, der Erstellung der Ist-Beschreibung oder auch der Grobkonzeption werden sie gefragt und später, bei der Evaluierung des Designs oder dem Test der Site, werden sie weiterhin benötigt, um zu prüfen, ob das Endprodukt auch den fachlichen Anforderungen entspricht.

M&B-Experten stehen für Marketing und Branding. Sie stellen sicher, dass die Site zur Marke passt. Wegen der weitreichenden Einflüsse auf das Design der Site wird Branding im Kontext eines Webprojekts in Kapitel 12 »Die Marke im Internet« gesondert beschrieben. Weiterhin muss die Site auch beworben werden, damit sie bei der Zielgruppe bekannt wird. Sie kann aber auch selbst zum Träger von Werbung werden. Hierzu siehe jedoch Bücher über Marketing oder auch E-Business [E-Business].

IT-Experten und *Designer* leisten die Masse der Projektarbeit, sie bilden i. W. das Projektteam. Die Planung des Mitarbeitereinsatzes für dieses Projektteam wird in Kapitel 3.5 »Projektplan und Mitarbeitereinsatz« besprochen.

Redakteure werden auch als *Onlineredakteure* oder *Contentpfleger* bezeichnet, sie erstellen und aktualisieren den Content. Sie werden im Weiteren nicht gesondert betrachtet, da dieses Buch Webprojekte, nicht aber den Betrieb von Websites oder deren firmen- und branchenspezifische Inhalte beschreibt. Die Redakteure gehören in der Regel nicht zum Webprojekt, sondern zum Beispiel zur Marketing-Abteilung beim Kunden. Falls im Webprojekt Texte für Prototypen zu entwerfen sind, so wird diese Aufgabe von *Textern* geleistet.

Juristen sollten zu den Verträgen im Voraus konsultiert werden. Wenn dies nicht möglich ist, so können sie natürlich auch nachträglich in Anspruch genommen werden, um Streitigkeiten (vor Gericht) zu klären...

Mehrere »fette Balken« im Projektverlauf deuten Verträge für Projektphasen sowie die Verträge an, die später erforderlich sind, um den Betrieb der Site zu gewährleisten. Sie sollten jedoch auch kontinuierlich für Anfragen aus der Projektarbeit zur Verfügung stehen, um rechtliche Aspekte der dargestellten Inhalte und der angebotenen Funktionen zu prüfen. Siehe Kapitel 15 »Recht«.

1.5.2 Kundenorganisationen nach Branchen

Jede Branche, für die Webprojekte gemacht werden, hat ihre charakteristischen organisatorischen Muster, die in den Firmen häufig vorkommen. Während der Kunde primär mit den Projektteilnehmern des Dienstleisters interagiert, muss der Dienstleister oft auch von Ansprechpartnern in verschiedenen Organisationsteilen Informationen einholen oder mit ihnen zusammenarbeiten. Er muss verstehen, wo sich das Projekt in der Gesamtorganisation befindet. Eine erste Orientierung geben folgende Beschreibungen. Auch wenn individuelle Firmen davon abweichen können, so soll hier zumindest anhand einiger Branchen der Blick für diese Unterschiede geschärft und typische Muster aufgezeigt werden.

Banken

Aus Sicht der Arbeit in einem Webprojekt gliedern sich Banken in die *Fachseite* (Bankfachliches) und die *DV-Seite* (IT). Beides sind Zentralabteilungen, im Gegensatz zu den Filialen an verschiedenen Orten. Web- und IT-Projekte gehören zur DV-Seite. Besonders gute Dienstleister, mit denen die Zusammenarbeit erprobterweise klappt, erhalten die Chance, direkt für die Fachseite zu arbeiten. Die Fachseite hat die Führung in der Bank, die DV-Seite bedient die Fachseite.

Industrie

Industriefirmen (im Sinne von Güterproduktion) gliedern sich im Wesentlichen in Produktion, Produktdesign, Marketing und Vertrieb. Die Site gehört oft in den Verantwortungsbereich der Marketingabteilung. Wenn nun ein größerer Kraftakt (z. B. ein Relaunch) erforderlich ist, der deren Budget überfordert, stellen die Geld erwirtschaftenden Abteilungen das Budget – und oft daran geknüpft auch eine Reihe von Anforderungen. Das ist insbesondere der Vertrieb. Die Produktion und das Produktdesign sind wichtige Informationsgeber, sie liefern Bilder und Beschreibungen der Produkte, die dann – entsprechend angepasst – für die Site verwendet werden können.

Logistik

Die für Logistik-Unternehmen typische Struktur folgt der von Industrieunternehmen, wobei Produktion durch Transport zu ersetzen ist.

Versicherungen

Versicherungen arbeiten in Sparten. Sparten sind Haftpflichtversicherung, Lebensversicherung, Krankenversicherung, Kfz-Versicherung und andere. Jede Sparte hat ihre eigenen DV-Systeme, diese sind miteinander nicht verbunden. Zusätzlich existiert noch eine »allgemeine Unternehmens-IT«. Die Website ist je nach dem, was sie darstellt, der IT einer Sparte oder der Gesamt-IT zugeordnet.

1.6 Was macht den Erfolg aus?

Es gibt eine Reihe von Untersuchungen darüber, wie erfolgreich beziehungsweise erfolglos Webprojekte sind und woran dies liegt. Die meisten Statistiken stammen aus den Jahren nach Ende des Internet-Hype 1999-2000, als man Schlagzeilen mit Scheiterstatistiken machen konnte. Die in Kapitel 1.6.1 zitierten Untersuchungen verwenden alle unterschiedliche Kriterien, wann ein Projekt als »gescheitert« gilt, zudem hat sich die Lage seitdem verbessert. Trotz aller Unterschiede steht jedoch fest:

Ein wesentlicher Teil der Webprojekte scheitert.

Wenn man ein Webprojekt beginnt, unternimmt man also etwas, was ein ernstzunehmendes Risiko birgt, nicht zu gelingen. Dem steht gegenüber, dass es Firmen gibt, die erfolgreiche Webprojekte durchführen, und dass es Projektleiter und Entscheider gibt, bei denen der Projekterfolg die Regel ist. Für den Erfolg sind insbesondere viel Professionalität und Erfahrung erforderlich, die man schneller braucht, als man sie nur durch eigenes Erleben und Verbessern erlangen könnte. Auf alle Fälle ist ein realistisches Problembewusstsein angebracht:

- Eine Auseinandersetzung mit typischen Projektproblemen lohnt sich (Kapitel 1.6.2 »Die häufigsten Probleme«).
- Trotz allem gibt es Umstände, unter denen Projekte sehr wahrscheinlich gelingen (Kapitel 1.6.3 »Erfolgsfaktoren«).
- Vor der Übernahme der Verantwortung für ein konkretes Projekt sollen dessen Erfolgschancen geprüft werden (7.1 »Professionelle Übernahme der Verantwortung«).

1.6.1 Statistiken über Projekterfolg

Eine Studie der Timekontor AG im Raum Berlin-Brandenburg ermittelte, dass 19,3% der untersuchten Internetprojekte scheiterten (in dem Sinne, dass sie die geplanten Ziele nicht einmal annähernd erreichten) und 6,3% abgebrochen wurden. Bei Intranetprojekten scheiterten 8,6%. [Timekontor]. In den Jahren 2000 und 2001 wurden eine Reihe von Pressemeldungen veröffentlicht, die Einschätzungen enthielten, dass drei von vier E-Business-Projekten scheitern.

Über IT-Projekte, in denen eine Anwendung entwickelt wird, hat die Standish Group in den Chaos Chronicles 2003 publiziert, dass (im Jahr 2002) 51% Budget oder Termin verfehlten oder nur einen Teil der spezifizierten Funktionen implementierten. 15% wurden abgebrochen. Untersucht wurden zu einem hohen Anteil Webprojekte. Im Jahr 2000 lagen die Werte bei 49% und 23%. [Standish2003].

Es ist Ansichtssache, wann ein Projekt »gescheitert« ist. Sicher kann ein Projekt erfolgreich sein, auch wenn es das doppelte des geplanten Budgets gekostet hat. Vieles hängt dabei auch von der subjektiven Sicht des Befragten ab. Praxisrelevantere Kriterien für Erfolg sind vielleicht, ob die Stakeholder zufrieden sind oder ob der Aufwand im Verhältnis zum Nutzen steht. Solch eine Untersuchung führte Gartner für Portale durch:

Projektauswirkung	**Geschätzte Häufigkeit**
Der Schaden übersteigt die Kosten des Portals	< 1%
"Schrankware": Der Schaden beschränkt sich auf die Kosten des Portals und die Opportunitätskosten	20-25%
Das Portal wird zu wenig genutzt – häufig ist das ein nicht sichtbares Scheitern	30-35%
Die Ziele wurden erreicht, die Nutzung ist gut, aber der Erfolg wird nicht immer anerkannt	35-40%
Jeder weiß, das Projekt war erfolgreich	5-10%
Der Erfolg übertrifft die höchsten Erwartungen	< 1%

Tabelle 1: Geschätzte Erfolgsraten bei Portalen, Quelle: [Gartner]

Dabei definiert Gartner ein *Portal* als Website mit breitgefächertem Content, Services und Links zu Anbietern. Es kreiert den Mehrwert durch Vermittlung, d. h. Auswahl von Contentquellen und Integration dieser in eine Oberfläche, die der Nutzer einfach navigieren und anpassen kann.

Projektleitung unterliegt – wie jedes andere Gebiet – einer Lernkurve. Solch eine Entwicklung wurde für IT-Projekte dokumentiert durch die regelmäßigen Studien der Standish-Group. 1993 wurden nur 16% der IT-Projekte innerhalb ihres Budgets und ihres Termins fertig und implementierten die ursprünglich spezifizierten Funktionen, im Jahr 2000 waren es 28%. Das wird hauptsächlich dem gestiegenen Bewusstsein zugeschrieben, dass Großprojekte riskant sind [SoftwareMagazine]. Fakt ist, dass IT-Projekte heute im Durchschnitt kleiner sind und die Erfolgsrate gestiegen ist.

1.6.2 Die häufigsten Probleme

Probleme können überall entstehen. Ganz besonders treten sie an den mit Bomben gekennzeichneten Stellen im Projekt auf.

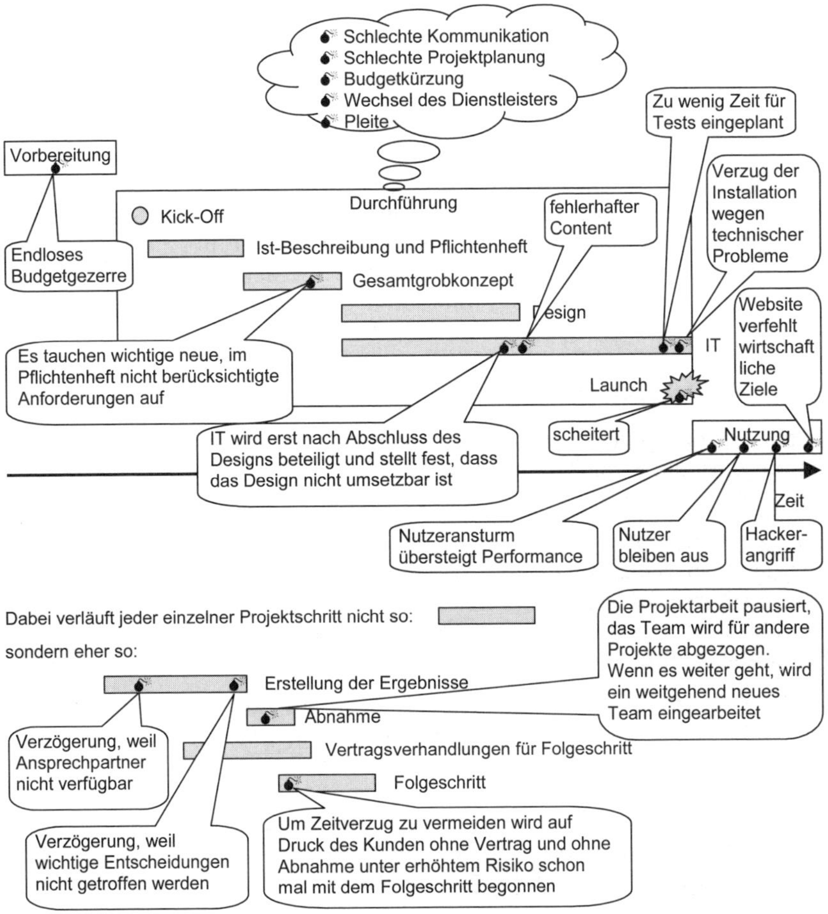

Abbildung 7: Projektprobleme. Ein wesentlicher Teil der Webprojekte scheitert. Wen wundert es?

In der Abbildung sind nur die wichtigsten Probleme gekennzeichnet und diese auch nur so, wie sie in Erscheinung treten.

Die Ursachen liegen oft ganz woanders als die Probleme: Es wird nichts entschieden, weil die Entscheidungsvorlage schlecht war, diese war schlecht, weil die Kommunikation während ihrer Vorbereitung schlecht war, diese war schlecht wegen mangelnden Vertrauens, das wiederum begann bereits im Kick-Off-Meeting, in dem es den Projektleitern auf beiden Seiten nicht gelang, eine persönliche Ebene herzustellen ...

So kann die Abbildung den Eindruck erwecken, als würden Fehler besonders häufig in der Endphase und während der Nutzung von Projekten gemacht. Tatsächlich werden die meisten Probleme in der Anfangsphase verursacht, in etwa bis zum Grobkonzept. Sie treten jedoch oft erst ab Mitte des Projekts in Erscheinung – und ganz besonders häufig am Ende und während der Nutzung. Diese Beobachtung gilt auch generell für IT-Projekte [Timekontor, Seiten 50-51]. Was man als Projektleiter oder Entscheider tun kann, um Probleme rechtzeitig zu vermeiden, das ist Inhalt des gesamten Buches. Kapitel 1.4 »Was ist zu tun?« gibt eine erste Anleitung dazu und verweist in jedem Projektschritt auf die jeweils relevanten Kapitel.

Die Abbildung erweckt weiterhin den Eindruck, als gäbe es keine Design- und viele IT-Probleme. Das scheint so, weil die Probleme beim Design sowie dem Marketing & Branding oft erst dadurch in Erscheinung treten, dass die Nutzer ausbleiben. IT-Probleme melden sich meistens noch während der Projektarbeit: Es funktioniert oder es funktioniert nicht.

1.6.3 Erfolgsfaktoren

Welche Webprojekte gelingen? Kann man anhand der Bedingungen eines Projekts die Erfolgschancen ablesen?

Es gibt Konstellationen, in denen Projekte so gut wie sicher gelingen, andere, in denen sie scheitern und es gibt Faktoren, die darüber entscheiden, wo zwischen diesen Extremen ein konkretes Projekt liegt. Einen Teil der Erfolgsfaktoren kann nur der Entscheider auf Kundenseite beeinflussen, einen anderen eher die Projektleiter auf Kunden- und Dienstleisterseite.

Praktisch jedes Projekt wird erfolgreich, wenn ein mit entsprechenden Vollmachten ausgerüsteter Entscheidungsträger des Kunden zu einem engen, objektiv unverrückbarem Termin eine starke Motivation hat, dass das Projekt gelingt. Ein Beispiel dafür ist ein Börsengangsportal. Solch ein Projekt wird erfolgreich. Der Börsengang wird nicht wegen einer sich verzögernden Website verschoben. Aufmerksamkeit und Wille »von oben« sind sehr groß. Das Gelingen dieses Projekts ist Chefsache.

Schlechtere Karten hat ein Projekt, das von mehreren Abteilungen finanziert wird, die alle mitbestimmen und im Web dargestellt werden wollen und in dem der für das Webprojekt Verantwortliche auf ihre Zustimmung angewiesen ist. Gerade diese Projekte mit vielen Mitbestimmern sind auch die großen, die ohnehin kaum schnell genug durchgeführt werden können, ohne dass sich in der Zwischenzeit alles Wichtige, worauf das Projekt basiert, ändert: Anforderungen, Personen, Budget, Marktlage, Geschäftslage. Im schlimmsten Fall ist dann auch noch das eigentliche Ziel des Projekts kein anderes, als mit der Konkurrenz mithalten, die eine bessere Site hat. Wenn all dies zutrifft, ist das Projekt so gut wie gescheitert.

Ein normales Projekt liegt irgendwo zwischen diesen Extremen. Anhand nachfolgender Erfolgsfaktoren können Sie sich einen ersten Eindruck über die Aussichten Ihres Projekts verschaffen – und wenn Sie die Vollmachten dazu haben, die für den Erfolg erforderlichen Entscheidungen treffen:

- Viel Aufmerksamkeit des höheren Managements, der Wille seitens des Entscheiders, das Projekt zum Erfolg zu führen und dafür Geld *und eigene Zeit* zu investieren. Ideal ist hier ein einziger verantwortlicher Entscheider auf Kundenseite mit ausreichend Entscheidungsbefugnissen sowie weitgehende Entscheidungsbefugnisse im Projektteam.
- Die Triebfeder des Projekts soll eine eigentliche geschäftliche Idee sein, die jedoch hinsichtlich Kosten und Nutzen geprüft ist. Allzu viele Projekte werden aus rein betriebswirtschaftlicher Motivation heraus gestartet und lassen einen inhaltlichen Kern vermissen, eine Idee, um die es geht. Ziele solcher Projekte sind: mit der Konkurrenz gleichziehen, »wir müssen ins Internet«, Marketing, Umsatzsteigerung etc. Genauso falsch ist es, ein Projekt aus einer Idee heraus durchzuführen, ohne die wirtschaftlichen Aspekte geprüft zu haben. Ohne eine Idee wird die Site wenig Erfolg haben und eine der vielen (unter-)durchschnittlichen Sites werden. Mit Idee, aber ohne Kosten-Nutzen-Analyse, wird sie zu einem »missionarischen Geldgrab« – in beiden Fällen ist das Geld in den Sand gesetzt. Vor allem aber sollten die Ziele des Projekts überhaupt konkret formuliert sein. Das Unternehmen sollte insgesamt eine E-Business-Strategie haben, diese sollte allen bekannt sein und die Ziele des Projekts sollten dazu passen.
- Sehr gute kommunikative Fähigkeiten bei allen Projektteilnehmern, insbesondere aber bei denen mit Führungsaufgaben.
- Für Webprojekte und Projekte im Allgemeinen entscheidende Vorgehensweisen. Hierzu gehören insbesondere: Involvierung der Nutzer, genau beschriebener Leistungsumfang, kurze Projektlaufzeiten, zuerst nur die wirklich wichtigen Anforderungen realisieren. Ein enger, objektiv unverrückbarer Termin, wie einleitend erwähnt, ist zwar kein eigentlicher Erfolgsfaktor, er hilft jedoch enorm, um Widerstände gegen sinnvolle Maßnahmen wie z. B. eine stringente Priorisierung der Projektinhalte zu überwinden. Der Projektleiter auf Dienstleisterseite wird genau dafür engagiert, sich bei Vorgehensweisen in Webprojekten sehr gut auszukennen und auch andere davon überzeugen zu können.
- Kundenprojektleiter und Entscheider mit guter Kenntnis der Firma sowie guten Kontakten in der Firma. Für den Projekterfolg ist es entscheidend, dass sie Ansprechpartner, Dokumente und Informationen besorgen, Stakeholder mobilisieren sowie politische Schwierigkeiten ausräumen können. Neulinge in der Firma nutzen hierbei wenig.
- Zusammenarbeit mit einem bewährten Dienstleister. Das erspart wegen des eingespielten Geschäftsverhältnisses sehr viel Verhandlungsaufwand. Auf Managementebene ist das für effektive Entschei-

dungsfindung benötigte Vertrauen bereits vorhanden. Die Mitarbeiter kennen sich gegenseitig, das ergibt kurze Kommunikationswege in der Projektarbeit und erspart Fehler.

Diese Erfolgsfaktoren sind Beobachtungen aus der Praxis, sie sind in unterschiedlichem Maße beeinflussbar und nicht alle für jedes Projekt relevant. Die zuerst genannten sind tendenziell wichtiger. Anhand obiger Liste können die Erfolgsaussichten für ein Projekt evaluiert werden; wenn mehr als zwei-drei Punkte nicht gegeben sind, besteht Anlass anzunehmen, dass das Projekt kein Erfolg wird. Aber auch ein einzelner fehlender Erfolgsfaktor kann natürlich bereits das Scheitern des ganzen Projekts bewirken.

Erfolgsfaktoren für IT-Projekte werden von der Standish Group regelmäßig statistisch berechnet. In dem Bericht von 2001 führte die Unterstützung der Exekutive, in dem vom Jahr 2003 die Involvierung der Nutzer die Rangliste an. [Standish2003].

Die Erkennung und Vermeidung von Risikoprojekten behandeln die Kapitel 7.1 »Professionelle Übernahme der Projektverantwortung«, die aktive Steuerung gegen Projektrisiken wird in Kapitel 5, 7.2 und 7.3 beschrieben.

Die Erfolgsfaktoren können auch als Liste der Punkte gesehen werden, an denen Projekte scheitern. Verallgemeinert und kurz auf den Punkt gebracht lauten diese:

- Entscheider entscheiden nicht
- Fehlende Einheit der wirtschaftlichen und inhaltlichen Konzeption in der Projektvorbereitung
- Kundenprojektleiter wollen eine passende Lösung, stellen aber ungenügend Informationen und Ansprechpartner bereit
- Projektleiter auf Auftragnehmerseite tun nicht das, was der Kunde mit höchster Priorität braucht
- Führungskräfte kommunizieren nicht gut genug

In einem Satz: Projekte scheitern, wenn Führungskräfte nicht ihre Aufgaben tun.

1.7 Was macht die Kosten aus?

1.7.1 Die großen Blöcke

Wie teilen sich die Kosten von Webprojekten auf?

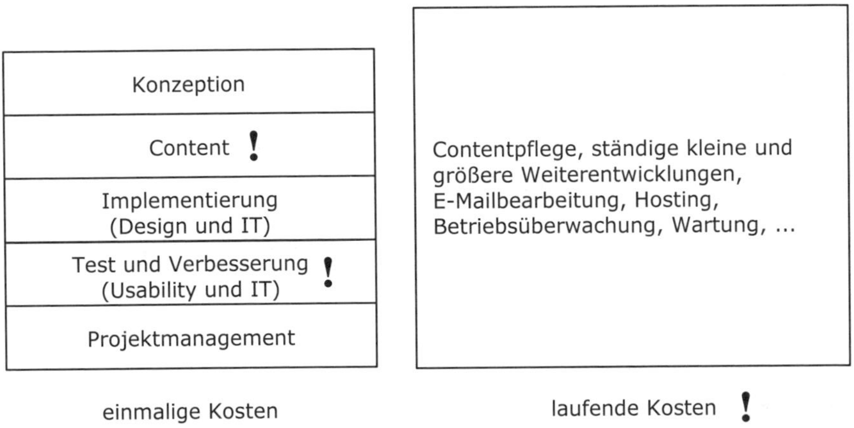

Abbildung 8: Die großen Kostenblöcke im Zusammenhang mit einem Webprojekt

Der Musterprojektablauf aus Kapitel 1.4 gibt zwar einen ersten Eindruck der Schritte eines Webprojekts, über reale Kostenverhältnisse sagt er jedoch wenig aus. Im Gegenteil, er kann sogar den Eindruck vermitteln, dass die Arbeiten an Design und IT die großen Aufwände im Zusammenhang mit einem Webprojekt darstellen. Diese weit verbreitete Ansicht ist für die Mehrheit der professionellen Webprojekte definitiv falsch! Richtig ist lediglich, dass IT-Experten und Designer die Mehrheit des Projektteams ausmachen.

- Die größten Kosten entstehen generell im Laufe der Nutzung der Website, diese können sogar deutlich höher sein als die Projektkosten. Die ausschlaggebenden Punkte sind dabei typischerweise die Contentpflege und erforderlich werdende Weiterentwicklungen. Hinzu kommen Antworten auf E-Mails der Nutzer, regelmäßige Überprüfung und Aktualisierung der Sicherheitsmaßnahmen oder die Vorhaltung einer IT-Infrastruktur, die für das Web typische Zugriffswellen verkraftet. Aus Kundensicht ist die Arbeit nach dem Projektabschluss also nicht fertig, sondern fängt eigentlich erst an.
- Die einmaligen Kosten lassen sich in die eingezeichneten fünf großen Blöcke gliedern. Diese sind in ihrer Bedeutung durchaus gleichberechtigt, die genauen Verhältnisse sind natürlich von Projekt zu Projekt unterschiedlich.
- Immer wieder missachtet werden die Kosten des Content. Die Contenterstellung wird meistens nicht zum Webprojekt gerechnet. Das ist insofern berechtigt, als dass der Content in der Regel eine andere Quelle hat. Er stammt von anderen Abteilungen, aus der bisherigen Website, wird eingekauft oder von eigens hiermit beauftragten Redakteuren erstellt. Für Entscheider wichtig ist jedoch die Botschaft, dass Content sehr teuer ist und permanent Kosten verursacht – wo auch immer diese organisatorisch dazuzurechnen sind. Im Projekt entstehen oft Kosten wegen mangelnder Eignung des Content für

das Web oder Problemen mit der technischen Einbindung oder Datenformatierung.

- Für Überraschung sorgen auch die Testaufwände, gerne wird dabei beispielsweise der Aufwand für die erforderlich werdenden Nachbesserungen übersehen.

Für den Aufwand von Konzeption im Verhältnis zu Implementierung und zu Test gilt die Faustregel 1/3 : 1/3 : 1/3. Weitere Anhaltspunkte für die Aufwandsschätzung werden in Kapitel 3.2.5 »Kontrolle der Schätzung – Allgemeine Erfahrungswerte« gegeben.

1.7.2 Kostenfaktoren

Welche Faktoren machen die Unterschiede in den Kosten von Webprojekten aus?

Es ist eine weit verbreitete irrtümliche Auffassung, dass die vom Kunden geforderten Aufgaben die Kosten ergeben. Wie bei allen anderen Arten von Projekten, so gilt auch bei Webprojekten, dass zu den Kosten auch die Risiken maßgeblich beitragen. Diese sind getrennt zu betrachten, da sie sich nicht nur aus den Aufgaben, sondern auch aus den involvierten Personen, den Firmen und generell dem Umfeld ergeben. Angesichts der Wahrscheinlichkeit, dass Webprojekte scheitern (Kapitel 1.6.1), können hier Risiken ziemlich direkt in Kosten umgerechnet werden. Folgende »Formel« ist eine Veranschaulichung dieser Denkweise:

Kosten = Aufgaben + Risiken

Die hiermit ausgedrückte Idee gilt sowohl in der Vorausbetrachtung als auch in der Rückbetrachtung. In ersterem Fall müssen wegen Risiken in der Kostenrechnung Risikoaufschläge berechnet werden, in letzterem summieren sich Kosten von zusätzlichen Arbeiten, Verzögerungen und Misserfolgen, die durch Risiken entstanden sind.

Diese Denkweise hilft beim Erzielen von echtem Projekterfolg, der sich in Geld auszahlt.

Folgende Liste fasst – dieser Idee folgend – die Punkte kurz und knapp zusammen, die nach allgemeiner Erfahrung mit Webprojekten am meisten zu den Kosten beitragen. Diese Liste wird später, bei der Grobschätzung von Vorhaben, als Checkliste der Kostenfaktoren verwendet (Kapitel 3.3.3 »Die Analogiemethode – Schätzung in frühen Phasen«). Die Liste ist zusammengestellt aus den in Kapitel 1.2 beschriebenen Inhalten von Webprojekten und den in Kapitel 1.6.3 aufgezählten Erfolgsfaktoren oder, anders gesehen, Risikofaktoren. Für die Verwendung als Checkliste wurde auf Begriffserklärungen weitgehend verzichtet. Diese finden sich in den zwei zuvor genannten Kapiteln.

Die speziellen Kostenaspekte der einzelnen Disziplinen vertiefen die Kapitel 12.1, 13.5. und 14.4.1.

Die größten Kostentreiber bei Webprojekten:

- Internationalisierung
- Sehr neuartige Vorhaben, es gibt nichts Ähnliches im Web
- Besondere Anforderungen an die Inszenierung von Marken (Top-Markenunternehmen)
- Personalisierung
- Community-Features
- Spiele
- Shop
- CMS
- Komplexer Workflow für die Contentverwaltung

- Funktionen, insbesondere solche, die technisch nicht allein innerhalb der Website operieren; Transaktionen mit Waren oder Geld
- Hochleistung
- Hohe Sicherheitsanforderungen
- Anzahl der Seiten der Site
- Unerprobte Technologie

- »Organisatorischer Faktor« (viele Stakeholder, Großunternehmen, viele Vorschriften, langsame Entscheidungsprozesse)
- »Persönlicher Faktor« (schwierige Beziehungen, unerfahrene Führungskräfte)
- Mangelnde Erfahrung mit ähnlichen Projekten in der Organisation, fehlende Ressourcen mit Erfahrung
- Änderungsfreudiges Projektumfeld (Geschäftslage, Marktlage, Kundenbedürfnisse, Umstrukturierungen etc.)
- Unklare Ziele und Änderungen der Ziele

Checkliste 2: Hauptkostentreiber eines Webprojekts

2 Von der Idee zum Projekt

Robert Stoyan

Die Vorbereitungsphase entscheidet maßgeblich über spätere Projektprobleme. Hier sind noch alle Möglichkeiten der Projektgestaltung gegeben. Dieses Kapitel vermittelt, wie aus einem nur durch übergeordnete Ziele definierten Vorhaben ein oder mehrere konkrete, durchführbare Projekte extrahiert werden – so, dass sie Erfolgspotenzial haben.

Inhalte:

2.1 Was ist die Projektdefinition?

Die *Projektdefinition* ist die Festlegung von Umfang, Budget und Zieltermin eines Projekts, vgl. auch Kapitel 1.1.1. Es ist der Weg von der ersten Idee zu einem oder mehreren konkreten, durchführbaren Projekten.

Die Gesamtheit dessen, was im Rahmen der Projektidee umgesetzt werden soll, wird nachfolgend als *Vorhaben* bezeichnet. Das können also ein oder mehrere Projekte sein, die eine gemeinsame Idee, ein gemeinsames geschäftliches Ziel vereint.

Die Projektdefinition beinhaltet folgende Tätigkeiten:

1. Ist-Aufnahme und Sammlung der Anforderungen
2. Anforderungen priorisieren und Projektumfang festlegen
3. Für Unterstützung werben
4. Entscheidung über die Weiterverfolgung

Position der Projektdefinition im Projektablauf:

Die Projektdefinition kann intern auf Kundenseite vor der Projektvergabe durchgeführt werden und führt dann zur Ausschreibung. Sie kann aber auch gemeinsam mit dem Dienstleister im Zuge der Erstellung des Pflichtenhefts erfolgen. Bei größeren Projekten wird diese Aufgabe in mehreren Etappen durchgeführt und erst zum Ende der Grobkonzeption abgeschlossen. Bei sehr großen Projekten wird die Projektdefinition eventuell bereits in einer vorgeschalteten Managementberatung begonnen. Bei kleineren Projekten passiert sie in der Regel einfach in den Verhandlungen zwischen Kunden und Dienstleister über das Projekt.

In dem Musterprojektablauf aus Kapitel 1.4 geschieht die Projektdefinition in den Schritten »Interne Projektdefinition«, »Ist-Beschreibung und Pflichtenheft« sowie »Grobkonzept«.

Nachfolgendes richtet sich dementsprechend sowohl an Kunden als auch an Dienstleister.

2.2 Ist-Aufnahme und Sammlung der Anforderungen

Anforderungen zu sammeln ist scheinbar das Leichteste. Tatsächlich können hier wesentliche Fehler gemacht werden: Anforderungen gibt es immer genug, das Management beziehungsweise allgemein die Geldgeber für das Projekt haben welche, wozu also noch nach weiteren fragen? Damit die entstehende Website ein Erfolg wird, müssen die Nutzer gefragt werden, sonst stimmen sie nachher mit den Füßen, genauer mit ausbleibenden Klicks, ab. Überhaupt soll zunächst der Ist-Zustand aufgenommen werden, da Anforderungen stets darauf aufbauen, was aktuell bereits vorliegt. Dabei können auch diejenigen, die keine starke Stimme im Unternehmen haben, wertvolle Informationen geben. Im Einzelnen ergeben sich folgende Punkte:

- Natürlich sollen die Anforderungen des Managements des Kundenunternehmens eingeholt werden. Sie sollen zeigen, wie die Strategie des Unternehmens und speziell die E-Business-Strategie umzusetzen ist. Diese Anforderungen präzisieren die bislang formulierten Ziele des Managements für dieses Projekt.
- Aus den Zielen des Projekts und einer Untersuchung der aktuellen Website lassen sich bereits die wichtigsten Anforderungen ableiten. Das kann im Projektteam getan werden. Brainstormings und Mindmaps können hier helfen, siehe auch Kapitel 6.5 »Besprechung, Agenda, Protokoll«.
- Befragen Sie alle Stakeholder (vom Projekt in irgendeiner Weise Betroffene im Unternehmen), bei denen das sinnvoll ist. Hierzu muss jedoch zuerst klar sein, wer die Stakeholder des konkreten Projekts überhaupt sind, siehe Kapitel 1.4.5, Schritt 6 »Kick-Off«.
- Entscheidend sind die Nutzer. Um sie nach Anforderungen zu »fragen«, bietet es sich an, Nutzertests zur Usability (Gebrauchstauglichkeit) der bestehenden Site durchzuführen oder sogar den Bedarf nach einem neuen Angebot durch Marktanalysen, Tests mit Prototypen usw. zu erforschen. Auf Usability spezialisierte Institute bieten Nutzertests an. Bereits für einige zehntausend EUR bekommt man gute Tests mit Probanden aus der Zielgruppe, Testlabor, verschiedenen Formen der Nutzerbeobachtung und detaillierter Ergebnisauswertung.
- Die technischen Administratoren und die Contentpfleger sollten nicht vergessen werden. Jede Site muss technisch und inhaltlich gepflegt werden. Diese Prozesse sind sehr wohl bereits in dieser frühen Phase grob zu berücksichtigen, auch weil die Kosten der Pflege in das Projektbudget (Erschaffung der Pflegemöglichkeiten) und die Schätzung der zukünftigen Betriebskosten (Pflegeprozesse) einfließen müssen. Auch kennen diese Personen aus ihrer täglichen Arbeit heraus die aktuelle Site besonders gut, sie leisten einen wichtigen Beitrag zur Ist-Beschreibung und den Anforderungen. Oft können gerade sie einfache, aber wirkungsvolle Verbesserungen nennen.

Die Ergebnisse dieses Vorgehens sind:

- Ist-Beschreibung
- Rohe, nicht gewertete Liste der Anforderungen
- Wichtig ist es in jedem Fall, auch die Hintergründe zu verstehen, die zu einer Anforderung führen. Dieses Verständnis ist ein sehr wertvolles Ergebnis der Anforderungssammlung, die bei der späteren Priorisierung der Anforderungen hilft: Wer priorisieren will, muss bewerten können und wer bewerten will, muss verstanden haben.

2.3 Anforderungen priorisieren und Projektumfang festlegen

»Ich jage nie zwei Hasen auf einmal.« (Otto von Bismarck)

Damit Zeit und Geld optimal genutzt werden, müssen die zusammengetragenen Anforderungen priorisiert werden.

2.3.1 Ziele und Kriterien der Priorisierung

Damit Webprojekte erfolgreich werden, sollen sie:

- innerhalb von drei, maximal sechs Monaten online gehen,
- das Einverständnis der Stakeholder erhalten, siehe Kapitel 2.4,
- mit ihrem voraussichtlichen wirtschaftlichen Nutzen die anstehenden Kosten rechtfertigen, siehe Kapitel 2.5,
- die zukünftigen Nutzer und deren Bedürfnisse berücksichtigen.

Die aufgezählten vier Punkte – kurze Projektdauer, Einverständnis, Kosten-Nutzen-Relation und Nutzerzufriedenheit – ergeben die Kriterien für die Priorisierung der Anforderungen.

Die drei oder maximal sechs Monate Projektlaufzeit sind eine Faustregel aus der Erfahrung und werden in Kapitel 8.1 »Das Risiko« und in Kapitel 2.3.3 »Warum priorisieren?« begründet. Bei besonders umfangreichen Vorhaben im Web ist es in diesem Sinne das Beste, die Dauer zu verkürzen, indem ein erstes Projekt extrahiert wird, in dem nur die wichtigsten Anforderungen realisiert werden und anschließend online gehen. Es gibt aber auch Ausnahmen, bei denen das nicht möglich oder nicht sinnvoll ist, siehe Kapitel 8.1.2 »Projekte mit langen Laufzeiten stückeln«.

Die Herausforderung hierbei ist jedoch, dass Zeitaufwand, Kosten und Nutzen auf Ebene der einzelnen Anforderung oft nicht beurteilt werden können, erst recht nicht in einem frühen Projektstadium. Das Vorgehen muss sich hier am erreichten Konzeptionsstand des Projekts orientieren:

Projektschritte »Interne Projektdefinition« und »Pflichtenheft«

Priorisieren ist an dieser Stelle keine exakte, sondern eine »gefühlsmäßige« Aufgabe, die auf Projekterfahrung und den bei der Anforderungsaufnahme erhaltenen Hintergrundinformationen beruht. Die genannten Kriterien der Priorisierung können hier in der Regel noch nicht quantifiziert werden. Immerhin können Nutzerbefragungen durchgeführt werden, um deren Bedürfnisse zu ermitteln. Zu diesem Zeitpunkt ist es dennoch sinnvoll zu priorisieren, wichtig vor allem, um zu vermeiden, dass viel Zeit und Geld für komplexe Konzeptionen (Pflichtenheft, Grobkonzept) verwendet wird, um dann erst später den Umfang des Projekts zu reduzieren. In Großprojekten gibt es proportional sehr viel mehr Konzeptions- und Abstimmungsaufwand als in kleineren.

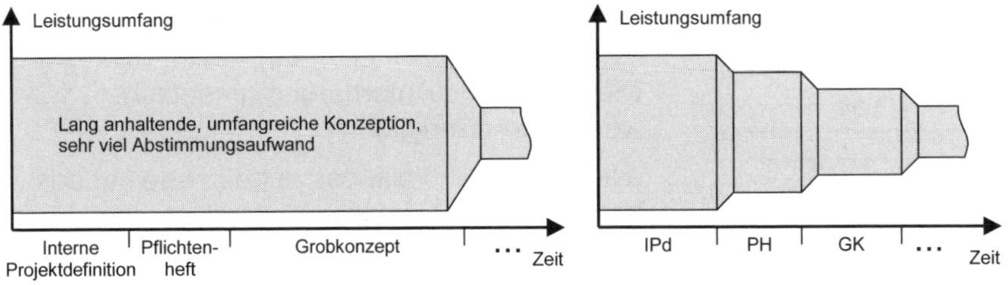

Abbildung 9: Gewinn durch frühzeitige Priorisierung der Anforderungen

Projektschritt »Grobkonzept«

Hier können Kosten der Anforderungen geschätzt und ihr Nutzen bewertet werden. Sinnvoll ist es dabei, Gruppen von Anforderungen zu bilden, die zusammen eine sinnvolle Einheit darstellen. Das können zum Beispiel Handlungsabläufe des Nutzers sein, Geschäftsprozesse oder Gruppen von technischen Funktionalitäten, die zusammen günstig realisierbar sind. Ähnlich kann auch der Zeitaufwand genauer abgeschätzt werden und (anhand von Prototypen und Tests) ermittelt werden, was im Detail für den Erfolg bei den Nutzern wichtig ist.

2.3.2 Methoden der Priorisierung

Für die Zuordnung von Prioritäten zu den Anforderungen eignen sich folgende alternative Prinzipien. Beide sind hilfreicher und kosten auch weniger Arbeit, als die Anforderungen nach ihrer Priorität in eine Reihenfolge zu ordnen.

Prinzip 1. Muss-Soll-Kann

Teilen Sie die Anforderungen in drei Kategorien:

muss	– Ohne diese ist das Vorhaben nicht sinnvoll
soll	– Diese wichtige Anforderung umsetzen, wenn irgend möglich
kann	– „Nice to have": Falls das entfällt, erleidet das Vorhaben keinen schweren Verlust

Abbildung 10: Prioritätenklassen der Anforderungen

Prinzip 2. Pareto

Eine andere bekannte Methode der Priorisierung ist das Paretoprinzip. Es ist das Mittel der Wahl, wenn die Intention des Projekts nicht mit »muss« adäquat beschreibbar ist, sondern eher eine sinnvolle Verbesserung darstellt. Der italienische Wirtschaftswissenschaftler Vilfredo Pareto (1848-1923) hat beobachtet, dass 20% der italienischen Familien 80% des Landes besitzen. Daraus entwickelte sich über die Zeit das »Paretoprinzip«, wonach in vielen Zusammenhängen ein kleiner Anteil der Dinge den überragenden Anteil des Effektes ausmacht. Dieser Gedanke ist nützlich für die Priorisierung von Projektanforderungen: Oft gibt es einen Kern der Anforderungen, die den eigentlichen Effekt ergeben - die 20%, welche 80% des Nutzens bringen.

Mit beiden Methoden erhält man eine enge, stark priorisierte Auswahl der Anforderungen.

Die am höchsten priorisierten Anforderungen werden zum Gesamtinhalt des ersten Projekts. Das so definierte Projekt sollte die eingangs genannten vier Kriterien kurze Dauer, Einverständnis der Stakeholder, Kosten-Nutzen-Relation und Nutzerzufriedenheit erfüllen.

Bei sehr großen Vorhaben kann das Ergebnis ein Entwurf mehrerer Projekte sein, siehe Kapitel 8.1.2 »Projekte mit langen Laufzeiten stückeln«.

2.3.3 Warum priorisieren?

Es gibt zwei Pole, zwischen denen Ihr Projektablauf liegen kann...

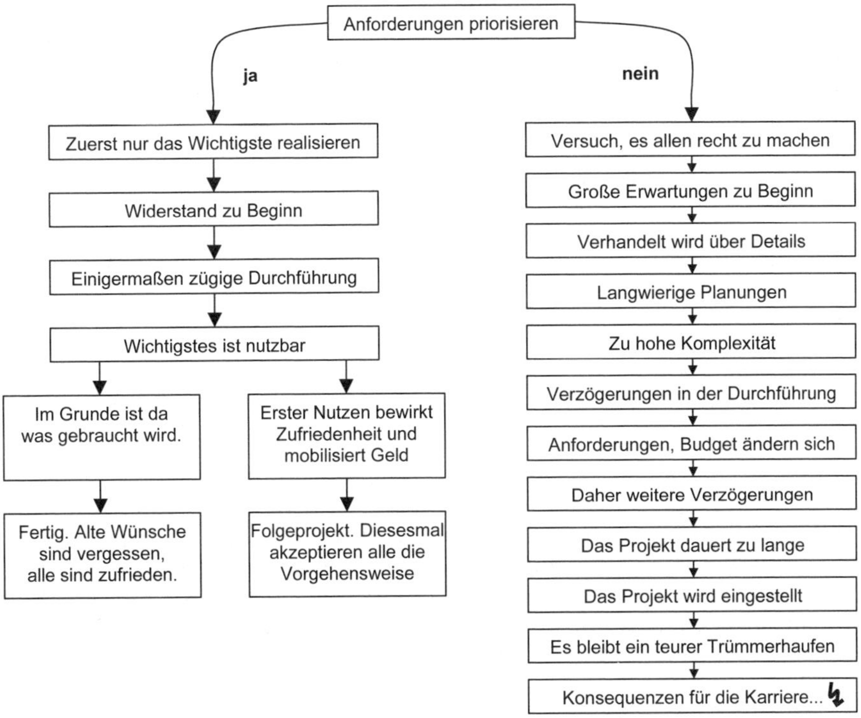

Abbildung 11: Alle Anforderungen auf einmal zu realisieren funktioniert nicht

2.4 Für Unterstützung werben

In Kapitel 2.3 wurden vier Aspekte genannt, denen der definierte Umfang des Projekts gleichzeitig genügen soll:

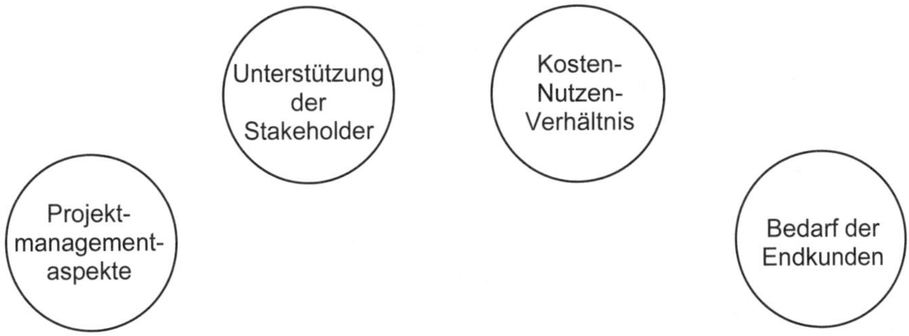

Abbildung 12: Für den Projekterfolg müssen alle Bälle in der Luft bleiben

Ziel ist jedoch nicht, einen Kompromiss zu schließen und damit jeden der Aspekte mittelmäßig zu treffen, sondern alle gleichzeitig, wenn auch nicht unbedingt hundertprozentig, zu erfüllen. Hierfür dienen nachfolgende Best Practices. Die besondere Herausforderung ist hier erfahrungsgemäß die Unterstützung der Stakeholder, denn im Gegensatz zu den restlichen Aspekten liegt diese nicht in der Hand des Projektteams. Diese Unterstützung ist überlebensnotwendig für das Projekt, schließlich gehören zu den Stakeholdern auch die Geldgeber für das Projektbudget und die für eine erfolgreiche Projektarbeit benötigten Informationsgeber, weiterhin verschiedene Genehmigungen, Entscheidungen und sonstige Mitwirkungen gebende Abteilungen.

Best Practices

Was ist richtig?

Zuerst sollte die Priorisierung im Projektteam durchgeführt werden. Wenn man beim Sammeln der Anforderungen verstanden hat, wo diese entstehen, wird man deren Priorität zumindest grob einschätzen können. Hierbei sollte der Fokus zuerst unabhängig von allen politischen Faktoren einzig darauf liegen, was für das Vorhaben richtig ist. Das Ergebnis »politisch anzupassen«, kann real erforderlich sein, es führt jedoch zu einem besseren Ergebnis, wenn nicht damit begonnen wird.

Es gibt keinen Königsweg

Wie auch immer die Anforderungen priorisiert wurden, es ist unwahrscheinlich, dass alle Stakeholder mit den Prioritäten einverstanden sind. Es ist also nicht zielführend, auf hundertprozentige Unterstützung in allen Aspekten hinzuarbeiten.

Voreskalation

Es kann sinnvoll sein, kritische Punkte oder auch das gesamte Vorgehen vorab mit dem Entscheider abzustimmen. Seine Hilfe ist erforderlich, falls die Abstimmung mit den Stakeholdern ausufert. Wenn Probleme aufkommen, soll seine Unterstützung bereits gesichert sein.

K.O.-Check

Gibt es in der bisher rein sachlichen Priorisierung Punkte, die einen für das Projekt fatalen Widerstand auslösen können? Sicher ist es legitim, die eine oder andere Anforderung auch unter diesem Gesichtspunkt zur »Muss«-Kategorie zu zählen. Eine fehlende Kooperation der Stakeholder kann zum Scheitern des Projekts führen.

Aus Sicht der Stakeholder kommunizieren

Die Stakeholder werden ihren Fokus auf ihre eigenen Anforderungen richten, daher soll im Gespräch unbedingt gezeigt werden, dass genau diese verstanden wurden und ernst genommen werden. Das bedeutet jedoch nicht, dass sie als erste realisiert werden müssen, wenn das dem Projekterfolg nicht zuträglich ist.

Gesamtsicht vertreten

Zusätzlich zur Anerkennung der individuellen Anforderungen des Stakeholders, mit dem man gerade spricht, sollte im Gespräch die Sicht des Gesamtvorhabens vertreten werden. Das hilft dem einzelnen Stakeholder zu verstehen, dass er ein Teil des Ganzen ist. Im Rahmen des Projektmanagements werden lediglich einige Punkte zuerst realisiert, denn wer alles zuerst machen will, schafft nichts. Wenn diese nicht gleich das gesamte Budget aufbrauchen, so ist das Vorgehen glaubwürdig.

Argumente, die ankommen

Zielführend sind Kosten-Nutzen-Argumente und Untersuchungsergebnisse, zum Beispiel über Nutzerverhalten. Wenn diese fundiert vorbereitet sind, bewirken sie in der Regel Akzeptanz, schließlich stehen sie auch im Zusammenhang mit der Motivation für das Projekt. Weniger geeignet sind Projektmanagement-Argumente. Falls Ihre Ansprechpartner keine (Web-)Projektmanager sind oder waren, werden sie Ihre Erfahrungen nicht teilen.

Sensibilität für organisatorische Auswirkungen

Durch die vermehrte Kommunikation über das Projekt im Unternehmen können unter Mitarbeitern und Führungskräften organisatorische Auswirkungen diskutiert werden. Wie erfreut wären Sie persönlich, wenn Ihr Arbeitsplatz über Ihren Kopf hinweg abgeschafft oder in seiner Definition, Zugehörigkeit oder Verantwortung geändert wird? Was würden Sie unternehmen, wenn Sie das kleinste Gerücht aufschnappen? Typische Schmerzpunkte sind: Das Internet verdrängt andere Vertriebskanäle (Vertriebskanalkannibalismus); durch ein neues Projekt wird die bisherige Zuständigkeit für das Thema Internet in Frage gestellt (Marketing, Fachseite, Vertrieb, Top-Management, IT, ...). Derartige Probleme werden unter *Change Management* zusammengefasst. Eine Behandlung dieses Themas würde den Rahmen des Buches sprengen, es soll aber dafür sensibilisiert werden.

Die Dienstleisterrolle bei der Priorisierung

Eine Priorisierung liegt hauptsächlich im Interesse des Kunden, damit sein Geld für das Nützlichste ausgegeben wird. Dass das Projekt ein Erfolg wird, ist jedoch auch unmittelbares Interesse des Dienstleisters.

Für ihn besteht die Aufgabe bei der Abstimmung der Priorisierung nicht nur darin, den Kundenprojektleiter oder generell den Unterzeichner des Vertrages zu überzeugen. Wenn es nur darum geht, so helfen sinnvolle Argumente des Projektmanagements. Wenn sich dort jedoch Widerstand zeigt, so ist hohe Sensibilität angesagt, die Ursache liegt dann oft bei Dritten. Hier hilft es weiter, Fragen zu Erwartungshaltungen im Hause zu stellen, denen entsprochen werden muss, zu den Sitten, mit solchen Erwartungen umzugehen und zu Beziehungen zu und zwischen Stakeholdern des Projekts. Der Dienstleister ist derjenige, der am meisten Erfahrung damit haben sollte, was für gelungene Webprojekte erforderlich ist. Hier hat er die Chance, sich durch Argumentationshilfen und Unterstützung des Kundenprojektleiters in den internen Besprechungen als guter Berater zu etablieren.

Die Schwierigkeit der Situation fasst folgende Abbildung zusammen:

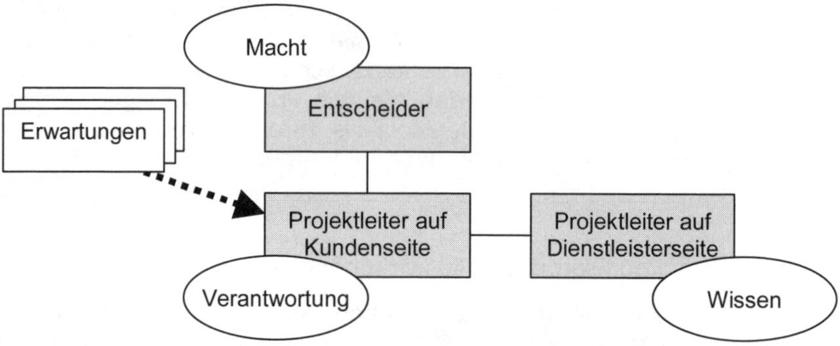

Abbildung 13: Warum es schwierig ist, Prioritäten durchzusetzen

Die konkrete Situation ist stets unterschiedlich, die Struktur jedoch typisch: Es gibt einen, der das größte Wissen zu den Auswirkungen des Ansatzes »es allen recht machen« hat und dieser sollte der mit Webprojekten erfahrene Dienstleister sein. Die Verantwortung trägt derjenige, dem das Projekt zur Durchführung übergeben wurde, der Kundenprojektleiter. Er ist das Aushängeschild des Projekts im Unternehmen und braucht die Unterstützung der Stakeholder. Dementsprechend treffen die Erwartungen auch genau ihn an erster Stelle. Der Entscheider sollte die internen (Macht-)Strukturen am besten kennen und er (oder einer seiner Vorgesetzten) wird die Möglichkeiten haben, die für das Projekt sinnvolle Vorgehensweise durchzusetzen. Das Problem ist, dass die drei Aspekte – Macht, Verantwortung, Projektmanagementwissen – bei verschiedenen Personen liegen und die Erwartungen denjenigen treffen, der eventuell »nur« die Verantwortung trägt...

2.5 Entscheidung über das Projekt

Die Entscheidung, ob und mit welchem Budget ein Projekt durchgeführt wird, liegt nicht im Fokus dieses Buches, siehe hierzu Bücher über BWL oder E-Business. Es wird jedoch kurz aufgelistet, was zu tun ist.

Motivationen für ein Projekt

Die wichtigsten Gründe, warum Projekte gestartet werden, sind:

- Profit
- Kostensenkung
- Geschäftsstrategie
- Technische oder gestalterische Notwendigkeit

In den ersten beiden Fällen ist das Maß, ob ein Projekt sinnvoll ist, der ROI (Return on Investment, Dauer, nach der sich die Investition auszahlt). Wenn ein Projekt aus Notwendigkeit oder strategischen Gründen durchgeführt wird, ist dieses Maß nicht immer anwendbar. Wird beispielsweise nach einem Zusammenschluss von Unternehmen eine Website auf das neue, gemeinsame CI/CD (Corporate Identity, Corporate Design) angepasst, kann man den Nutzen schwer in ROI messen. In der Regel sollten Projekte jedoch durch einen ROI begründet werden.

Vorgehensweise

1. Marktanalysen, Vorstudien
2. Anforderungen zusammentragen, priorisieren (dieses Kapitel)
3. Lösungsmöglichkeiten grob prüfen (das ist eventuell bereits ein Vorgriff auf Teile des Grobkonzepts)
4. Nutzen, zukünftigen Gewinn abschätzen anhand grober Use Cases (siehe Kapitel 1.4.5, Schritt 8 »Gesamtgrobkonzept«)
5. Schätzung der Projekt- und der Lebenszykluskosten (siehe Glossar)

Das ergibt soweit eine grobe Kosten-Nutzen-Analyse. Auf Grund dieser wird die Entscheidung gefällt, ob das Projekt weiterverfolgt wird.

Zeitpunkt der Entscheidung über das Projekt

Wann über die Weiterverfolgung des Projekts entschieden wird und wer darüber entscheidet, ist in jedem Unternehmen (und Projekt) anders. Die Werbung für die Unterstützung der Stakeholder, wie in Kapitel 2.4 beschrieben, kann zum Beispiel der Vorbereitung dieser Entscheidung dienen, Teil davon sein oder auch Teil der Kommunikation der bereits gefällten Entscheidung sein. Eventuell fällt die Entscheidung über das Projekt aber auch erst anhand der Angebote der Dienstleister – dann, wenn die Unterschrift des favorisierten Angebotes bevorsteht.

In dem Musterprojektablauf aus Kapitel 1.4 wird die Entscheidung in mehreren Etappen gefällt. Immer dann, wenn genauere Informationen zur Verfügung stehen, werden Anforderungen priorisiert, Kosten und Nutzen geschätzt und über Umfang und Budget beziehungsweise Fortführung des Projekts entschieden:

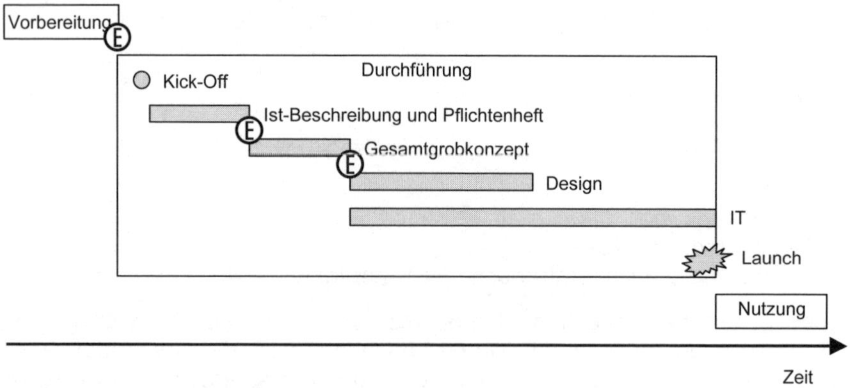

Abbildung 14: Naheliegende Punkte für die Entscheidung(en) über das Projekt

Entscheidung über die Zusammenarbeit mit dem Dienstleister

Das sind auch die natürlichen Prüfpunkte, bei denen über die Fortführung der Zusammenarbeit mit dem Dienstleister entschieden wird. Späterer Dienstleisterwechsel sollte vermieden werden, da der Dienstleister dann voll in das Projekt eingearbeitet ist und die Kosten eines Wechsels dann besonders hoch ausfallen würden (direkte Kosten sowie Wert des Zeitverzugs). Für die Evaluierung der Zusammenarbeit und der Leistung bieten die Projektschritte zuvor bereits Gelegenheit.

Budgetierung

In welchem Stadium Projekten Budgets zugeordnet werden und ob sie nachträglich noch geändert werden können, ist je nach Unternehmen und je nach Wichtigkeit des Projekts sehr unterschiedlich. Die Budgetierung kann vor dem Projekt oder auch während der ersten Projektschritte geschehen, hier sind auch die mit »E« gekennzeichneten Zeitpunkte naheliegend.

Wie aus dem Kapitel 3.1 »Wie genau sind Kosten planbar?« ersichtlich, stehen bei Webprojekten die Möglichkeiten der Kostenschätzung im krassen Widerspruch zu der häufigen Notwendigkeit der Budgetierung, vor Projektbeginn einen Rahmen für die Kosten festzulegen und dann auch in diesem Rahmen zu bleiben. (Nur verständlich, dass es hier immer wieder Spannungen gibt.) Es muss also entweder das Budget später, nach dem Grobkonzept vergeben werden, oder die Kostenschätzung muss einen sehr großen Risikoaufschlag enthalten. Erst so wird sichergestellt, dass die allerwichtigsten Anforderungen *tatsächlich* online gehen.

3 Projektplanung

Robert Stoyan

Kunden brauchen Schätzmethoden, um bereits in einem frühen Stadium lohnende Investitionen zu identifizieren. Dienstleister müssen für kurzfristige Angebotsabgaben sehr schnell Schätzungen erstellen, gleichzeitig entscheidet die Präzision der Kostenvoraussage mit über Gewinn und Verlust und darüber, ob monatelang unter Druck gearbeitet werden muss oder nicht. Projektpläne sollen die Zusammenarbeit aller Projektbeteiligten unterstützen. Um diese Ansprüche zu erfüllen, werden Planungsmethoden besonders detailliert vermittelt und anhand eines Projektbeispieles auch gleich umgesetzt. Dabei werden die interdisziplinäre Arbeitsweise, der hohe Parallelitätsgrad und die oft stark iterative Vorgehensweise in Webprojekten berücksichtigt.

Inhalte:

3.1 Wie genau sind Kosten planbar?

Um ein Projekt durchführen zu können, braucht man ein Budget. Um ein Budget zu beantragen, muss man die Kosten planen. Um Kosten planen zu können, braucht man Informationen. Das sind im Wesentlichen die Ist-Situation (Ist-Beschreibung), die Anforderungen (Pflichtenheft) und die größeren Entscheidungen, wie diese Anforderungen umgesetzt werden sollen (Grobkonzept). Diese Informationen zu erarbeiten ist jedoch bereits ein bedeutender Teil des Projekts, das man eigentlich noch vor sich hat. – Darin liegt das Dilemma der Budgetplanung, gültig für Webprojekte und andere Projekte ebenso.

Bevor gezeigt wird, wie man Aufwandsschätzung und Projektplan erstellt, soll hier untersucht werden, wie genau die Abschätzung der Projektkosten bei einem gegebenen Projektstand überhaupt sein kann.

Für die Zwecke der nachfolgenden Beschreibung wird angenommen, dass in einem Projekt ein gegebenes Ziel realisiert und kein Target-Costing betrieben wird. Das heißt, der Preis richtet sich nach den Leistungen und nicht die Leistungen nach dem Preis. Das Projektziel ist also fix, der Leistungsumfang ändert sich nur insofern, als dass er fortlaufend präzisiert wird, indem in jedem Projektschritt immer detailliertere Konzepte erstellt werden.

Faustregeln: Welche Voraussagen sind möglich?

Mit Hilfe des Beispielprojektablaufs aus Kapitel 1.4 lassen sich folgende Faustregeln formulieren. Welche Schätzmethode jeweils einzusetzen ist, um die angegebene Genauigkeit tatsächlich zu erzielen, steht in Kapitel 3.3 »Schätzen für verschiedenen Situationen«. Bei den Faustregeln wurden jeweils die »benötigten Informationen« hervorgehoben, denn in jeder Firma, bei jedem Kunden und Projektleiter, aber auch in jedem einzelnen Projekt decken die Begriffe Pflichtenheft, Grobkonzept und Feinkonzept im Detail unterschiedliche Inhalte und Detaillierungsgrade.

Pflichtenheft und Ist-Beschreibung → Kostengrößenordnung

Auf Grund des Pflichtenhefts und der Ist-Beschreibung kann die Größenordnung der Projektkosten eingeschätzt werden, d. h. wie viele Stellen der Betrag hat.

Benötigte Informationen:

Erkennungsmerkmal für diesen Konzeptionsstand ist, dass eine detaillierte Liste der umzusetzenden Anforderungen vorliegt. Die Anforderungen sollten auf alle Fälle genau genug sein um festzustellen, welche der Hauptkostenfaktoren aus Kapitel 1.7.2 auf dieses Projekt zutreffen.

Zum Beispiel sollte in diesem Projektstadium auf Grund der Anforderungen klar sein, ob eine Shop-Software eingesetzt wird. Es wird jedoch noch nicht klar sein, welche gewählt wird. Dass hier nur die Größenordnung der Kosten festzustellen ist, wird an diesem Beispiel klar: Abhängig von der Wahl der Shop-Software können sich die Kosten, auch die der Konzeptionen und Implementierungen, schnell verdoppeln oder halbieren. Die Projektdauer lässt sich jedoch meistens genauer bestimmen.

Grobkonzept → ±30%

Auf Grund des Grobkonzepts können die Kosten der Projektdurchführung ca. auf ±30% genau geschätzt werden.

Benötigte Informationen:

Die wichtigsten Entscheidungen der Umsetzung müssen gefallen sein. Diese erläutert Kapitel 1.4.5, Schritt 8 »Gesamtgrobkonzept«, in Kapitel 5.5.2, Abschnitt »Beispiel für die Abhängigkeit von Entscheidungen« werden sie grafisch dargestellt. Hierzu gehören zum Beispiel: grobe Use Cases, grobe Contentstruktur, einzusetzende Softwareprodukte. Offen sind hier noch Details der Umsetzung.

Obiges Beispiel eines E-Shops fortgesetzt, würde dieser Konzeptionsstand u. a. bedeuten, dass die einzusetzende Shop-Software und der grobe Workflow, mit dem Produktdaten im Shop gepflegt werden, feststehen. Es ist aber noch nicht definiert, wie zum Beispiel einzelne Attribute eines Produktes gestalterisch und technisch dargestellt werden.

Feinkonzept → sehr genaue Kosten

Nach Abschluss des Feinkonzepts des Designs oder der IT können die restlichen Schritte der Projektdurchführung für diese Disziplin sehr genau geschätzt werden. Falls eine stark iterative Vorgehensweise gewählt wird, also Feinkonzeption und Entwicklung verzahnt geleistet werden, so kann die Abschätzung natürlich nur für die Implementierung des jeweils Konzipierten gelten. Da das Feinkonzept IT in der Regel fertiggestellt wird, nachdem das Design fertig ist, können damit dann die Kosten des gesamten Projekts sehr genau beziffert werden.

Benötigte Informationen:

Gebraucht wird eine genaue Beschreibung der Lösung, so dass während der Umsetzung keine Konzeptionen mehr geleistet werden müssen. Natürlich gibt es auch hier Unsicherheiten zum Beispiel beim Testaufwand oder der Installation. Diese liegen jedoch entweder klar im Verantwortungsbereich des Dienstleisters (z. B. die meisten Testaufwände) oder können durch geeignete Maßnahmen abgesichert werden (z. B. indem man vor der Installation eine Probeinstallation durchführt).

Am Beispiel des E-Shops würde der Projektstand »IT-Feinkonzept fertig« implizieren, dass genau spezifiziert ist, welche Produkte dargestellt werden, welche Attribute diese haben, dass gegebenenfalls die Anbindung an die Produktdatenbank des Kunden bereits mit einem Prototypen getestet ist und dass für sämtliche Webseiten ein Design vorliegt, welches die IT implementieren kann. Es muss nur noch die direkte Umsetzung durch Programmierung erfolgen.

Ende eines jeden Projektschrittes → Kosten des nächsten

Im Allgemeinen ist der Aufwand für jeden Projektschritt gegen Ende des vorangegangenen hinreichend genau abschätzbar, eine Ausnahme können die Schritte »Ist-Aufnahme und Pflichtenheft« sowie »Grobkonzept« sein.

Zusammenfassung

Folgende Abbildung veranschaulicht die gegebenen Faustregeln:

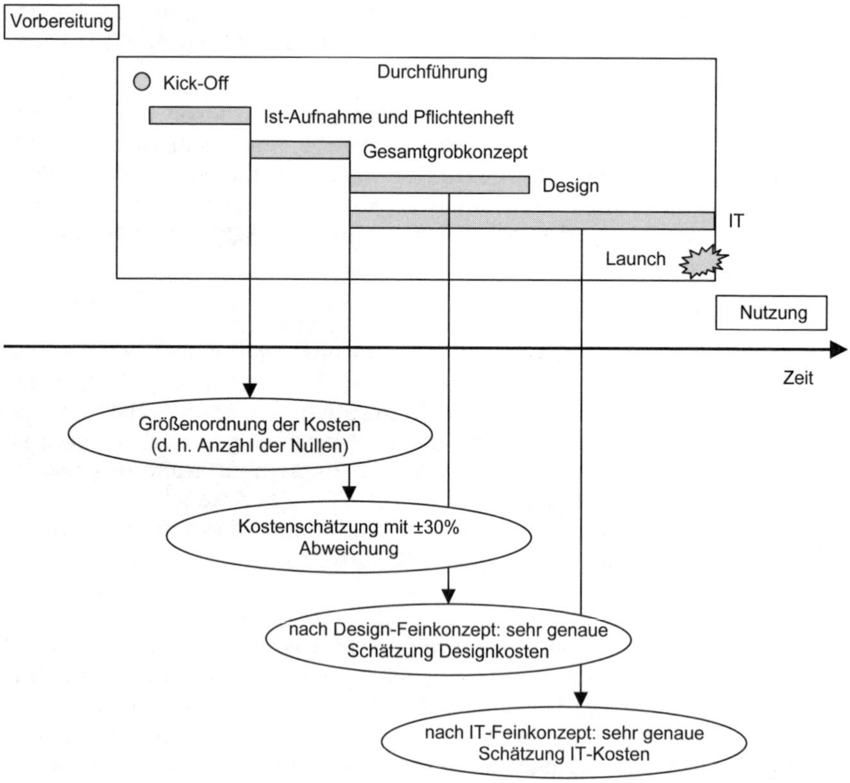

Abbildung 15: Faustregeln für die Voraussage der Projektdurchführungskosten

Genau wie Kostenschätzungen können Projektpläne und Fertigstellungstermin auch erst nach und nach präzisiert werden. Wenn es möglich wäre, gleich am Anfang genauere Kostenschätzungen und einen präzisen Terminplan für das gesamte Projekt zu erstellen, dann wüsste man alles bereits so genau, dass jegliche Konzeption überflüssig wäre.

Kostenschätzungen und Terminplanungen sind erst auf Grund erarbeiteter Informationen möglich.

3.2 Schätzen

»Es irrt der Mensch, so lang er strebt.«

(Johann Wolfgang Goethe: Faust I, Prolog im Himmel)

Was ist eine Schätzung und wie wird sie erstellt?

Gute Schätzungen werden von mehreren Personen in Zusammenarbeit erstellt – erst recht bei Webprojekten mit verschiedenen Disziplinen. Bevor der Projektleiter jedoch solch eine Teamarbeit leitet, muss er wissen, was das Ergebnis einer Schätzung ist und was inhaltlich auf dem Weg dorthin zu tun ist. Die hier vorgestellte sog. Expertenschätzung eignet sich am besten, wenn ein konkretes Projekt geschätzt werden soll, dessen Anforderungen bereits definiert sind. Für die Schätzung in anderen Situationen siehe Kapitel 3.3 »Schätzen für verschiedene Situationen«.

Motivation für gute Schätzungen

Die Qualität der Schätzung soll nicht als unbezahlter Zusatzaufwand, sondern als Produktivfaktor gesehen werden, mit dem Geld gespart oder verdient werden kann.

Beim Kunden ermöglichen Schätzungen die Bestimmung des Kosten-Nutzen-Verhältnisses einer Investition. Die lohnenden Projekte und die einzelnen umzusetzenden Anforderungen in Projekten können erst dann priorisiert und ausgewählt werden, wenn man weiß, welche Kosten entstehen.

Auf Dienstleisterseite ermöglicht es erst eine gute Schätzung, auf die Wünsche des Vertriebs nach einem wettbewerbsfähigen Angebot so einzugehen, dass das Projekt machbar bleibt und auch die Erwartungen der Unternehmensleitung an den Gewinn erfüllt werden.

3.2.1 Das Ergebnis einer Schätzung

Was ist das Ergebnis einer Aufwandsschätzung für Projektarbeiten?

Eine Zahl in PT (Personentagen)? Weit gefehlt! Solch eine Zahl kann nur bei einem bestimmten Zeitrahmen und bestimmten Mitwirkungspflichten Dritter gelten. Steht weniger Zeit zur Verfügung, steigen die Aufwände beziehungsweise die Durchführung wird unmöglich, bei mehr Zeit können durch geringere Koordinationsaufwände und Risiken die Kosten sinken. Bei ausbleibenden Mitwirkungen seitens des Kunden oder anderer Abteilungen wird es meistens schwer möglich, das Projekt überhaupt erfolgreich durchzuführen.

Die Frage beim Schätzen lautet daher: Mit welchem eigenen Aufwand, welchem Beitrag seitens Dritter und bis wann kann das Ziel erreicht werden? Diese drei Punkte sind in Ihrer Einheit zu benennen und aufeinander abzustimmen.

Das Ergebnis der Schätzung ist weiterhin eine Untergliederung der Leistungen, denn Ziele und Anforderungen sind nie so genau, dass es dazu nur eine gültige Leistungsbeschreibung gibt. Die beste Ausschreibung kann mit unterschiedlichen Leistungen erfüllt werden. Dabei hat es sich in der Praxis bewährt, auch *Ausschlüsse* zu benennen. Das sind Punkte, die hineininterpretiert werden könnten, jedoch nicht enthalten sind.

Risiken, offene Fragen und derzeit nicht verantwortungsvoll abschätzbare Teilaufgaben gehören auch zu einer Arbeitsversion der Schätzung, sie werden oft beim Schätzen entdeckt. Risiken, die nicht gelöst, sondern nur durch Aufwandsaufschlag einkalkuliert werden können, sollten auch in der Endversion bestehen bleiben. Sie sind die Vorbereitung für das Risikomanagement im Projekt.

Zusammenfassend sind also die Ergebnisse einer Schätzung:

- Gesamtaufwand
- Detaillierung der Leistungen, jeweils mit dem dazugehörigen Aufwand
- Besondere Risiken und Risikoaufschläge (Puffer) dafür
- Benötigte Mitwirkungen
- Ausschlüsse:
  Was wird nicht geleistet, aber möglicherweise hineininterpretiert
- Erforderliche Sachkosten:
  Schulungen für die Mitarbeiter, besondere Entwicklungs- oder Testsoftware oder -hardware, eventuell auch Reisekosten
- Projektlaufzeit, auf die sich die Schätzung bezieht:
  Das bedeutet im Klartext, dass eine Schätzung erst durch Erstellen eines Projektplans (Kapitel 3.5) abgeschlossen ist
- Gegebenenfalls noch offene Fragen

Das alles lässt sich (bis auf den Projektplan) gut in einem Tabellenkalkulationsprogramm wie Excel darstellen. Von der Verwendung komplexerer Programme ist hier im Allgemeinen wenig Nutzen zu erwarten, insbesondere könnte deren Flexibilität nicht den Anforderungen entsprechen. Folgende Abbildung demonstriert die Ergebnisse der Schätzung anhand eines kleinen Auftrages:

Schätzung
für die technische Implementierung des Prototypen des Internet-Produktkonfigurators, basierend auf dem vorläufigen Grobkonzept vom ... und den am ... abgenommenen Screens
Datum: ...

Leistungen (in PT)

3	Einrichtung der Entwicklungs- und Testumgebung (intern)
3	Einarbeitung 2 Entwickler (neu im Projektteam)
0,3	Prüfung Beispieldaten, ggf. Fehlerbericht
5	Implementierung + Test der Navigation (Risiko: neuartiges Design, daher +2 Tage Risikoaufschlag einkalkuliert)
20	Implementierung + Test der Screens des Konfigurators (10 Screens)
2	Implementierung + Test der möglichen Produktkombinationen (fixes Regelwerk)
4	Implementierung + Test der Schnittstelle zur Produktdatenbank
2	Implementierung + Test der Preiskalkulation
2,7	Installations-CD + Installationstest beim Kunden + ggf. Fehlerkorrekturen
6	Interner IT-Gesamttest + anschließende Fehlerkorrektur
2	Interner Usability-Test (Expertentest) + schriftliche Ergebniszusammenfassung
4	Verbesserungen auf Grund der Usability-Testergebnisse
4	Installation und technischer Test in der Umgebung des Kunden, Fehlerkorrekturen
58	ZWISCHENSUMME
11,6	Projektleitung, Teammeetings, Kundenkommunikation: Faktor 0,2 (20%)
5,8	Unvorhergesehenes, Puffer: Faktor 0,1 (10%)
75,4	GESAMTAUFWAND

Mitwirkungspflichten des Kunden
Eine Beispieldatenbank mit Produktdaten wird zum Projektstart zur Verfügung gestellt.
Die Beispieldaten sind logisch korrekt.
Die Testumgebung beim Kunden wird voll funktionsfähig zum Projektstart zur Verfügung gestellt und hat folgende installierten und funktionierenden Softwareprodukte: ...

Ausschlüsse
Der Prototyp enthält keine Personalisierung.
Erstellte Produktkonfigurationen können noch nicht gespeichert und nicht gedruckt werden.
Das Regelwerk für die möglichen Produktkombinationen ist fix im Programmcode vorgegeben.
Der Feldtest mit Nutzern aus der Zielgruppe ist nicht enthalten.
Installation von Fremdsoftware aller Art beim Kunden ist nicht inbegriffen.
Es wird nur die Beispieldatenbank angebunden, Funktion mit anderen Daten wird nicht zugesichert.

Besondere Sachkosten
3-4 Fahrten zum Kunden.

Fertigstellungstermin
Die Schätzung gilt für eine Projektlaufzeit von 28 Tagen, siehe Projektplan vom ...

Offene Fragen...

Abbildung 16: Beispiel für die Ergebnisse einer Schätzung

Dieses Demonstrationsbeispiel wird im Folgenden durchgängig verwendet, um die Best Practices zur Schätzung, zur Projektplanung und in Kapitel 4 zur Angebotserstellung zu veranschaulichen. So kann der gesamte Weg praktisch nachvollzogen werden.

Aufwands- versus Kostenschätzung

Die eigentliche Frage beim Schätzen ist, wie viel es kostet. Dennoch ist es nicht sinnvoll, als Gesamtergebnis (nur) eine Zahl in TEUR anzugeben. Bei Projekten für einen Kunden gilt: Tagessätze sind eine Entscheidung des Vertriebs, sie ändern sich schon mal im Laufe der Verhandlungen – also kann die Schätzung noch keinen (endgültigen) Preis ergeben. Verlangen Sie daher vom Vertrieb eine beliebige Preisliste. Diese zeigt, für welche Mitarbeitergruppen derselbe Tagessatz gilt. So können zum Beispiel alle Senior-Mitarbeiter, ob aus Design oder IT, gleich viel kosten. Beziffern Sie dann zu jedem Teil der Leistung, für wie viele Tage die einzelnen Mitarbeitergruppen beansprucht werden. Das Gesamtergebnis der Schätzung ist dann eine Summe in PT pro Mitarbeitergruppe.

PM	Senior	MA	
9,4	**23**	**43**	**Gesamtaufwand (in PT)**
			Leistungen (in PT)
0	1	2	Einrichtung der Entwicklungs- und Testumgebung (intern)
0	5	0	Implementierung + Test der Navigation (Risiko: besonders neuartiges Design, daher +2 Tage Risikoaufschlag einkalkuliert)
0	2	18	Implementierung + Test der Screendesigns des Konfigurators (10 Screens)

Abbildung 17: Die Schätzung bereitet die Preiskalkulation vor

Mit den jeweiligen Tagessätzen multipliziert und aufaddiert, erhält der Vertrieb den Gesamtpreis.

In einer einfacheren Schätzung wird nicht nach Mitarbeitern mit verschiedenen Tagessätzen unterschieden, alle Personentage werden in eine Spalte eingetragen. Der Vertrieb geht dann von einem Durchschnitt aus, zum Beispiel »Senior-Mitarbeiter« und »Mitarbeiter« gemittelt.

Bei internen Projekten werden die Kosten durch Multiplikation mit internen Verrechnungssätzen ermittelt. Falls es keine solche gibt, kann nur in PT gerechnet werden.

Sachkosten

Sachkosten werden benannt, falls nur oder hauptsächlich für das konkrete Projekt genutzte Anschaffungen erforderlich sind. Arbeitsmittel und die meisten Schulungen werden aus allgemeinen Budgets der Firma gedeckt. Das vereinfacht auch die Planung, denn sonst würden sich Projektkosten jedes Mal ändern, falls andere Mitarbeiter als geplant eingesetzt und damit andere Schulungen oder andere persönliche Hardware erforderlich werden.

3.2.2 Erstellen einer Schätzung

Wie erstellt man eine (gute) Schätzung?

In diesem und den nachfolgenden Kapiteln werden Best Practices für sehr treffgenaue Schätzungen gegeben. Auch wenn gute Schätzungen ein breites methodisches Wissen benötigen, können diese Best Practices, einmal verstanden, schnell und der Situation angepasst durchgeführt werden.

Erster Schritt – »naive Schätzung«

In einem ersten Schritt beschreiben Sie stichpunktartig zu jeder Anforderung des Projekts beziehungsweise der zu schätzenden Vertragsphase, was dafür im Einzelnen erreicht werden muss. Zu den so entstandenen Aufgaben tragen Sie jeweils in PT ein, wie viel Aufwand dieser Punkt auf Grund bisheriger Projekterfahrung kostet.

Verbessern der Schätzung

Die so entstandene ursprüngliche Aufwandsuntergliederung wird nun überprüft, verfeinert und qualitativ auf ein Niveau gehoben, auf dem sie den folgenden Verwendungszwecken einer Schätzung genügt:

- Aufwandskalkulation: Die Schätzung muss hinreichend präzise den Aufwand voraussagen.
- Projektplanung: Die Schätzung muss zeigen, welche Aufgaben auf dem Weg zum Projektziel zu erledigen sind und die Erstellung eines Projektplans ermöglichen.
- Projektcontrolling: Es muss im laufenden Projekt leicht überprüfbar sein, ob geplanter und tatsächlicher Aufwand sich decken.

Dafür prüfen und verbessern Sie Ihre Schätzung anhand folgender Prinzipien:

Prinzip 1. Das Ziel sind Ergebnisse, nicht Beschäftigung

Versuchen Sie stets, konkrete Teilergebnisse zu benennen, zum Beispiel »IT-Architektur erstellen«. Bei den Projektleitungs- und Kommunikationsaufwänden wird das am schwierigsten sein, es ist aber möglich. Ein solcher Aufwandspunkt in einem größeren Projekt kann dann sein: »Kunden-Newsletter alle zwei Wochen«. Es wird in einigen Fällen notwendig sein, Tätigkeiten ohne konkretes Ergebnis zu benennen, zum Beispiel »regelmäßige Meetings«.

Prinzip 2. Einheitliche Granularität der Aufwände

Große Aufwände bergen ungleich große Schätzrisiken. Es ist daher sinnvoll, für die Schätzung eine Zielgröße vorzugeben (z. B. 5PT) und darüber liegende Aufwandspunkte zu untergliedern. Das ist eine Anforderung für eine gute Aufwandskalkulation, denn falsch geschätzte große Posten können das Gesamtergebnis verfälschen. Eine genauere Prüfung, welche Aufwände sich hinter ihnen verbergen, kann das Schätzergebnis verbessern.

Analog hierzu ist es auch nicht sinnvoll, die Aufwände an einzelnen Stellen besonders detailliert herunterzubrechen. Hierdurch wird die Schätzung zwar nicht verfälscht, diese Mühe ist jedoch meist Zeitverschwendung.

Prinzip 3. Schnell abschließbare Aufgaben

Die Schätzung sollte keine »Dauerbrenner« enthalten, alle Aufwandspunkte sollen schnell fertig werden. Auch hier nimmt man ein Maximum, zum Beispiel 5 Tage, alle länger dauernden Aufwände sind zu untergliedern. Bei den Projektmanagement- und Kommunikationsaufgaben kann es Ausnahmen geben. Diese »zeitliche Untergliederung« ist eine Anforderung des Projektcontrollings: So können erledigte Aufgaben abgehakt werden. Damit wird das typische Projektphänomen vermieden, dass Teilaufgaben »zu 90% fertig« sind und dann überraschend lange in diesem Zustand bleiben...

Prinzip 4. Keine großen Risiken – »Min-mid-max-Methode«

Wo liegen die »Tretminen« in Ihrer Schätzung, die dann in der Projektdurchführung bei Betreten des jeweiligen Projektabschnittes den Aufwand explodieren lassen? Um das herauszufinden, ordnen Sie jedem Aufwandspunkt nicht *eine* Zahl in PT, sondern drei Zahlen zu:

min = so schnell geht es, wenn alles glatt geht

mid = so lange dauert es in einem durchschnittlichen Fall (gemäß früherer Projekterfahrung)

max = so viel Aufwand kostet es »maximal«, d. h. in 90% aller Fälle sollte es innerhalb dieser Anzahl von PT fertig werden

Notieren Sie bei größeren Differenzen zwischen min, mid und max auch, worin das Risiko besteht. Das wird später für die Diskussion der Schätzung mit anderen Personen benötigt.

min	mid	max	Risiko	**Leistungen (in PT)**
3	5	10	fehlerhafte Daten	Implementierung + Test der Schnittstelle zur Produktdatenbank

Abbildung 18: Identifizierung riskanter Punkte mit der Min-mid-max-Methode

Solche Risikopunkte sind genauer zu untersuchen. Eventuell kann bereits beim Erstellen der Schätzung eine Lösung gefunden werden, indem der Punkt feiner untergliedert oder eine Bedingung zu den Leistungen benannt wird.

min	mid	max	Risiko	**Leistungen (in PT)**
2	3	5		Implementierung + Test der Schnittstelle zur Produktdatenbank

Mitwirkungspflichten des Kunden
Eine Beispieldatenbank mit Produktdaten wird zum Projektstart zur Verfügung gestellt
Die Beispieldaten sind logisch korrekt

Ausschlüsse
Es wird nur die Beispieldatenbank angebunden, Funktion mit anderen Daten wird nicht zugesichert

Abbildung 19: Risiken ausschalten durch Benennung von Bedingungen

In schwierigeren Fällen werden Fragen an den Kunden oder einen Spezialisten gestellt oder sogar eine Machbarkeitsstudie, ein Prototyp in den Projektablauf eingefügt.

Prinzip 5. »Murphy's Law« – es wird tendenziell unterschätzt

Wie viel Risiko haben Sie einkalkuliert? Ein Grund für generelle Unterschätzungstendenzen ist, dass Aufwandsüberschreitungen sehr groß ausfallen können, Aufwandsunterschreitungen jedoch nicht - weniger als Null kann der Aufwand (leider) nicht sein. Es ist also richtig, nicht »mid«, sondern einen Wert (»Schätz«) zwischen »mid« und »max« in die Kalkulation einfließen zu lassen. Man kann zwar logisch so argumentieren, dass im Durchschnitt (»mid«) bereits die möglichen Abweichungen in positive Richtung enthalten sind. Das ist zwar mathematisch korrekt, aber praktisch falsch, weil Menschen bei »mid« nicht den mathematischen Durchschnittsaufwand, sondern meistens den »typischen« Aufwand schätzen.

min	mid	max	Schätz	**Leistungen (in PT)**
2	3	5	4	Implementierung + Test der Schnittstelle zur Produktdatenbank

Abbildung 20: Der Schätzwert sollte zwischen mid und max liegen

Generelle Anmerkung zur Min-mid-max-Methode: Diese Aufgliederung ist für die weitere Verwertung im Schätzverfahren nicht wichtig, sie ist nur ein Mittel, um Risiken bewusst zu machen. Es ist also ausreichend, min, mid und max in einem Zwischenstadium der Schätzung ins Excel-Sheet einzutragen, nur auf Papier oder sogar nur im Kopf zu formulieren. Das Schätzformular kann sonst sehr komplex werden. Besondere Risiken oder Maßnahmen zur Risikovermeidung sollten jedoch quantitativ *und* verbal formuliert im Endergebnis der Schätzung sichtbar sein.

Prinzip 6. »Weiche« Aufwände sind auch Aufwände

Projektleitungs- und Kommunikationsaufwände sowie generelle Faktoren des Umfeldes beeinflussen den Aufwand maßgeblich. Dieses Thema wird gesondert in Kapitel 3.2.4 besprochen.

Prinzip 7. Die Gesamtziele im Auge behalten

Anstatt nur die Anforderungen aus dem Pflichtenheft, Vertrag oder Grobkonzept abzuarbeiten, ergibt es oft gute Anregungen, sich noch einmal die übergeordneten Ziele und die kritischen Erfolgsfaktoren des Projekts zu vergegenwärtigen.

Prinzip 8. An Erfahrung orientieren

Orientieren Sie sich an vergangenen Projekten, um die Schätzung zu überprüfen und Risiken zu erkennen.

Das ist teilweise eine Geisteshaltung, denn vorausdenkend schätzt man zu leicht einen (Wunsch-)Plan ab, nicht die Praxis. Rückblickend sind Risiken in ihrer Auswirkung besser erkennbar.

Es ist jedoch auch eine Aufgabe: Blättern Sie Schätzungen, Pflichtenhefte und Grobkonzepte von vergangenen ähnlichen Projekten durch. Sprechen Sie mit deren Erfahrungsträgern. Hier investierte halbe und ganze Stunden können viele stressige Wochen ersparen. Schätzen setzt Erfahrung voraus, daran lässt sich nichts ändern. Diese Erfahrung muss aber nicht in jedem Punkt Ihre eigene sein.

Prinzip 9. Frei von Erwartungen schätzen

Addieren Sie die Einzelaufwände während der Schätzung nicht auf. Wenn die Schätzung in Excel verfasst wird, fügen Sie das Summenfeld erst nachträglich ein. Dieser kleine Trick hilft, damit die Schätzung nicht von eigenen oder fremden Erwartungshaltungen beeinflusst wird.

Prinzip 10. Persönliche Fehlertendenzen korrigieren

Haben Sie in bisherigen Projekten tendenziell unterschätzt oder überschätzt? Setzen Sie dementsprechend alle Werte etwas höher oder niedriger an, auch wenn das bei einzelnen Punkten nicht plausibel erscheinen mag.

Prinzip 11. Intern nicht »frisieren«

Wenn die Schätzung für die Erstellung des Angebotes verwendet wird, ist es erforderlich, die Aufwände so aufzugliedern, dass diese den Nutzen für den Kunden erkennen lassen. Auch können Erwartungen im Raum stehen, zum Beispiel wenn der Kunde bereits ein Angebot abgelehnt hat, weil der Anteil der Projektleitungsaufwände zu hoch war, obwohl diese Aufwände real erforderlich waren. Beim Erstellen der Schätzung soll auf derartiges noch nicht eingegangen werden, denn dadurch wird die spätere (interne!) Projektkontrolle deutlich erschwert, weil aufgelaufene und geschätzte Aufwände nicht mehr zugeordnet werden können. Die Aufwände sollten erst bei der Angebotserstellung für den Kunden aufbereitet werden, siehe dazu Kapitel 4.2.4, Punkt 4. »Leistungen der konkreten Vertragsphase«.

Prinzip 12. Wissen, dass man nicht alles weiß

Nehmen Sie weiterhin an, dass einige Aufwandspunkte in der Schätzung komplett fehlen. Auch bei gründlicher Schätzung wird jedoch das – meistens berechtigte – Gefühl bleiben, dass es noch Überraschungen, übersehene Punkte geben kann. Drücken Sie dieses Gefühl mit einem Aufschlag von 10-20% aus, mit dem Sie die Schätzung multiplizieren. Keine gute Alternative hierzu ist es, unangemessen lange über einer Schätzung zu »brüten«, derartige Zeitverschwendung macht lediglich die Projektvorbereitung teurer, nicht aber die Schätzung sicherer.

Prinzip 13. Nicht Einschätzbares getrennt ausweisen

Es kann passieren, dass trotz Untergliederung das Gesamtergebnis nicht präziser wird. So ist zwar die Aufteilung eines komplexen Projektschrittes in eine erste Evaluation mittels eines Prototypen und darauffolgende Konzeptions- oder Implementierungsschritte definitiv sinnvoll, da der Prototyp aber noch nicht erstellt wurde, weiß man noch nicht, wie auf Grund der durch ihn gewonnenen Erkenntnisse weiter verfahren wird. Der Gesamtaufwand kann (genauer) erst nach Fertigstellung des Prototypen beziffert werden. Diese Frage gehört nicht mehr zur Schätzung im engeren Sinne, denn auf dieser Ebene hat das Problem keine Lösung. Wenn das Ziel der Schätzung ein Angebot zu einem Festpreis an den Kunden ist, so ist es sinnvoll, zunächst nur die Prototyperstellung anzubieten. Alternativ kann ein hoher Risikoaufschlag einkalkuliert oder gänzlich nach Aufwand gearbeitet werden.

Generell sollte man nicht verantwortungsvoll schätzbare Aufwände getrennt ausweisen und die Fragen formulieren, mit denen der Aufwand abschätzbar wird – das ist auch Teil der Schätzaufgabe, ein sehr wichtiger sogar.

Prinzip 14. Eine angemessene Zeit in die Schätzung investieren

Die in die Schätzung investierte Zeit sollte im Verhältnis stehen zum Gesamtwert und zur Verantwortung. Siehe hierzu Kapitel 3.4, Schritt 2 »Wie viel Zeit soll investiert werden?«.

Bei aufmerksamer Betrachtung der Prinzipien werden Sie erkennen, dass daran mehrere »Stellschrauben« vorhanden sind: Für eine schnelle, gröbere Schätzung untergliedern Sie die Aufgabe in wenige Aufwandspunkte, setzen Sie das Maximum für die Einzelpostengröße (Prinzip 2) entsprechend hoch an und lassen Sie etwas größere Spannen zwischen Mid und Max zu. So kann mit etwas Übung dieser »Schätzalgorithmus« je nach Aufgabenstellung bereits in einer halben Stunde durchlaufen werden.

3.2.3 Erstellen einer Schätzung – Herunterbrechen der Punkte

Wie oben beschrieben, ist also Kern einer jeden guten Schätzung eine brauchbare Untergliederung der Aufwandspunkte. Wenn Sie nun einen riskanten, großen oder langwierigen Punkt in der Schätzung betrachten, ist letztendlich immer eine gute Idee erforderlich, um ihn in kleinere, schneller fertig werdende und weniger riskante Punkte zu zerlegen. Folgende Anregungen geben Ideen dazu:

Aufgliederung in inhaltliche, strukturelle Teile:

- Contentteile, d. h. Untergliederung entlang der Informationsarchitektur.
- funktionale Aufgliederung: Aus welchen grundlegenden Funktionen lässt sich die Funktionalität des Ganzen zusammenstellen? Beispielsweise sind Datenbankzugriffe eine Teilfunktion der Funktion Nutzerverwaltung.
- Teile der IT-Architektur, z. B. Schichten, Module, Objekte.
- Konzepte können anhand einer Skizze des Inhaltsverzeichnisses aufgeteilt werden.

Aufgliederung gemäß Arbeitsablauf:

- Prototyping: Oberflächenprototyp, vertikaler Prototyp (exemplarischer technischer Durchgriff von der Oberfläche bis zu den Daten oder Schnittstellen), Prototyp, der die Kernfunktionalität realisiert, voll entwickeltes Ergebnis.
- Testen: Erstellung des ungetesteten Ergebnisses, Testaufwände, die Zeit für die Korrekturen.
- Konzepte erstellen: Informationen einholen, Dokumente erstellen, Rücksprache mit dem Informationsgeber, Abstimmung mit dem Kunden etc.

Aufgliederung nach Use Cases (Handlungsabläufen) des Nutzers:

Die Use Cases bilden einen gemeinsamen Nenner für die Arbeit aller Projektbeteiligten. Wenn Sie eine Schätzung in die verschiedenen Handlungsabläufe aufgliedern, die ein Nutzer an der fertigen Website durchführen kann, so wird bei Betrachtung der Schätzung allen sofort klar, wie aus den zu leistenden Aufwänden die Ziele des Projekts resultieren.

Das ist oft jedoch nur teilweise machbar. So wird zum Beispiel ein Styleguide des Designs einmal für die gesamte Site erstellt. Analog basieren IT-Funktionalitäten der verschiedenen Use Cases oft auf einer gemeinsamen Basisfunktionalität, die einmal für alle geschaffen wird.

Multiplikative Aufgliederung:

Oft kommt es vor, dass ein Aufwandspunkt aus mehreren sehr ähnlichen Teilen besteht, beispielsweise die Darstellung von fünf verwandten Produktkategorien in einem E-Shop. Jedes Mal wird es einige zum Zeitpunkt der Schätzung noch nicht bekannte Besonderheiten geben. Hier ist es sinnvoll, einen durchschnittlichen Fall zu schätzen und mit der Anzahl der Teile zu multiplizieren.

P.S.:

Abschließend lohnt eine Prüfung, ob alle Aufwandspunkte überschneidungsfrei sind.

3.2.4 Erstellen einer Schätzung – Fokus »weiche« Aufwände

Sowohl konkrete Projektleitungs- und Kommunikationsaufwände als auch organisatorische und menschliche »Schwierigkeitsfaktoren« kosten Zeit. Beschreiben Sie also auch hier mit Stichpunkten, was getan werden muss und schätzen Sie diese - sie sind normaler Teil der Schätzung.

Alle diese Aufwände können geschickt mit einem Faktor abgebildet werden, denn sie sind proportional zur Gesamtmenge der restlichen Aufwände wie Softwareerstellung, Design etc. Je länger am Projekt gearbeitet wir, desto länger wird auch Projektleitung, Kontakthaltung, Teamführung geleistet - und Schwierigkeiten treten auch immer wieder auf. Daher sollte hier während der Schätzung ein Faktor eingeführt werden. So multiplizieren Sie zum Beispiel die »eigentlichen Durchführungsaufwände« mit 1,2.

58	ZWISCHENSUMME
11,6	Projektleitung, Teammeetings, Kundenkommunikation: Faktor 0,2 (20%)

Abbildung 21: Verwendung von Aufwandsfaktoren

Hier können auch sog. »umfeldspezifische Mehr- oder Minderaufwände«, sprich organisatorische und menschliche Faktoren, einfließen. Das umfasst externe wie interne Aspekte:

- Stimmt die persönliche Ebene?
- Wurden in bisherigen Projekten oder in den Vorgesprächen zu diesem Projekt Informationen schnell besorgt, standen Ansprechpartner prompt zur Verfügung?
- Wurden bisher Entscheidungen schnell getroffen, zum Beispiel in der Anbahnung des Projekts?

- Hat der Kunde Erfahrung und weiß er, was er will oder wird er die Unsicherheit und all die Probleme mit sich bringen, die in einem ersten Projekt (der gegebenen Größenordnung) nun einmal vorkommen? Siehe hierzu Kapitel 7.2.1 »Unerfahrene Kunden«.
- Gibt es einen Entscheider auf Kundenseite, der weitgehend alleine bestimmen kann oder muss eine Reihe von Abteilungen noch im Projektverlauf gefragt werden?
- Besteht bei jeder Kleinigkeit Abstimmungsbedarf?
- Wie sieht es intern im Projektteam aus? Handelt es sich um ein Großprojekt mit mehreren Führungsebenen oder ein kleines, erprobtes Team?
- Wie liegen die Fehlzeiten im Team?

Hier sollte idealerweise bisherige Erfahrung mit der Arbeit in diesem Umfeld genutzt werden. Notfalls müssen Sie auf Grund erster Eindrücke aus der Projektanbahnung entscheiden. Die eben genannten Punkte beschreiben die Sicht des Dienstleisters – und sagen im Klartext dem Kunden: Um den Preis eines Angebotes zu senken, trimme man die Organisation auf zügige Entscheidungsfindung und besorge Informationen schnell.

Wenn Sie in der Verwendung solcher Faktoren noch keine Erfahrungswerte besitzen, dann können Sie die Aufwände bei einem Arbeitsstand der Schätzung auch fix schätzen, anschließend ins Verhältnis setzen zu den anderen Aufwänden und dann diesen Faktor bei Überarbeitungen der Schätzung weiterführen. Besser ist es hier jedoch, solche Faktoren aus der Erfahrung vergangener Projekte zu schätzen, denn diese Aufwände sind generell schwer analytisch voraussagbar.

3.2.5 Kontrolle der Schätzung – Allgemeine Erfahrungswerte

Zur Überprüfung einer fertigen Schätzung eignen sich folgende allgemeinen Erfahrungswerte. Abweichungen davon sind Hinweise, dass es lohnt zu hinterfragen, ob die Ergebnisse tatsächlich korrekt sind. Die Werte beziehen sich auf die Dienstleisterseite in extern vergebenen Projekten, sind aber ähnlich auch auf interne Projekte anwendbar.

Aus Sicht des Zeitbedarfs sind die großen Blöcke in einem Webprojekt:

- Konzeption: Pflichtenheft, Grob- und Feinkonzeption
- Implementierung: Design- und IT-Implementierung
- Test & Verbesserung: Das beinhaltet Usability-Tests und IT-Tests sowie die darauf folgende Verbesserungen
- Begleitend zu all diesen Arbeiten fällt Projektleitung an: Planung, Teamaufbau, Koordination, Abstimmungen, Reporting, Kosten- und Fortschrittskontrolle
- Gewährleistungspflichten seitens des Dienstleisters gehören als letzte große Einheit nach dem Launch noch zum Projektumfang

Mit diesen Begriffen lassen sich folgende Faustregeln formulieren:

- In kleinen und mittleren Projekten (Kapitel 1.2.1) gilt als grober Anhaltspunkt: 1/3 Konzeption, 1/3 Implementierung, 1/3 Test & Verbesserung.
- Bei Anwendungen mit speziellen Sicherheits- oder Verfügbarkeitsanforderungen, beispielsweise Internetbanking, kann der Testaufwand sehr viel höher ausfallen, bei Prototypen niedriger.
- Bei großen Projekten (Kapitel 8.1) braucht die Konzeption mehr Zeit als die Summe von Implementierung, Test und Verbesserung.

Proportional zum Gesamtaufwand der Projektdurchführung gelten folgende Anhaltspunkte:

- Unvollständigkeit der Schätzung (übersehene Aufwände): 10-20%
- Projektleitung: 25% während der Projektschritte »Ist-Aufnahme und Pflichtenheft« sowie »Grobkonzept«; 20% während der Projektschritte Design und IT
- Gewährleistung des Dienstleisters an den Kunden: 15% für 12 Monate

3.2.6 Kontrolle der Schätzung – Typische Schätzfehler

In den seltensten Fällen werden wesentliche Fehler durch Fehleinschätzung bei spezifischen Aufwänden verursacht - dennoch konzentrieren sich viele Schätzer auf die Vermeidung dieser. Solche Fehler werden durch die Mitwirkung mehrerer Schätzer entdeckt oder mitteln sich über mehrere Punkte weg. Fehler in der Gesamtsumme verursachen eher die folgenden Punkte, anhand derer Sie eine Schätzung kontrollieren können.

Checkliste zu Fehlerursachen:

- Es steht eine Erwartung im Raum, wie hoch das Ergebnis der Schätzung sein soll, die Schätzung ist dann eine »Aufteilung des Kuchens«.
- Auf Druck (des Kunden oder des Chefs) werden nachträglich Schätzpunkte ohne inhaltliche Änderung heruntergesetzt - »das kann auch schneller gehen...«.
- Bedingungen für eine Zeitverkürzung oder Aufwandsminderung werden nur mündlich genannt, aber nicht aufgeschrieben. Das Projekt muss dadurch unter den Originalumständen, jedoch in kürzerer Zeit durchgeführt werden.
- Mehrere Aufwände werden komplett vergessen.
- Es werden nicht Schätzer mit unterschiedlichen Sichten involviert. Die späteren Projektdurchführer werden nicht involviert.
- Generelle (persönliche) Tendenzen zur Aufwandsüberschätzung oder -unterschätzung können das Gesamtergebnis auch gefährden. Dies

tritt besonders bei stimmangebenden Unerfahrenen und bei einer Gruppe von ähnlich Denkenden auf. Nehmen Sie daher auch Personen hinzu, die Gegenmeinungen äußern.
- Es wird in tatsächlich üblichen Arbeitstagen anstatt in 8-Stunden-Tagen geschätzt. Das ist falsch, denn kaufmännisch gesehen gelten acht Stunden, weil sich die Tagesätze (meistens) darauf beziehen. Es ist fast zwangsläufig, dass durch die Tagekalkulation zu kleine Schätzzahlen entstehen, denn bei der Schätzung zieht man vergangene Projekterfahrung zu Rate – und wurden dort die Ziele mit 8-Stunden-Tagen erreicht?! In Stunden rechnen ist sicherer. Damit vermeiden Sie es, Ihren Mitarbeitern und sich selbst gleich im Voraus Überstunden aufzubürden.
- Grund für Überschätzungstendenzen ist meistens eine zu detaillierte Aufgliederung der Schätzung.

Nachfolgende Aufwände werden häufig vergessen oder unterbewertet:

- Einarbeitung und Schulungskosten für die Projektmitarbeiter
- Projektplanung (insbesondere Updates der Schätzung und des Projektplans)
- Abrechnung und Controlling
- Abnahmephasen von Dokumenten und Software, zuzüglich Feedbackschleifen
- Stakeholderinformation
- Abstimmungen mit verschiedenen Abteilungen
- Regelmäßige Meetings
- Der Aufwand des Teams bei Kommunikationsaufwänden (nicht nur den Aufwand des Projektleiters berechnen!)
- Internes und externes Reporting
- Reisen und Zusatzaufwände durch Vor-Ort-Tätigkeit
- Ausfälle während der Projektarbeit (Mitarbeiter, Rechner, Software)
- Einrichten der Arbeitsplätze und Rechner der Projektmitarbeiter, Besorgung und Installation von Softwareprodukten
- Bei größeren Projekten: Projektsekretariat
- Vorschriften: Größere Firmen haben oft Richtlinien zur Projektdurchführung, zu einzusetzender Software oder zum Corporate Design. Was muss davon bereits in der Schätzung berücksichtigt werden? Firmenreglementarien können Aufwände wie zum Beispiel Genehmigungen erforderlich machen oder generell kompliziert sein
- Bedarfsuntersuchungen
- Machbarkeitsuntersuchungen (Kapitel 1.4.5, Schritt 8 »Gesamtgrobkonzept«)
- Usability-Tests (Kapitel 13.1.2 »Die Kernbegriffe des Designs«)
- IT-Tests, insbesondere auch Lasttest, Integrationstest, sowie Test des Zugriffes per langsamem Modem oder alter Browserversion (Kapitel 14.4.9 »Test«)
- Maßnahmen und Tests bezüglich Ausfall- und Angriffssicherheit
- Zeit für Korrektur nach Tests

- Contenterstellung, Contentanpassung oder Contentbeschaffung
- Rechtliche Prüfung von Content, angebotenen Diensten, Datenhaltung etc.
- Oberfläche zur Administration und Konfiguration der Website
- Installationssoftware, Probeinstallation, Probleme dabei
- Konfigurationsmanagement und Probleme damit
- Probleme mit den eingesetzten Technologien, insbesondere aber denen, die das Team weniger kennt
- Schulungsaufwände, um interne Nutzer oder Administratoren einzuweisen
- Hilfe und Dokumentation (Hilfe-Funktionen auf den Webseiten, Administrationshandbücher usw., siehe Kapitel 14.4.10 »Dokumentation«)
- Wartung

3.3 Schätzen für verschiedene Situationen

3.3.1 Allgemeine Einführung zu Schätzmethoden

Folgende Grundbegriffe stellen die Spannweite der Schätzmethoden dar. Sie gelten generell für alle Arten von Projekten, die zu beschätzen sind, so auch für Webprojekte.

Methoden

Analogieschätzung

Ein oder mehrere ähnliche vergangene Projekte werden als Vergleichsbasis herangezogen, um das aktuelle einzuschätzen. Dieses wird auf Ähnlichkeiten und Unterschiede zu den vergangenen untersucht.

Hierbei ist es von Vorteil, wenn die Aufwände pro Arbeitspaket der alten Projekte bekannt sind. Das setzt also eine saubere Rückbetrachtung nach Fertigstellung voraus. In diesem Fall reicht oft bereits ein vergangenes Projekt als Vergleichsbasis aus.

Wenn zu den vergangenen Projekten nur die Gesamtkosten bekannt sind, so wird es wichtiger, mehrere ähnliche Projekte zu finden. Das kann schwierig sein. Idealerweise gibt es unter den vergangenen Projekten sowohl komplexere als auch einfachere als das anstehende.

Expertenschätzung

Die Schätzung entsteht, indem Experten den Schätzgegenstand in einzelne Punkte untergliedern und den Aufwand dieser Punkte anhand ihrer Erfahrung beurteilen. Der Name »Expertenschätzung« ist ein stehender Fachbegriff, der sich nur auf diese Art der Schätzung bezieht, auch wenn andere Schätzmethoden ebenfalls von Experten durchgeführt werden. Expertenschätzungen werden folgendermaßen unterschieden:

- Einzelschätzung: Eine einzige Person macht die Schätzung.
- Zusammenrechnen mehrerer Einzelschätzungen (z. B. Durchschnitt).
- Delphi-Methode, entwickelt von der RAND-Corporation und O. Helmer. Hier werden mehrere Einzelschätzungen nach einem vorgegebenen Verfahren zu einer zusammengeführt. Das Besondere bei dieser Methode ist, dass die Experten anonym arbeiten. Damit wird vermieden, dass Personen Angst haben, sich zu blamieren und deswegen versuchen, den Gesamtwert der Gruppe zu erraten.
- Schätzklausur: Offenes Schätzen in der Gruppe. Das hat den Vorteil (aber auch den Nachteil) des freien Informationsaustausches.

Kennzahlmethoden

Eine Formel sagt den Aufwand voraus, in die Formel gehen geschätzte oder objektive Werte ein. Die Formel ist generell gültig für eine Kategorie von Projekten oder stellt Erfahrungswerte einer speziellen Organisation dar. In der Softwareentwicklung gibt es eine Reihe solcher Schätzverfahren, die bekannten sind CoCoMo, Function Point oder Object Point. Für Webprojekte sind diese schon deswegen nur teilweise geeignet, da sie nur den IT-Aspekt berücksichtigen. Sie sind auf Design, Branding oder Consulting nicht anwendbar.

Strategien

Je nach Ziel kann unterschiedlich vorgegangen werden. Es geht hier in unterschiedlichen Formen darum, ob aus dem Preis die Leistung oder aus der Leistung der Preis abgeleitet wird.

Bottom up

Hier werden aus den Teilen des Projekts die Kosten hergeleitet. Expertenschätzungen sind Bottom-Up-Schätzungen.

Top down

Der Gesamtaufwand wird auf die Teile des Projekts verteilt. Hier werden also ohne Betrachtung der Teile die Gesamtkosten berechnet, zum Beispiel durch eine Formel, in die andere Kostenfaktoren einfließen.

Target costing

Der Preis steht fest und das Projekt soll so bemessen werden, dass dieser genau erreicht wird.

3.3.2 Wahl der Schätzmethode

Mit den Inhalten dieses Kapitels wird der Projektleiter die geeignete Schätzmethode wählen können.

Die erzielbare Genauigkeit hängt bei allen Methoden von den verfügbaren Informationen ab, siehe Kapitel 3.1.

Vor der Projektdefinition

In der Vorbereitung eines Projekts bis zur Fertigstellung des Pflichtenhefts ist es bereits möglich, ein grobes Bild der möglichen Kosten aufzustellen. Hier ist nur ein vergleichender, d. h. rückblickender Ansatz sinnvoll. Das leistet die Analogiemethode, siehe Kapitel 3.3.3. Die Expertenschätzung würde hier mit ihrem vorausplanenden Ansatz (was ist zu tun, wie wird es umgesetzt, wie lange dauert das) Fehleinschätzungen, meistens Unterschätzungen ergeben da mangels genauer Anforderungen die tatsächliche Komplexität noch nicht voraussehbar ist.

In diesem Projektstadium wird auch eine erste Schätzung der Lebenszykluskosten (siehe Glossar) durchgeführt. Dieses eher betriebswirtschaftliche Thema würde jedoch den Rahmen eines Buches über Projektmanagement sprengen.

Nach der Projektdefinition

Wenn die Anforderungen des Projekts definiert sind, ist die Expertenschätzung (Kapitel 3.2) zielführend. Das ist bei dem Beispielprojektablauf aus Kapitel 1.4 ab Fertigstellung des Pflichtenhefts der Fall. Die Analogiemethode kann hier zur Überprüfung verwendet werden. Je genauer die Anforderungen definiert sind, desto genauere Ergebnisse liefert die Expertenschätzung; sie sollte also während des Projektverlaufs wiederholt werden. Ab Fertigstellung des Grobkonzepts wird die Expertenschätzung auf alle Fälle genauere Ergebnisse liefern.

Kleines Projekt

Bei kleinen Projekten wird tendenziell bereits früher die Expertenschätzung eingesetzt, da oft bereits eine einfache, aber konkrete Beschreibung der Projektziele für eine detaillierte Anforderungsdefinition genügt.

Der entscheidende Punkt bei der Schätzung eines kleinen Projekts ist, dass die Gefahr besteht, dass es tatsächlich ein großes ist. So sollen auch hier stets mehrere erfahrene Personen schätzen, um »Wölfe im Schafspelz« zu enttarnen.

Routineprojekt

Wenn viele sehr ähnliche Projekte durchgeführt werden, ist die Entwicklung eines Schätzformulars sinnvoll. Anhand einiger Parameter lassen sich Shopsysteme und CMS-Einführungen sehr genau abschätzen, wenn derselbe Dienstleister mit derselben Software mehrere Shops implementiert.

Solch eine algorithmische Schätzmethode ist eine weiterentwickelte Version der Analogiemethode, in der auf Grund vergangener Projekte genaue Regeln aufgestellt werden können, wie sich die einzelnen Kostenfaktoren auswirken. Das ist jedoch keine Aufgabe mehr im Rahmen des Managements eines Projekts, sondern vielmehr die Erfahrungsakkumulation auf Unternehmensebene.

3.3.3 Die Analogiemethode – Schätzung in frühen Phasen

Vor der Fertigstellung des Pflichtenhefts oder sogar vor Projektbeginn ist bereits mit geringer Information und geringem Schätzaufwand eine grobe Einordnung der Projektkosten möglich. Dies leistet die *Analogiemethode*. Sie ist auch das Mittel der Wahl, um eine Expertenschätzung zu überprüfen. Aufbauend auf der allgemeinen Definition in Kapitel 3.3.1 wird hier gezeigt, wie sie für Webprojekte angewendet wird.

Ergebnis

Hier sind die Resultate weniger detailliert als bei der Expertenschätzung (vgl. Kapitel 3.2.1 »Das Ergebnis einer Schätzung«):

- Kosten der Projektdurchführung
- Dauer
- Liste der großen Kostenfaktoren
- Eventuell können auch bei der Analogiemethode schon einige Risiken, benötigte Mitwirkungen und offene Fragen benannt werden. Diese gehören ebenfalls zu den Ergebnissen der Schätzung

Benötigte Informationen

Die Ziele des Projekts müssen definiert sein. Es muss jedoch noch kein definiertes Projekt mit einer genauen Liste von Anforderungen vorliegen.

Es werden weiterhin als Vergleichsbasis in sehr groben Zügen ähnliche, vergangene Projekte benötigt, deren Kosten und Dauer bekannt sind. Zumindest sollte identisch sein, was gemacht wurde: nur Konzeption oder auch Design und IT. Außerdem sollte die Gattung der wichtigsten Technologie (etwa CMS, Shopsystem, ...) übereinstimmen. Sicher ist es auch nicht sinnvoll, ein verzweigtes internationales Projekt oder Arbeiten an einer Hochleistungs-Website mit einem Projekt an einer kleinen Site zu vergleichen. Es genügt ein einziges Vergleichsprojekt, wenn dessen detailliertere Kostenstruktur bekannt ist.

Wenn die Firma keine solchen Projekte durchgeführt hat, so müssen es wenigstens die schätzenden Personen getan haben. Ideal ist es jedoch, wenn dieselben Vergleichsprojekte allen Mitwirkenden bekannt sind.

Schätzteam

Für die Auswahl der mitwirkenden Personen gilt dasselbe wie bei der Expertenschätzung: Wenige sehr erfahrene Personen aus allen Disziplinen sind unbedingt erforderlich für ein gutes Ergebnis.

Methode

Es kommt hier darauf an, die wenigen großen Kostentreiber zu identifizieren. Zielführend bei der Erstellung der Schätzung ist hier die Gruppendiskussion.

Schritt 1. Kostenfaktoren identifizieren

Nutzen Sie die Checkliste aus Kapitel 1.7.2 »Kostenfaktoren« und kreuzen Sie jeden zutreffenden Kostenfaktor an. Besonders ausgeprägte, schwerwiegende Faktoren können gesondert gekennzeichnet werden. Führen Sie diesen Schritt für das aktuelle wie für die vergangenen Projekte durch.

Schritt 2. Vergleich

Halten Sie die Vergleichsprojekte dagegen. In welchen Punkten gibt es Übereinstimmungen, wo bestehen Unterschiede?

Schritt 3. Einordnen

Ordnen Sie die Komplexität für das konkrete Projekt im Vergleich zu den vergangenen Projekten ein: dazwischen, darüber, darunter. So ergibt sich ein vager Bereich für die Kosten und die Dauer. Es ist dabei nicht sinnvoll, schematisch nach der Anzahl der angekreuzten Kostenfaktoren vorzugehen, hier muss eine subjektive Gesamteinschätzung vorgenommen werden. Durch Bewusstmachung der Kostenfaktoren in Schritt 1 und 2 wird diese jedoch besser.

Rein gefühlsmäßig und ohne Anspruch auf Exaktheit wird es jedoch möglich sein, das vorliegende Projekt noch genauer im Vergleich zu den anderen zu positionieren. Bei jedem Kostenfaktor kann überlegt werden, wie sehr dieser zum Gesamtpreis beiträgt.

3.4 Leitung der Schätzung im Team

Für Webprojekte ist es unerlässlich, dass die Aufwände aus den Blickwinkeln der verschiedenen beteiligten Disziplinen eingeschätzt werden. Die Erstellung einer Schätzung in der Gruppe ist aber auch die einzige Methode, um in sehr kurzer Zeit eine gute Schätzung zu erzielen. Lange alleine über eine Schätzung sinnieren ist nicht zielführend. Auch kann erst durch das Zusammenwirken mehrerer Ansichten das Ergebnis so sicher werden, wie es der Verantwortung für mehrere Monate Projektarbeit entspricht. Dabei ist es jedoch nicht zielführend, einfach drauflos zu diskutieren. Ein moderierter Prozess steigert die Effektivität, sichert die erforderliche Vorbereitung und fördert die unterschiedlichen Ansichten der Projektmitglieder zu Tage.

Mit den hier gegebenen Best Practices werden Sie als Projektleiter in der Lage sein,

- die Erstellung einer Schätzung in der Gruppe zu leiten,
- den Aufwand, der in die Erarbeitung der Schätzung fließt, der Aufgabe angemessen zu steuern.

3.4.1 Ablauf

Folgender Arbeitsprozess kann einige Stunden oder bei einem Großprojekt auch mehrere Tage dauern. Wenn Hindernisse nicht vorab ausgeräumt werden, zum Beispiel Unterlagen fehlen, dauert er länger.

Schritt 1. Selbst schätzen und Schätzmethode bestimmen

Führen Sie als Projektleiter selbst eine (grobe) Schätzung durch. Anhand dieser werden Sie die nächsten zwei Schritte tun können. Sie werden dabei auch die Entscheidung treffen, welche ob eine Experten- oder eine Analogieschätzung zielführend ist.

Schritt 2. Wie viel Zeit soll investiert werden?

Die Schätzung selbst muss auch beschätzt werden. Überlegen Sie als Leiter der Schätzung, wie viel Zeit in etwa investiert werden soll. Dieser Punkt ist sehr wichtig, denn in der einen Minute, in der Sie dies grob veranschlagen, entscheiden Sie womöglich über das Geschick des gesamten Projekts – beziehungsweise darüber, ob leerer Aufwand generiert wird, indem bei jedem sich ankündigenden Auftrag zu viel Zeit in die Schätzung fließt. Leitfragen:

- Wie groß erscheint die Aufgabe, handelt es sich eher um ein kleines oder ein großes Projekt?
- Wie groß kann eine Fehleinschätzung bei diesem Projekttyp ausfallen?
- Was sind gegebenenfalls die Konsequenzen?

Für eine verantwortliche Schätzung bei einer Größenordnung von 100PT können schon mal 3PT verwendet werden. Das sind dann drei Personen, die für jeweils ein paar Stunden Dokumente lesen, und zwei Besprechungen; ein Verantwortlicher bereitet am Ende alles sauber auf. Wenn es um Fixpreisverträge für Millionenbeträge geht, ist auch ein Vielfaches davon sinnvoll investierte Zeit. – Da man den Aufwand der Aufgabe aber erst noch abschätzen will, kann man den sinnvollen Schätzaufwand schwer daran ausrichten... Sicher lohnt es sich trotzdem, bewusst über einen gerechtfertigten Schätzaufwand nachzudenken.

Schritt 3. Sind die benötigten Informationen vorhanden?

Bevor Sie nun mehrere Personen mit dem Schätzen beschäftigen, prüfen Sie, ob die benötigten Informationen vorhanden sind: Sind wichtige Fragen geklärt, sind die Unterlagen da? Es passiert immer wieder, dass beim Schätzen festgestellt wird, dass grundlegende Fragen offen sind und alles wiederholt werden muss. Das kann den Aufwand von Schätzungen vervielfachen.

Schritt 4. Auswahl der Personen

Wählen Sie die Personen aus, die an der Schätzung teilnehmen sollen. Die gegebene Zeit wird am besten genutzt, wenn wenige sehr erfahrene Personen mit unterschiedlichen Perspektiven kurzzeitig, ungestört und mit physikalischer Präsenz teilnehmen.

Wichtig ist, dass alle für das Projekt relevanten Disziplinen vertreten sind: Projektleiter, Design, IT usw. Im Allgemeinen wird bei einem Webprojekt nicht jeder alles sinnvoll schätzen können. Wenn die Projektaufgabe deutlich nach Disziplinen zerlegbar ist, so soll auch die Schätzarbeit so aufgeteilt werden. In diesem Fall bilden Sie Schätzteams. In jedem Team sollten mindestens zwei Personen sein, damit keine unbalancierten Einzelschätzungen entstehen. Bei einer Schätzung für Arbeiten zu Beginn des Projekts (Ist-Konzept, Pflichtenheft, Grobkonzept) können die Aufgaben so eng verzahnt sein, dass eine Aufteilung nicht sinnvoll ist.

Anfänger werden beteiligt, wenn sie dadurch geschult werden sollen, oder wenn feststeht, dass sie später an der Ausführung beteiligt sind. Generell sollten die späteren Projektbeteiligten involviert werden, bei größeren Teamstärken muss man aus pragmatischen Gründen einige auswählen. Je wichtiger die Schätzung ist, desto weniger ist es leider möglich, die späteren Teammitglieder einzubeziehen. So ist bei der Angebotsschätzung für ein Großprojekt die Zeit bis zur Aufnahme der Arbeiten mit Sicherheit zu groß, als dass die Mitarbeiter vorgehalten werden könnten. In diesem Fall wählt man potenzielle Teammitglieder und sagt es ihnen auch, dass sie möglicherweise »auslöffeln werden, was sie jetzt einbrocken«.

Schritt 5. Arbeitsprozess vorgeben und Coaching

In den Schritten 7, 8 und 9 passiert die eigentliche Leistung. Deren Arbeitsablauf soll dem Team vorab bekannt gegeben werden. Dies ist auch ein guter Moment, um Mitglieder des Schätzteams zu coachen, siehe hierzu Kapitel 3.4.2 »Aufgaben des Leiters der Schätzung«.

Schritt 6. Dokumente austeilen

Stellen Sie dem Team alle relevanten Dokumente zur Verfügung. Mündliche Informationen werden nur gegeben, wenn diese in den Dokumenten nicht enthalten, schwer auffindbar oder die Dokumente unverständlich sind. Halten Sie vorher insbesondere keinen Vortrag über Ihre Sicht! Damit töten Sie die unterschiedlichen Interpretationen und Wahrnehmungen – diese sind aber der Wert, für den der ganze Aufwand betrieben wird.

Schritt 7. Team: Dokumente lesen und Aufwandspunkte listen

Arbeitsmethoden:

- Brainstorming (siehe Kapitel 6.5) ist hier sehr gut geeignet, besonders dann, wenn alle Beteiligten einen guten Informationsstand haben.
- Einzelarbeit mit anschließender Diskussion: Die Teilnehmer lesen zur Vorbereitung die zur Verfügung stehenden Dokumente und erstellen dabei selbstständig eine komplette Schätzung. Hierfür wird ein Zeitlimit vorgegeben, zum Beispiel eine Stunde. Währenddessen sind Diskussionen nicht zielführend. Anschließend werden Fragen geklärt und aus den Einzelschätzungen eine gemeinsame Liste der zu schätzenden Punkte erstellt. Bei der Expertenschätzung sind das die Aufwandspunkte, bei der Analogiemethode die Kostenfaktoren. In die Einzelschätzungen müssen hier nicht zwingend auch Schätzwerte eingetragen werden, das fördert jedoch die Erkenntnis, welche die großen, genauer zu betrachtenden Blöcke sind.
- »Hausaufgabe« ist hier im Allgemeinen die weniger zielführende Methode, jedoch die einzige Möglichkeit, wenn viele Dokumente zu lesen sind. Dabei entsteht schnell Ressourcenverschwendung, wenn besonders Ehrgeizige unbedingt die beste Einzelschätzung vorlegen wollen.

In allen Fällen muss aus den einzelnen Beiträgen eine gemeinsame Liste kompiliert werden. Das ist einer der wichtigsten Momente der Schätzung. Hier treffen die unter Umständen sehr unterschiedlichen Interpretationen der Aufgabe aufeinander. Genau das ist das Ziel: Erst Raum zu geben für die Entwicklung individueller Ansichten und diese dann mit maximalem Erkenntnisgewinn aufeinanderprallen zu lassen. Ihre Aufgabe als Leiter der Schätzung ist es, die Diskussion zu moderieren und dabei die Differenzen zu Tage zu fördern. Unter allen Umständen sollte dabei jedoch Blamage von Mitwirkenden vermieden werden. Falls Personen einzeln komplette Schätzungen erstellen, so sollten die Gesamtwerte nicht veröffentlicht werden. In dieser Anfangsphase der Schätzung können extreme, im Rückblick lächerlich wirkende Unterschiede vorhanden sein.

Schritt 8. Team: Schätzwerte bestimmen

Eine gemeinsame Liste der aufwandsrelevanten Punkte liegt vor, nun soll der Aufwand bestimmt werden. Unabhängig davon, ob nach der Analogiemethode verfahren wird oder eine Expertenschätzung durchgeführt wird, gelten folgende Best Practices:

Die Teilnehmer sollen erst alleine schätzen, dadurch entwickeln sie unterschiedliche Meinungen. Entscheidend für ein gutes und gemeinsames Ergebnis ist dann die anschließende Gruppendiskussion. Die konkreten Schätzwerte der Einzelpersonen sollten hier an zweiter Stelle stehen. In erster Linie gilt es herauszufinden, wer *warum* zu welchem Ergebnis gekommen ist und damit eine Gesamtsicht aller Argumente, aller Mehraufwand oder Erleichterung darstellender Aspekte herzustellen. Wenn hier Einigkeit besteht, ergibt sich der gemeinsame Schätzwert oft schon von selbst. Die Bildung von Durchschnittswerten soll nicht zum Prinzip gemacht werden. Es kommt nicht auf mathematische Korrektheit, sondern auf Erkenntnisse an. Die Erkenntnisse können nämlich auch zur Wahl des kleinsten oder größten Wertes führen. Wenn sich zum Beispiel herausstellt, dass derselbe Punkt in der Schätzung verschiedener Personen unterschiedliche Aufgaben deckt, diese jedoch allesamt erledigt werden müssen, so ist der richtige Wert sogar die Summe!

Natürlich können und sollen beim Bestimmen der Schätzwerte auch neue Erkenntnisse zu den zugrunde liegenden Aufwandspunkten entstehen, zum Beispiel bei Anwendung von Prinzip 2 »Einheitliche Granularität der Aufwände« in Kapitel 3.2.2. In solchen Fällen muss die Liste der Aufwandspunkte angepasst werden.

Schritt 9. Aufbereitung

Die Schätzung muss nun gut strukturiert und für Dritte verständlich gemacht werden. Das erledigt am effektivsten der Projektleiter in Einzelarbeit.

Schritt 10. Team: Prüfung

Falls die Zeit hierfür reicht, sollte die Schätzung abschließend in einer gemeinsamen Diskussion verabschiedet werden. Wenn die Schätzung in mehreren Teams durchgeführt wurde (IT, Design, Branding, Fachlich, ...), so müssen die Ergebnisse auf ihre Zusammenhänge hin überprüft und zusammengeführt werden. Die Schätzung sollte im Einverständnis verabschiedet werden. Im Zweifelsfall und unter engen terminlichen Bedingungen hat derjenige das letzte Wort, der schließlich die Verantwortung trägt: der Projektleiter. Dieses letzte Wort sollte jedoch vermieden werden, weil ein wichtiger Nutzen der gemeinsamen Schätzung auch das gemeinsame Bewusstsein ist, dass sie jeder mitträgt – also in der Umsetzung auch leisten soll, was er mitgeschätzt hat.

3.4.2 Aufgaben des Leiters der Schätzung

Als Projektleiter werden Sie auch die Schätzung leiten. Dabei haben Sie folgende besondere Aufgaben.

Bedingungen notieren

Während des gesamten Schätzablaufs sammeln Sie als Leiter der Schätzung Unklarheiten der Dokumente, aufgetretene Fragen, erkannte Mitwirkungspflichten des Kunden, Ausschlüsse und Voraussetzungen aller Art. Fordern Sie die Teilnehmer in geeigneten Momenten auf, dazu beizutragen.

Für gute Teamarbeit sorgen

Machen Sie den Schätzern bewusst, dass der Wert, den sie beitragen, nicht darin besteht, die perfekte Einzelschätzung abzuliefern oder, noch schlimmer, das Ergebnis der Gesamtgruppe zu erraten. (Zu beweisen, dass es ohne die anderen auch gegangen wäre?!) Der Wert, den der Einzelne beiträgt, ist seine individuelle Sicht und die daraus folgenden konkreten neuen Erkenntnisse und Ideen. Es sollte im gesamten Ablauf der Schätzung nie zur Bloßstellung der Teilnehmer kommen. Vermeiden Sie das »Wer hat recht?«, mehr bringt »Was für Ideen gibt es?« und »Was ist richtig?«. Die Gruppe muss vor Einseitigkeit der Betrachtung geschützt werden, zum Beispiel durch besonders durchsetzungsstarke Teammitglieder – die größte Gefahr sind eventuell Sie selbst.

Coaching zu Schätzprinzipien

Sie können die Teilnehmer im Allgemeinen nicht fachlich coachen, dort sind eher sie die Experten. Sie können jedoch Kenntnisse einer guten Schätzmethodik verbreiten und damit die Qualität steigern. Fachwissen und Projekterfahrung ergeben noch lange nicht, dass jemand gut schätzen kann.

Pragmatismus: Schätzaufwand und -qualität steuern

Die detaillierte Beschreibung der Vorgehensweisen beim Schätzen soll nicht darüber hinwegtäuschen, dass Schätzungen sehr schnell erstellt werden können. Der Prozess muss jedoch gesteuert werden.

Perfektionisten können mit dem Schätzen sehr viel Zeit verbringen, andere wiederum geben unreife Schätzungen ab. Es fällt vielen schwer, zwischen diesen Klippen das richtige Maß zu finden, zumal man nicht objektiv prüfen kann, ob man richtig oder falsch liegt.

Auch insgesamt, über den gesamten Prozess im Team gesehen, muss das richtige Maß gefunden werden. In eine Schätzung soll nicht beliebig viel Zeit investiert werden, irgendwann wird sie nicht mehr besser. Auf Dienstleisterseite wird der gesamte Aufwand auch hinfällig, falls man den Auftrag nicht erhält. Nur - wie stellt man fest, ob man fertig ist? Die Lösung ist eine Kombination mehrerer Maßnahmen:

- Für die gesamte Schätzung sollte vorab der Zeitaufwand überlegt werden, für einzelne Teilschritte ist es oft sinnvoll, den Teammitgliedern die zur Verfügung stehende Zeit vorzugeben. Mitarbeiter mit weniger Erfahrung im Schätzen brauchen Ermutigung, um Zeiteinschränkungen zu akzeptieren: Es kommt nicht auf die Perfektion der Einzelschätzung an, niemand wird an den Pranger gestellt.
- Bei der Expertenschätzung sollten die Prinzipien aus Kapitel 3.2.2 erfüllt sein, damit sie qualitativ fertig ist – die Einhaltung dieser Prinzipien ist also das »Stoppkriterium«. Dann wird das Ergebnis das Bestmögliche sein.
- In Gruppendiskussionen kann bei aufmerksamer Beobachtung der Zeitpunkt gefunden werden, wann nicht mehr viel Neues entsteht.

Schließlich, falls wichtige ungeklärte Fragen aufgeworfen wurden, kann es erforderlich sein, die Schätzung abzubrechen und nach dem Einholen entsprechender Informationen zu wiederholen. Schätzen ohne Informationen ist Zeitverschwendung.

3.4.3 Zusammenfassung: Prinzipien der Schätzung im Team

Ein guter Schätzprozess hat folgende Merkmale:

- Die benötigten Informationen sind da.
- Der in die Schätzung investierte Aufwand wird bewusst gesteuert.
- Für ein gutes Ergebnis nehmen sehr erfahrene Personen teil, pro Team reichen jedoch 2-3. Anfänger werden involviert um zu lernen. Die späteren Ausführer der Projektarbeiten nehmen teil, damit sie sich mit den so entstandenen Vorgaben identifizieren.
- Alle wissen, was die Ergebnisse einer Schätzung sind (Kapitel 3.2.1).
- Unterschiedliche Meinungen werden zu Tage gefördert: Der beste Beitrag des Einzelnen ist nicht der »optimale« Schätzwert, sondern Ideen, Sichtweisen und Erkenntnisse aller Art.
- Die Schätzung der Aufwände erfolgt, nachdem eine gemeinsame Liste erstellt wurde, welche Punkte den Aufwand ergeben oder beeinflussen.
- Wer die Verantwortung für die Schätzung trägt, hat im Zweifelsfall auch das letzte Wort bei der Gestaltung ihrer Inhalte. Generell sollte die Schätzung jedoch im Konsens verabschiedet werden.

3.5 Projektplan und Mitarbeitereinsatz

3.5.1 Was ist ein Projektplan?

Der *Projektplan* legt Beginn, Ende und Reihenfolge der Tätigkeiten im Projekt fest.

Attribute eines guten Projektplanes

- ✓ zeigt Beginn, Ende und Reihenfolge der Tätigkeiten
- ✓ definiert, wer wann was liefert
- ✓ zeigt Abhängigkeiten
- ✓ ist allgemeinverständlich
- ✓ unterstützt Abstimmungen

Checkliste 3: Projektplan

Diese allgemeine Definition hilft jedoch noch nicht, einen guten Projektplan zu erstellen. Ein guter Projektplan soll der Abstimmung dienen. Hierfür muss er einfach und für alle Projektbeteiligten verständlich sein, so dass jeder damit arbeiten kann. Ein Projektplan soll nicht das Geheimnis der Projektleitung bleiben, sondern ermöglichen, dass alle in dieselbe Richtung mitziehen und Konsequenzen von Verspätungen verstehen. Wichtige Informationen sollen hervorgehoben werden. Die Tätigkeiten im Projektplan sollen jeweils zu einem konkreten Ergebnis führen. Die Tätigkeit ist dann erfolgreich abgeschlossen, wenn dieses Ergebnis vorliegt. Man kann es also so formulieren, dass der Projektplan definiert, wann Ergebnisse geliefert werden. Hierbei soll auch genannt werden, wer für das Ergebnis verantwortlich ist; das kann sehr wohl auch eine Person auf Kundenseite sein. Schließlich soll ein Projektplan Abhängigkeiten benennen, also zu jeder Tätigkeit definieren, welche Mitwirkungen und welche Ergebnisse anderer Tätigkeiten vorausgesetzt werden. Diese Abhängigkeiten ergeben, welche Tätigkeiten parallel und welche nur sequentiell durchgeführt werden können. Sie bestimmen letztendlich auch, wann das Projekt fertig wird.

3.5.2 Erstellung des Projektplans

Die Aufwandsschätzung ist der größere Aufwand, der kleinere ist es, daraus den Projektplan abzuleiten. Eine detaillierte Schätzung enthält bereits Angaben darüber, welche Ressourcen (Personen mit welchen Qualifikationen) in den einzelnen Teilaufgaben in welchem Umfang benötigt werden, siehe Kapitel 3.2.1 »Aufwands- versus Kostenschätzung«. Die Projektplanung ist dann - stark vereinfacht - die Übertragung der Schätzung in ein Gantt-Chart.

Was ist ein Gantt-Chart?

Ein Gantt-Chart besteht aus horizontalen Balken. Jeder Tätigkeit ist ein Balken zugeordnet, der von Anfang bis Ende der Tätigkeit verläuft. Für ein Beispiel siehe Abbildung 22.

Das Gantt–Chart ist die etablierte Form, einen Projektplan darzustellen. Es wurde von dem amerikanischen Ingenieur Henry L. Gantt im Jahr 1917 entwickelt.

Wie wird die Schätzung in das Gantt-Chart übertragen?

Die Reihenfolge der Tätigkeiten und die Anzahl der Personen (mit den benötigten Qualifikationen), die eine Aufgabe bearbeiten, wird festgelegt.

Leistungen (in PT)
2 Interner Usability-Test (Expertentest) + schriftliche Ergebniszusammenfassung
4 Verbesserungen auf Grund der Usability-Testergebnisse

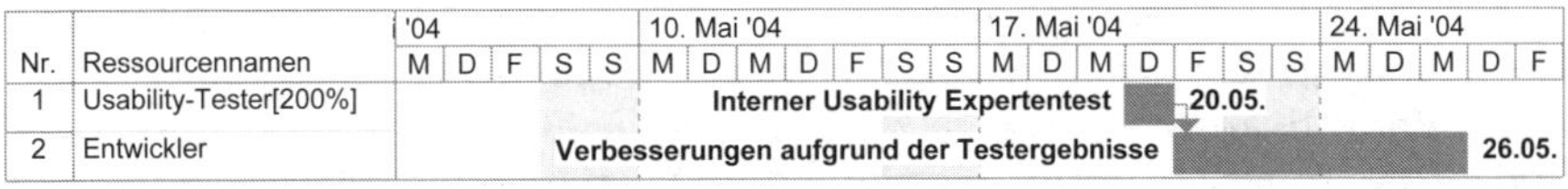

'04
10. Mai '04
17. Mai '04
24. Mai '04
Nr.
Ressourcennamen
M D F S S M D M D F S S M D M D F S S M D M D F
1
Usability-Tester[200%]
Interner Usability Expertentest
20.05.
2
Entwickler
Verbesserungen aufgrund der Testergebnisse
26.05.

Abbildung 22: Erstellung des Projektplans aus der Schätzung

Wichtig zu bemerken ist, dass die Länge der Balken alleine keine Aussage über den Aufwand der Tätigkeit macht. Optisch mag das Gantt-Chart daher täuschen: Ein langer Balken vermittelt den Eindruck eines hohen Aufwands, kann aber tatsächlich einen sehr viel geringeren Aufwand bedeuten als ein kurzer, der parallel von vielen Mitarbeitern bearbeitet wird.

Was ist vor und bei der Projektplanerstellung im Detail zu tun?

Die beschriebene Übertragung der Informationen in das Gantt-Chart führt zu einem Projektplan. Um jedoch einen qualitativ hochwertigen und in der Projektarbeit effektiven Plan zu erhalten, muss mehr getan werden. Das erläutern die nachfolgenden Kapitel:

- Bevor die Reihenfolge festgelegt wird, sollen Abwägungen über den Mitarbeitereinsatz im Projektverlauf, die Zusammenarbeit der Teammitglieder und deren Übergabepunkte gemacht werden, siehe Kapitel 3.5.3.
- Abhängigkeiten und damit Auswirkungen möglicher Verspätungen sollten analysiert werden, um die einzelnen Einsätze und den Endtermin verantwortungsbewusst festzulegen. Siehe dazu Kapitel 3.5.4.
- Sobald möglich sollten den Aufgaben die Namen konkreter Personen zugeordnet werden, die verantwortlich für das Ergebnis sind.

- Der Projektplan sollte so aufbereitet werden, dass er Abstimmungen optimal unterstützt, siehe Kapitel 3.5.5. So soll er insbesondere nicht zu detailliert sein, Aufgaben können hierfür zusammengefasst werden. Besonders Wichtiges soll hervorgehoben werden.
- Eventuell muss der Projektablauf Firmenrichtlinien berücksichtigen, siehe Kapitel 3.5.6.

3.5.3 Mitarbeitereinsatz

Die richtige Mischung von paralleler und sequentieller Arbeit

Für Webprojekte hat sich eine Mischung von paralleler und sequentieller Arbeit als sinnvoll erwiesen. Die »saubere« sequentielle Arbeitsweise, bei der ein Arbeitsabschnitt beginnt, wenn der andere fertig ist, nimmt zu viel Zeit in Anspruch. Zudem kann jede Übergabe dazu führen, dass der Übernehmende nichts mit dem anfangen kann, was er bekommen hat. Sie werden hören: »Ich verstehe das nicht!«, »Das kann nicht oder nur sehr teuer umgesetzt werden!« und »Warum wurden wir nicht früher involviert?«. Voller paralleler Ressourceneinsatz funktioniert auch nicht, dann bekommen Sie zu hören: »Ich weiß nicht, was ich tun soll!« und »Erst muss ... fertig werden, damit ich meine Aufgabe erledigen kann!«.

Die einzig effektive Arbeitsweise ist weitgehend paralleles Arbeiten bei Berücksichtigung inhaltlicher Zwänge zur Sequenzialisierung. Dieses verzahnte Arbeiten von Design, IT und gegebenenfalls weiteren Disziplinen stellt hohe Anforderungen an das Projektmanagement, ermöglicht jedoch eine frühe Fertigstellung und eine einigermaßen kontinuierliche Auslastung des Teams bei akzeptablen Kosten. Um eine solche Projektplanung zu erstellen, müssen Abhängigkeiten analysiert werden, die sequentielles Arbeiten erzwingen können (Kapitel 3.5.4), und Übergaben zwischen den Spezialisten sehr gut vorbereitet werden.

Harte Übergabepunkte vermeiden

Vermeiden Sie harte Übergabepunkte: Immer, wenn ein Spezialist seine Arbeit abliefert und der nächste erst dann beginnt, sich damit zu beschäftigen, haben Sie als Projektleiter wahrscheinlich einen Fehler gemacht.

Das gilt insbesondere für Übergaben zwischen unterschiedlichen Disziplinen, beispielsweise wenn Designer Screens an die IT zur technischen Implementierung übergeben. Lösungen sind:

- Oft lässt es sich einrichten, dass der Übernehmende bereits früher (sporadisch) in Abstimmungen involviert wird.

- Ein kleines interdisziplinäres Kernteam ist eine sehr gute Lösung, falls die Projektgröße dessen kontinuierliche Beschäftigung ermöglicht. Dieses Kernteam arbeitet von Anfang bis Ende am Projekt mit. Es enthält sehr erfahrene Mitarbeiter aller Disziplinen.
- Bei Projekten, die nicht groß genug sind, um solche Spezialisten voll zu beschäftigen, funktioniert das nur mit »Kompetenzzentren«. Es muss also in der Firma Senior-Spezialisten geben, die nicht dauerhaft zu 100% in Projekten gebunden sind, sondern für betreuende, ratgebende Tätigkeiten immer wieder abgerufen werden können. Zusätzlich lässt es sich meistens einrichten, dass Mitarbeiter, die mit ihrem Einsatz im Projekt bereits fertig sind, in geringem Umfang noch für Rückfragen zur Verfügung stehen.

Als Projektleiter ist es Ihre Aufgabe, diesen Bedingungs-, Anforderungs- und Erfahrungsaustausch zu organisieren. Jede Disziplin muss erfahren, welche Einschränkungen und Anforderungen sie von der anderen erhält. So wird dann zum Beispiel ein Senior-IT-Spezialist frühzeitig darauf hinweisen können, dass gewisse kreative Ideen mit der gegebenen Technologie nicht umsetzbar sind.

Zu Beginn nur Seniors einsetzen

Zu Beginn eines Projekts werden in der Regel nur sehr erfahrene Mitarbeiter benötigt. Das betrifft den Projektschritt »Ist-Beschreibung und Pflichtenheft« und teilweise auch noch das Grobkonzept. Der Grund liegt im fachlichen Anspruch und der Verantwortung der Aufgaben. Auf Dienstleisterseite kommt hinzu, dass die Aufgaben in diesen Projektschritten mit häufigem Kundenkontakt einhergehen und es daher entscheidend ist, kompromisslos Professionalität zu zeigen. In dieser Hinsicht wird am Anfang des Projekts der Grundstein für späteren Erfolg oder Misserfolg gelegt. Weniger Erfahrene können in diesen Projektschritten hinzugezogen werden, damit sie lernen.

Der Gesamteinsatz der Mitarbeiter über alle Disziplinen hinweg lässt sich dementsprechend wie folgt zusammenfassen:

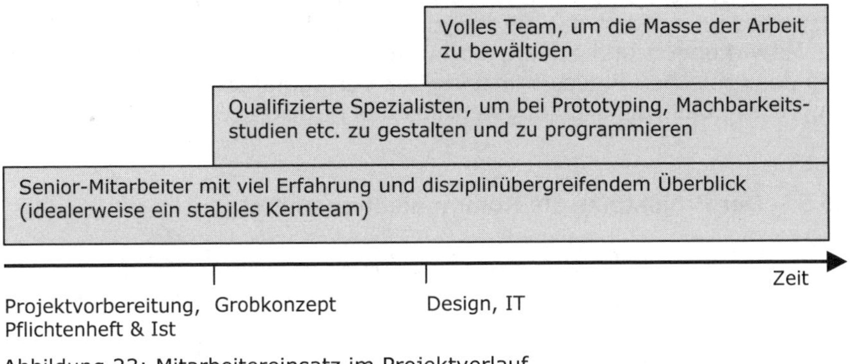

Abbildung 23: Mitarbeitereinsatz im Projektverlauf

3.5.4 Abhängigkeitsanalyse und kritischer Pfad

Abhängigkeitsanalyse

Wenn die Aufwandspunkte aus der Schätzung in den Projektplan übergetragen werden, entsteht die Frage, in welcher Reihenfolge diese bearbeitet werden können.

Bei der Abhängigkeitsanalyse wird festgestellt, was die Voraussetzungen für jede Tätigkeit sind. Diese können sein:

- Andere Tätigkeiten, deren Ergebnis benötigt wird. Dabei muss oftmals eine Vorgänger-Aufgabe nicht vollständig abgeschlossen sein, um mit der nächsten beginnen zu können.
- Mitwirkung des Kunden.
- Ressourcen, die zur Verfügung stehen müssen. Eine detaillierte Schätzung sollte dies bereits enthalten, d. h. Skills der benötigten Mitarbeiter und sachliche Ressourcen wie Daten, Testumgebung, Zugriffe auf Schnittstellen etc.

Wenn die Abhängigkeiten im Projektplan umgesetzt sind, liegt dieser als Netzwerk von aufeinander folgenden, parallelen und teilweise parallelen Aufgaben – jeweils mit Ressourcenangaben – vor. Nun kann der kritische Pfad identifiziert werden.

Was ist der kritische Pfad?

Die Abfolge derjenigen aufeinander folgenden Tätigkeiten, welche beginnend beim Projektstart und endend bei Projektende die Dauer des Projekts bestimmen, werden als kritischer Pfad bezeichnet.

Ein Beispiel hierfür ist die Abfolge der schwarzen Balken in Abbildung 24.

Das Hervorheben des kritischen Pfades im Projektplan ermöglicht Abstimmungen und Maßnahmen zur Verkürzung der Projektdauer. Wenn mehr Mitarbeiter für die Tätigkeiten entlang des kritischen Pfades eingesetzt werden, so kann das die Projektfertigstellung beschleunigen. Wenn alle Mitwirkungen und andere Voraussetzungen für die Tätigkeiten entlang des kritischen Pfades frühzeitig zur Verfügung stehen, wird das helfen, Verzug des Fertigstellungstermins des Projekts zu vermeiden.

3.5.5 Der Projektplan als Kommunikationsmittel

Ein Projektplan sollte im Gegensatz zu seinem Namen weniger als Planungswerkzeug, sondern überwiegend als Kommunikationsmittel gesehen werden.

Warum?

Die Masse der Projektplanungsarbeiten sollte nicht erbracht werden, indem Balken im Gantt-Chart hin- und hergeschoben, Aufwände derweil geplant und benötigte Skills zugeordnet werden. Diese Planungen gehören zur Aufwandsschätzung. Die im Gantt-Chart enthaltene neue Information ist nur die Reihenfolge der Aktivitäten und Anzahl oder Namen der einzusetzenden Mitarbeiter.

Später, im Projektverlauf, sollte der Abgleich von Planung und tatsächlichem Aufwand nicht anhand des Gantt-Charts erfolgen. Das wäre sehr aufwändig und kann besser anhand der detaillierten Aufwandsschätzung erfolgen. Diese wird meistens in einem Excel-Sheet dargestellt, hier können ohne grafischen Aufwand die geplanten und die tatsächlichen Aufwände verglichen werden.

Wie wird der Projektplan zum Kommunikationsmittel?

Folgender Beispielprojektplan setzt die in Kapitel 3.2.1 gegebene Schätzung um. Er zeigt die Umsetzung der nachfolgend gelisteten Prinzipien für die Aufbereitung eines Projektplans.

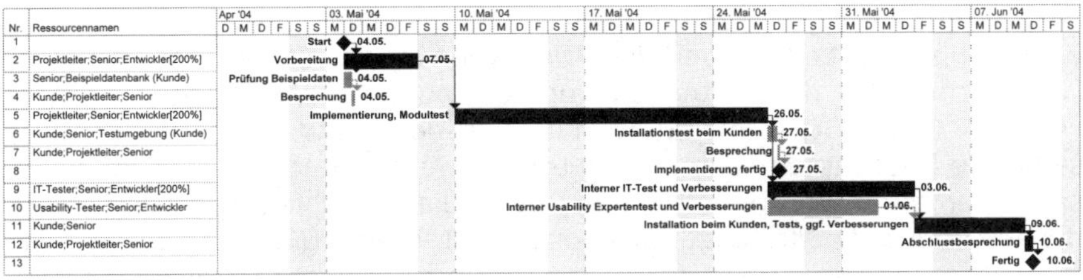

Abbildung 24: Beispielprojektplan

Darstellungsform

Für die externe Präsentation eines Projektplans hat sich die Gantt-Chart-Darstellung in MS-Project etabliert – nicht weil es keine anderen Produkte und Darstellungsformen gäbe, es ist für Abstimmungen jedoch entscheidend, einen allgemein bekannten Standard zu nutzen. Projektleiter sollten auf alle Fälle mit diesem Tool vertraut sein.

Detaillierungsgrad

Die Tätigkeiten sollten nicht zu detailliert eingetragen werden. Als Kriterium sollte jedoch nicht der Aufwand oder die Dauer der Aufgabe dienen, sondern die Wichtigkeit für Abstimmungen im gesamten Projektteam sowie zwischen Kunde und Dienstleister. Routineaufgaben wie Installation der Software-Entwicklungsumgebung oder interne Teammeetings interessieren den Kunden nicht. Diese können mit anderen Aufgaben zusammengefasst und bei Bedarf mündlich erläutert werden.

So enthält der Punkt »Vorbereitung« im Beispielprojektplan folgende Aufwände: Ergänzung des Teams, Einarbeitung der neuen Mitarbeiter, Einrichtung der Entwicklungsumgebung, verschiedene Absprachen, Planungen, Kick-Off-Meeting.

Auf der Ebene von einzelnen Tagen oder sogar halben Tagen macht es keinen Sinn, Aufwände in das Gantt-Chart einzutragen. Das würde nur zu permanenten Änderungen führen und damit den Projektplanungs- oder vielmehr Projektplanzeichnungs-Aufwand erhöhen. Änderungen auf der Ebene von Tagen innerhalb eines größeren Arbeitspaketes betreffen den Kunden in der Regel nicht und führen nur zu »Mikromanagement«: zu Nachfragen und Einflussnahme in einem Detaillierungsgrad, in dem das nicht hilfreich ist. Die Planung sollte auch deswegen nicht allzu sehr ins Detail gehen, weil die Spezialisten besser wissen, wie sie Ihre Aufgaben im Detail erledigen, es braucht ihnen nicht vorgeschrieben zu werden. Detailabsprachen über Reihenfolge und genaue Aufgabenverteilung können, wenn aktuell, unter den jeweiligen Mitarbeitern erfolgen, typischerweise unter Leitung der Senior-Mitarbeiter.

Jeder soll sofort sehen, wofür er verantwortlich ist

Dem Projektplan soll jeder Projektteilnehmer sofort entnehmen können, wann sein Einsatz gefordert ist. Dies kann durch Balken unterschiedlicher Farbe oder durch Angabe von Ressourcenbezeichnungen erreicht werden. Aber auch Mitwirkungen des Kunden und generell benötigte sachliche Ressourcen sollten eingetragen werden und es sollte zu sehen sein, wer dafür verantwortlich ist, dass diese rechtzeitig vorliegen. In der Abbildung 24 wird dies mit »Beispieldatenbank (Kunde)« dargestellt.

Abhängigkeiten

Abhängigkeiten sollten grafisch erkennbar sein. Dadurch werden Zusammenhänge und Lieferanten-Empfänger-Beziehungen klar. Im Beispielprojektplan sind dies die Pfeile zwischen den Tätigkeiten.

Der kritische Pfad sollte stets hervorgehoben werden. So wird deutlich, welche Aufgaben den Verzug des gesamten Projekts verursachen können. In der Abbildung 24 entspricht dieser den schwarzen Balken.

Meilensteine

Besonders wichtige Momente im Projektablauf sollten mit einem Meilenstein hervorgehoben werden. Das sind zumindest der Abschluss einer Projektphase (z. B. Vertragsphase) und für das Team oder den Kunden wichtige Ereignisse, beispielsweise Lieferungen an den Kunden.

3.5.6 Projektplanung mit (oder trotz?) Firmenrichtlinien

Wie muss ein Projekt im Detail ablaufen? Es gibt mehr Vorgehensmodelle als Firmen.

In großen Firmen existiert oft ein vorgeschriebener Projektablauf eingebettet in eine Methodologie der Projektdurchführung. Diese Dokumente heißen QS- oder Projekthandbücher, Prozessbeschreibungen oder Richtlinien. Sie werden von Firmen verwendet, um eine einheitliche Terminologie, Budgetierungs-, Steuerungs- und Planungsmethode zu haben und die Einbindung gewisser interner (Kontroll-)Instanzen vorzuschreiben.

Leider sind diese Reglementarien häufig umfangreich, realitätsfremd und nicht immer für das individuelle Projekt geeignet oder darauf anpassbar. In diesem Fall haben Sie als Projektleiter die Aufgabe, trotz dieser in Stein gemeißelten Heiligkeiten zum Ziel zu kommen – es wird Sie niemand anhören, wenn Sie sich bei einem gescheiterten Projekt auf die Projektrichtlinien beziehen. Wichtig ist hier, die eigentliche Intention dieser Dokumente zu verstehen. So reicht oft schon die Verwendung der Firmenterminologie und das Einbinden oder abgestimmte Umgehen der vorgeschriebenen Instanzen. Damit entsteht auf Firmenebene bereits ein realer Nutzen, wenn nicht jedes Projekt seine Etappen anders benennt usw.

3.5.7 Zusammenfassung

Die wichtigsten Punkte für eine optimale Projekt- und Ressourcenplanung sind:

- Die richtige Mischung von Parallelität und Sequenzialität finden.
- Im Zuge einer Analyse der Abhängigkeiten den kritischen Pfad identifizieren.
- Bis zum Abschluss der Phase Grobkonzept weitgehend erfahrene Mitarbeiter einsetzen, Anfänger können hier nicht wieder gutzumachende Schäden anrichten.
- Ein aus erfahrenen Mitarbeitern bestehendes Kernteam bilden, welches über die gesamte Projektdauer dabeibleibt.
- Rechtzeitig den Austausch von Bedingungen, Anforderungen und Erfahrungswerten zwischen den beteiligten Disziplinen organisieren.
- Dadurch harte Übergabepunkte vermeiden.

3.6 Iteratives Vorgehen

Dass iteratives Vorgehen modern ist und Webprojekte iterativ durchgeführt werden sollen, ist überall zu lesen. Wie aber stellt man sie im Projektplan dar und welche praxistauglichen Formen der Iteration gibt es überhaupt?

In den Kapiteln über Schätzung und Projektplanung wurde das Thema Iteration ausgespart, um es hier gebündelt zu besprechen. Iteration betrifft sowohl die Reihenfolge der Aufwände als auch die Möglichkeit, diese im Voraus abzuschätzen. Daher können hier Schätzung und Erstellung des Projektplans nicht getrennt betrachtet werden.

Was ist Iteration?

Iteration in Projekten ist das wiederholte Durchlaufen der Schritte:

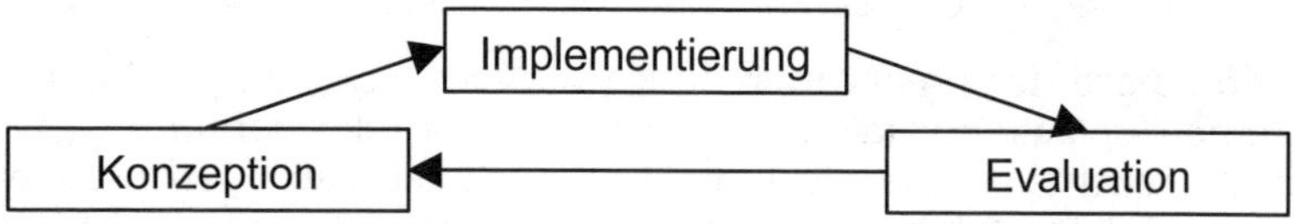

Abbildung 25: Iteratives Vorgehen

Dabei kann die Evaluation ein Test, die Bewährung in der Praxis, die Demonstration beim Kunden und vieles andere sein. Der Zyklus kann innerhalb eines Projekts oder über mehrere Projekte hinweg durchlaufen werden. Der Begriff der *Implementierung* soll hier nicht auf technische Implementierung (Programmierung) beschränkt bleiben: Beim Design wird die Visualisierung eines Designkonzepts in Form von fertigen Screens als Implementierung bezeichnet.

Natürlich kann man auch die stufenweise Entwicklung eines Konzepts, jeweils mit anschließender Evaluation als Iteration bezeichnen.

Formen der Iteration

Iteration kann unterschiedlichste Gestalten annehmen:

Prototypen

Ein *Prototyp* ist ein frühes Beispielsystem, das bereits wesentliche Merkmale des Endergebnisses aufweist.

Ziel: Vorab-Klärung besonders kritischer Aspekte, zum Beispiel Nutzerakzeptanz, technische Machbarkeit etc.

Umsetzung: In allen Phasen des Projekts können bereits Implementierungen erfolgen, um mögliche Lösungswege auszuprobieren.

Entwicklung der Lösung in mehreren Iterationsschritten

Ziele können sein:

- Bereits früh eine nutzbare Teillösung zu erhalten.
- Indem an ausgewählten Teilaufgaben bereits alle Projektschritte exemplarisch durchgeführt werden, wird der Aufwand des Gesamtprojekts genauer einschätzbar.
- Erkenntnisse aus der Implementierung in die Konzeption rückfließen zu lassen.
- Mehr Kundenzufriedenheit zu erzielen, indem immer schon etwas Fertiges gezeigt werden kann.

Umsetzung: Nachdem ein Pflichtenheft oder ein Grobkonzept vorliegt, werden die Schritte Feinkonzeption, Implementierung und Test wiederholt durchlaufen. Dies kann bedeuten, dass verschiedene Teile der Lösung bewusst hintereinander entwickelt werden oder dass dasselbe in mehreren Iterationsschritten stufenweise ausgebaut wird.

Pilotprojekte

Bei einem *Pilotprojekt* wird eine Lösung für ein eingeschränktes Anwendungsgebiet entwickelt, zum Beispiel ein Land oder einen Teil der Produktpalette.

Ziel: Es können im Praxiseinsatz Erfahrungen gesammelt werden, während das Schadensrisiko eingeschränkt wird.

Iteration oder Wasserfallmodell?

Aus den angegebenen Beispielen wird klar, dass iteratives Vorgehen in so gut wie allen Webprojekten sinnvoll ist. Das heißt jedoch nicht, dass für alle Teilbereiche eines Projekts ein mehrfaches Durchlaufen von Konzeption, Implementierung und Evaluierung erforderlich ist, oft reicht ein Durchlauf dieser Schritte (*Wasserfallmodell*). In einem Projekt kommt in der Regel beides vor – für unterschiedliche Teilaufgaben. Im Allgemeinen wird in einem Projekt vieles gut vorausplanbar sein, so dass Fragen hinsichtlich Machbarkeit, Kundenakzeptanz, Prioritäten, Zeit, Aufwand etc. in der Konzeption gelöst werden können – hier ist es schneller und kostengünstiger, ausreichend viel in die Konzeption zu investieren, so dass ein einmaliger Durchlauf Konzeption ▸ Implementierung ▸ Nutzung ausreicht. Es ist die Aufgabe des Projektleiters, zwischen Iteration und Wasserfall zu entscheiden.

Abbildung von Iteration in Schätzung und Projektplan

Die Abbildung von Iterationsschritten in der Projektplanung ist immer wieder eine Herausforderung: Wenn Iteration dazu dient, Unbekanntes frühzeitig zu klären und nachher das weitere Vorgehen daran auszurichten, wie soll dann der ganze Projektablauf vorab geschätzt oder in einem Projektplan erfasst werden?

Hier ist zu untersuchen, ob die voraussichtlichen Auswirkungen rein inhaltlich bleiben oder darüber hinaus gehen:

a) Es ist anzunehmen, dass die Erkenntnisse aus den früheren Iterationsschritten nur inhaltliche Auswirkungen auf die späteren haben, nicht aber die Abfolge und deren grobe Dauer ändern. In diesem Fall ist eine Schätzung und eine Projektplanung möglich.

b) Das weitere Vorgehen hängt zu stark von den ersten Schritten der Iteration ab. Hier kann der Projektplan der weiteren Schritte nur nach den ersten erstellt werden. Falls das Projekt zur Vorbereitung eines Angebotes geplant wird, so kann sich das Angebot dann nur auf das Planbare beziehen oder es muss ein Risikoaufschlag einkalkuliert werden beziehungsweise die Leistungsbeschreibung entsprechend dynamisch anpassbar bleiben.

3.7 FAQ

Frage 1: Wie erstellt man Schätzung oder Projektplan, ohne eine genaue Vorstellung vom Projekt zu haben?!

Antwort 1: Als Projektleiter wird man vom (internen oder externen) Kunden oft in einer sehr frühen Phase gefragt, »wie das Projekt denn so in etwa ablaufen wird«.

Sie können dem Kunden sagen, in welchen größeren Schritten (Ist-Beschreibung, Pflichtenheft etc.) das Projekt ablaufen wird. Dabei können Sie bereits auf einige schon feststehende Eigenschaften des Projekts eingehen, zum Beispiel, um was für eine Art von Projekt es sich handelt: internationales Großprojekt mit verteilten Standorten und sukzessivem Rollout; Projekt, in dem ein völlig neuartiges Angebot geschaffen wird, so dass erst grundsätzlich die Nutzerakzeptanz getestet werden muss oder ein kleines Projekt, für welches es inadäquat wäre, eine komplexe Vorgehensweise zu präsentieren.

Wichtig ist jedoch, dass Sie kein Datum nennen. Ein sehr grober Projektplan ohne Datum sollte reichen. Wenn es zum Beispiel für eine Budgetplanung unbedingt erforderlich ist, wenigstens eine Kostengrößenordnung (Anzahl der Nullen) zu nennen und ein dementsprechend ungenaues Datum, so hilft das Schätzverfahren »Analogiemethode« in Kapitel 3.3.3. Falls der Kunde noch mehr wissen möchte, gehen Sie über zur nächsten FAQ...

Frage 2: Wie vermeidet man es, einen Projektplan oder eine Schätzung zu erstellen, ohne eine genaue Vorstellung vom Projekt zu haben?

Antwort 2: Natürlich erstellen Sie gerne einen Projektplan, wenn es eine Schätzung gibt, und um schätzen zu können, benötigen Sie Information über das Projekt. Das sind zumindest die Ist-Beschreibung, das Pflichtenheft und die wesentlichen Entscheidungen, die im Grobkonzept gefällt werden. Das heißt, der Kunde erhält eine genauere und gegebenenfalls vertraglich bindende Schätzung für das gesamte Projekt nach dem Grobkonzept, siehe Kapitel 5.6.1, Abschnitt »Vertragliche Kostengarantien«.

Das wird vermutlich noch nicht zufrieden stellen, zählen Sie daher konkrete Entscheidungen auf, die getroffen werden müssen, um eine Schätzung erstellen zu können. Beispiele für solche Entscheidungen: Technologie, Use Cases, Umfang des Content, Schnittstellen, usw. Die Aufzählung von erforderlichen Entscheidungen wirkt, denn damit spielen Sie den Ball an den Kunden zurück.

Halten Sie zusätzlich einige Projektbeispiele parat, mit denen Sie unterschiedliche Kosten illustrieren können.

Was ist zu tun, wenn das immer noch nicht zufrieden stellt, der Kunde die Argumente zwar vielleicht einsieht, aber ... aber...? Hier handelt es sich oft einfach nur darum, dass er selbst die Kosten beziehungsweise die Unmöglichkeit, sie derzeit festzustellen, intern vertreten muss. Dabei helfen Sie ihm gerne: je nach Kundenwunsch mit einem kurzen, gut aufbereiteten Management Summary (Kapitel 6.3) oder am besten zusätzlich auch mit Ihrer persönlichen Anwesenheit in der Situation, in der der Kunde Sie braucht.

Frage 3: Aus kaufmännischer Sicht ist das Projekt zu teuer. Ihnen wird mitgeteilt, dass Sie doch die Schätzung »präzisieren« möchten. Wie sollen Sie reagieren?

Antwort 3: Was Sie unter keinen Umständen tun sollten ist, die Schätzung einfach nach unten zu korrigieren. Die Nachfrage ist sicher keine Aufforderung, eine falsche Schätzung vorzulegen.

Wenn nicht nur auf den zu hohen Gesamtaufwand, sondern auch auf konkrete Fehler hingewiesen wurde oder Sie welche entdecken, ist es natürlich sinnvoll, diese zu korrigieren.

Wenn das nicht der Fall ist, stehen Sie vor folgender Situation: Um gute Chancen zu haben, das Projekt zum Erfolg zu führen, sollten Sie dem Druck nicht nachgeben. Um jedoch den anfragenden Kunden, Chef oder Accountmanager zufrieden zu stellen (und im Extremfall den Auftrag nicht zu verlieren), sollten Sie eine kleinere Schätzung vorlegen. Das wäre soweit ein durchschnittliches Dilemma des Projektmanagements, dieses wird jedoch dadurch erschwert, dass eine Schätzung nun einmal geschätzt ist, also Werte beinhaltet, die man auch höher oder niedriger ansetzen kann, was objektive Diskussionen erschwert. Lassen Sie sich hier nur auf echte Lösungen ein:

- Kann die Aufgabenstellung geändert, also das Ergebnis heruntergeschraubt werden? Am besten überzeugt hier eine Auflistung, welche Punkte niedrigere Priorität haben und nützliche Zusätze zur eigentlichen Aufgabe darstellen. Diese können dann getrennt geschätzt werden – soll der Anfragende doch selbst sagen, was er streichen (oder hinzunehmen) will.
- Lassen Sie die Schätzung oder Teile, bei denen Sie sich unsicher sind, von einem oder (besser) mehreren Kollegen überprüfen, natürlich ohne sie zu beeinflussen.
- Suchen Sie nach ähnlichen vergangenen Projekten und vergleichen Sie Ihre Schätzungen mit den dortigen Aufwänden.

Vermeiden Sie auf alle Fälle die schwierige Diskussion über subjektive Einschätzungen.

Bei einem Angebot für einen Kunden kann nun die Situation eintreten, dass die Schätzung auf keinem dieser Wege reduzierbar ist, der Preis wegen des Konkurrenzdrucks in keiner Weise erhöht werden kann und das Projekt trotzdem nicht abgelehnt werden soll (strategische Gründe, Kundengewinnung, kleinerer Gewinn ist auch o.k., etc.). In diesem Fall ist es trotzdem keine Lösung, die subjektiven Einschätzungen nach untern zu korrigieren. Es muss der Tagessatz nach unten korrigiert werden, mit dem der Preis berechnet wird. Aus kaufmännischer Sicht ergibt sich dieselbe Summe. Aus Ihrer Sicht als Projektleiter ist das ein großer Unterschied: Es ist im Voraus dokumentiert, dass dieses Projekt keinen (angemessenen) Gewinn erbringen wird, Sie werden nicht ständig unter Druck stehen, das Unwahrscheinliche zu ermöglichen. Und Sie können einen realen Termin kommunizieren beziehungsweise gleich von Anfang an die richtige Menge an Mitarbeitern in das Projekt nehmen, um den wahrscheinlich ähnlich engen Termin zu halten.

4 Angebotserstellung und Dienstleisterauswahl

Robert Stoyan

Wie wählt man den richtigen Dienstleister für die Durchführung eines Webprojekts? Was benötigt man, um ein Webprojekt durchzuführen, was davon soll man einkaufen? Wie erstellt man ein gutes Angebot?

Einkauf und Vertrieb sind organisatorische Einheiten beim Kunden beziehungsweise Dienstleister, sie sind verantwortlich für den Weg zum unterschriebenen Vertrag!? - Ja und nein. Die inhaltlichen Aufgaben liegen bei den Projektleitern und dem Entscheider. An sie wendet sich dieses Kapitel. Wenn sie ihre Rolle im Einkaufs- beziehungsweise Angebotsprozess beherrschen, können sie hier Weichen stellen, die ihren späteren persönlichen Erfolg mit dem Projekt ermöglichen.

Inhalte:

4.1 Grundlegendes zu Verträgen

Verträge müssen gleichzeitig aus mehreren Sichten richtig sein. Die Sicht des Projektmanagements wird in diesem Kapitel besprochen, hierhin gehört auch die Rolle der Projektleiter im Einkauf beziehungsweise Vertrieb solcher Projekte. Die rechtliche Sicht steht in Kapitel 15.

4.1.1 Zusammenarbeitsformen

Im Projektmanagement wird häufig auf folgende zwei Grundarten der Zusammenarbeit von Kunde und Dienstleister Bezug genommen:

- Für eine feste Vergütung werden genau definierte Leistungen erbracht.
- Zu einem Preis pro Zeiteinheit werden Tätigkeiten ausgeführt.

Tatsächlich gibt es zahlreiche Zwischenlösungen, die Aspekte des Projektmanagements lassen sich jedoch anhand dieser zwei Grundtypen am besten erklären. Diese haben sehr wichtige Auswirkungen auf das Projektmanagement. Um im Folgenden auf diese Unterschiede in der vertraglichen Vergütung kurz Bezug zu nehmen werden »fixer Vertrag« (oder »fixe Konditionen«) und »Vertrag nach Aufwand« (oder »Projektarbeit nach Aufwand«) verwendet.

4.1.2 Beispiel für Vertragsphasen im Projektablauf

Für die Durchführung eines Projekts werden ein oder mehrere Verträge geschlossen. Falls es mehrere Verträge sind, so orientieren sich diese naheliegenderweise an größeren Projektschritten.

Das Diagramm unterscheidet zwischen fixen Verträgen und Verträgen für eine Arbeit nach Aufwand. Die Abbildung demonstriert den Trend, dass gegen Ende der Projektdurchführung eher fixe Verträge vorkommen, da hier recht genau definiert ist, was das Ergebnis sein soll.

Dass die Verträge so aneinandergrenzen, dass eine unterbrechungsfreie Projektarbeit möglich ist, ist in diesem Beispieldiagramm stark idealisiert. Siehe hierzu Kapitel 5.6.1 »Folgeaufträge – Vertragspausen vermeiden«.

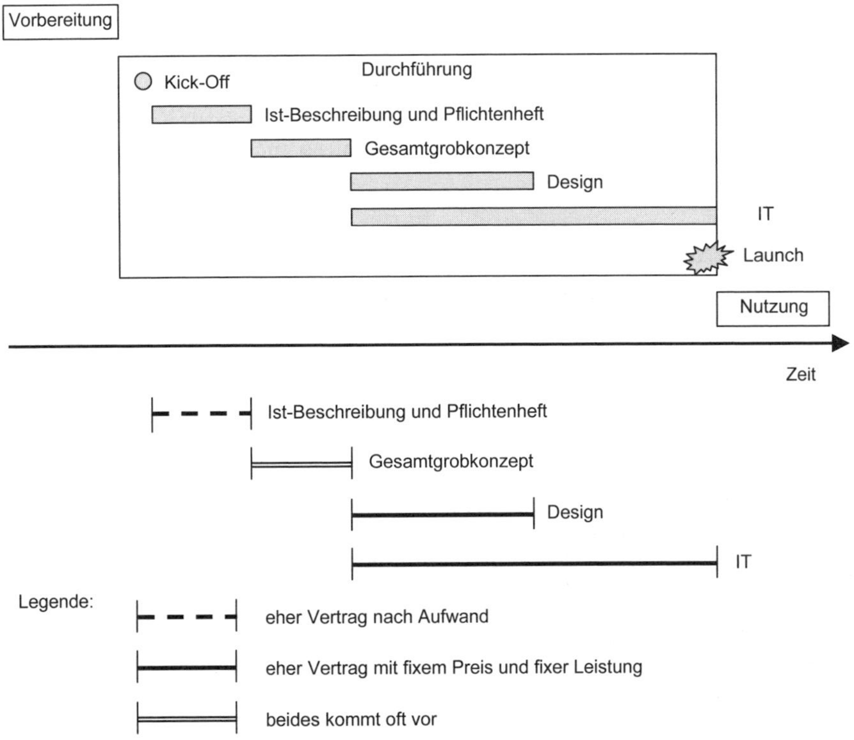

Abbildung 26: Beispiel für Verträge während der Projektdurchführung

4.1.3 Der Vertrag als Vertriebsdokument und Absicherung

Gute Angebote begründen das Angebotene (Vertriebsdokument). Sie werden in enger Abstimmung mit dem Kunden erstellt und spiegeln damit bereits die zukünftige vertragliche Vereinbarung wider, welche die Interessen der Parteien sichert. Der somit entstandene Vertrag ist also Vertriebsdokument und Absicherung.

Der Vertriebsaspekt

Das Angebot soll die Leistung und die Firma »verkaufen«. Es soll also (aus Sicht des Dienstleisters) für die Leistung und den Leistungserbringer werben und den Preis begründen.

Das Werben erfolgt durch Zeigen von Kompetenz: gutes Verständnis der Aufgabe, Kenntnisse über den Kunden, Darstellung der Qualifikation, treffende Bedienung der Kundenwünsche. Das muss zum Teil vom Projektleiter (und seinem Team) kommen, weil dort die inhaltliche Kompetenz liegt. Wichtig ist auch die Verständlichkeit: Als Dienstleister können Sie davon ausgehen, dass das Angebot auf verschiedensten Ebenen im

Hause des Kunden gelesen wird. Wenn zum Beispiel die kurze Darstellung der eigenen Firma oder die Motivation des Projekts fehlt, ist das Angebot ohne Kenntnis des Kontextes unverständlich.

Anfänger im Schreiben von Angeboten machen meistens zwei Fehler: Sie vergessen den Vertriebsaspekt und denken nicht an fachfremde Leser oder Leser ohne Kontext.

Die Absicherung

Der häufigste Fehler auf Kundenseite ist es, den Vertrag als Hebel zum Erzwingen des Projekterfolges zu sehen. Es ist vielmehr der »Notnagel« zur Festlegung, wie bei Problemen verfahren wird und was rechtlich einforderbare Mindestleistungen sind. In diesem Sinne ist der Vertrag also eine Absicherung. So ist zum Beispiel eine Vereinbarung, dass ein Konzept mit bestimmten Teilen erstellt wird, nur die Festlegung einer Mindestleistung: Sie erzwingt, dass diese Teile vorhanden sein müssen, den Nutzen erzwingt sie nicht. Den Nutzen im Sinne des Projekterfolges stellen Sie als Kunde vielmehr durch gute Dienstleisterauswahl, intensive Besprechung der Ziele, Kontrolle, offene Informationspolitik sowie Zugang zu Ressourcen des Hauses sicher.

Die Wahrheit ist, dass Kunden bei der Vertragserstellung in einer Zwickmühle sind: Während das Ziel für den Dienstleister (Geld) exakt geregelt ist, kann der Erfolg, auf den das Projekt abzielt, meist nicht vertraglich erzwungen werden (beispielsweise Erhöhung des Trading-Volumens durch ein Brokerage-Webportal). Immerhin ist es in einigen Fällen sinnvoll und machbar, den Vertrag so zu gestalten, dass die Vergütung vom Erfolg abhängt.

Was Kunden und Dienstleister zur Absicherung (dennoch) tun können, wird in Kapitel 4.2.4 und 4.3.6 beschrieben.

4.1.4 Wer ist für Angebot und Vertrag verantwortlich?

Optimal ist es, wenn auf Dienstleisterseite die Inhalte des Angebotes gemeinsam von Accountmanager und Projektleiter erstellt und in eine rechtlich geprüfte Angebotsvorlage eingefügt werden. Auf Kundenseite wird das Angebot vom Projektleiter und vom Einkauf geprüft. Beide Male wird ein »Entscheider« das letzte Wort haben. (Organisatorisch gesehen wird der Entscheider Bereichs-, Abteilungs-, Geschäftsstellenleiter oder Vorstand sein.) Sowohl auf Seiten des Dienstleisters als auch auf Seiten des Kunden soll eine rechtliche Prüfung des Angebotes erfolgen.

Um von Anfang an ihren hohen Verantwortungen gerecht zu werden, sollten die Projektleiter beider Seiten an der Erstellung und Abstimmung des Angebots und des daraus entstehenden Vertrags maßgeblich beteiligt werden. Sie müssen schließlich die vertragliche Vereinbarung umsetzen und werden am – kaufmännischen – Erfolg des Projekts gemessen.

Weiterhin haben sie (mit ihren Teams) die Kompetenz für die inhaltliche Ausgestaltung. In der Praxis gibt es erfahrungsgemäß zwei häufig vorkommende Abweichungen vom Idealweg:

- Auf Dienstleisterseite drückt der Vertrieb die lästige Angebotschreiberei ganz an den Projektleiter ab, die eigentliche Aufgabe sei ja getan: Das Interesse des Kunden ist geweckt.
- Die Projektleiter werden nicht involviert, weil sie noch gar nicht benannt sind. Auf Seite des Auftragnehmers muss das so sein, wenn vom Angebot bis zur Zusage eine längere Zeit vergeht – ein guter Projektleiter wird nicht lange vorgehalten (»geparkt«) werden können. Auf Kundenseite gibt es keinen allgemeinen Grund, warum der Projektleiter nicht in die Angebotsprüfung involviert sein könnte.

4.2 Sicht des Dienstleisters

Dieses Kapitel beschreibt aus Dienstleistersicht, wie ein Vertrag zustande kommt. Es richtet sich an Projektleiter auf Dienstleisterseite.

4.2.1 Interessen

Die Ziele des Dienstleisters lassen sich wie folgt zusammenfassen:

- Risiko minimieren
- Profit maximieren
- Auslastung erhöhen
- Folgepotenzial erschließen
- Erfahrung aufbauen
- Referenzen aufbauen

4.2.2 Vertriebsprozess

Professionell erstellte Angebote kosten viel Geld. Der ganze Vertriebsvorgang ist mit hohem Aufwand verbunden. Natürlich möchte man sich daher nur auf die erfolgreichen Akquisevorgänge konzentrieren. Nur: Wie weiß man im Voraus, welcher Vorgang erfolgreich sein wird?

Zu diesem Zweck werden diverse Modelle für den Vertriebsprozess genutzt. In diesem Buch wird auf Grund des Phasenmodells aus [Miller-Heiman] auf den Aufwand hingewiesen, der im Vertriebsprozess investiert werden soll. Dieses Modell gliedert den Verkaufsvorgang in fünf Phasen auf. Bildhaft gesprochen handelt es sich dabei um einen Trichter.

1. In der ersten Phase, »Identifikation«, ist das Ziel, Verkaufschancen zu erkennen. In dieser Phase ist die Anzahl der Vorgänge noch groß, der Trichter ist breit. Der Akquiseaufwand für den einzelnen Vorgang sollte sich daher in Grenzen halten.

2. In Phase 2, »Qualifikation«, werden die ersten Vorgänge aussortiert. Es werden Informationen zu den identifizierten Verkaufschancen recherchiert und konkretisiert. Beispielsweise wurde der potentielle Projektleiter beim Kunden gefunden und eine Abschätzung über den möglichen Verkaufserfolg getroffen. Auch in dieser Phase sollte noch relativ wenig Aufwand in einen Vorgang investiert werden.
3. Die dritte Phase, »Cover-the-Buying-Center«, ist von deutlich höherem Akquiseaufwand gekennzeichnet. Deshalb sollte jeder Vorgang vor dieser Phase gründlich auf seine Erfolgschancen geprüft werden. Die Informationen werden vervollständigt und sämtliche Beteiligten beim Kunden identifiziert und in ihrer Bedeutung für den Verkaufsvorgang eingeschätzt. Am Ende dieser Phase hat man alle Informationen, um mit dem eigentlichen Angebotsprozess starten zu können – falls man den Vorgang nicht gestoppt hat.
4. Phase 4, »Angebot«, behandelt die eigentliche Angebotserstellung. Auf Basis der Informationen aus Phase 3 wird nun gemeinsam mit den wichtigsten Partnern auf Kundenseite ein abgestimmtes Angebot erstellt.
5. Damit ist man in der letzten Phase, »Entscheidung«, angelangt. Hier geht es darum, während des Entscheidungsprozesses den Kunden zu betreuen, eventuellen Änderungsbedarf am Angebot zu erkennen und umzusetzen und dafür zu sorgen, dass das Angebot richtig verstanden und bewertet wird. Natürlich ist diese Phase maßgeblich von Gesprächen mit den Entscheidern auf Kundenseite geprägt.

Wichtig ist es zu unterscheiden, in welcher Phase sich der Verkaufsprozess befindet. Erst ab Phase 3 ist mehr Zeit zu investieren. Der Projektleiter auf Dienstleisterseite wird meistens ab Phase 4 involviert.

4.2.3 Vorgehen und Rollen der Angebotserstellung

Abstrakt sieht der Prozess der Angebotserstellung wie folgt aus (um Erfolg zu erzielen, sollte viel Abstimmung hinzukommen):

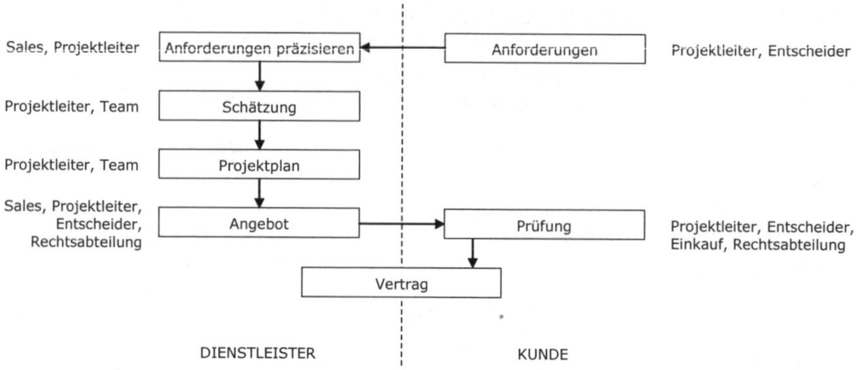

Abbildung 27: Prozess und Mitwirkende der Angebotserstellung

Der Angebotsprozess – so wichtig wie das Angebot

»Mehr-Augen-Prinzip«

Es sollte selbstverständlich sein, dass ein Angebot auch unter höchstem Zeitdruck nicht schnell dem Chef zur Unterschrift vorgelegt wird und ohne inhaltliche, rechtliche und stilistische Prüfung das Haus verlässt.

Vorbereitung der Angebotsüberreichung

Bevor das Angebot überreicht wird, sollten alle wesentlichen Inhalte (auch der Preis) mit dem Kunden vorab einmal abgestimmt werden. Wurde das Angebot erst offiziell abgegeben, ist jede weitere Änderung für alle Beteiligten nachvollziehbar. Man muss »mit offenen Karten spielen«. Viele Kunden sehen in weiteren Änderungen späte Nachbesserungen und nehmen diese nur in begrenztem Umfang hin.

Änderungen im Dreieck Umfang-Preis-Termin beachten

Trotz Vorbesprechungen wird es wahrscheinlich im Zuge der Verhandlungen zu Änderungen kommen. Wenn Preise, Leistungsumfang oder Termine geändert werden sollen, darf nicht vergessen werden, die anderen Komponenten jeweils anzupassen. Kunden gehen bei erhöhtem Leistungsumfang stillschweigend davon aus, dass Sie zum selben Termin liefern, solange Sie ihnen nicht mitteilen, dass dafür mehr Zeit gebraucht wird. Ähnlich müssen bei Vorverlegung des Termins Mehrkosten durch mehr Koordination (wegen höherer Parallelität) sowie höhere Risiken (wegen schärferer Abhängigkeiten) eingefordert werden. Wenn ein engerer Termin überhaupt zu halten ist, so kostet er stets mehr.

Angebotsverfolgung bis zur Unterschrift

Mit der Erstellung des Angebotes ist für den Dienstleister noch lange nicht alles getan. Bis eine Entscheidung fällt, kann noch einige Zeit vergehen und muss eventuell noch Arbeit investiert werden. Wichtig ist es hier, intern klar zu kommunizieren, dass der Angebotsprozess erst mit der Entscheidung und der Übersendung des unterschriebenen Vertrages abgeschlossen ist. Bis dahin sind noch alle am Verkauf Beteiligten in der Verantwortung.

4.2.4 Angebotsgestaltung

Ein gutes Angebot sollte die logische Gedankenkette darstellen, die von der Situation des Kunden bis zum Preis führt, diesen also begründet. Solch ein begründender Aufbau ist »Werbung durch Kompetenz« – abseits von billigen Werbesprüchen und »Businessphrasendrescherei«. Die wesentlichen Punkte des Angebotes werden durch ein Management

Summary (Kapitel 6.3) zusammengefasst. Das Angebot wird durch detaillierte Konditionsvereinbarungen abgeschlossen.

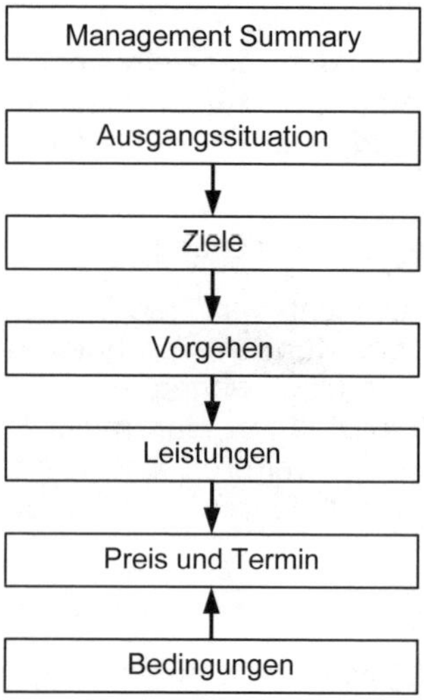

Abbildung 28: Logische Argumentationskette des Angebots

Dieses Prinzip wird durch folgende Angebotsinhalte umgesetzt:

1. Management Summary
   - Ausgangssituation
   - Ziele
   - Wichtigste Leistungen
   - Kernpunkte des Nutzens
   - Preis, ggf. Optionen und Alternativen

2. Vorstellung des Dienstleisters
   - Firma
   - Qualifikation inklusive Referenzen
   - Die bisherige Zusammenarbeit der Firmen

3. Ziele des Kunden als Motivation für die Vorgehensweise im Projekt
   - Ausgangssituation des Kunden
   - Geschäftliche Ziele des Kunden
   - Welche Verbesserungen ergeben sich für die Endkunden
   - Skizze der Umsetzung, d. h. Vorgehensweise im Gesamtprojekt

4. Leistungen der konkreten Vertragsphase
   - Ergebnisse bzw. Tätigkeiten je nach Vertragstyp
   - Ausschlüsse
   - Eventuell Qualitätsmerkmale (Vorsicht!)
   - Verweis auf Detailbeschreibungen (z. B. Ausschreibung, Pflichtenheft, Grobkonzept)

5. Preis und Termin
   - Gesamtpreis, evtl. durch Teilsummen erläutert
   - Eventuell Bonus-Malus-Vereinbarungen
   - Optionales, getrennt bepreist
   - Eventuell Reisekosten
   - Endtermin, eventuell bindende Zwischentermine
6. Bedingungen:
   - Mitwirkungspflichten des Kunden
   - Abnahmeregelungen
   - Leistungsort
   - Nutzungsrechte
   - Zahlungsmodus
   - Eventuell Vertragsstrafen oder -boni
   - Change Request Verfahren
   - Servicelevel bei der Gewährleistung (Fehlerbehebungsverfahren)
   - Geheimhaltungsvereinbarung und Abwerbungsverbot (oft separates Dokument)
   - Vertragsgrundlagen (Rahmenvertrag, AGB)
   - Gerichtsstand
   - Bindungsfrist

Mit obigem Aufbau lässt sich alles bis zum Großwebprojekt im Wert von vielen Millionen EUR abbilden.

Nachfolgend werden die aufgelisteten Punkte noch einmal ausführlicher dargelegt, besonders eingegangen wird auf die Teile 4 und 5 des Angebotes, die Inhalte hierfür stammen vom Projektleiter (und seinem Team) und entstehen bei der Aufwandsschätzung, siehe Kapitel 3.2.1 »Das Ergebnis einer Schätzung«. Beim Erstellen der Schätzung werden auch die benötigten Mitwirkungen definiert, diese fließen in Punkt 6 ein. Die restlichen Punkte sind eher Aufgabe des Accountmanagers. Aus juristischer Sicht werden Angebote in Kapitel 15.3 »Vertrag über die Erstellung einer Website« beschrieben.

Punkt 1. Management Summary

- Wichtigste Leistungen
- Preis, ggf. Optionen und Alternativen
- Kernpunkte des Nutzens
- Alles, was für Entscheider wichtig ist

Das Management Summary ist also praktisch das ganze Angebot auf eine Seite komprimiert, vgl. Kapitel 6.3 »Management Summary«. Es ist das, was man dem Empfänger eigentlich vermitteln will, ohne sich durch die Details absichern zu müssen.

Punkt 2. Vorstellung des Dienstleisters

Ebenso wie Punkt 1 ist auch dieser Aufgabe des Accountmanagers.

- Firma
- Die bisherige Zusammenarbeit der Firmen

Auch wenn bereits eine längere Zusammenarbeit mit dem Ansprechpartner besteht, sollte auf diese Punkte nicht verzichtet werden. Das Angebot werden auch Personen lesen, die weder mit dem Projekt noch mit der Dienstleisterfirma Kontakt hatten. Für diese ist es hilfreich, die bisherige Zusammenarbeit der Firmen kurz darzustellen.

- Qualifikation

Hier wird die Kompetenz für das bevorstehende Projekt durch eine Auswahl von Referenzen, die zu den speziellen Anforderungen passen, belegt. Referenzen können vergangene Projekte und Namen von Ansprechpartnern bei anderen Kundenunternehmen sein, die darin eingewilligt haben. Achtung: Das wichtigste Kriterium, mit dem Kunden die Eignung des Dienstleisters feststellen, sind die Referenzen!

Banale Werbesprüche wie »Wir haben die besten Leute!« haben in Angeboten nichts verloren. Richtig wäre eine *belegte* sachliche Aussage: »Unsere Mitarbeiter haben sich ihr Know-How in zahlreichen erfolgreichen Projekten erworben (s. Referenzliste).«

Punkt 3. Ziele des Kunden als Motivation für das Projekt

Hier zeigt der Dienstleister, dass er verstanden hat, wie die Projektziele zu den Unternehmenszielen beitragen. Aus den Projektzielen leitet er dann die Vorgehensweise im Projekt ab.

- Ausgangssituation des Kunden
- Geschäftliche Ziele des Kunden
- Welche Verbesserungen ergeben sich für die Endkunden

Hier geht es nicht darum, dass Sie als Dienstleister dafür Verantwortung übernehmen, dass sich zum Beispiel beim Kunden ein bestimmter ROI einstellt oder die Endkunden zufrieden sind. Es geht darum zu zeigen, dass Sie aus der Sicht des Kunden verstehen, wozu dieses Projekt gut ist. Es demonstriert, dass Sie als Dienstleister nicht einfach nur das Ergebnis abliefern und die Vergütung dafür erhalten, sondern als guter Berater im Interesse des Kunden agieren, seine Sprache sprechen, seinen Gedanken folgen können und mit seinen Zielen im Einklang handeln werden. Die »Geschäftlichen Ziele des Kunden« im Zusammenhang mit diesem Projekt sind inhaltlich die »Erfolgsdefinition«, so wie sie für die Kommunikation mit dem Kunden in Kapitel 10.2.2 »Den Erfolg definieren« eingeführt wurde.

Es soll in diesen Beschreibungen unbedingt vermieden werden, dass das Geschäft des Kunden mit banalen Worten oder missverstanden beschrieben wird. Ziel ist es eben zu zeigen, dass man versteht, in welchem Umfeld man sich bewegt!

- Skizze der Umsetzung, d. h. Vorgehensweise im Gesamtprojekt

Hier machen Sie dem Kunden Ihre Vorgehensweise verständlich, indem die wesentlichen Etappen und besonderen Herausforderungen in der Umsetzung des Gesamtprojekts dargestellt werden. Sie etablieren eine Terminologie und zeigen Professionalität.

Inhaltlich kann das zum Beispiel die Abfolge der Projektschritte aus Kapitel 1.4 sein, also Ist-Beschreibung und Pflichtenheft, Grobkonzept, Design, IT, Launch, Wartung – wenn das gerade zu dem konkreten Projekt passt. Zu jedem Schritt geben Sie kurz einige Stichpunkte, was darin geschieht.

Benennen Sie weiterhin, wie Sie - auf den gesamten Projektablauf bezogen - wichtige Herausforderungen dieses speziellen Projekts umsetzen werden. Beispiel: »Von Anfang an wird viel Wert auf die Kommunikation mit den Stakeholdern gelegt. Aus den Vorgesprächen wurde ersichtlich, wie wichtig es für .... ist, die Abteilungen ... einzubinden, ihr Einverständnis und ihre Unterstützung zu erhalten und sie regelmäßig zu informieren...«. Die konkreten Leistungen und dementsprechenden Kosten sollen hier jedoch noch nicht genannt werden.

Punkt 4. Leistungen der konkreten Vertragsphase

Hier wird der Fokus abermals verengt, vom Gesamtprojekt auf den Teil des Projekts, der mit dem konkreten Vertrag durchgeführt wird. Jetzt erst geht es also darum, was in weniger guten Angeboten den kompletten Inhalt ausmacht: Was konkret wird mit diesem Vertrag angeboten?

Nachfolgend werden Best Practices für eine Leistungsbeschreibung bei einem Angebot mit fester Vergütung für genau definierte Leistungen gegeben. Wenn nach Aufwand gearbeitet wird, ist die Situation einfacher: Hier sind nur Tätigkeiten zu benennen, die voraussichtlich ausgeführt werden.

- Ergebnisse beziehungsweise Tätigkeiten je nach Vertragstyp
- Verweis auf Detailbeschreibungen (z. B. Ausschreibung, Pflichtenheft, Grobkonzept)

Eine gute Leistungsbeschreibung ist konkret, aber nicht zu umfangreich, und kundenorientiert.

»Konkret«

Das bedeutet in diesem Fall nachprüfbar und ist bei fixen Verträgen wichtig. Hier muss im Projektverlauf stets klar zu entscheiden sein, ob eine Leistung zum Vertrag gehört oder nicht. Eine dementsprechende Beschreibung braucht einen gewissen Umfang, eine allzu detaillierte Leistungsbeschreibung sprengt jedoch den Rahmen eines Angebotes. Als Teil der Leistungsbeschreibung wird daher auf die Dokumente verwiesen, auf die sich der Vertrag inhaltlich bezieht, das sind Pflichtenheft, Grobkonzept und andere Konzepte. Eventuell kann es erforderlich sein, veraltete oder vorerst nicht zu realisierende Anforderungen aus Dokumenten explizit zu annullieren.

»Kundenorientiert«

Das Angebot soll für den Kunden verständlich sein und die Leistungen aus seiner Sicht beschreiben. Es werden nicht die Punkte benannt, die aus Sicht der Projektarbeit wichtig sind, sondern diejenigen, die dem Kunden wichtig sind.

Die Darstellung der Aufwände aus Kundensicht und der beschränkte Umfang der Leistungsbeschreibung haben einen weiteren, gemeinsamen Nutzen: Es ist nicht klug, alle Details offen zu legen. Damit erhält der Kunde kostenlose Beratung, wie solch ein Projekt durchzuführen ist. Leider kommt es immer wieder vor, dass Kunden Projekte ausschreiben und sie dann letztendlich selbst durchführen – in die Gespräche und Unterlagen haben die Dienstleister viel investiert, der Kunde hat alles sorgfältig notiert und weiß schließlich, worauf es ankommt. Aus diesen Gründen ist es sinnvoll und fair, eine verkaufsorientierte Darstellung zu erstellen und den Umfang der Beschreibungen kurz zu halten. Konzeption sollte bezahlt werden, deren Ergebnisse sind Dokumente, auf diese dann im Vertrag verwiesen werden kann.

Beispiel

Anhand eines Angebotes über die IT-Realisierung in einem Webprojekt werden die gegebenen Best Practices veranschaulicht:

Statt die Leistungsbeschreibung in Details des Projektablaufs oder Teile der Softwarearchitektur zu zerlegen, ist es sinnvoll, im Angebot die wesentlichen Contentbereiche (Funktionen, Webpages) anzugeben, die dem Kunden wichtig sind. Weitere Punkte können auch qualitätsorientierte Aufwände sein (Ausfallsicherheit herstellen und testen, Nutzerakzeptanztest, ...). So sieht der Kunde viel besser, wie sich aus seinen Zielen die Aufwände ergeben und hat völlig berechtigterweise auch eher das Gefühl, dass er mit diesem Vertrag sicher das bekommt, was er will.

Ihre fachlichen Mitarbeiter, die zur Schätzung beitragen, werden dieses Verfahren haarsträubend finden, denn sie werden ihre eigenen Ansichten über die Unterteilung des Aufwands haben. Die Unterteilung in Funktionen aus Sicht des Nutzers kann zum Beispiel technisch sinnlos, da nicht überschneidungsfrei, sein: Um eine Funktion zu erstellen, muss erst ein Basismodul erstellt werden, damit können dann gleich mehrere Funktionen schnell realisiert werden. Wenn man zum Beispiel einmal eine Nutzerdatenbank erstellt hat, kann damit leicht die Anmeldung, Abmeldung und Neuregistrierung von Nutzern implementiert werden. Die Anmelde-Funktion allein nutzt nichts, würde jedoch separat schon fast die Gesamtkosten ergeben. Ähnlich können mit einer einmal vorhandenen Schnittstelle für den Zugriff auf eine Produktdatenbank gleich alle verschiedenen Eigenschaften der Produkte abgefragt werden. Jeder ehrliche Techniker wehrt sich in solch einem Fall dagegen, die Aufwandsschätzung nach Funktionen oder Eigenschaften der Produkte aufzuschlüsseln.

Im Angebot ist es dennoch sinnvoller, auf die vom Kunden geforderten Punkte einzugehen. Ihre Bank sagt ihnen schließlich auch nicht, welche technische Infrastruktur und wie viele Mitarbeiter benötigt werden, um Ihnen das Depot zu bieten. Sie sagt Ihnen aber, welche Leistungsmerkmale (Features) Sie erhalten.

Folgendes Beispiel einer Leistungsbeschreibung entspricht der Schätzung aus Kapitel 3.2.1 und dem Projektplan aus Kapitel 3.5.5:

Leistungsbeschreibung

Basierend auf dem vorläufigen Grobkonzept vom ... und den am ... abgenommenen Screens wird die Softwareerstellung des Prototypen des Internet-Produktkonfigurators wie folgt angeboten.

Implementierungsleistungen

Implementiert werden die folgenden Funktionen. Der fertige Prototyp wird dann in der Umgebung des Kunden installiert.

- Auswahl und Darstellung der Produkte 1, 5, 22, 23
- Jeweils, wo zulässig, mit den Ausstattungsmerkmalen A, B und D
- Kombination mit allen Farben
- Ergänzung mit Zubehör, wo zulässig
- Preiskalkulation des ausgewählten und konfigurierten Produktes
- Zusammenfassende Darstellung für den Nutzer

Testaufwände

- Prüfung Beispieldatenbank, ggf. Fehlerbericht
- Installationstest in der Kundenumgebung, ggf. Verbesserungen
- Usability-Expertentest im Hause des Dienstleisters mit schriftlicher Ergebniszusammenfassung
- Verbesserungen auf Grund der Usability-Testergebnisse
- Detaillierter Test der Software auf korrekte Funktion, Verbesserungen
- Probenhafter Test auf Funktionstauglichkeit nach der Installation in der Kundenumgebung, ggf. Verbesserungen

Projektleitung, Kommunikation, Team

- 3-4 Besprechungen, Vorbereitung, Protokoll
- Leitung des Teams
- Vorbereitungen: Einarbeitung zwei neue Entwickler, Installation Entwicklungsumgebung

Gewährleistung

Abbildung 29: Beispiel für eine Leistungsbeschreibung

Exkurs – schwer verkaufbare Aufwände

Es gibt einige Aufwände, für die Kunden ungern zahlen, die jedoch für den von ihnen erwünschten Projekterfolg erforderlich sind. Das variiert je nach Branche, Größe des Unternehmens und vor allem Erfahrung mit der Vergabe von Projekten.

Eine Tendenz ist, dass Kunden für Ist-Beschreibung und Pflichtenheft besonders ungern zahlen, wenn sie bereits eigene Dokumente (Ausschreibung) haben. Dass diese jedoch geprüft werden müssen und im Umfang und Detaillierungsgrad eventuell nicht einem Pflichtenheft oder einer Ist-Beschreibung entsprechen, bedeutet Aufwand. Bei Projektleitung und Kommunikation ist klar, dass sie erforderlich und wichtig sind und dementsprechend auch bezahlt werden müssen, über deren Aufwand gehen die Ansichten jedoch schnell auseinander.

Die Erfolgswahrscheinlichkeit des Projekts hängt jedoch genau von diesen Aufwänden ab. Sie müssen also besonders gut verkauft werden.

Am Beispiel Projektleitung und Kommunikation soll verdeutlicht werden: Es ist nicht ratsam, diese Tätigkeiten als »Projektleitung und Kommunikation« zusammenzufassen. Wer will schon für »Overhead« zahlen? Ein Recht des Kunden ist es, Klarheit zu bekommen, daher trennen Sie möglichst viele konkret fassbare Aufwände davon ab. Benennen Sie diese nach dem *Ergebnis*, zu dem sie führen, zum Beispiel:

»Newsletter alle zwei Wochen an Stakeholder« – an Stelle von »Kommunikation« oder »Stakeholder-Information«

»Statusmeetings und Erstellung Statusberichte« – an Stelle von »Statusreporting«

»Erstellung und zweiwöchentliche Aktualisierung Projektplan, Abstimmung mit Kunden« – an Stelle von »Projektplanung«

Gegebenenfalls sollte der Kunde von der Denkweise abgebracht werden, dass Softwareentwicklung, Design etc. produktiv sind und Projektleitung, Kommunikation sowie Ist-Beschreibung und Pflichtenheft unter »Overhead« fallen. Eine Vorbesprechung der speziellen Herausforderungen dieser Arbeiten im konkreten Projekt hilft, dies bewusst zu machen und gibt die Gelegenheit, gute Argumente für ihren Nutzen zu nennen. Diese Argumentation wird im Angebot kurz wiedergegeben.

- Ausschlüsse

Interpretationsspielräume begünstigen spätere Streitigkeiten. Daher sollen Aufwände explizit ausgeschlossen werden, die in die beschriebenen Leistungen hineininterpretiert werden könnten, jedoch nicht enthalten sein sollen. Folgendes Beispiel setzt die Leistungsbeschreibung aus Abbildung 29 fort:

Ausschlüsse

- Der Prototyp enthält keine Personalisierung
- Erstellte Produktkonfigurationen können noch nicht gespeichert und nicht gedruckt werden
- Das Regelwerk für die möglichen Produktkombinationen ist fix im Programmcode vorgegeben
- Der Feldtest mit Nutzern aus der Zielgruppe ist nicht enthalten
- Installation von Fremdsoftware aller Art beim Kunden ist nicht inbegriffen
- Es wird nur die Beispieldatenbank angebunden, Funktion mit anderen Daten wird nicht zugesichert

Abbildung 30: Beispiel für Ausschlüsse in einer Leistungsbeschreibung

- Eventuell Qualitätsmerkmale (Vorsicht!)

Wenn Aussagen über die zukünftige Qualität gemacht werden, so sollten diese Aussagen und die Umstände, unter denen sie gelten, genau definiert und überprüfbar sein.

Beispiel: Wenn nur angegeben wird, dass die Website eine »hohe« Verfügbarkeit haben wird, so nützt das niemandem etwas, es kann höchstens zu Streitigkeiten führen, was das denn bedeutet. Wenn »99,5% Verfügbarkeit« angegeben wird, so ist klar, dass die Webseite in 99,5% der Zeit erreichbar sein muss. Das ist überprüfbar. Wie wollen Sie als Dienstleister das jedoch sicherstellen? Das hängt von sehr vielen verschiedenen Faktoren ab, insbesondere auch von Umständen, auf die Sie keinen Einfluss haben, wie beispielsweise von Fehlern im Betriebssystem oder der ordentlichen Erledigung von Routinewartungen.

Die vertragliche Zusicherung eines Qualitätsmerkmales benötigt eine fachlich und rechtlich geprüfte Absicherung, die exakt beschreibt, was garantiert wird, welche Partei welchen Beitrag dazu leisten muss und welche Rahmenbedingungen gelten etc. Solch eine Beschreibung und die dazu erforderliche Analyse können sehr aufwändig sein.

Im Allgemeinen reicht es völlig aus, die Qualitätssicherungsmaßnahme zum Erzielen einer nicht spezifizierten Qualität zu benennen, beispielsweise »Lasttest« oder »Test auf Sicherheitslücken«.

Punkt 5. Preis und Termin

Wenn nach Aufwand gearbeitet wird, so ist »der Preis« eine Liste von Stunden- oder Tagessätzen.

Für die Preiskommunikation bei einem Angebot mit fester Vergütung für genau definierte Leistungen werden nachfolgend verschiedene Strategien genannt. Der Accountmanager sollte die einzuschlagende Strategie am besten beurteilen, der Projektleiter diese mit Inhalten auffüllen können. Die Preisbezeichnung sollte sowohl inhaltlich korrekt als auch dem Verkaufsvorgang dienlich sein.

- Gesamtpreis, evtl. durch Teilsummen erläutert

Im einfachsten Fall ist der Preis eine einzige Zahl in TEUR zuzüglich MwSt. Es können jedoch auch Teilsummen beziffert werden, diese erläutern die Summe. Das kann auf Wunsch des Kunden erfolgen oder proaktiv seitens des Dienstleisters, um die Summe zu erklären und ihre Akzeptanz zu unterstützen. Dies birgt jedoch eine Reihe von Risiken:

Zu bedenken ist, ob die Akzeptanz dadurch wirklich wächst. Teilsummen können zu Rückfragen, Unverständnis, inhaltlich falschen Vergleichen mit Konkurrenten, aber auch zu kostenloser Beratung führen.

Beispiel: »Navigation erstellen« hört sich eindeutig an – es geht um die Orientierungselemente auf den Webseiten, Menüs und dergleichen. Darin können jedoch bei insgesamt gleichen Angebotsinhalten sehr viele verschiedene konkrete Aufgaben enthalten sein: mehr oder weniger Konzeptionsaufwand, Abstimmungsaufwand usw. Das kann zu Unverständnis oder falschen Vergleichen führen.

Zumindest sollten die Kosten nicht ganz detailliert zerlegt oder sogar der geschätzte Aufwand in Tagen beziffert und mit Tagessätzen multipliziert der Preis errechnet werden. Es steht Ihnen zu, hier nicht offen zu sein – was gehen den Kunden Ihre internen Kalkulationen an.

Wenn der Kunde eine Detaillierung wünscht, so soll diese natürlich gegeben werden. Dabei ergibt sich im Gespräch die Gelegenheit, Art und Zwecke der Detaillierung sowie die Grenzen der Vergleichbarkeit zu erörtern. Im Allgemeinen reichen dann 4-5 Gruppen mit jeweils einem Preis, bei großen Angeboten mehr. Das Angebot gilt weiterhin vorerst nur als Ganzes. Wenn einzelne Posten gestrichen werden, kann sich der Aufwand anderer Posten verändern, siehe nächster Punkt »Optionales«.

Wenn mit Kunden Rahmenverträge zu Stundensätzen existieren, verlangen sie häufig einen detaillierten Nachweis der Kalkulation des Festpreises auf Basis von vereinbarten Stundensätze. Hier werden jedoch bei fixen Verträgen Risikoaufschläge von 10 bis 20% akzeptiert.

- Eventuell Bonus-Malus-Vereinbarungen

Hier können zusätzliche Vergütungen vereinbart werden, die zum Beispiel fällig werden, wenn der Kunde mit dem Projektergebnis bestimmte wirtschaftliche Ziele erreicht. Bei Verfehlung des Projekttermins können beispielsweise Vertragsstrafen eintreten und die Vergütung senken.

- Optionales, getrennt bepreist

Wenn optionale Aufwände ausgewiesen werden, so gibt das dem Kunden die Gelegenheit zu wählen. Dies hat den Sinn, den Kunden mit attraktiven Zusatzleistungen zu locken, mehr Nutzen für entsprechend mehr Geld zu erzielen. Durch Angabe von Teilen, die weggelassen werden können, hat der Kunde jedoch auch die Möglichkeit, die Projektkosten zu senken. – Es wäre schade, wenn Ihr Angebot ausgestochen wird, nur weil ein Konkurrent weniger Leistung für weniger Geld anbietet.

Zu beachten bei optionalen Aufwänden sind fixe Kosten. Die Projektleitungsaufwände sinken oft nicht, wenn der Kunde kleinere optionale Leistungspakete streicht. Statusberichte und Stakeholder-Information können auch bei Weglassen größerer Pakete gleich aufwändig bleiben. Das ist bei der Preisbenennung zu berücksichtigen.

Generell ist es die bessere Strategie, in den Vorgesprächen herauszufinden, was benötigt wird und dann genau das anzubieten, siehe Kapitel 4.2.3.

- Endtermin, eventuell bindende Zwischentermine

Welche Termine sind verbindlich? Im Allgemeinen reicht es aus, den Endtermin im Vertrag zu benennen. Nicht sinnvoll ist es, verschiedene Zwischentermine oder sogar den gesamten Projektplan als verbindliche Vertragsbestandteile aufzunehmen. Diese dienen der Projektsteuerung und dürfen sich im Projektverlauf ändern, solange sich der Endtermin nicht verschiebt. Eine Ausnahme bilden Zwischentermine, die gehalten werden müssen, weil kundeninterne Abläufe davon abhängen.

Was wird zu diesem Termin genau geliefert? Ein Konzept kann zur Abstimmung oder bereits abgestimmt übergeben werden. Eine Website kann zur Installation übergeben, installiert (wo?), in Betrieb genommen oder online geschaltet werden, um nur die grundlegenden Möglichkeiten zu erwähnen.

Punkt 6. Bedingungen

Diese eher juristischen Angebotsteile werden in Kapitel 15 im Kontext der aktuellen Gesetzeslage erläutert. Das Projektmanagement muss sich jedoch um folgende Punkte kümmern:

- Mitwirkungspflichten des Kunden

Unter welchen Bedingungen können Leistungen erbracht und Termine gehalten werden? Viele Leistungen des Dienstleisters setzen die Mitwirkung des Kunden voraus, die Einhaltung genauer Termine ist davon ganz besonders abhängig. Die Mitwirkungen des Kunden sind zum Teil vertraglich, zum anderen Teil organisatorisch sicherzustellen. Dies wird in Kapitel 5.5 »Steuerung der Abhängigkeiten« besprochen. An dieser Stelle wird lediglich ein Beispiel gegeben, welches inhaltlich zu der Leistungsbeschreibung aus Abbildung 29 gehört.

Mitwirkungspflichten des Kunden

- Eine Beispieldatenbank mit Produktdaten wird zum Projektstart zur Verfügung gestellt.
- Die Beispieldaten sind logisch korrekt.
- Die Testumgebung beim Kunden wird voll funktionsfähig zum Projektstart zur Verfügung gestellt und hat folgende installierten und funktionierenden Softwareprodukte: ...

Abbildung 31: Beispiel für Mitwirkungspflichten des Kunden

In diesem einfachen Beispiel sind die Mitwirkungen des Kunden vertraglich gut fixierbar. Zusätzlich werden jedoch zwei Maßnahmen im Projektablauf ergriffen: Sofort nach Projektstart werden die Beispieldaten geprüft und sofort nach Abschluss der Implementierung wird ein erster Installationstest in der Umgebung des Kunden durchgeführt, vgl. Kapitel 3.5.5, Abbildung 24. Beide Male erhält der Kunde somit noch ausreichend Reaktionszeit, eventuelle Mängel in den Mitwirkungen zu beheben. So kann Projektverzug vermieden werden.

- Leistungsort

Da die Mehrheit der Menschen ungern Reisetätigkeit ausübt, werden es Ihnen Ihre Teammitglieder danken und in höherer Motivation auszahlen, wenn Sie beispielsweise folgenden Satz in das Angebot einfügen: »Tätigkeiten, die nicht unbedingt vor Ort auszuführen sind, kann der Dienstleister in den eigenen Geschäftsräumen durchführen.« Es ist je nach Kunde und Aufgabe sehr unterschiedlich, ob das durchsetzbar und sinnvoll ist.

4.2.5 Soll der Vertrag fix oder nach Aufwand vergüten?

In Kapitel 4.3.4 wird aus Kundensicht erläutert, wann ein fixer Vertrag und wann einer nach Aufwand geschlossen werden soll. Dieses Kapitel ist das Gegenstück dazu für den Dienstleister und erläutert dessen Kriterien.

Gibt es eine genaue und überprüfbare Beschreibung der Leistungen?

Um einen Vertrag mit fester Vergütung abzuschließen, muss eine sehr genaue Leistungsbeschreibung vorliegen, damit Änderungen im Umfang ausgewiesen werden können. Sonst ist der Dienstleister solchen Änderungen wehrlos ausgeliefert.

Voraussetzung für einen fixen Preis ist weiter, dass das Ergebnis nur durch feste Vereinbarungen bestimmt wird, nicht jedoch durch Weisungen und Meinungen des Kunden während der Projektarbeit. Letzteres tritt öfters bei Designarbeiten auf (»Kunde diktiert dem Designer«). Sicher möchte der Kunde Gelegenheit haben, über das Design seiner

Website mit zu entscheiden. Hierfür vereinbaren Sie jedoch, dass die Abnahme des Designs spätestens nach einer Korrekturrunde erfolgt, vorausgesetzt, vertragliche Pflichten wurden erbracht.

Sind alle Abhängigkeiten geregelt?

Abhängigkeiten, die außerhalb des Projektteams liegen, können den Fortschritt des Projekts behindern. Wenn zum Beispiel Entscheidungen nicht getroffen werden, so kann der Dienstleister seine Arbeit nicht fortsetzen. Offensichtlich kann er in diesem Fall nicht für das Projektergebnis garantieren, wie das ein fixer Vertrag verlangt. Also müssen Abhängigkeiten geregelt werden, so dass der Dienstleister im Voraus die Sicherheit hat, dass seine Vertragserfüllung nicht daran scheitern kann. Wie das funktioniert, beschreibt Kapitel 5.5 »Steuerung von Abhängigkeiten«.

Zur Vorbereitung der Vertragsgestaltung sollte der Projektleiter auf Dienstleisterseite eine Liste der projektteamexternen Abhängigkeiten erstellen: benötigte Informationen und Ansprechpartner, Dokumente, Bildmaterial, IT-Ressourcen etc., vor allem aber anstehende Entscheidungen und Abnahmen. Wenn nun Kunde und Dienstleister diese Liste der Abhängigkeiten durch verschiedene Lösungen, wie in Kapitel 5.5 vorgestellt, abarbeiten können, so ist diese Voraussetzung für einen fixen Vertrag erfüllt.

Gibt es vom Kunden zu verantwortende besondere Risiken?

Falls auf Wunsch des Kunden oder aus Anforderungen der Aufgabe heraus unerprobte Technologie eingesetzt oder etwas völlig Neuartiges unternommen wird, so sind das Gründe für Arbeit nach Aufwand.

Handelt es sich um ein Gemeinschaftswerk?

Ein Erkennungsmerkmal (und gutes Verhandlungsargument) für Projektarbeiten, die nach Aufwand geleistet werden sollen, ist, ob es sich überwiegend um ein Gemeinschaftswerk von Kunde und Dienstleister handelt. Insbesondere bei der Ist-Beschreibung, dem Pflichtenheft und dem Grobkonzept soll geprüft werden, ob es sich wegen der permanent notwendigen Absprachen und Entscheidungen eher um ein gemeinsames Ergebnis handelt, bei dem der Beitrag einer jeden Partei unersetzbar ist. In diesem Fall sollten sie nach Aufwand durchgeführt werden.

4.2.6 Risiken

Mit folgenden Risiken wird der Dienstleister im Angebotsprozess immer wieder konfrontiert:

- Unprofitabel arbeiten 1: kostenlose Beratung
- Unprofitabel arbeiten 2: kein echtes Interesse beim Kunden
- Sinnloses Projekt wegen unklaren geschäftlichen Nutzens

Diese Risiken zu vermeiden kann als Aufgabe des Accountmanagers betrachtet werden – und sie ist es auch. Die Anbahnung des Vertragsverhältnisses, insbesondere die Angebotsvorbereitung, wird jedoch nicht nur von ihm, sondern von dem (möglichen) zukünftigen Leiter des Projekts erbracht, je nach Projektgröße mitsamt einigen Senior-Mitarbeitern. Bei ihnen liegt die inhaltliche Kompetenz. Sie sind in einer Teilverantwortung, auf oben genannte Risiken zu achten. Das gilt besonders für die kostenlose Beratung, die oft von ihnen erbracht wird.

Risiko: Kostenlose Beratung

Wer Angebote vorbereitet, kennt das Problem der kostenlosen Beratung des Kunden. Es tritt in der Anfangsphase auf, bei der Angebotserstellung und -verhandlung. Um ein Angebot zu erstellen, benötigt man Informationen. Man fragt. Eventuell bekommt man weitere Ansprechpartner beim Kunden genannt. Schließlich ist das Angebot zu teuer. Es muss genauer untersucht werden, welche Teile wirklich notwendig sind. Nach Wochen des Analysierens und Abstimmens ist das Angebot fertig. Der Dienstleister trägt zumindest das Risiko, dass er nach dieser Investition leer ausgeht: Ein anderer erhält den Zuschlag, der natürlich günstiger sein kann, weil er nicht so viel vorinvestiert hat, weil er die Informationen schon hatte.

Wenn das regelmäßig passiert, so kann das einen Dienstleister ruinieren, dementsprechend gründlich wird es hier besprochen. Das Problem ist wirklich schwierig, eine abschließende Lösung existiert nicht. Um reagieren zu können hilft es, zuerst die Kundensicht zu verstehen.

Für ein Maximum an kostenloser Beratung spricht nüchtern gesehen:

- Der Kunde kann derweil das Projekt streichen, ohne etwas investiert zu haben. Gerade zu Beginn eines Projekts ist das eine wertvolle Option, da hier evaluiert wird, ob Aufwand und Nutzen im Verhältnis stehen.
- Bereits geleistete kostenlose Beratung kann der Dienstleister beim Angebot kaum wieder hereinholen, da er weiterhin mit anderen konkurrieren muss, die nicht vorinvestiert haben.

Dagegen spricht:

- Bei guter Konjunktur werden gerade die guten, erfolgreichen Dienstleister angesichts dieser Vorgehensweise abspringen.
- Falls die Kundenfirma bekannt ist, wird sich die Nachricht verbreiten, dass die Zusammenarbeit mit ihr nicht lohnt.

- Der Kunde verliert den Goodwill des Dienstleisters. In späteren Projektphasen kann dieser sich schon zurückholen, was er am Anfang verliert. Dort ist eher der Kunde abhängig. Change Requests können dann teurer werden oder es wird an der Qualität gespart, eventuell gänzlich nur nach Vertragstext gearbeitet. Einmal ein profitables Projekt durchzuführen ist für den Dienstleister besser, als den Kunden zu erhalten, aber stets Verlust zu machen.

Es folgen Best Practices zur Vermeidung kostenloser Beratung:

- Präsentieren Sie den professionellen Arbeitsprozess Ihrer Firma. Wenn dieser klar in Phasen gegliedert ist, wird auch erkennbar, wann eine Phase beginnt und ab wann der Kunde zahlen muss. Wenn die Konzeptionsarbeiten in konkrete, vorab definierte Ergebnisse (Ist-Beschreibung, Pflichtenheft und Grobkonzept) münden, wird damit klar, dass für diese eine Vergütung fällig ist. Das Resultat dieser Arbeiten wird geeignet sein, dass jeder andere Dienstleister damit weiterarbeiten kann. Es entsteht also keine unnötige Abhängigkeit, es wird kein Wissen in den Köpfen Ihrer Mitarbeiter zurückgehalten. Wenn der Kunde für Ist-Beschreibung und Pflichtenheft nicht zahlen will, akzeptiert er es vielleicht, wenn Sie ihm alles bis zum Grobkonzept in einem Vertrag anbieten – um so besser!
- Stellen Sie ein gemeinsames Verständnis von Fairness her. Angebote werden stets auf Kosten und Risiko des Dienstleisters erstellt. Die Informationssammlung und Anforderungsdefinition für das anstehende Projekt sind jedoch Projektarbeiten – und deren Kosten liegen auf der Kundenseite. Dass Preise stets von der Marktlage abhängen, bleibt unberührt, unfair bei kostenloser Beratung wäre jedoch die Übertragung des Risikos, so dass der Dienstleister bei Beendigung des Projekts trotz geleisteter Arbeit leer ausgeht. Fairness ist bei jeder Marktlage sinnvoll und der Dienstleister hat auch seine Möglichkeiten, ohne Fairness zu arbeiten. Erläutern Sie dem Kunden anhand des gesamten Projektablaufs, wie Sie mit Fairness arbeiten, wie insbesondere unnötige Abhängigkeiten des Kunden vom Dienstleister eliminiert werden. Anregungen sind in Kapitel 5.5.1 »Kundensicht: Kostenfallen durch Abhängigkeiten vermeiden«. Machen Sie Fairness, Vertrauen und Zuverlässigkeit zu Ihren Markenzeichen.
- Weiteres zu diesem Thema steht im Kapitel 7.2.1 »Unerfahrene Kunden«, denn hier tritt das Problem der kostenlosen Beratung besonders häufig auf.

Letztlich ist und bleibt es jedoch von Angebot und Nachfrage auf dem Dienstleistermarkt abhängig, ob es durchsetzbar ist, ohne kostenlose Beratung zu arbeiten oder ob man bis an die Grenze der wirtschaftlichen Rentabilität darauf eingehen muss. Argumente können helfen, den Kunden vom Nutzen einer fairen Zusammenarbeit ohne kostenlose Beratung zu überzeugen, erzwingen können sie es nicht. Bei diesem schwierigen Problem soll gegebenenfalls ein sehr erfahrener Verhandler hinzugezogen werden, idealerweise der Accountmanager. Insbesondere gehört es zu den Aufgaben des Projektleiters, bei diesem Problem rechtzeitig Alarm zu schlagen. Viele Projektleiter sind jedoch auch übersensibel und stufen Nichtigkeiten als wichtige Beratungselemente ein. Hier muss passend zur Marktlage und in Abstimmung mit dem Accountmanager das richtige Maß gewählt werden.

Risiko: Kein echtes Interesse beim Kunden

Gute Angebote schreiben kostet viel Aufwand! Wenn der Kunde eigentlich schon entschieden hat, bei wem er kaufen wird, ist die Zeit fehlinvestiert. Vielleicht fragt er aus formalen Gründen (Einkaufsspielregeln des Unternehmens) nach weiteren Angeboten oder um seinen Favoriten im Preis zu drücken – beides kommt sehr häufig vor. Wenn der Kunde seinerseits auffällig wenig Zeit investiert (»Schicken Sie mal ein Angebot«) ist das ein Indiz hierfür. Dann hilft nichts anderes, als zu versuchen, die Chancen realistisch einzuschätzen und bereit zu sein, gegebenenfalls diesen Vorgang mit geringerer Priorität oder gar nicht zu verfolgen.

Risiko: Unklarer geschäftlicher Nutzen

Das meint: Es gibt beim Kunden zwar Befürworter für das Projekt, sie können aber nicht nachweisen, dass das Projekt dem Unternehmen Nutzen verschafft. In der Regel ist das heutzutage der ROI.

Beispiel: Einem Intranet soll ein neues Feature hinzugefügt werden. Das wird aber nur im Ausnahmefall gebraucht (bis zu zehn Mal im Jahr), es gibt einen manuellen Workaround (Aufwand 2 PT pro Fall), die Implementierung kostet 100 PT. Es resultieren keine großen operativen Risiken aus dem manuellen Workaround. In diesem Fall kann der Kunde fünf Jahre lang den Workaround fahren, bis er das Geld für die Implementierung ausgegeben hat. Das ist ein fehlender geschäftlicher Nutzen.

Beliebt ist auch die Investition in technische Schnörkel, die dem Anwender überhaupt nichts nutzen.

Das sind Probleme des Kunden, nicht des Dienstleisters. Sie werden jedoch zum Problem des Dienstleisters, wenn der Kundenprojektleiter schwer auf den Nutzen des Projekts hinweisen kann, um für das gemeinsame Projekt Mitwirkungen im eigenen Hause zu besorgen. Wenig sinnvolle Projekte bringen allen Beteiligten wenig Erfolg, möglicherweise werden sie irgendwann gestoppt und dann Schuldige gesucht. Als Projektleiter werden Sie in solch einem Projekt wahrscheinlich keine Lorbeeren ernten, hier gilt: »Mitgefangen, mitgehangen!«. Im Interesse aller, insbesondere dem des Kunden, lohnt es zu prüfen, ob nicht mit demselben Budget eine andere Aufgabe durchführt werden kann – Aufgaben gibt es meist genug. Hier hat der Dienstleister die Chance, sich als guter Berater zu etablieren.

4.3 Sicht des Kunden

Dieses Kapitel beschreibt aus Kundensicht, wie ein Vertrag zustande kommt. Es werden Projektleiter und Entscheider auf Kundenseite angesprochen.

4.3.1 Interessen

Das Interesse des Kunden bei der Projektvergabe an einen Dienstleister ist es, das Optimum zu erzielen hinsichtlich

- Preis
- Umfang und Qualität der Ergebnisse
- Termin

Ist das tatsächlich so einfach? Bei differenzierterer Betrachtung und etwas Projekterfahrung im Webbereich - oder allgemein mit komplexen Dienstleistungen - wird klar, dass es weitere Aspekte gibt, die mindestens genauso wichtig sind:

- *Goodwill*: Im Kontext von Projekten wird darunter der Wille des Dienstleisters verstanden, sich für die Zufriedenheit des Kunden zu engagieren.
- Erfolgswahrscheinlichkeit: Kommt das Projekt mit diesem Dienstleister zum Ziel? Sie ergibt sich insbesondere aus gutem Projektmanagement, Goodwill, Fachkompetenz und Verfügbarkeit von Ressourcen.
- Kaufmännische Planbarkeit: Besteht Gewissheit, dass das Budget tatsächlich für das ganze Projekt reicht?

Da Projekte nicht fertig gekauft werden können, muss der Kunde auf diese deutlich schwieriger zu beurteilenden Kriterien achten. Bereits die Beurteilung von Umfang und Qualität der versprochenen Ergebnisse anhand eines Angebotes kann sehr schwierig sein, bei Goodwill, Erfolgswahrscheinlichkeit und der Gewissheit der tatsächlichen Kostensicherheit ist das erst recht der Fall. Letztendlich sind jedoch Erfolgswahrscheinlichkeit usw. wichtiger als der Preis und der genaue Leistungsumfang: Wenn man sich sicher (oder zumindest deutlich sicherer) sein kann, dass das Projekt mit einem bestimmten Dienstleister klappt, ist man auch bereit, den höheren Preis zu zahlen. Angesichts der Tatsache, dass ein wesentlicher Teil der Webprojekte scheitert, ist das auch sinnvoll (siehe Kapitel 1.6.1 »Statistiken über Projekterfolg«). Bei einem sehr begrenzten Budget ist es dann rentabler, an den vertraglich fixierten Ergebnissen zu sparen als an der Erfolgswahrscheinlichkeit.

Unglücklicherweise ist es oft so, dass man zur Beurteilung von zukünftigen Ergebnissen, Erfolgswahrscheinlichkeit und Kosten genau die Kompetenzen bräuchte, die man sich durch den Vertrag mit dem Dienstleister erst einkaufen will. Wenn sie denn überhaupt im Voraus beurteilbar sind...

...Wo ist hier der Ausweg?

Die Antworten auf diese Herausforderungen geben die nachfolgenden Kapitel.

4.3.2 Kaufprozess

Im Projektablauf in Kapitel 1,4,5 erfolgt nach Abschluss der internen Projektdefinition die Beauftragung des Dienstleisters. Bei näherer Betrachtung ist hier Folgendes zu tun:

Schritt 1. Einkaufsdefinition

Was soll eingekauft werden?

Die Auswahl des Dienstleisters ist hier der größte Punkt, außerdem werden noch Produkte und eine Reihe weiterer Ressourcen benötigt, siehe Kapitel 4.3.4 »Einkaufsdefinition«. Eventuell ist aber auch Beratung für das Projektmanagement oder den Einkauf selbst erforderlich, siehe Kapitel 4.3.3 »Wenn das Know-How fehlt«.

Schritt 2. Einkaufsplan

Wie wird ausgewählt und beauftragt?

Das Verfahren der Anbieterauswahl muss geplant werden, damit der Einkaufsaufwand im Verhältnis zum Einkaufsvolumen steht. Hierzu wird intern auf Kundenseite der Ablauf der Auswahl festgelegt. Die Vorgehensweise beschreiben die folgenden Punkte.

Schritt 3. Vorauswahl

Wer kommt in Frage?

Das Auffinden der Anbieter kann besonders bei Dienstleistungen schwierig sein. Wenn die Liste der Anbieter erstellt ist, soll als nächster Schritt die Menge auf Grund einfacher Kriterien auf die ca. fünf Besten reduziert werden. Siehe Kapitel 4.3.5 »Vorauswahl«.

Schritt 4. Angebots- und Anbieterauswahl

Wessen Angebot erhält den Zuschlag?

Innerhalb der Vorauswahl wird auf Grund von Gesprächen und Angeboten entschieden.

Bei Produkten wird im Allgemeinen erst nach Eigenschaften der Produkte gewählt (Angebotsauswahl) und dann nach Stabilität und Hotlinequalität des Anbieters (Anbieterauswahl). Das Thema Produktauswahl wird in

Kapitel 14.4.3 besprochen. Im Weiteren wird die Dienstleisterauswahl betrachtet.

Wenn ein Dienstleister mit der Durchführung des Projekts oder Teilen davon beauftragt werden soll, dann wird je nach Inhalt des Auftrages Angebots- oder Anbieterauswahl im Vordergrund stehen, es ist jedoch stets beides wichtig. Wie diese durchgeführt werden, erläutert das Kapitel 4.3.6 »Anbieter- und Angebotsauswahl«.

Schritt 5. Projektleiterauswahl

Wer wird das Projekt auf Dienstleisterseite leiten?

Noch bevor dem präferierten Anbieter zugesagt wird sollte feststehen, wer der Projektleiter auf Dienstleisterseite ist, siehe Kapitel 4.3.7 »Projektleiterauswahl«.

Anmerkungen zu diesem Prozess

Als Entscheider oder (zukünftiger) Projektleiter auf Kundenseite seien Sie unbedingt selbst bei der Auswahl des Dienstleisters und dem Abschluss des Vertrags dabei. Es ist die Entscheidung, die Ihren zukünftigen Erfolg maßgeblich beeinflusst.

Wenn die Motivation für den Einkauf Ressourcenmangel, die Kompetenz aber im Hause bereits vorhanden ist, so wird es leichter fallen, Anbieter und Angebote zu beurteilen. Oft wird der Auftrag jedoch gerade deswegen extern vergeben, weil die Kompetenz gänzlich fehlt, dann kann es auch schwierig sein, die Angebote einzuschätzen. Bei diesem Henne-Ei-Problem siehe das folgende Kapitel.

4.3.3 Wenn das Know-How fehlt

Der Einkauf von komplexen Dienstleistungen und Produkten ist eine sehr anspruchsvolle Aufgabe, die viel Erfahrung braucht. Man kann ohne fundierte Erfahrung keinen Einkaufsprozess erfolgreich durchführen. In diese Situation kommen Kunden jedoch oft, zumindest wenn das Unternehmen sein erstes Webprojekt einkauft. Ähnlich verhält es sich mit der Projektdefinition und Projektleitung, hierzu braucht man ebenfalls jahrelange Erfahrung.

Beispiele für entstehende Fragen sind: Wer sagt Ihnen, dass der Usability-Test, den Ihnen der Dienstleister gerade empfohlen hat, wirklich sinnvoll investiertes Geld ist? Wer sagt ihnen, dass Sie vielleicht gar kein CMS (Kapitel 14.4.3 »Softwareauswahl«) benötigen, weil es Umfang und Änderungshäufigkeit der Website nicht erfordern?

Um so etwas beurteilen können, kann es sinnvoll sein, einen Berater zu engagieren, für einen oder mehrere Zwecke:

- Einkauf von Dienstleistungen oder Produkten
- Projektvorbereitung in einem frühen Stadium
- Kundenseitige Projektleitung bei Webprojekten

Der Einsatz eines Beraters ist natürlich nur dann sinnvoll, wenn ein gescheitertes Projekt viel mehr kostet als der Berater. »Der Berater« kann eine Einzelperson sein oder - je nach Auftragsgröße - ein kleines Team.

In jedem dieser Fälle ist auf die Interessen der Firma zu achten, der Berater darf nicht vom Gegenstand seiner Beratung profitieren. Das Beratungsunternehmen soll also von der Projektdurchführung im Voraus ausgeschlossen werden. Um einen guten Berater zu wählen, gelten dieselben Kriterien wie generell bei der Auswahl guter Anbieter (Kapitel 4.3.6), also vor allem tatsächliche Praxiserfahrung, belegt durch Referenzen, und persönliche Kompatibilität. Erspart wird Ihnen jedoch die fachliche Beurteilung eines komplexen Angebotes wie bei der Projektdurchführung. Wenn der Berater als Coach eingesetzt wird, so kann dies den eigenen Lerneffekt erhöhen und eventuell gleichzeitig die Kosten senken.

4.3.4 Einkaufsdefinition

Folgende Schritte dienen der Festlegung, was alles für ein Projekt gekauft werden soll.

1. Ressourcencheck: Was wird benötigt? Was ist vorhanden?
2. Den Projektstand realistisch beurteilen
3. Individualentwicklung oder Produkteinkauf?
4. Das Projekt in Vertragsphasen gliedern
5. Soll der anstehende Vertrag fix oder nach Aufwand vergüten?
6. Umfang der anstehenden Vertragsphase bestimmen

Schritt 1. Den Projektstand realistisch einordnen

Wenn Kunden das erste Mal ein Webprojekt durchführen, kommt es häufig vor, dass sie gleich mit der Auswahl der Softwareprodukte beginnen. Grundsätzlich muss vor der Produktauswahl jedoch klar sein, welche Anforderungen überhaupt umgesetzt werden sollen; diese beschreibt das Pflichtenheft.

Beispiel

Eine mögliche Verteilung der häufigsten Einkaufsgüter über den Projektverlauf zeigt folgende Abbildung:

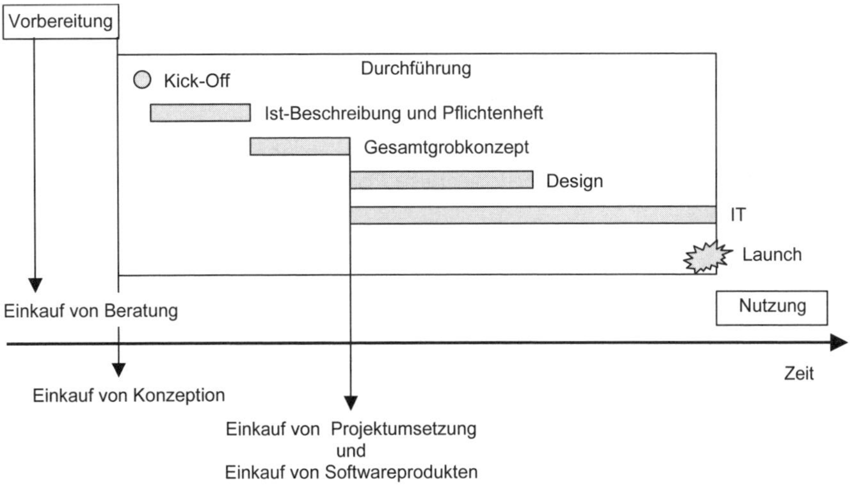

Abbildung 32: Beispiel für Einkäufe im Laufe des Projekts

In diesem Sinne soll zunächst der Projektstand beurteilt werden. Vor der Auftragsvergabe an einen Dienstleister, d. h. nach Abschluss des Projektschrittes »Interne Projektdefinition«, können unterschiedliche Detaillierungsgrade in der Konzeption erreicht sein, je nach eingesetzten Ressourcen, Zeit und Know-How. Sind nur einige Anforderungen zusammengetragen worden oder entspricht der Stand bereits einem Pflichtenheft oder sogar einem Grobkonzept? Um für das weitere Vorgehen den Projektstand zu bestimmen, nutzen Sie die Kriterien aus Kapitel 3.1. (Dort wird aus dem jeweiligen Projektstand geschlussfolgert, wie genaue Kostenvoraussagen möglich sind.)

Schritt 2. Ressourcencheck

Webprojekte können Folgendes benötigen. Anhand dieser Punkte soll geprüft werden, ob Einkäufe erforderlich sind.

- Beratungsleistungen für Projektvorbereitung, Einkauf, Projektmanagement (Kapitel 4.3.3)
- Konzeptionsleistungen: Erstellung von Konzepten wie Ist-Beschreibung, Pflichtenheft, Grobkonzept
- Umsetzung: Feinkonzept, Implementierung, Test
- Wartung
- Content
- Softwareprodukte
- Domainname
- Hosting (Kapitel 15.2.5) oder Hardware (Kapitel 14.4.2)

Der Übergang zwischen diesen Punkten ist fließend, zum Beispiel ist Umsetzung mit Hilfe von fertigen Bausteinen das Mittel zwischen Umsetzung und Softwareprodukten. Content kann auch als Teil der Umsetzung erzeugt werden.

In einigen Punkten wird hier sofort zu Beginn des Projekts klar sein, dass sie vorhanden sind beziehungsweise mit internen Ressourcen erarbeitet werden können, eingekauft oder nicht benötigt werden, bei anderen wird das erst nach entsprechendem Fortschritt in der Konzeption des Projekts klar.

Schritt 3. Individualentwicklung oder Produkteinkauf

»Make or buy? «, d. h. soll individuell entwickelt werden oder sollen Produkte eingekauft werden? Diese Frage stellt sich sowohl für die Software der Website als auch für den Content. Um über diese Frage sinnvoll entscheiden zu können, wird in der Regel ein Pflichtenheft benötigt. Die Entscheidung fällt oftmals als Teil der Konzeptionsarbeiten am Grobkonzept.

Bei Webprojekten wird heutzutage im Normalfall Einkauf von Produkten mit individuellen Entwicklungen kombiniert: Es werden Softwareprodukte eingekauft, sie müssen jedoch zumindest konfiguriert werden, im Normalfall aber auch noch angepasst und an Schnittstellen angebunden werden. Völlige Neuentwicklung sollte bei der Software vermieden werden. Der Content wird entweder von anderen Abteilungen beim Kunden geliefert, von eigens hierfür beschäftigten Redakteuren erstellt oder bereits bestehender Content wird geändert, eventuell werden Teile des Content einmalig oder als regelmäßige Lieferung eingekauft. Die Struktur der Site und der Aufbau der Webseiten werden selbst entwickelt. Diese Entscheidungen sind Teil der Grobkonzeption.

Die nachfolgenden Schritte 4 bis 6 betreffen nur den Einkauf der Projektdurchführung, d. h. Konzeption und Umsetzung:

- Einkauf von Content ist eine eher branchenspezifische Aufgabe. Sie übersteigt oftmals die Kompetenz des Webprojektleiters, es soll dann ein Betriebswirtschaftler oder Redakteur damit beauftragt werden. Als Kunde erkundigen Sie sich hier eventuell bei anderen Die Struktur der Site und der Aufbau der Webseiten werden selbst Website-Betreibern. Siehe zum Thema Content die Kapitel 15.5.1, 1.7.1 und 5.5.2, Abschnitt »Content«.
- Zu Domainnamen siehe Kapitel 15.1.
- Zu Softwareprodukten siehe Kapitel 14.4.3.

Schritt 4. Das Projekt in Vertragsphasen gliedern

Bevor nun Art und Inhalte des anstehenden Vertrags definiert werden, soll zunächst ein Gesamtbild erarbeitet werden, wie das Projekt vom aktuellen Zeitpunkt bis zum Ende mit Verträgen umgesetzt werden kann. Hier wird entsprechend dem Projektstand verfahren, je nachdem, ob das

Grobkonzept bereits abgeschlossen und abgenommen ist oder noch nicht:

Vor Abschluss der Gesamtgrobkonzeption sind noch wesentliche Fragen offen, zum Beispiel welche groben Handlungsabläufe es geben soll, welche größeren Einheiten der gebotene Content haben soll oder welche Technologie eingesetzt wird. Hier können sich die Kosten bis zum Projektende in Abhängigkeit von diesen Entscheidungen in Größenordnungen unterscheiden. Es muss also zunächst der Rahmen geschaffen werden, der definiert, was umzusetzen ist. In dieser Zeit ist es sinnvoll, noch keinen Vertrag bis zum Ende des Projekts zu schließen, weil unklar ist, was in dem Vertrag vereinbart werden soll.

Nach Abschluss des Grobkonzepts kann eventuell bereits ein Vertrag für alle Arbeiten bis zum Projektende geschlossen werden. Wie aus Kapitel 3.1 »Wie genau sind Kosten planbar?« ersichtlich, sind noch Unsicherheiten vorhanden, es können noch Änderungen auftreten, diese sind jedoch eingeschränkt.

Folgende Abbildung veranschaulicht die Aussagen:

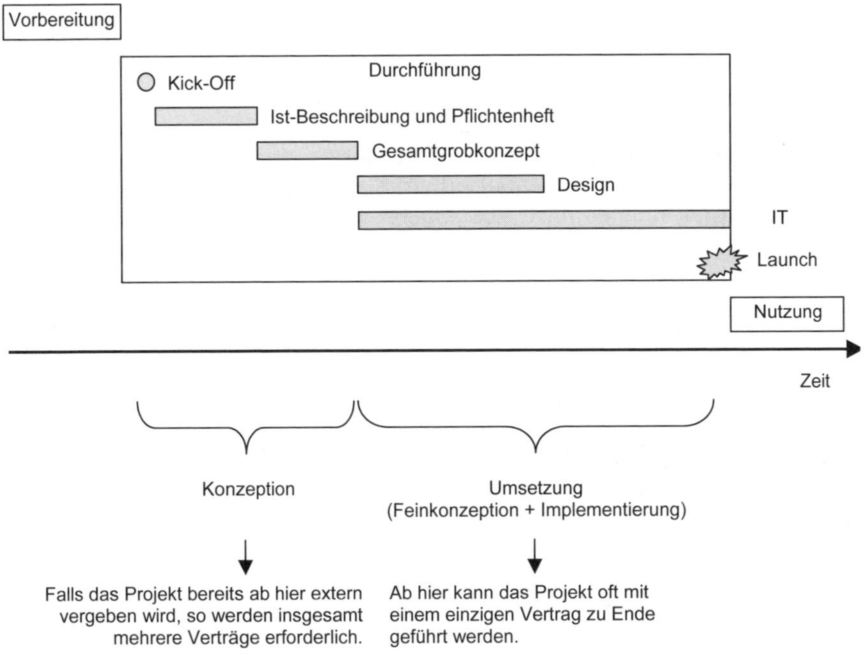

Abbildung 33: Ab wann wird das Projekt extern vergeben?

Ein komplettes Webprojekt vom Pflichtenheft bis zum Launch kann also sehr gut mit zwei Verträgen abgewickelt werden. Gründe für die Unterteilung in mehrere Verträge können sein:

- Unterschiedliche Dienstleisterfirmen: Das kann sich auf Grund unterschiedlicher benötigter Qualifikationen ergeben. Sehr sinnvoll ist die Beauftragung einer Firma mit dem Pflichtenheft, die dann von der Projektdurchführung ausgeschlossen wird. Dadurch wird darauf hingewirkt, dass ein Pflichtenheft entsteht, das sich an den tatsächlichen Bedürfnissen des Kunden und nicht an Eigeninteressen des Dienstleisters orientiert. Das Feinkonzept sollte jedoch stets von dem Dienstleister erstellt werden, der auch die Implementierung leistet, sonst ist der Einarbeitungsaufwand zu hoch. Das ist auch der Grund, warum diese hier zu einer Einheit (Umsetzung) zusammengefasst werden.
- Möglichkeit zur Überprüfung, ob der Dienstleister sich bewährt.
- Unterscheidung von Arbeit nach Aufwand und Arbeit mit einem fixen Vertrag.
- Erst durch Erarbeitung eines hinreichend genauen Konzeptionsstandes werden die erwünschten Ergebnisse und die dafür benötigten Aufwände der jeweils folgenden Projektschritte genauer bestimmbar, siehe Kapitel 3.1.

Damit können also insbesondere bei größeren Projekten auch drei bis vier Verträge sinnvoll werden. Wenn die Projektlaufzeit insgesamt innerhalb eines halben Jahres liegen soll (Kapitel 2.3), so sollten es jedoch nicht zu viele werden. Ein weiterer Grund, die Anzahl klein zu halten, ist neben dem Verwaltungsaufwand auch die kontinuierliche Arbeit des Dienstleisterteams. Pausen zwischen den Beauftragungen desselben Dienstleisters sollten ganz besonders vermieden werden, um nicht Zeit und Geld für Neueinarbeitung von Mitarbeitern zu verlieren. Der Dienstleister muss, wenn er profitabel arbeiten will, das Team für andere Projekte freigeben, falls es nicht ausgelastet ist.

Schritt 5. Soll der anstehende Vertrag fix oder nach Aufwand vergüten?

Kurz auf den Punkt gebracht, ist nach Abschluss des Grobkonzepts meistens klar, dass ein fixer Vertrag geschlossen werden kann und bis dahin ist es nicht projektentscheidend, ob mit einem fixen Vertrag oder nach Aufwand gearbeitet wird. Leistungsumfang und Kosten können vor Abschluss des Grobkonzepts nicht gleichzeitig fixiert werden, so oder so bleibt eine dieser Dimensionen offen, weil einfach noch nicht genau bekannt ist, was zu tun ist. Das wird eben gerade erst konzipiert. Für den Termin gilt Ähnliches.

Folgende Kriterien beschreiben aus Kundensicht, ob ein fixer Vertrag oder einer nach Aufwand sinnvoll ist.

Besteht Änderungsrisiko?

Falls das Risiko besteht, dass sich wesentliche Einflüsse im Umfeld des Projekts ändern und daher der Leistungsumfang oder sogar die Projektziele geändert werden müssen, stellt sich zunächst die Frage, ob es für den Kunden überhaupt sinnvoll ist, das Projekt (bereits jetzt) zu starten. Wenn die Entscheidung jedoch dafür fällt, so wird ein Vertrag nach Aufwand eine Kurskorrektur erleichtern.

Das generell vorhandene Risiko, dass sich durch nicht vorhersehbare Einflüsse die benötigten Ergebnisse ändern, verhindert noch nicht den Abschluss eines fixen Vertrages. Seine Dauer soll jedoch beschränkt werden. Je kürzer, desto sicherer ist, dass eine geordnete Korrektur nach Vertragsende durchgeführt werden kann, falls das erforderlich wird.

Ist ein detaillierteres Reporting erwünscht?

Bei Verträgen nach Aufwand erhält der Kunde detaillierte Berichte über die angefallenen Arbeitszeiten und deren Verwendungszweck (Kapitel 5.6.1), was bei fixen Verträgen nicht der Fall ist. Er kann anhand der Stundenberichte die Arbeit des Dienstleisters also besser evaluieren.

Entspricht die Leistungsbeschreibung tatsächlich bekannten Erfordernissen?

Bei einem fixen Vertrag soll die Beschreibung der vom Dienstleister zu erbringenden Leistungen einer gesicherten Erkenntnis entsprechen, was benötigt wird. Wenn die Anforderungen auf Grund von Mutmaßungen festgelegt werden, so führt das zu Vertragsänderungen im Projektverlauf. Dabei ist der Dienstleister im Verhandlungsvorteil, da den Kunden der Vertrag bindet, dieser jedoch die darin beschriebene Lösung nicht mehr braucht. Solche Inhalte der Leistungsbeschreibung können als Tauschgegenstand für tatsächlich benötigte Leistungen dienen. Über deren Wertung im Vergleich zu anderen Leistungen ist der Kunde jedoch auf das Einverständnis des Dienstleisters angewiesen. Siehe hierzu 5.6.1 »Verhandeln bei Change Requests«.

Schritt 6. Umfang der anstehenden Vertragsphase bestimmen

Ob der Vertrag nur unmittelbar anstehende oder auch weiter entfernt liegende Arbeiten abdecken soll, ergibt sich inhaltlich bereits aus den Überlegungen von Schritt 5: Bei fixen Verträgen soll die Vertragsphase im Sinne einer hohen Kostensicherheit so umfangreich wie möglich gewählt werden, ohne dass die Kriterien aus Schritt 5 dagegen sprechen (insbesondere ohne dass die Beschreibung des Ergebnisses zu unscharf wird). Bei Verträgen nach Aufwand ist die Dauer nebensächlich, da der Kunde die Arbeit jederzeit terminieren kann.

4.3.5 Vorauswahl

Anbieter finden

Das Auffinden von Anbietern ist natürlich der erste Schritt der Vorauswahl. Bei Produkten wird das durch das Internet oder Ranglisten in Zeitschriften stark vereinfacht. Wenn ein Dienstleister gesucht wird, ist die Situation schwieriger. Hier werden in der Praxis an erster Stelle Empfehlungen anderer Kunden genutzt, vgl. auch [Timekontor]. Auch Branchenlisten können für eine erste Auswahl nützlich sein.

Der wesentliche Unterschied zwischen der Vorauswahl bei Produkten und bei Dienstleistungen ist, dass die Produkte bereits existieren und untersucht werden können. Dementsprechend wird bei Produkten eher nach deren grundlegenden Eigenschaften vorsortiert, bei Dienstleistungen nach den Anbietern.

Anbieter vorsortieren

Anbieter gibt es meistens viele. Auf dem Weg zur Auswahl des Richtigen ist es nicht sinnvoll, gleich von allen ein Angebot zu verlangen. Das schreckt seriöse Anbieter ab, da die Angebotskosten dann nicht im Verhältnis zu den Chancen stehen. Zum Sortieren eignet sich ein *RFI* (*Request for Information*). Das ist eine Anfrage an potenzielle Anbieter, Information über die Firma und ihre Dienstleistungen oder Produkte zur Verfügung zu stellen. Typische Fragen sind beispielsweise:

- Kenndaten des Unternehmens (Umsatz, Anzahl Mitarbeiter, Gründung, ...)
- Fokus des Unternehmens
- Referenzen in vergleichbaren Projekten (mit Nennung von Kunden und Ansprechpartnern)
- Typische Mitarbeiterprofile
- Standardsoftware des Unternehmens im ausgeschriebenen Themenbereich
- Partnerschaften des Unternehmens im ausgeschriebenen Themenbereich
- Grundsätzliches Interesse an der folgenden Ausschreibung

Größere Unternehmen, die regelmäßig Dienstleistungen oder Produkte im Webbereich einkaufen, wählen hier einen anderen Weg: Es werden dauerhafte Beziehungen zu einem Kreis bevorzugter Anbieter aufgebaut und damit deren Anzahl verringert. Typische Kriterien sind hier:

- Stabilität des Anbieters
- Größe und damit Lieferfähigkeit
- Qualität der bisher durchgeführten Projekte
- Reputation am Markt
- Technische oder auch branchenspezifische fachliche Fokussierung
- Interesse an der Partnerschaft, Verhandlungsbereitschaft

4.3.6 Anbieter- und Angebotsauswahl bei Dienstleistungen

Bei der Feinauswahl wird aus den bis zu ca. fünf besten Anbietern mit Vergleich von Angeboten und Anbietereigenschaften der Favorit gewählt. Dieser Prozess wird mit nachfolgenden Punkten beschrieben:

- Ausschreibungen
- Auswahlverfahren
- Kriterien zur Dienstleisterauswahl
- Vergleichbarkeit von Angeboten
- Vertragsgestaltung

Ausschreibung

Um Dienstleister über die erwünschten Angebots- oder Pitchinhalte zu informieren, wird eine Ausschreibung erstellt und versandt. (Aufforderungen für Angebote werden als *RFP, Request for Proposal,* bezeichnet.) Best Practices hierzu sind:

- Ausschreibungen ersetzen keine Gespräche, sie können jedoch in deren Vorbereitung helfen. Anstatt viel Zeit in umfangreiche Ausschreibungsunterlagen zu investieren, ist es effektiver, sich auf die wesentlichen Punkte zu konzentrieren und die gesparte Zeit für Gespräche aufzuwenden.
- Damit die Antworten auch das tatsächlich Gewünschte treffen, müssen Informationen an diesen engen Kreis offen zur Verfügung gestellt werden. Geheimhaltungsverträge können das damit verbundene Risiko mindern, siehe Kapitel 15.3.12 »Abwerbungsverbot, Geheimhaltung«.
- Ausschreibungen an nicht mehr als fünf Anbieter versenden (Kapitel 4.3.5).
- Qualitativ hochwertige Angebote und Pitches brauchen Zeit. Bei erfolgreichen Anbietern sind die Schlüsselpersonen meistens sehr ausgelastet. Eine zu enge Frist kann hier gerade die interessantesten Angebote ausschalten. Warum nicht darauf eingehen, wenn ein qualifizierter Dienstleister eine Fristverschiebung um einige Tage benötigt? Enge Fristen haben Sinn, um die »Stressfähigkeit« der Anbieter testen, wenn das gewünscht ist; das garantiert aber noch keineswegs eine schnelle Projektabwicklung.
- Ausschreibungen sind auch ein Zeichen für die Qualität Ihres Unternehmens, weiterhin geben sie dem Dienstleister einen ersten Eindruck, welche Zusatzkosten er bei der späteren Projektarbeit wegen eventuellen Formalismus oder eventuell mangelnder Fachkompetenz einkalkulieren muss.

Verfahren zur Dienstleisterauswahl

Folgende Auswahlmethoden kommen in der Praxis vor.

Pitch

Im Kontext von Webprojekten wird unter einem Pitch eine Wettbewerbspräsentation von Konzepten und gestalterischen Entwürfen verstanden. Das sind im ungünstigen Regelfall einige Webseiten, die ohne eine fundierte vorangegangene Konzeptphase in kurzem Zeitraum als Resultat eines kreativen Design-Prozesses entwickelt worden sind. Sie enthalten keine dahinterliegende Funktionalität, an ihnen können nur einige strategische und kreative Ideen zur Umsetzung der Aufgabe demonstriert werden. Die Qualität der Resultate hängt stark vom eingeräumten Zeitraum und dem Umfang der dem Pitch-Team zur Verfügung gestellten Informationen ab. Die Präsentation vermag im günstigsten Fall zu demonstrieren, ob das Pitch-Team die Problemstellung, die Markenwerte der Firma und die Branche versteht sowie ob kreative Ideen im Pitch-Team vorhanden sind. Die spätere Arbeit tun meistens andere. Sie können die Dienstleister schwer darauf festlegen, dieselben Personen später im Projekt einzusetzen, denn das sind die Besten der Firma. Sie werden auch bei anderen Pitches gebraucht. Eine Ausnahme sind sehr kleine Firmen, bei denen Sie gleich das zukünftige Team sehen.

Ein Nutzen des Pitches ist, dass hier viele unterschiedliche Ideen in kurzem Zeitrahmen präsentiert werden. Sie können in ihrer facettenhaften Ausrichtung dem Auftraggeber als einzelne Wegweiser Anregungen für die gewünschte strategische, konzeptionelle und gestalterische Marschrichtung und somit Ideen geben, die zuvor noch nicht diskutiert wurden. Berücksichtigt werden muss dabei allerdings, dass Pitches von Dienstleistern als eigenständige Produkte gesehen werden, die zunächst das Ziel haben, mit ebenso verständlichen Konzepten wie beeindruckenden kreativen Lösungen das Gesamtbudget zu gewinnen. Ob und mit welchem Aufwand die präsentierten Ergebnisse der Sprint-Strategen tatsächlich realisiert werden können, steht in der Regel auf einem anderen Blatt.

Vorsicht: Die beim Pitch präsentierten Ergebnisse gehören dem Dienstleister, es sei denn, es wurde explizit etwas anderes vereinbart und bezahlt. Nutzen kann man natürlich das gewonnene Know-How.

Angebotspräsentation

Kernpunkte einer Angebotspräsentation sind das überreichte schriftliche Angebot und die Prüfung der Qualifikation des Dienstleisters.

Der Kunde gibt vor, wofür angeboten werden soll: die erste Projektphase oder das gesamte Projekt. Die Qualifikation zur Durchführung des Projekts wird durch Präsentation der Firma, Erfahrungen mit vergleichbaren Projekten (Referenzenliste), Skizze der Durchführung des anstehenden Projekts, Gespräch über Projektinhalte, Projektablauf und Erfolgsfaktoren sowie Präsentation von Mitarbeitern der Firma (zukünftiger Projektleiter!) erbracht. In all diesen Punkten kann der Dienstleister zeigen, dass er die Fähigkeit und die Motivation hat, das Projekt zum Erfolg zu führen. Ähnlich wie beim Pitch kann er nachweisen, wie gut er auf die tatsächlichen Probleme des Kunden eingeht.

Der Vorteil bei einer Angebotspräsentation ist für den Kunden, dass es mehr um die eigentlichen Inhalte und das Projektmanagement geht als beim Pitch.

Vertrauen

Das beste »Auswahlverfahren« ist, mit dem Dienstleister und dem Projektteam weiterzuarbeiten, mit dem Sie bereits erfolgreiche Projekte realisiert haben und mit dem Sie zufrieden sind. Falls erforderlich, können zusätzlich weitere Angebote von Dritten eingeholt werden, eventuell reicht jedoch die Andeutung dieser Möglichkeit, um den vertrauten Dienstleister von der »Preistreiberei des Eingesessenen« abzuhalten.

Kriterien zur Dienstleisterauswahl

Für die Auswahl des Dienstleisters dienen als Kriterien:

- Das wichtigste Kriterium für zukünftigen Erfolg ist vergangener Erfolg! Anstatt jedoch nur nach vergangenen Projekten zu fragen, können Eindrücke aus Gesprächen mit Kunden dieser Projekte den authentischeren Eindruck geben. In den USA ist es üblich, danach zu fragen, hier ist es erst im Kommen. Aber auch hier ist es sehr nützlich!
- Ein gutes Merkmal für tatsächliche Erfahrung sind auch wiederverwendbare Module, zusätzlich wird die Lösung dadurch auch billiger.
- Wenig Auskunft gibt die Qualifikation der Personen, die im Verkaufsgespräch erscheinen - oder werden diese später für Sie arbeiten? Eine Ausnahme stellt der für Sie zuständige Accountmanager dar, er wird Sie als Eskalationsinstanz in der Projektarbeit weiter betreuen. Verlangen Sie, dass Sie den zukünftigen Projektleiter kennen lernen oder selbst auswählen können! Siehe Kapitel 4.3.7 »Projektleiterauswahl«.
- Bei Webprojekten werden in der Regel mehrere Kompetenzen gesucht: Design, IT, eventuell Branding oder auch Business Consulting. Im Allgemeinen nutzt hier ein ausgewogener Kompetenzmix mehr als eine besonders hohe Qualifikation in einem Punkt. Die schwächste Kompetenz ist oft ausschlaggebend, dann ist der Rest nämlich wertlos, wie zum Beispiel eine Website, die technisch perfekt ist, deren Design aber die Nutzer abschreckt.
- Wenn möglich, beauftragen Sie nur einen Dienstleister! Das ergibt sehr viel weniger Politik, Spannungen, Schuldzuweisungen, unnötige Abhängigkeiten oder Koordinationsprobleme. Wenn mehrere Anbieter sich gemeinsam bewerben, zum Beispiel weil sie zusammen erst die benötigten Kompetenzen haben, so kommt es darauf an, ob deren Zusammenarbeit tatsächlich erprobt ist.

- Viel über das tatsächliche zukünftige Verhältnis von Kosten und Leistung sagen die internen Strukturen der Firma aus. Sicher ist es möglich, am Rande des Gespräches einige Details zu erfahren, die Rückschlüsse darauf zulassen. Hohe interne Kosten mindern die Leistung: Ein Dienstleister mit hohen Selbstkosten wird im tatsächlichen Projektverlauf für denselben Preis nicht so viel leisten wie einer mit niedrigen. Das gilt unabhängig davon, ob dem Angebot anzusehen ist, dass weniger geleistet wird. Stark vereinfacht: Je größer die Firma, desto größer wahrscheinlich auch der Overhead. Sie werden in Gesprächen noch weitere Interna erfahren, die Kostenstrukturen erahnen lassen. Die Liste der Tagessätze ist als alleiniges Indiz für zukünftige Kosten insofern nicht zuverlässig, als dass die Anzahl der aufgewendeten Tage angepasst werden kann.
- Ist die Firma stabil genug oder droht Konkursrisiko während des Projekts oder der Gewährleistungszeit?
- Ein Anhaltspunkt bei der Auswahl ist, ob die Größe des Dienstleisterunternehmens zur Größe Ihres Projekts und Ihrer Firma passt. Wenn der Dienstleister zu groß ist, wird Ihr Projekt für ihn eventuell nicht wichtig genug sein. Bei kleineren ist zu klären, ob diese wirklich die Ressourcen (mit Erfahrung) für Ihr Projekt haben.
- Bei kleinen und mittleren Firmen mit ausgeprägter Firmenkultur kann man schon so etwas wie die »Fähigkeit der Firma« beurteilen, ein Projekt zum Erfolg zu führen. Bei einer Firma mit Hunderten oder Tausenden an Mitarbeitern hängt es sehr vom individuellen Projektteam ab, welche Dienstleistungsqualität Sie erhalten.
- Passt die Firmenkultur zur Ihrer eigenen?

Vergleichbarkeit

Unterschiede zwischen den Angeboten sind wertvoll, um Verständnis der Aufgabe, Fachkenntnisse, tatsächliche Erfahrung und Eingehen auf Kundenwünsche zu beurteilen. Sie sind jedoch hinderlich beim Vergleich von Preisen.

Generell ist es daher sinnvoll, erst mit einer Ausschreibung den Rahmen vorzugeben – sollen die Dienstleister alle die Gelegenheit erhalten, ihr Können in individuellen Angeboten darzustellen. Dabei scheiden eventuell bereits einige Angebote aus, andere qualifizieren sich besonders. Dann muss jedoch Vergleichbarkeit hergestellt werden. Besonders gilt das für den Fall, dass zu einer festen Vergütung genau definierte Leistungen angeboten werden. Hier gibt es folgende Möglichkeiten:

a) Durch Feedbacks (»Nehmen sie noch ... auf«) die Inhalte angleichen.

b) Eine neue, einheitliche Leistungsbeschreibung erstellen, hier sollen alle Anbieter nur noch eine Zahl nennen.

Erstere Möglichkeit hat den Vorteil, dass Sie dabei im Gespräch mit den Dienstleistern mehr lernen, letztere den Nachteil, dass sich durch Feedbacks von Dienstleistern nachträglicher Änderungsbedarf ergeben kann; Sie werden dann aber keine neue Vorlage mehr an alle Dienstleister versenden können. Die Vergleichbarkeit ist natürlich bei Alternative b) ideal.

Beachten Sie hier, dass Angebote das Eigentum des Dienstleisters sind, Sie diese also nicht anderweitig verwenden, insbesondere nicht als neue Ausschreibung versenden dürfen.

Vergleichbarkeit von Angeboten hat auch ihre Grenzen, wenn Angebote tatsächlich unterschiedliche Lösungsideen beinhalten. Beispielsweise kann die Funktionalität in höherem oder geringerem Maße durch fertige Softwareprodukte oder -komponenten abgedeckt werden.

Vertragsgestaltung

Nachfolgend werden zu den kritischen Punkten eines Vertrages Best Practices genannt. Dabei wird auf den in Kapitel 4.2.4 vorgestellten Vertragsaufbau Bezug genommen. Rechtliche Hinweise enthält Kapitel 15.

Punkt 4. Leistungen der konkreten Vertragsphase

In Ihrem Interesse als Kunde liegt es hier, dass das Benötigte genau, wasserdicht und ohne auf Mutmaßungen beruhenden Annahmen beschrieben wird, so dass Sie es auch erhalten und dass dabei keine Zusatzaufträge mit Mehrkosten erforderlich werden. – Zusätzlich kann die Leistungsbeschreibung natürlich gerne nach oben offen sein.

Wenn eine solche Leistungsbeschreibung schwierig zu erstellen ist, so liegt das in der Regel daran, dass erst noch ein hinreichender Konzeptionsstand erarbeitet werden muss. In diesem Fall vergeben Sie zunächst einen Konzeptionsauftrag, denn ungenaue Ergebnisvorgaben führen auch nur zu solchen Ergebnissen. Mehr zur Unterteilung von Projekten mit Vertragsphasen steht in Kapitel 4.3.4.

In einem gewissen Rahmen, besonders in frühen Projektphasen, muss jedoch stets mit Unsicherheiten umgegangen werden. Es sollen sowohl Ungenauigkeit als auch eine verfrühte Festlegung von Sachverhalten vermieden werden, die später nur sinnvolle Erkenntnisse in der Projektarbeit hemmen und ein vertragsgemäßes, aber nutzloses Ergebnis bewirken. In diesem Fall sollen gleichzeitig mehrere Wege genutzt werden, um die Leistung aus verschiedenen Blickwinkeln zu umreißen:

- Wenn der derzeitige Kenntnisstand noch keine hinreichend genaue Leistungsbeschreibung ermöglicht, so können eventuell Zwischenergebnisse (z. B. Prototypen) beschrieben werden, die sicher sinnvoll sind.
- Wenn Qualitätsmerkmale schwer festzulegen sind (wie nutzeradäquat soll die Software sein?), kann definiert werden, welche Tests in welchem Umfang durchzuführen sind.

- In Verträgen nach Aufwand wird oft auch die Qualifikation der einzusetzenden Mitarbeiter beschrieben, zum Beispiel dass nur Senior-Mitarbeiter oder Mitarbeiter mit Branchenkenntnissen eingesetzt werden.
- Auch wenn noch nicht genau bestimmbar ist, welche Webseiten oder Inhalte implementiert werden, so kann oft eine Anzahl bereits recht genau festgelegt werden - zum Beispiel, dass die Website ca. 100 Webseiten enthalten wird oder dass von Ihren Produkten insgesamt 30 Stück abgebildet werden.

Punkt 5. Preis und Termin

- Gesamtpreis, evtl. durch Teilsummen erläutert

Es ist in Ihrem Interesse, den Preis möglichst detailliert auf Teilpakete herunterbrechen zu lassen. Das bedeutet zwar nicht, dass der Dienstleister diese Teilpakete dann auch separat zu diesem Preis anbieten kann, dass sie ohne den Rest überhaupt sinnvoll sind oder dass sie dasselbe beinhalten wie gleichlautende Leistungspunkte eines Konkurrenten. Es ist aber der erste Schritt, um über mögliche Kosteneinsparungen zu verhandeln, optionale Punkte zu identifizieren, anhand Ihrer Prioritäten eine Auswahl zu treffen und schließlich einen Leistungsumfang zu definieren, der Ihren Kosten-Nutzen-Präferenzen entspricht.

- Eventuell Bonus-Malus-Vereinbarungen

Falls es gelingt, eine messbare Größe zu definieren, die den wirtschaftlichen Zweck des Projekts darstellt, so kann die Vergütung daran gekoppelt werden. So kann eine kostendeckende Grundvergütung gezahlt werden und ein Zielbonus. Das ist sehr sinnvoll, damit der Dienstleister nicht nur auf Vertragserfüllung, sondern auf ein gutes Ergebnis hinarbeitet, das Ihr Projektziel erfüllen wird. Das erfordert einiges an Kreativität, denn eine allgemeine Lösung hierfür gibt es nicht. Der Bonus kann z. B. bei einer Umsatzerhöhung oder Erhöhung der Besucherzahlen des Webauftrittes fällig werden. Dies ermöglicht ein ganz anderes, viel konstruktiveres Zusammenarbeiten im Projekt im Sinne des nunmehr gemeinsamen Ziels. Bei der Erreichung des Ziels gewinnen beide Seiten (»win-win«). Dies kann sehr viel Motivation entfachen! Ähnlich kann aber auch eine Terminverfehlung mit einem Malus bestraft werden.

Punkt 6. Bedingungen

- Servicelevel bei der Gewährleistung (Fehlerbehebungsverfahren)

Was geschieht nach Projektabschluss, wenn das Ergebnis genutzt werden soll? Hier soll festgelegt werden, wie Fehler gesammelt werden, bei Mängeln welchen Schweregrades der Dienstleister aktiv wird und wie die Reaktionszeiten sind. Vgl. Kapitel 14.4.7 »Testplan«.

4.3.7 Projektleiterauswahl

Auftreten, Motivation, Erfahrung und Vorgehensweisen des Projektleiters auf Dienstleisterseite entscheiden zu einem großen Teil über die Erfolgswahrscheinlichkeit des Projekts. Seine Persönlichkeit beeinflusst maßgeblich, ob eine gute Zusammenarbeit entsteht (und ob Ihnen das Projekt Spaß machen wird!). Zeit, die Sie in seine Auswahl investieren, lohnt sich.

Auswahlmethoden

Folgende Vorgehensweisen kommen - auch kombiniert - in der Praxis vor:

- Der zukünftige Projektleiter ist bei der Präsentation des Angebotes anwesend und Sie sehen ihn in Aktion. Er soll eine Aufgabe übernehmen, zum Beispiel den Gesamtprojektablauf und den konkreten ersten Projektschritt inhaltlich skizzieren oder sogar alles bis auf direkte Vertriebsaufgaben tun.
- Der Dienstleister legt Profile mehrerer Kandidaten vor.
- Bewerbungsinterview mit einem oder mehreren Kandidaten.

Auf alle Fälle sollten Sie vor der Auftragserteilung ein Gespräch mit dem zukünftigen Projektleiter führen: Können Sie mit ihm persönlich zusammenarbeiten? Hat er solche Projekte bereits durchgeführt? Sind diese fertig gestellt geworden? Passt das, was er sagt, zu den Aussagen seiner Firmenkollegen? Zeigt er, dass er versteht, was Sie wollen, geht er auf Sie ein? Kommt das Besprechungsprotokoll schnell und in guter Qualität?

Warum ist es wichtig, an der Auswahl des Projektleiter beteiligt zu sein?

Bei Angeboten mit fester Vergütung für genau definierte Leistungen richten es Dienstleister gerne so ein, dass der Projektleiter, den sie anbieten, auch genommen werden soll - verhandelt wird jedoch nur über Leistungsumfang und Preis. Das ist nicht in Ihrem Interesse als Kunde. Es wäre nicht angemessen, bei einzelnen Teammitgliedern mitzureden, aber die Person des Projektleiters ist einfach zu wichtig.

Wenn Sie zulassen, dass der Dienstleister den Projektleiter erst später ernennt, werden Sie Folgendes erleben: Die hochkarätigen, brillanten Mitarbeiter des Vertriebsteam ziehen ab, irgendwer wird zum Projektleiter. Es muss schon etwas passieren oder eine wichtige, benennbare Qualifikation fehlen, damit Sie dann noch eine personelle Änderung verlangen können. Bis es so weit ist, vergeht ein Teil der Projektlaufzeit. Gerade der Anfang entscheidet aber über Erfolg oder Misserfolg.

Die Auswahl muss kurz vor der Beauftragung erfolgen

Wenn Sie auf die Auswahl des Projektleiters Einfluss nehmen wollen, dann darf die Zeit bis zum Projektstart nicht allzu groß sein. Gute Projektleiter können eventuell eine Woche vorgehalten werden, bei großen Projekten wenige Wochen. Wenn der Einkauf das Angebot trotz aller Vorbereitungen nicht schnell genug akzeptieren wird, dann bestellen Sie den zukünftigen Projektleiter erst später, und zwar dann, wenn der Einkauf sein »Ja« gegeben und der Vertrag noch nicht das Haus verlassen hat. So können Sie schnell genug entscheiden - binnen der Vorhaltefrist, die Sie mit dem Dienstleister vereinbart haben.

4.3.8 Risiken

Mit folgenden Risiken wird der Kunde im Auswahl- und Vertragsprozess immer wieder konfrontiert:

- Projektergebnis- und Budgetsicherheit: Siehe hierzu Kapitel 3.1, 5.6.1 und weiter 2.5.
- Vertrauliche Informationen werden öffentlich. Dieses Problem kann nur eingeschränkt, nicht aber vermieden werden. Durch die Vorauswahl der Anbieter wird deren Anzahl bereits reduziert. Weiter helfen auch Geheimhaltungsverträge, siehe Kapitel 15.3.12. Es sollte jedoch vermieden werden, aus Geheimhaltungsbedenken die Veröffentlichung von Informationen einzuschränken – die Angebote werden in dem Maße danebentreffen, wie die gegebenen Informationen unscharf waren.

Einige Risiken der Projektsteuerung stehen auch mit der Vertragsgestaltung im Zusammenhang, hier werden die Verweise dazu gegeben:

- Abhängigkeiten vom Dienstleister mindern, siehe Kapitel 5.5.1
- Verhandlungsführung bei Change Requests, siehe Kapitel 5.6.1

5 Projektsteuerung

Robert Stoyan

Wie vermeidet man, dass das Voranschreiten stockt und die Kosten explodieren? Wie können Projektfortschritt und Termineinhaltung gesteuert werden, wenn Anforderungen sich ändern und der Projektablauf nicht strikt vorausgeplant werden kann? Es werden Methoden besprochen, um die bei Webprojekten oft zahlreichen Abhängigkeiten auszuräumen, zu mindern oder in vertragliche Rahmen zu binden. Ein pragmatisches Risikomanagement ist für Webprojekte ganz besonders wichtig. Kontrolle von Projektfortschritt, Kosten und Qualität müssen webspezifische Besonderheiten berücksichtigen, so die Dynamik dieser Projekte und unterschiedliche Qualitätsbegriffe der Disziplinen.

Inhalte:

5.1 Was ist Projektsteuerung?

Projektsteuerung ist Teil des Projektmanagements und umfasst die Führungstätigkeiten, die im Laufe des Projekts dazu dienen, Ziel, Kosten und Termin zu halten.

Erfolgreiche Projektsteuerung ist nicht Perfektion, Erbringung von großen Taten oder Fällen dramatischer Entscheidungen. Es ist nichts anderes, als den Projektablauf »normal«, also planmäßig, zu halten. Das bestmögliche Ergebnis ist, dass das Projekt ohne große Probleme durchläuft. Mit halbem Aufwand kann es kaum fertig werden, sehr leicht aber mit doppeltem. Projektsteuerung ist also gerade im Erfolgsfall etwas völlig Unspektakuläres – bis zum Projektende, bei dem die mit kleinen Stolperern durchlaufene Zeit des Projektalltags auf einmal, in Anbetracht des Projektergebnisses, im Rückblick zu einem großen Erfolg wird.

Das Projekt muss dafür gleichzeitig in verschiedenen, miteinander zusammenhängenden Hinsichten gesteuert werden: Aufwand, Termin, Risiken, Qualität, Abhängigkeiten, Vertragliches. Dem folgt der Aufbau dieses Kapitels.

5.2 Steuerung von Aufwand und Zeit

Projektsteuerung im engsten Sinne des Wortes bezieht sich auf die Steuerung von Aufwand und Termineinhaltung anhand einer Aufwandsschätzung und eines Projektplans. Das ist Aufgabe des Dienstleisters, wenn er die Masse der Projektarbeiten durchführt und zu einem Vertrag mit fixem Termin und fester Vergütung für genau definierte Leistungen arbeitet. Ansonsten kann die Aufgabe beim Kunden oder beiden liegen.

Fortschritt der Arbeiten prüfen

Mitarbeiter verkraften (und honorieren) Kontrolle am besten in Form von Zielvereinbarungen mit pünktlicher Einforderung der Ergebnisse. Ideal funktioniert das, wenn Arbeitspakete klein bemessen sind. In diesem Fall kann der Fortschritt leicht festgestellt werden, indem der Mitarbeiter mitteilt, ob er komplett fertig ist oder nicht – eine andere Information wird nicht benötigt.

Unter realen Umständen sind Aufgabenpakete nicht immer so klein bemessen oder Mitarbeiter sagen, dass sie »eigentlich fertig sind« – bis auf eine Kleinigkeit, die zum Beispiel gerade nicht erledigt werden kann, weil auf jemand anders gewartet werden muss. Fragen Sie in diesem Fall den Mitarbeiter zunächst nicht nach dem Restaufwand, sondern danach, was genau noch zu tun ist. Sehr sinnvoll ist es als nächstes, sich nach den Risiken zu erkundigen, die noch auftreten können. Erst dann soll vom Mitarbeiter eine Einschätzung des Restaufwands erfragt werden – und natürlich mit Ihrer eigenen verglichen werden. Mit dieser Vorgehensweise geben Sie dem Mitarbeiter die Gelegenheit, laut zu denken, bevor er eine Zahl nennt - und sich selbst die Gelegenheit, sich ein eigenes Urteil zu bilden. Nicht zielführend ist die Frage nach einem (prozentualen) Fertigstellungsgrad, das ergibt nur Fehleinschätzungen, in der Regel optimistische Werte. Den Fertigstellungsgrad errechnen Sie besser selbst anhand der geschätzten Restzeit.

Wenn Sie Interesse daran haben, was Ihre Mitarbeiter tun und gelegentlich ein Gespräch zwischen Tür und Angel führen, erhalten Sie damit oft bereits gute Anhaltspunkte, wie die Arbeit tatsächlich läuft, vgl. auch Kapitel 9.3.3.

Fertig sind nur Ergebnisse, bei denen überhaupt nichts mehr getan werden muss. Fortschrittskontrolle krankt oft genau daran, dass diese denkbar einfache Tatsache nicht beachtet wird. Das führt zu den berüchtigten Aufgaben, die zu 90% fertig sind – und dann noch lange Zeit so bleiben.

Aufwände berechnen

Voraussetzung für alles Weitere ist eine aktuelle Berechnung der auflaufenden Aufwände. In vielen Firmen existiert hierfür ein wöchentlicher »Stundenzettel«, dem zumindest aufgelaufene Stunden einzelner Mitarbeiter und deren Zuordnung zu Projekten zu entnehmen sind, eventuell sogar Zuordnung der Zeiten zu einzelnen Arbeitspaketen. Deren Einsammlung und Auswertung geschieht mal über das Controlling der Firma, mal im Projekt.

Abweichungen feststellen

Einfacher Soll-Ist-Vergleich (SIV)

- Für die Aufwandskontrolle werden tatsächliche Aufwände mit den geplanten verglichen. Hierzu wird die Detailschätzung benötigt. Idealerweise besteht die Aufwandskontrolle einfach darin, dass fertige Arbeitspakete abgehakt werden. Deren Summe wird mit dem Ist-Aufwand verglichen. Wenn die Arbeitspakete jedoch groß sind, müssen Fertigstellungsgrade berücksichtigt werden.
- Zur Terminkontrolle wird der Fortschritt mit dem Projektplan verglichen und darin insbesondere der kritische Pfad geprüft.

SIV mit Meilensteinen

Wenn das Projekt sauber definiert ist und sich in mehrere Vertragsphasen für tatsächlich planbare Arbeiten gliedert, so wird ein einfacher Soll-Ist-Vergleich funktionieren. Projekte sind nicht in allen Fällen so gut aufgesetzt, woran auch immer das im Einzelfall liegen mag. Besonders neuartige, innovative Aufgaben können eventuell trotz aller Anstrengungen nicht so genau planbar sein, ebenso sehr stark iteratives Vorgehen. Auch in diesen Fällen müssen jedoch Kosten und Termine überwacht werden. Hierzu werden in enger Abfolge, zum Beispiel alle zwei Wochen, Meilensteine definiert. *Meilensteine* sind Ereignisse im Projektablauf, die besonders hervorgehoben werden. Um für die Projektkontrolle nützlich zu sein, müssen die Ereignisse überprüfbar sein - zum Beispiel soll zu einem bestimmten Zeitpunkt ein Ergebnis oder Teilergebnis vorliegen oder eine bestimmte, überprüfbare Qualität erreicht sein.

Nun können geplanter und tatsächlicher Zeitpunkt des Meilensteins verglichen und ein Soll-Ist-Vergleich des Aufwands durchgeführt werden.

Meilensteintrendanalyse

Gerade bei Webprojekten kann der Projektablauf sehr dynamisch sein, insbesondere wenn Anforderungen sich ändern. Eventuell unterscheiden sich Planung und Ablauf bereits nach kurzer Zeit dermaßen, dass kein Soll-Ist-Vergleich mehr möglich ist, auch nicht für die Meilensteine. Erstellen Sie in diesem Fall Schätzung und Projektplan neu. Kontrollieren Sie damit die Gesamtkosten und den Endtermin der Fertigstellung. Wenn sich Zwischentermine verschieben, Aufgaben, Prioritäten, Arbeitsabfolgen ändern, ist das alles kein Problem, solange sich Gesamtkosten und Gesamttermin nicht ändern. Wenn eine kleine Überschreitung vorauszusehen ist, muss das noch kein Anlass zur Besorgnis sein. Wenn beim nächsten Mal jedoch eine weitere kleine Abweichung in dieselbe Richtung da ist, ist es sinnvoll anzunehmen, dass das so weitergehen wird und Endtermin und geplanter Gesamtaufwand schließlich verfehlt werden.

Gegensteuern

Sie haben mit einer der genannten Methoden festgestellt, dass eine Verfehlung des Abgabetermins und des geplanten Aufwands für das Projekt droht. Gegensteuern können Sie mit folgenden Maßnahmen:

- Überprüfen Sie Leistungsumfang und Mitwirkungen. Oft sind Änderungen darin Ursache für eine Verfehlung des Plans. Siehe dazu Kapitel 10.6.2.
- Um die Chancen zu erhöhen, den Abgabetermin zu erreichen, bietet es sich an, neue Mitarbeiter in das Projektteam aufzunehmen. Ob das funktioniert, muss im Einzelfall gründlich geprüft werden, tatsächlich kann die Fertigstellung durch die notwendige Einarbeitung sogar verzögert werden. Auf alle Fälle werden die Kosten erhöht. Helfen können weitere Ressourcen, um die Arbeit der Mitglieder des bisherigen Teams zu unterstützen. Sicher findet das eine oder andere Teammitglied eine Aufgabe, bei der ihm ohne viel Einarbeitung zugearbeitet werden kann.
- In seltenen Fällen können Teilergebnisse hinzugekauft werden.

- In vielen Fällen können in Absprache mit dem Kunden Aufgaben priorisiert und somit wenigstens das Wichtigste fristgerecht fertiggestellt werden.
- Unter dem Druck der Situation erkennt das Team oft pragmatische Vereinfachungen und entdeckt vermeidbare Umwege, die zu Projektbeginn, ohne Druck, noch nicht ersichtlich waren. Das wäre die beste Alternative, die sowohl Zeit als auch Aufwand sparen kann. Dazu soll der Projektleiter das Team anregen, zum Beispiel können mit Hilfe eines Brainstormings Ideen gefunden werden.

»Emotionales Meilensteinmanagement«

Wie ist die Stimmung bei den verschiedenen Projektbeteiligten?

Wenn das Team einen Meilenstein geschafft hat, aber völlig überarbeitet ist, liegt der Verdacht nahe, dass es den nächsten verfehlt. Wenn der Kunde ein Ergebnis vertragsgemäß bekommen hat, aber im Grunde nicht zufrieden ist oder die Beziehung durch die Anstrengungen der Projektarbeit gelitten hat, dann wird sich das früher oder später auch in konkreten Fakten niederschlagen. Ein bewusstes Überdenken der allgemeinen Stimmung und aller für das Projekt relevanten Beziehungen ist Teil der Überprüfung der Projektsituation. Probleme in diesem Bereich haben zwei für den Projektleiter vorteilhafte Eigenschaften: Wie aus den gegebenen Beispielen ersichtlich, besteht oft eine gewisse Reaktionszeit, bis aus diesen Problemen schlechte Projektergebnisse werden. Weiterhin können sie mit konkreten Maßnahmen behandelt werden, vorausgesetzt, sie sind einmal identifiziert. Wie das geschieht, ist Thema der Kapitel 9 und 10. An dieser Stelle soll nur bewusst gemacht werden, dass eine Überprüfung der emotionalen Projektsituation zur professionellen Projektsteuerung gehört. Das ist sicher angenehm aus der Sicht allgemeiner menschlicher Werte, hat hier jedoch einfach damit zu tun, dass es zum Erfolg beiträgt. Übrigens: Erfolg ist in erster Instanz immer die Wahrnehmung anderer. Sind andere – Kunden, Stakeholder, Mitarbeiter, der Chef – zufrieden? Hat man Vertrauen in Sie? Wenn ja, dann wird der Erfolg bald auch objektiv (in TEUR) messbar.

5.3 Steuerung der Qualität

Unterschiedliche Qualitätsbegriffe

Um verschiedene Fachdisziplinen zu einem guten Ergebnis zu führen, müssen Führungskräfte wissen, was deren Maßstäbe für gute Qualität sind. Spezifisch für Webprojekte ist, dass sie aus Disziplinen bestehen, deren Begriffe, Methoden, Betrachtungsgegenstände und Maßstäbe bezüglich Qualität völlig unterschiedlich sind. Dies wird nachfolgend anhand eines ausgewählten Aspektes demonstriert: der Qualität der fertigen Website. Was online geht, muss gleichzeitig aus den Blickwinkeln all dieser Teildisziplinen richtig sein.

Strategie und Business: Die Website soll passend zur Gesamtstrategie des Unternehmens sein, einen klaren betriebswirtschaftlichen Nutzen versprechen und sich in die Geschäftsprozesse der gesamten Firma integrieren.

IT: Wenn Informatiker über Qualität sprechen, sagen sie »QS« (Qualitätssicherung) oder »QM« (Qualitätsmanagement) und denken insbesondere an Fehlerfreiheit, Sicherheit vor Angriffen und Ausfällen, Wartbarkeit und technische Leistung. Ein weiterer Aspekt ist Robustheit, d. h. die Fähigkeit der Website, bei Fehlbedienung und in einer nicht einwandfrei funktionierenden IT-Umgebung dennoch korrekt zu funktionieren.

Design: Das Design muss immer zwei Parteien gerecht werden – dem Unternehmen und den Nutzern. Der Qualitätsbegriff wird daher immer auch aus zwei Perspektiven gemessen. Auf Unternehmensseite müssen Look & Feel das Unternehmen widerspiegeln. Hier spricht man von Anmutungs- und Dialogqualität. Auf Nutzerseite spielen Gebrauchswert, Nutzwert und Mehrwert der Anwendung eine Rolle bei der Beurteilung der Qualität.

Content: Auch wenn der Content außerhalb des Webprojekts erstellt wird, ist es oft Aufgabe des Webprojekts sicherzustellen, dass er sprachlich und orthografisch korrekt ist, die Bedürfnisse der Zielgruppe trifft und in einer für das Internet geeigneten Art und Weise aufbereitet ist (keine langatmige Prosa, keine komplizierten Sätze, Bilder in internetgerechter Auflösung mit kleiner Datenmenge).

Branding: Die Qualität des Branding – bzw. des Brand Management – misst sich an den drei klassischen Kriterien für erfolgreiche Markenkommunikation: Sie misst sich erstens an der inhaltlichen und formalen Konformität der Website mit dem Markenbild der Zielgruppen zum einen und der medienübergreifenden Markenkommunikation zum anderen. Zweiter und dritter Messwert sind der Grad der Relevanz und der Grad der Einzigartigkeit des Online-Nutzenangebots der Marke. Die Konsistenz aller Markensignale ist die Basis für ein klares Markenprofil. Sie dient der langfristigen Steigerung des Markenwertes. Einzigartigkeit und Relevanz stellen die Basis für Begehrlichkeit und Abgrenzung vom Wettbewerb dar. Sie wirken sich daher schon kurz- bzw. mittelfristig auf die Position der Marke am Markt aus.

Recht: Im Rahmen der Realisierung eines Internet-Projekts sind zahlreiche rechtliche Rahmenbedingungen zu beachten. Diese können auch Auswirkungen auf den Aufbau, den Content, die Funktionalität und unter Umständen auch auf das Design des Webprojekts haben. Sowohl der Kunde als auch der Dienstleister sollten sich bereits vor Projektbeginn über die einschlägigen Bestimmungen erkundigen und diesbezügliche Verantwortlichkeiten festlegen. Die rechtliche Absicherung des Projekts wird ebenfalls maßgeblich zu seiner Qualität beitragen.

Qualität erarbeiten

Wenn auch die Qualitätsphilosophien aller Disziplinen einen Gesamtprojektanspruch verkünden, so gilt dieser vornehmlich für die gesamte Laufzeit des Projekts und weniger für die gesamte Breite. Natürlich muss auch die IT einen Beitrag zu einer hohen Usability leisten und das Design setzt um, dass die gesamte Website zum »Wesen der Marke« passt. Im Kern muss sich jedoch jede Disziplin auf ihre eigene Art um Qualität kümmern. Mit der Benennung eines Mitarbeiters zum Qualitätsbeauftragten des Projekts ist es also bei weitem nicht getan. Vielmehr ist es wichtig, dass Qualität im Sinne des Qualitätsbegriffes einer jeden Disziplin sichergestellt wird. Dazu muss der Projektleiter folgendes tun oder beachten, diese Punkte gelten für alle Disziplinen:

- Qualität muss geplant werden; es sollte also zu Projektbeginn festgelegt werden, was das Ziel ist und wie es erreicht wird. Für Qualität muss (teilweise sogar sehr viel) Zeit eingeplant werden und es müssen Ressourcen bereitgestellt werden.
- Die vom Projektleiter zusammengestellte Projektorganisation muss die Unterschiede der Qualitätsmethoden berücksichtigen, es wird also jeweils ein Qualitätsexperte benötigt. Wie das umgesetzt wird, hängt von der Größe des Projekts ab, der Qualitätsexperte muss nicht in Vollzeit zum Team gehören. Allen Disziplinen gemeinsam ist jedoch: Wer für Qualität verantwortlich ist, sollte nicht auch die Ergebnisse erstellen. Qualität muss unabhängig geprüft werden.
- Für die Qualität ist jedoch nicht nur Prüfung (Testen) zu leisten. Vermeidung eines Fehlers zu Beginn kostet weniger Zeit als ihn zum Schluss zu finden und dann möglicherweise umfangreiche Änderungen durchführen zu müssen.
- Über die Aktivitäten des Qualitätsmanagements ist der Projektleitung Bericht zu erstatten. Ebenso sollte der Projektstatusbericht an den Steuerungsausschuss auch über die Fortschritte hinsichtlich Qualität berichten (Kapitel 6.4.1 »Statusbericht«).

Für Details hinsichtlich der einzelnen Disziplinen siehe Teil III.

5.4 Steuerung der Risiken

Risiken gehören zu den tagtäglichen Themen des Projektleiters. Was ist hier zu tun?

- Risiken sind eine Hol- und Bringschuld. Die Projektmitglieder sollen sie berichten und der Projektleiter sich danach erkundigen. Allen Projektbeteiligten ist immer wieder klar zu machen, dass Risiken früh gemeldet werden sollen und niemand dafür an den Pranger gestellt wird, dass er Risiken benennt, denn nur so können sie bekämpft werden. Das Ziel ist Projekterfolg und nicht eine unbefleckte weiße Weste.

- Ähnlich sollen relevante Risiken dem Kunden bzw. Dienstleister und dem Entscheider frühzeitig mitgeteilt werden. Wenn sie dann gelöst sind, sieht die jeweils andere Partei, dass man sich um die Risiken kümmert - und falls sie eintreten, war die andere Partei gewarnt.
- Den Risiken soll ein Verantwortlicher zugeordnet werden. Wenn sie in einer Liste geführt werden hilft das, sie immer wieder bewusst zu machen, bis sie erledigt sind.
- Risiken sollen stets auf der Ebene gelöst werden, auf die sie gehören - d. h. gegebenenfalls (und nicht notfalls, wenn es bereits keine andere Möglichkeit mehr gibt) an den Entscheider weitergegeben werden. Viele Risiken können nicht effektiv auf Projektleitungsebene oder auch nicht sinnvoll im Team gelöst werden.
- Ein typischer Fehler besonders bei unerfahrenen Projektleitern ist, hundertprozentige Risikovermeidung anzustreben. Das führt in der Regel zu hundertprozentigem Scheitern des Projekts. Wenn also im Projektverlauf immer wieder mal ein paar kleine Risiken eintreten und größere Risiken vorhanden sind, sehr früh erkannt, behandelt und gemeistert werden, ist man auf dem Weg zum Erfolg.
- Erfolgreiche Projektleiter planen bei Risiken sowohl für den guten als auch den schlechten Fall.

5.5 Steuerung der Abhängigkeiten

5.5.1 Kundensicht: Kostenfallen durch Abhängigkeiten mindern

Wenn der Kunde vom Dienstleister abhängig wird, besteht kurz- oder langfristig stets ein Risiko für die Kosten. Die Schmerzpunkte sind:

- Ist ein Wechsel des Dienstleisters in der Projektarbeit möglich?
- Sind Betrieb, Wartung und Pflege unabhängig vom Dienstleister möglich?
- Kann bei Weiterentwicklungen ein anderer Dienstleister beauftragt werden?
- Ist ein Wechsel der Technologie möglich?

Ist die Antwort hier »Nein« oder »Nur bei hohen Wechselkosten«, so kann der Dienstleister die Preise prinzipiell bis zur Schmerzgrenze der Wechselkosten erhöhen, das ist insbesondere in den ersten drei Punkten gefährlich. Die Wechselkosten umfassen Zeitverzug sowie Aufwand für Auswahl und Beauftragung eines anderen Dienstleisters, Neueinarbeitung von dessen Mitarbeitern etc.

Es wird immer eine gewisse Abhängigkeit entstehen, einfach schon dadurch, dass der Dienstleister sich im Hause des Kunden auskennt. Folgende Punkte reduzieren diese jedoch auf ein Minimum:

Arbeitet der Dienstleister von selbst auf Ihre Unabhängigkeit hin?

Der Dienstleister soll zusagen, zum Ende einer jeden Vertragsphase Ergebnisse abzuliefern, mit denen andere weiterarbeiten könnten. Dies gilt für Konzepte genauso wie für implementierte Ergebnisse. Sie werden anhand der ersten Ergebnisse sehen, ob dieses Qualitätsmerkmal gegeben ist. Anderenfalls kann die weitere Zusammenarbeit davon abhängig gemacht werden. Es sollte ausdrücklich zur Aufgabe des Dienstleisters erklärt werden, die gesamte Lösung so auszulegen, dass Sie als Kunde unabhängig bleiben. Sie werden schnell sehen, ob er dazu von selbst Ideen und Initiativen beisteuert oder Sie ständig nachbohren müssen.

Technologie ist ein Dreh- und Angelpunkt der Unabhängigkeit

Es entstehen Abhängigkeiten, wenn durch die Technologie die Auswahl an Dienstleistern, welche die Website warten, betreiben oder weiterentwickeln können, eingeschränkt wird oder zukünftig stets Produkte vom selben Hersteller gekauft werden müssen. Siehe zu diesem Thema Kapitel 14.4.3 »Softwareauswahl«. Sehr wichtig für die Unabhängigkeit ist auch die Dokumentation, siehe Kapitel 14.4.10 »Dokumentation«.

Mitarbeiter des Kunden beteiligen und einarbeiten

Eine besonders gute Möglichkeit, die eigene Unabhängigkeit zu wahren, ist es, ein (kleines) Team an eigenen Mitarbeitern aufzubauen, das nach Abschluss des Projekts Änderungen selbst durchführen kann.

- Verpflichten Sie den Dienstleister, am besten gleich vertraglich, Ihre Mitarbeiter in einer geeigneten Form intensiv einzuarbeiten.
- Ihre Mitarbeiter sollen berichten, ob sie in der Lage wären, die Website selbst zu pflegen oder sogar weiterzuentwickeln.
- Die effektivste Form der Einarbeitung ist es, wenn abschnittsweise oder permanent Mitarbeiter von Ihnen in das Projektteam des Dienstleisters integriert werden. Ob das möglich ist, ist Verhandlungs- und Vertrauenssache. Für manche Dienstleister kommt so etwas überhaupt nicht in Frage, für andere ist es völlig normal. Formulieren Sie auf alle Fälle solch ein Anliegen so, dass der Wunsch nicht wie »Spion vor Ort installieren« wirkt.
- Ähnlich können Sie auch die Mitarbeiter des Dienstleisters (abschnittsweise) in Ihrem Hause arbeiten lassen, das kann dem Wissenstransfer ebenfalls nutzen.

Ständig im Kontakt mit Konkurrenten bleiben

Während der Zusammenarbeit mit dem Dienstleister, der die Auswahl gewonnen hat, sollten die Kontakte zu anderen nicht ganz abgebrochen werden. Bleiben Sie mit dem zweiten oder dritten der Auswahl im sporadischen Gespräch, somit können Verzug und Aufwand eines eventuellen Wechsels minimiert werden.

5.5.2 Dienstleistersicht: Fortschrittsbremsen vorab ausschalten

Das größte Hindernis für eine planmäßige Durchführung der Projektarbeiten bilden aus Sicht des Projektteams die *außerhalb des Projektteams liegenden Abhängigkeiten*. Als Projektteam wird hierbei die Gesamtheit aller dem Projekt zugeordneten Mitarbeiter auf Kunden- und Dienstleisterseite bezeichnet, inklusive Projektleiter. Wenn die Masse der Arbeit durch einen Dienstleister ausgeführt wird, entspricht dieses Abhängigkeitsproblem der Dienstleistersicht: Die Schäden manifestieren sich zunächst bei ihm. Bei Projektarbeit nach Aufwand reicht er sie in Form von höheren Rechnungen jedoch an den Kunden weiter.

Bei Webprojekten gibt es besonders viele solcher Abhängigkeiten, da es nicht reicht, mit einer Abteilung beim Kunden zu kommunizieren, sondern IT, Design, Branding und eventuell weitere Organisationsteile mitwirken müssen.

Im Folgenden werden Formen und Risiken der projektteamexternen Abhängigkeiten sowie Methoden zu ihrer Entschärfung aufgezeigt.

Typische Beispiele für projektteamexterne Abhängigkeiten:

- Dokumente und Informationen müssen von nicht dem Projektteam zugeordneten Ansprechpartnern eingeholt werden.
- Vom Steuerungsausschuss oder sonstigen Instanzen wie Qualitäts-, Sicherheits-, IT-, Produktdesign-, Produktmanagement-, Usability- und CI/CD-Beauftragten werden Entscheidungen und Abnahmen benötigt.
- Lieferung des benötigten Content.
- Nutzung bestimmter technischer Ressourcen, z. B. Testumgebungen oder Daten.
- Mitwirkungen Dritter, z. B. wenn die Installation vom Provider oder projektexternen Mitarbeitern des Kunden durchgeführt wird; oder generell Leistungen, die von weiteren Vertragsparteien oder anderen Abteilungen erbracht werden.
- Abhängigkeiten von parallel laufenden Projekten.

In diesen Punkten können weder der Projektleiter auf Kunden- noch der auf Dienstleisterseite im eigenen Verantwortungsbereich das Benötigte besorgen und damit entsteht eine außerhalb des gesamten Projektteams liegende Abhängigkeit.

Nachfolgende Abschnitte geben Best Practices, die genannten Risiken zu vermeiden. Die meiste Aufmerksamkeit wird dabei den projektteamexternen Entscheidungen gewidmet, sie haben in der Praxis das größte Potenzial, Unterbrechungen oder Effizienzverlust in der Projektarbeit zu bewirken.

Projektteamexterne Entscheidungen

Gerade von den Entscheidungen, die nicht im Projektteam getroffen werden, kann für den Kunden sehr viel abhängen. Vielleicht hat beispielsweise die Entscheidung über die einzusetzende Hardware Auswirkungen auf andere Projekte oder es erhöht die Wartungskosten im Gesamtunternehmen immens, wenn (noch) eine neue Technologie eingeführt wird. Solche Entscheidungen können (mit gutem Grund) lange dauern. Trotzdem soll sich die Projektarbeit nicht verzögern, dazu helfen nachfolgende Methoden. Diese betreffen sowohl Entscheidungen der Konzeption als auch über die Abnahme von Ergebnissen.

Entscheidungskompetenz in das Projektteam verlagern

Eine sehr nützliche, Effektivität steigernde Verfahrensweise ist es, Entscheidungskompetenz ins Projektteam zu verlagern. Wenn zum Beispiel für die Abnahme eines Designs die Mitsprache der Usability-, Marketing- oder Designabteilung erforderlich ist, so kann eventuell ein erfahrener Mitarbeiter der betreffenden Abteilung in das Projektteam eingebunden werden. Wichtig ist, dass er tatsächlich zu einem guten Anteil seiner Arbeitszeit dem Projektteam zugeordnet ist. Seine Mitarbeit wird die Kommunikation mit der jeweiligen Abteilung verbessern und dadurch Entscheidungen beschleunigen, am besten ist es jedoch, wenn er auch eigenständige Entscheidungskompetenz mitbringt.

Zwischenabnahmen im Projektteam

Nachdem Ergebnisse, hier insbesondere Konzepte, Designs oder Prototypen, im Projektteam erarbeitet wurden, können sie auch im Projektteam (insbesondere vom Kundenprojektleiter) abgenommen werden. Der Kundenprojektleiter hat eine Befugnis zur Zwischenabnahme, konsultiert dazu gegebenenfalls seine Spezialisten. Entscheidungen werden dann als Teil der Projektarbeit im Team getroffen und vom Kunden mit der Zwischenabnahme bestätigt. Die Endabnahme (und damit die endgültige Bestätigung der getroffenen Entscheidungen) erfolgt jedoch außerhalb des Projektteams nach Abschluss der Vertragsphase. Eventuelle Änderungen daraus werden in der nächsten Vertragsphase umgesetzt.

Projektteamexterne Entscheidungen aus der Vertragslaufzeit auslagern

Dazu schreibt im einfachsten Fall der Dienstleister eine Empfehlung in das Konzept und diese wird akzeptiert oder geändert. Bei komplexeren Entscheidungen erarbeitet der Dienstleister eine Entscheidungsvorlage auf Grund gemeinsam besprochener Kriterien und spricht eine Empfehlung aus. Er hat damit seine vertragliche Pflicht getan und erhält die Vergütung dafür.

Abnahmefrist, Entscheidungsfrist

Damit die Projektarbeit einigermaßen ungestört voranschreiten kann, einigen Sie sich auf eine Frist für Abnahmen und Entscheidungen, zum Beispiel eine Woche. Für einzelne größere Entscheidungen können auch noch 14 Tage praktikabel sein. Damit die Fristen wirksam werden, sollten diese Vereinbarungen im Vertrag fixiert und eine Konsequenz benannt werden. Wenn der Kunde zum Beispiel auf ein vorgelegtes Ergebnis nicht innerhalb der Frist reagiert, so gilt es als abgenommen.

Für den häufigen Einsatz in (schnellen) Webprojekten sind Abnahmefristen jedoch nicht geeignet, da der Fluss der Projektarbeit damit bereits unterbrochen wird. Ungeeignet sind sie auch für die wirklich kritischen Entscheidungen, zumal sich Kunden hier ungern (von einem Dienstleister) vorschreiben lassen, wie schnell sie zu entscheiden haben. Das ist bei der Tragweite einiger Entscheidungen ganz einfach unrealistisch.

Trennen der Vertragslaufzeit bei einem wichtigen Entscheidungspunkt

Wenn alle obigen Methoden ausscheiden, kann man schließlich auch zwei getrennte Verträge für die Arbeiten vor und nach der Entscheidung schließen.

Entscheider eng einbinden

Die beste Lösung ist jedoch in allen Fällen eine erprobte Zusammenarbeit zwischen Kunden und Dienstleister, bei der alle an Entscheidungen Beteiligten Hand in Hand mit dem Projektteam zusammenarbeiten und in der hinreichend sicher ist, dass wichtige Personen nicht wechseln. Das gibt viel mehr Sicherheit als jede vertragliche oder organisatorische Regelung.

Kontinuität der Beauftragung

Mehrere der genannten Punkte wirken darauf hin, dass Entscheidungen vom Kunden zwischen den Vertragsphasen gefällt werden sollen. Das hat den Vorteil, dass es reicht, wenn der Dienstleister ein kleines Team für Rückfragen aktiv hält. Es bedeutet jedoch auch eine Unterbrechung der Projektarbeit. Siehe hierzu Kapitel 5.6.1, Abschnitt »Folgeaufträge – Vertragspausen vermeiden«.

Beispiel für die Abhängigkeit von Entscheidungen: Das Grobkonzept

An einem etwas umfangreicheren Grobkonzept wird das eben Gesagte demonstriert.

Das Grobkonzept beinhaltet die grundlegenden Entscheidungen für das Projekt, hier ist die Abhängigkeit der Arbeit im Projektteam von Entscheidungen am größten. Anspruchsvoll wird diese Projektsteuerungsaufgabe dadurch, dass die Entscheidungen aufeinander aufbauen, wie folgende Abbildung zeigt:

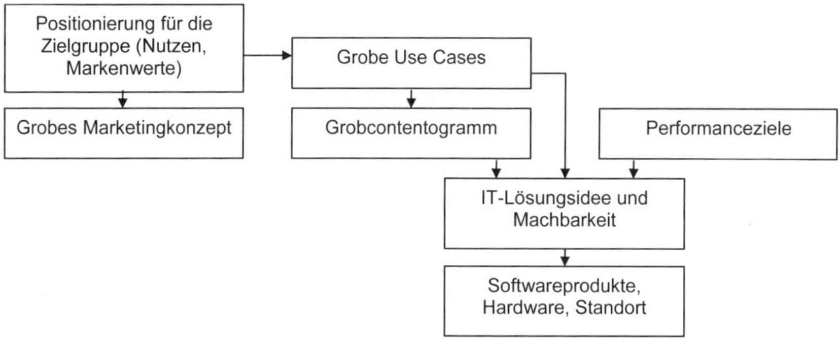

Abbildung 34: Aufeinander aufbauende Teile des Grobkonzepts

Auch wenn die Teile des Grobkonzepts nicht strikt hintereinander erarbeitet werden müssen, so gilt die Reihenfolge zumindest für die Entscheidungen, die für die einzelnen Teile zu treffen sind. Beispiel: Um darüber entscheiden zu können, welches Datenbanksystem (»Softwareprodukte«) eingesetzt werden soll, muss feststehen, wie viele Nutzer wie oft welche Zugriffe auf die Datenbank verursachen (»Performanceziele«, »Grobe Use Cases«).

Hier wird klar, dass die Auslagerung projektteamexterner Entscheidungen aus der Vertragslaufzeit keine geeignete Methode ist.

Die Trennung der Vertragslaufzeit bei einem wichtigen Entscheidungspunkt ist als Methode auch nicht anwendbar, zumindest nicht als alleiniges Mittel. Es sind mit Sicherheit mehrere Entscheidungen dabei, die aus Sicht des Kunden wichtig sind und der Entscheidung außerhalb des Projektteams bedürfen, zu denen also der Entscheider, der Steuerungsausschuss oder andere Abteilungen gefragt werden müssen. Wenn Sie das Projekt in solche Miniverträge stückeln, entstehen wieder keine längeren zusammenhängenden Arbeitsphasen und die Projektarbeit wird ineffizient.

Das Setzen einer Entscheidungs- und Abnahmefrist ist als alleiniges Mittel zur schnellen Entscheidungsfindung ebenfalls unpraktikabel und führt zu permanenten Stockungen. Auch beinhaltet das Grobkonzept wichtige Teile wie zum Beispiel das grobe Content-Diagramm oder die Use Cases, die Auswirkungen auf andere Projekte haben können und unter Umständen nicht so schnell abgenommen werden können.

Entscheidungskompetenz in das Projektteam zu verlagern, ist jedoch eine anwendbare Methode, die auch genau der Aufgabenstellung im Grobkonzept entspricht: Es müssen viele verschiedene Fachdisziplinen mitarbeiten und es ist in diesem Projektschritt nur die Mitwirkung erfahrener Mitarbeiter gefragt – diese können dann auch Repräsentanten anderer Abteilungen mit Entscheidungskompetenz sein. Zumindest können sie so viel Entscheidungsbefugnis mitbringen, dass der Kundenprojektleiter mit ihrer Mitwirkung Zwischenabnahmen im Projektteam durchführen kann. Diese können dann in einer projektteamexternen Entscheidung nach Vertragsende bestätigt werden. Notfalls folgt eine Nachbearbeitung in einem getrennten Vertrag. So wird die Arbeit am Grobkonzept effektiv durchführbar.

Weitere projektteamexterne Abhängigkeiten

Zusätzlich zu den bislang besprochenen Entscheidungen haben Webprojekte auch folgende wichtige Abhängigkeiten, die außerhalb des Projektteams liegen:

- Dokumente und Informationen von projektexternen Ansprechpartnern
- Der Content für die Website
- Nutzung gewisser (IT-) Ressourcen
- Mitwirkungen Dritter
- Abhängigkeiten von Veränderungen durch parallel laufende Projekte

Dokumente und Informationen

Sie sollten weitgehend im Projektschritt »Ist-Beschreibung und Pflichtenheft« eingeholt werden. Damit beschränkt sich dieses Problem in der Masse wenigstens auf diesen einen Projektschritt.

Auf Dienstleisterseite kann gegen diese Abhängigkeit wenig unternommen werden, das Projekt ist einfach von den Informationsgebern abhängig. Daher ist es Auftragnehmern dringend zu empfehlen, diesen ersten Projektschritt nach Aufwand durchzuführen und ebenso alle weiteren Projektschritte, insbesondere die Erstellung des Grobkonzepts, falls noch viele Informationen außerhalb des Projektteams eingeholt werden müssen. Wollen Sie vertraglich festlegen, an welchem Tag ein Ansprechpartner einer anderen Abteilung beim Kunden zur Verfügung zu stehen hat?! In der Regel wird auch erst im Gespräch bekannt, welche Informationen von wem eingeholt werden müssen. Bei einem Vertrag mit fester Vergütung für genau definierte Leistungen wäre der Dienstleister dem Problem in letzter Konsequenz hilflos ausgeliefert und müsste im Extremfall unverschuldet alle Konsequenzen aus der Unterbrechung tragen.

Aus Kundensicht ist die gesamte Problematik am besten mit rechtzeitigem Aufbau guter Beziehungen im Unternehmen und mit Soft Skills oder im Notfall durch Einbeziehung höherer Verantwortungsebenen anzugehen.

Content

Umfangreiche Contenterstellung ist in der Regel kein vorgesehener Teil des Webprojekts. In der Praxis benötigt es jedoch viel Aufmerksamkeit vom Projektleiter, Zeitverzug im Zusammenhang mit dem Content zu vermeiden: Content überhaupt zu bekommen, ihn rechtzeitig zu bekommen und sicherzustellen, dass er fehlerfrei ist. Content-Probleme können jedoch vorab sehr genau geklärt und dann behandelt werden. Die typischen Fälle sind:

- Datenbanken (zum Beispiel Produktdatenbanken) sind normalerweise nicht im gewünschten Zustand. Es können fehlerhafte oder überschüssige Daten darin sein, sie können (teilweise) veraltet sein, es können im Detail eine Reihe von Datenformatproblemen auftreten. Oft wurden die Daten für einen völlig anderen Zweck (Produktion, interne Buchhaltung) erstellt und es fehlen darin Informationen, welche die Website benötigt.
- Bildmaterial in Hochauflösung für den Druck eignet sich für die Website nicht unmittelbar. Hier muss die Auflösung und damit der Datenumfang reduziert werden, sonst sind die Ladezeiten der Webseiten zu hoch. Auch müssen Bilder zugeschnitten werden, die eigentlichen Objekte vom Hintergrund freigestellt und in einem anderen Hintergrund platziert werden.
- Texte müssen oft umformuliert, gekürzt, eventuell übersetzt werden, diese sind dann zum Beispiel von der Marketing- und der Rechtsabteilung im Hause des Kunden zu prüfen.
- Externe Contentlieferung verkompliziert alles deutlich, hier müssen Format, Qualität, Zuverlässigkeit und technische Einbindung geklärt werden. Für das Channel-Management sind erfahrene Spezialisten unabdingbar.

Maßnahmen gegen diese Probleme sind:

- Beispiel-Content kann in sehr frühen Projektstadien eingefordert werden, teilweise schon bei der Ist-Aufnahme.
- Wenn es der Spezifikationsstand des Projekts ermöglicht, sollte der gesamte benötigte Content sofort genau definiert werden. Hier sind Contentformate und möglichst viele Qualitätsmerkmale genau festzulegen.
- Die Content-Besorgung oder Content-Erzeugung sollte dann gleich gestartet werden, sie kann oft sehr früh und weitgehend unabhängig von verschiedenen gestalterischen und technischen Detailkonzeptionen erfolgen.
- Dienstleister haben es hier insofern einfach, als dass sie die Qualitätsmerkmale des Content vertraglich fixieren können. Erfahrene IT- und Design-Spezialisten werden sehr genau benennen können, wor-

auf es im konkreten Projekt ankommt, Anregungen geben die genannten die Beispiele.

IT-Ressourcen, Mitwirkungen Dritter, parallele Projekte

Diese Abhängigkeiten können meistens gut vertraglich fixiert werden, indem Zeitpunkt und Gegenstand des Benötigten im Vertrag genannt werden. Für Abhängigkeiten zu parallel laufenden Projekten gilt das wegen deren Dynamik nur teilweise. Der Entscheider oder der Steuerungsausschuss muss die parallel laufenden Projekte koordinieren, der Projektleiter sollte immer wieder nachfragen bezüglich der anderen Projekte von denen seines abhängt.

Zusammenfassung

Projektteamexterne Abhängigkeiten sollten im Interesse des Kunden und des Dienstleisters vermieden, Entscheidungskompetenz in das Projektteam verlagert und benötigte Mitwirkungen stets früh eingefordert werden. Ist dies nicht auf das gesamte Projekt bezogen möglich, sollten zumindest längere unterbrechungsfreie Arbeitsphasen für das Team hergestellt werden.

Es ist im dringenden Interesse des Dienstleisters, sich vertraglich abzusichern, dass *keine* projektteamexterne Abhängigkeit während der Laufzeit eines Vertrages mit fester Vergütung für genau definierte Leistungen das Voranschreiten stört.

Es ist das gute Recht des Kunden, langsam zu entscheiden oder Mitwirkungen langsam zu besorgen, daraus sollte jedoch dem Dienstleister kein Schaden entstehen.

5.6 Steuerung von Kosten, Vertragszustand und Leistungsumfang

5.6.1 Kundensicht

Im laufenden Vertrag und auf Ebene des Gesamtprojekts müssen permanent Kosten kontrolliert und im Rahmen gehalten werden. Die Fortsetzung der Projektarbeit muss zu jedem Zeitpunkt vertraglich abgedeckt sein. Wie das geschieht, wird hier mit folgenden Punkten erläutert:

- Kostenkontrolle
- Folgeaufträge – Vertragspausen vermeiden
- Verhandeln bei Change Requests

Kostenkontrolle

Stundenbericht prüfen

Bei Verträgen mit Vergütung nach Aufwand liegt die Kostenkontrolle auch innerhalb eines Vertragsverhältnisses beim Kunden. Hier wird der Dienstleister regelmäßig, üblicherweise einmal pro Woche, eine Abrechnung der aufgelaufenen Stunden überreichen. Sie können erwarten, dass nicht nur die Stundenzahlen kommuniziert, sondern dass diese auch heruntergebrochen werden auf Mitarbeiter und erbrachte Leistungen. Die Unterzeichnung des »Stundenzettels« ist ein wichtiger Hebel, den der Kunde in der Hand hat, um den Dienstleister dazu zu bewegen, auf Unzufriedenheiten aller Art zu reagieren. Nur wenn der Stundenbericht abgezeichnet ist, wird bezahlt.

Sehen, wie der Dienstleister arbeitet

In Kombination mit den beschriebenen »harten« Kostenkontrollmethode ist folgende »weiche« Maßnahme sehr effizient. Korrekt genutzt, üben Sie damit einen produktiven Druck auf den Auftragnehmer aus:

Richten Sie es als Kunde ein, ab und zu vor Ort beim Dienstleister zu sein. Das bedeutet sicher keinen unangemessenen Aufwand, bringt jedoch viel Information. Wahrscheinlich nimmt der Dienstleister es sogar dankend an, wenn Sie für Meetings mal ihn besuchen und nicht umgekehrt. Wenn es gelingt, gegenseitiges Vertrauen aufzubauen, wird er auch nichts dagegen haben, wenn Sie direkten Kontakt mit dem Team haben. Sicher steht es Ihnen zu, danach zu fragen, das (größere) Team kennen zu lernen, welches für Sie arbeitet - nicht nur die wenigen Seniors, die in den Meetings erscheinen. Mit etwas Vertrauen ergibt sich jedoch auch die Gelegenheit, direkt zusammenzuarbeiten, um dem Team zum Beispiel im Dialog Fragen zu beantworten. Wenn Sie sehen, wie gearbeitet wird, können Sie ein Gefühl entwickeln, ob Aufwände, die wahrscheinlich nicht immer transparent erscheinen, pure »Profitsteigerung« oder real sind.

Vertragliche Kostengarantien

Zur Einschränkung der Kosten des gesamten Projekts können vertragliche Optionen dienen.

Falls Sie als Kunde nach dem Grobkonzept noch keinen Vertrag bis zum Ende des Projekts abschließen wollen, bietet es sich an, einen Vertrag zum Beispiel für alle Teile bis zur technischen Implementierung zu schließen. Für den Rest soll der Dienstleister eine Kostengarantie geben, denn die Kosten bis zum Projektende sind hier bereits recht genau abschätzbar. Bei diesem Projektstand sollte bereits so genau konzipiert sein, was das zukünftige Projektergebnis sein wird, dass die Kosten auf ±30% genau abschätzbar sind (Kapitel 3.1 »Wie genau sind Kosten planbar«). Diese Zusage kann naheliegenderweise in dem Angebot für die unmittelbare Fortsetzung der Arbeiten an Design und IT erfolgen. Sie stellt sicher, dass der Dienstleister das Projekt innerhalb dieses Preisbereiches zu Ende führt. Der Kunde hingegen ist vertraglich nicht gebunden, was sein Vorteil ist, wenn sich herausstellt, dass doch weniger zu tun sein sollte oder dass andere Anforderungen umgesetzt werden sollen. Wenn der Dienstleister nun das Maximum des Spielraums verlangt, gerät er in Erklärungsnot, falls er keine Gründe angibt. Solche wären neue Erkenntnisse über den Schwierigkeitsgrad, die bislang nicht gegeben oder nicht ersichtlich waren, zum Beispiel vom Kunden verursachte Überraschungen.

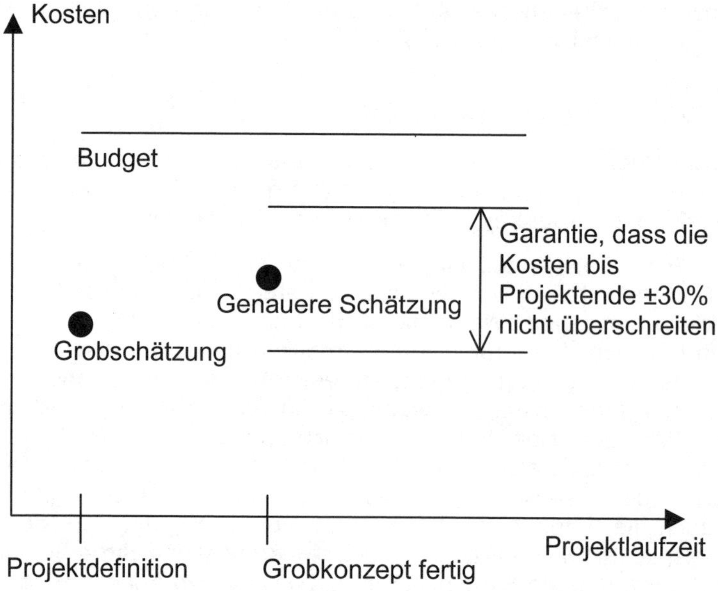

Abbildung 35: Den Dienstleister für eine Gesamtgrenze verpflichten

Permanent voraussichtliche Projektkosten hochrechnen

Der Dienstleister ist nur für den konkreten, geschlossenen Vertrag verantwortlich, dort muss er die Kosten im Griff haben. Auf Gesamtprojektebene, über die Vertragsphasen hinweg, stellt sich das Problem in einer deutlich schwierigeren Form: Es gibt ein Budget und dieses soll eingehalten werden, Kosten können jedoch nicht beliebig genau vorausgesagt werden (Kapitel 3.1). Sie müssen also permanent, so gut es geht, hochgerechnet werden. Nur durch aktive Steuerung der Kosten im gesamten Projektverlauf kann sichergestellt werden, dass das Projekt im Budget bleibt. Notfalls muss der Leistungsumfang auf das Wichtigste reduziert werden (Kapitel 2.3 »Anforderungen Priorisieren« und Kapitel 2.5 »Entscheidung über das Projekt«).

Um diesem Problem zu entweichen, erscheint es naheliegend, das Projekt als ganzes gleich von Anfang an zu einem festen Preis zu vergeben. Das wird in der Tat auch praktiziert, führt jedoch zu noch größeren Problemen, die sich oft jedoch erst gegen Ende des Projekts manifestieren: Wenn nur die Ziele des Projekts feststehen, nicht aber die genauen Anforderungen oder wie diese umgesetzt werden sollen, dann kann der Leistungsumfang (und die Qualität) noch nicht hinreichend genau beschrieben werden. Das Ergebnis sind dann gescheiterte Projekte, teure Change Requests oder unbrauchbare Lösungen (welche jedoch den Vertrag erfüllen).

Den Dienstleister als Berater in die Gesamtverantwortung nehmen

Wie kann man den Dienstleister bei der Steuerung der Projektkosten einbinden?

Bereits bei der Dienstleisterauswahl werden Sie einen ersten Eindruck erhalten, ob der Dienstleister bereit ist, gesamtverantwortlich zu denken, vgl. Kapitel 4.3.6. Stellen Sie aber auch im Projektverlauf immer wieder die Frage: Ist das Gesamtprojekt aus aktueller Sicht für Ihr Budget durchführbar? Von welchen konkreten Faktoren hängt es ab? Auch wenn der Auftragnehmer nur für die konkrete Vertragsphase unterschrieben hat, so können Sie ihn als Ihren Berater in die Verantwortung nehmen, an der Kostenkontrolle des Gesamtprojekts mitzuwirken. So nutzen Sie sein Wissen. Er wird nicht für Fehleinschätzungen aufkommen, Sie können jedoch neue Erkenntnisse gewinnen, wenn der Dienstleister Ihnen seine Bedenken mitteilt, auf Risiken und Kostenfaktoren oder mögliches Einsparungspotential hinweist.

Folgeaufträge – Vertragspausen vermeiden

Die Herausforderung

Um eine kontinuierliche Durchführung des Projekts zu gewährleisten, müssen zumindest unmittelbar anstehende Aufgaben des Dienstleisters stets vertraglich abgedeckt sein. Es müssen also rechtzeitig Folgeverträge geschlossen werden, dazu kann nach den Empfehlungen der Kapitel 4 und 15 verfahren werden.

Für die Projektsteuerung entsteht jedoch eine besondere Herausforderung, da die Aufgaben für einen folgenden Projektschritt erst zum Ende des aktuellen genau spezifiziert sind. Anschließend müssen noch die Aufwände geschätzt, die Vertragsinhalte verhandelt und schließlich der Vertrag erstellt, geprüft und abgeschlossen werden. Wenn dadurch eine Pause zwischen zwei Vertragsphasen mit dem Dienstleister entsteht, entstehen schnell sehr hohe Zusatzkosten, denn der Projektleiter auf Auftragnehmerseite muss sein Team für andere Projekte freigeben. Ressourcen sind teuer und daher knapp, somit werden (vor allem die besten) Mitarbeiter schnell in anderen Projekten gebunden. Das bedeutet also pro neuem Teammitglied völlige Neueinarbeitung, Effektivitätsverluste in der Anfangszeit sind auch mitzurechnen. Wenn der Dienstleister gewinnbringend arbeiten will, wird er diese Kosten oder die Kosten der Reservierung der Ressourcen für dieses Projekt dem Kunden in Rechnung stellen. Diese kommen zum ohnehin schmerzhaften Zeitverlust hinzu.

Probleme und Lösungsmöglichkeiten

- Zum Schluss eines Projektschrittes sind in der Regel mehrere Entscheidungen fällig. Das sind Entscheidungen über die Vorschläge in den Konzepten und generell die Abnahme der Ergebnisse (Kapitel 5.5.2) sowie Entscheidungen über Weiterführung des Projekts, Weiterarbeit mit dem Dienstleister, Kosten-Nutzen-Betrachtungen mit Priorisierung und Auswahl von Anforderungen (Kapitel 2.5). Diese Entscheidungen sind in der Regel sehr wichtig, beanspruchen Zeit und können erst auf Grund der vorliegenden Ergebnisse erbracht werden. Dieses Problem kann nicht grundsätzlich entschärft werden. Wenn jedoch der Entscheider beziehungsweise der Steuerungsausschuss in die Projektarbeit bereits eng eingebunden war, werden diese Entscheidungen schneller gefällt werden können.
- Um kontinuierliche Beschäftigung zu erzielen, muss die Beauftragung für die Folgephase sehr schnell erfolgen. Viele Dienstleister können notfalls binnen Tagen ein Angebot für die Folgephase vorlegen. Da Projekte ihr Geschäftszweck sind, sind ihre internen Prozesse darauf ausgerichtet. Damit wird die Geschwindigkeit der Angebotsannahme zum entscheidenden Punkt, ob die Projektarbeit weiterlaufen kann. Wenn diese nicht gegeben ist, so mag das zwar verständlich sein, da es nicht der Geschäftszweck der Kundenorganisation ist, Webprojekte einzukaufen. Das Projekt bremst es dennoch. Wenn Webprojekte in der Firma selten vorkommen, so ist es sehr wahrscheinlich, dass einfach nicht bekannt ist, welche Besonderheiten diese Projekte haben und wie man dort Kosten sparen kann. Effektive Abhilfe kann hier noch vor Beginn des Projekts vorbereitend durch Absprache der Beteiligten geschaffen werden. So lässt sich ein geeigneter Zusammenarbeitsmodus von Entscheider, Einkauf und Projektleiter definieren.
- Wenn grundsätzlich Vertrauen in die weitere Zusammenarbeit besteht, so kann eine kurze Zeit überbrückt werden, indem Arbeiten aus Folgephasen vorgezogen werden. Hierzu bedarf es einer Vertragslösung, die derweil anfallende Kosten deckt.

Mögliches Ergebnis

Generell sollte es möglich sein, Unterbrechungen auf Grund von fehlenden Mitwirkungen, Entscheidungen oder Beauftragungen auf zwei Punkte zu reduzieren. In kleineren Projekten oder bei besonders guter Organisation können diese vielleicht durch Vorziehen anderer Projektarbeiten überbrückt werden.

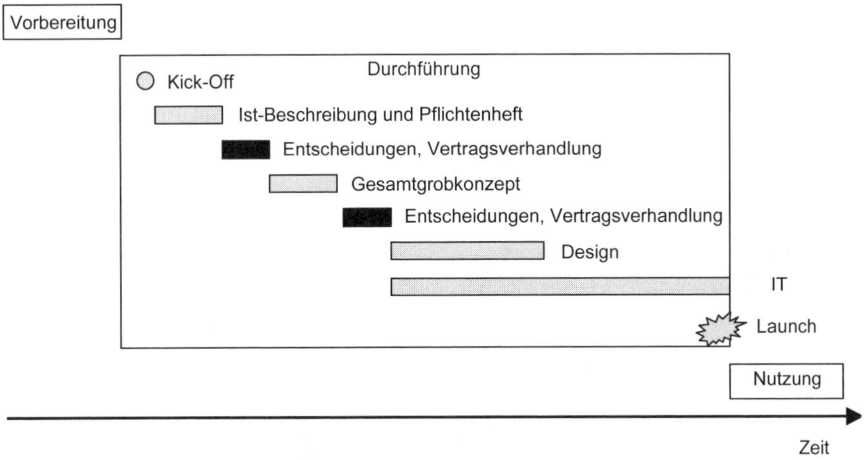

Abbildung 36: Maximal zwei Beauftragungslücken sollten reichen

Verhandeln bei Change Requests

Falls die Leistungsbeschreibung eines Vertrages mit fester Vergütung nicht genau genug geplant worden ist oder (z. B. wegen zu langer Vertragslaufzeit) unerwartete Änderungen aufgetreten sind, so können *Change Requests* (Antrag auf Vertragsänderung) erforderlich werden.

Das ist eine Herausforderung für die Kostensteuerung, da diese schnell hohe Zusatzkosten bedeuten können. Der Kunde ist hier in einer abhängigen Position, da ihn der bestehende Vertrag bindet, an Stelle der darin beschriebenen Leistungen (oder zusätzlich dazu) jedoch andere benötigt werden. Zudem würde die Beauftragung eines anderen Dienstleisters oft unangemessen viel Einarbeitungskosten mit sich bringen.

Auf Basis eines Auswahlverfahrens kann hier also nicht verhandelt werden. Der Dienstleister nennt den Preis und wenn dieser nach Ansicht des Kunden zu hoch ausfällt, muss darüber diskutiert werden:

- Lassen Sie die Kosten detailliert herunterbrechen. Wenn der Dienstleister die Kostenkalkulation offen legt, so wird ersichtlich, ob eventuell Spielraum darin ist.
- Der Dienstleister hängt stets auch vom Kunden ab, zum Beispiel hinsichtlich einer (guten) Referenz, Folgeaufträgen, parallel laufender Projekte.

5.6.2 Dienstleistersicht

Die Kontrolle der Kosten besteht auf Dienstleisterseite aus der ständigen Überwachung des Fortschritts (Kapitel 5.5.2), des Leistungsumfangs, der Mitwirkungen des Kunden und der Einnahmen.

Leistungsumfang und Mitwirkungen

Wird genau das geleistet, was im Vertrag steht – oder laufen Aufwände auf, die so nicht vereinbart waren? Leistet der Kunde seinen Teil oder stockt die Arbeit, weil Informationen, Abnahmen oder Testdaten fehlen?

Erziehen Sie Ihren Kunden! Gegen fortschreitende Erweiterung des Umfangs und Verspätung oder Ausbleiben der Mitwirkungen kann nichts anderes getan werden, als von Anfang an beständig zu zeigen, dass Leistungen an Bezahlung gebunden sind und dass Projekterfolg stets eine gemeinsame Mission ist, zu der auch der Kunde pünktlich seinen Teil beisteuern muss. Sicher können Sie Ihrem Kunden nicht vorhalten, keine gute Arbeit zu leisten, Sie können ihn jedoch darauf hinweisen, wenn der gemeinsame Erfolg in Gefahr ist oder wenn Leistungen nicht vertraglich abgedeckt sind. Hier wird ersichtlich, warum Dokumente wie Vertrag, Pflichtenheft, Grobkonzept und Protokolle so wichtig sind: Ohne diese haben Sie keine Grundlage, auf die Sie verweisen können, um Ihre Ansicht des vereinbarten Umfangs oder der Mitwirkungen zu belegen.

Für ein ungestörtes Arbeitsklima ist es jedoch besser, wenn Sie heikle Diskussionen über Finanzielles nicht selbst führen. Schalten Sie Ihren Accountmanager ein, noch bevor finanzielle Auswirkungen (zum Beispiel durch Aufwandserhöhungen) im Raum stehen. Sie werden solche Gespräche jedoch nicht gänzlich vermeiden können, da sie aus der Projektarbeit heraus entstehen. Informieren Sie darüber stets Ihren Accountmanager, er soll aktiv werden.

Eine bewährte Best Practice ist es, sich einmal pro Woche einige Minuten Zeit zu nehmen und das Getane Revue passieren lassen: Wurden Zusatzleistungen erbracht, laufen gerade welche an oder sind Mitwirkungen einzufordern? Das lässt sich ideal verbinden mit anfallenden Wochenabrechnungen oder interner Arbeitszeitdokumentation.

Ein besonderes Problem stellen Gespräche in der Anfangsphase dar; hier können die Kosten leicht ausufern, weil eben der Leistungsumfang in diesen Gesprächen erst noch definiert werden muss. Siehe dazu das Kapitel 4.2.6, Abschnitt »Risiko: Kostenlose Beratung«.

Kontrolle der Einnahmen

Falls Sie nach Aufwand arbeiten, werden Sie dem Kunden wöchentlich die aufgelaufenen Aufwände melden. Diese sollte er unbedingt zeitnah gegenzeichnen, damit die Zahlung gesichert ist. Für die weitere Beobachtung der Zahlungsvorgänge sind in der Regel andere verantwortlich.

6 Tätigkeiten und Dokumente

Robert Stoyan

Im Alltag der Projektarbeit werden eine Reihe von Arbeitsweisen und Dokumenten benötigt, um die im vorigen Kapitel dargestellte Projektsteuerung praktisch umzusetzen. Mit den Inhalten dieses Kapitels kann die Effektivität von Meetings und Entscheidungsprozessen gesteigert werden. Weiterhin lernen Führungskräfte, Standards für gut nutzbare Projektdokumente zu etablieren.

Inhalte:

6.1 Entscheiden

Die wichtigsten Entscheidungen auf dem Weg zum Projektziel werden nicht im Projektteam getroffen, sondern je nach Projektorganisation vom Entscheider, Steuerungsausschuss oder Lenkungsausschuss, siehe Kapitel 1.3.3 »Die Projektsteuerungsorganisation«. Sie sind wichtig, weil ihre Auswirkungen andere Projekte oder Unternehmensbereiche betreffen, die Projektkosten bestimmen oder den Leistungsumfang ändern.

Im Folgenden werden Best Practices zu diesen Entscheidungen gegeben, da sie besondere Herangehensweisen benötigen. Innerhalb des Projektteams ist Kapitel 6.1.3 anwendbar.

6.1.1 Reale Probleme

Bei wichtigen Entscheidungsprozessen kann man gewisse Probleme und Verhaltensweisen immer wieder beobachten. Sie können zum Teil verständlich erscheinen, da es um komplexe und kritische Inhalte geht, sie sind jedoch Gift für den Projekterfolg.

- Man entscheidet ungern, besonders ungern schnell.
- Alle versuchen herauszufinden, was die ihnen übergeordneten Personen wollen, anstatt nach guten Lösungen zu suchen.
- Man verlässt das Meeting in dem Wissen, dass eine Entscheidung getroffen wurde. Dann aber wird das Problem wieder überdacht, die Entscheidung in Frage gestellt.
- Entscheider antworten mit »Jein« und schicken diejenigen, die nach einer Entscheidung gefragt haben, immer wieder weg, um weitere Untersuchungen und Überlegungen anzustellen, Informationen zu sammeln. Das kann aus ungenügenden Entscheidungsvorlagen, aber auch aus einem Unsicherheitsgefühl heraus resultieren. Aus dem Unbehagen heraus, entscheiden zu müssen, wird die Entscheidung auf diese Art immer wieder vertagt. Das kann mehr Kosten und schlimmere Risiken bergen als die schlechteste, aber rechtzeitige Entscheidung.
- Auf Seiten des Dienstleisters, der Entscheidungen benötigt, um weiterarbeiten zu können, entsteht leicht Unverständnis für die Komplexität und die Gesamtauswirkungen. Das kann zu wenig fundierten Entscheidungsvorlagen oder zu mangelnder Vorbereitung für den Fall führen, dass die Entscheidung vorerst nicht getroffen wird (und Projektarbeiten umdisponiert werden müssen).
- Es findet keine offene Diskussion statt, niemand will Stellung nehmen. Generell wird für offene Diskussionen sehr viel Vertrauen benötigt. Wenn nur geringfügig die Gefahr von Schuld oder Blamage im Raum steht, ist es nur plausibel, dass niemand offen ist. Aber auch bei »wer«-Fragen, wenn Personen vorgeschlagen und bestimmt werden sollen, klaffen benötigtes und vorhandenes Vertrauen oft weit auseinander.

Folgende Abbildung bringt die Konsequenz auf den Punkt:

Abbildung 37: Nicht entscheiden ist auch eine Entscheidung!

Rechts und links sind beides valide Alternativen. Oft wird jedoch die »dritte Alternative« gewählt: heute nicht entscheiden. Fast alle Autofahrten enden am Ziel, viele Projekte enden woanders...

6.1.2 Wege zu guten und rechtzeitigen Entscheidungen

Das Wichtigste für gute Entscheidungen ist, Vertrauen entstehen zu lassen und die Sichtweisen von Entscheider, Projektleiter und gegebenenfalls weiterer Einflussnehmer zusammenzubringen.

So einfach sich das anhört, so oft fehlen genau diese Dinge.

Eine umfangreiche Abhandlung über die Entstehung von Vertrauen gehört nicht in dieses Buch. Die wichtigsten Punkte sind: In einer Gruppe kommt es darauf an, dass der »Stärkste« der Gruppe, im Allgemeinen der Entscheider, Angst aus dem Raum nimmt, insbesondere Angst vor Schuld. Bezogen auf eine konkrete Person ist die entscheidende Voraussetzung für Vertrauen, ob man *vertrauenswürdig* ist. Die Botschaft dieses Satzes ist, dass Techniken, um »Vertrauen aufzubauen« (wie es so oft heißt im geschäftlichen Sprachgebrauch), weniger zielführend sind. Mehr nutzt es, sich ehrlich die Frage zu stellen: »Bin ich vertrauenswürdig?« – um somit Vertrauen *entstehen zu lassen*. Erstklassig wird diese Denkweise in dem Bestseller [Covey] dargestellt. Im geschäftlichen Bereich setzt Vertrauen die Kombination von fachlicher *und* persönlicher Vertrauenswürdigkeit voraus. Erst wenn beides gegeben ist, kann man sich auf jemanden verlassen.

»Sichtweisen zusammenbringen« heißt in der Praxis, dass der Projektleiter (oder allgemein wer den Antrag auf Entscheidung stellt) auf die Sicht der Person oder Personen eingeht, welche die Entscheidung fällen, so zum Beispiel deren Sicht der möglichen Konsequenzen versteht.

Folgende Best Practices bereiten den Weg zu guten Entscheidungen. Ein Teil davon dient dazu, praktisch zu erläutern, was zu tun ist, um die Sichtweisen zusammenzubringen. Eingehen auf die Sicht des Entscheiders sollen Projektleiter ganz besonders auch in der Entscheidungsvorlage, diese wird in Kapitel 6.1.4 besprochen. Um die Sprache zu vereinfachen, wird im Folgenden nur »der Entscheider« genannt, auch wenn an komplexen Entscheidungen meist mehrere Personen beteiligt sind.

Best Practices für alle Beteiligten:

- Ist die Gruppe entscheidungsfähig? Um das festzustellen, ist zu klären, ob alle erforderlichen Personen beteiligt sind (vgl. auch Kapitel 6.1.3). Ein weiterer Punkt ist, ob die erforderlichen Informationen und Dokumente vorliegen. Ist dies nicht der Fall, kann das Meeting eigentlich gleich aufgelöst werden.
- Wenn kein Konsens gefunden wird, so kann es daran liegen, dass das Thema einige 1:1-Diskussionen erfordert, man aber in der Gruppe zusammensitzt. Niemand kann die Sicht des anderen verstehen, wenn diese – vor der Gruppe – nicht ausgesprochen wird. Solange dieses Hindernis nicht beseitigt wird, wird es entweder keinen Fortschritt geben oder es gibt nachher Verletzte und Feinde.
- Gute Entscheidungen werden dann getroffen, wenn sie erforderlich sind: Nicht zu früh und nicht zu spät.

Best Practice für Entscheider:

- Stellen Sie einige dedizierte Fachfragen, deren mögliche Antworten Sie zumindest einordnen können. Solche Fragen können sein: »Wie testen Sie?« oder »Wodurch stellen Sie die Nutzerakzeptanz sicher?« oder »Was tun Sie dagegen, dass die Site geknackt wird?«. Weitere Anregungen gibt Teil III dieses Buches. In Maßen eingesetzt helfen solche Fragen, die fachliche Vertrauenswürdigkeit eines Vorschlags und der ihn unterstützenden Personen auszuloten.

Best Practices für Projektleiter auf Kunden- und Dienstleisterseite:

- Versuchen Sie, die Situation des Entscheiders zu verstehen: Entscheider sind der Situation und ihrer Rolle ausgeliefert, denn sie müssen Verantwortung für etwas tragen, was sie oft nicht tatsächlich in seiner Tiefe verstehen können – sie haben nicht die Zeit dazu und können auch nicht den fachlichen Hintergrund für alles haben. Entscheider können (berechtigte!) Angst vor dieser Verantwortung haben. Das wird durch ihr professionelles und geübtes Auftreten nicht erkennbar sein, aber daran, dass keine Entscheidung getroffen wird. Dann finden sich schnell Gründe, warum die Entscheidung vertagt werden muss oder Sie bekommen Hausaufgaben, irgendetwas noch zu klären – solange die Angst nicht beantwortet wird. Diese Antwort wird durch fachliche und persönliche Vertrauenswürdigkeit gegeben, durch wirtschaftliche Argumente, genaues Eingehen auf die Anforderungen und die gestellten Fragen. Es braucht viel pädagogisches Geschick, um exakt das Problem beziehungsweise das nicht Verstandene zu treffen und dieses im richtigen Vereinfachungsgrad und dennoch nicht beleidigend zu erklären. Um all das tun zu können, ist es unabdingbar, den Erfahrungshintergrund der anderen gut zu kennen: Für wen dieses Projekt das erste (dieser Art) ist, der wird sehr wahrscheinlich extrem vorsichtig sein und bei vielen Dingen unrealistische Vorstellungen und Befürchtungen haben. Wenn alle Beteiligten Erfahrung haben, sind sofort grundsätzliche Dinge klar und es kann über die eigentlichen Inhalte gesprochen werden. Finden Sie daher unbedingt heraus, was für einen Erfahrungshintergrund die anderen haben. Das kann idealerweise bereits im Kick-Off-Meeting (Kapitel 1.4.5, Schritt 6 »Kick-Off«) des gesamten Projekts passieren, gut eignen sich aber auch Pausengespräche, Mittagessen und Abende im Lokal.

- Entscheider hassen es, vor der Besprechung im Steuerungsausschuss nicht gebrieft zu werden. Wer mag es schon, unvorbereitet zu sein? Diese (wichtige!) Aufgabe kann der Kundenprojektleiter oder auch der Projektleiter auf Dienstleisterseite wahrnehmen.
- Führen Sie die drei oder vier wichtigsten Entscheidungen im Projekt nicht »kalt« ein, sondern bereiten Sie diese im persönlichen Kontakt unter vier Augen vor. Sie können nicht alle Entscheidungen so anbahnen, diesen Sonderweg wird Ihnen der Entscheider nur einige Male gönnen.
- Fragen Sie die anderen, wie sie (gerne) entscheiden.
- Finden Sie die vergangenen schlechten (und guten) Erfahrungen der anderen Beteiligten mit ähnlichen Situationen heraus. Wenn Personen erzählen, werden sie eher offen dafür sein zu hören, wie Sie in der Vergangenheit eine schwierige Entscheidung gefällt haben. So können Sie Ihre Vorstellungen einbringen, wie man entscheidet.
- Umfassende Schadensminimierung: Wenn Sie mit Ihren Gefühlen an der favorisierten Entscheidung kleben, wird das zu unbalancierten Handlungen führen. Sie könnten auch Gefahr laufen zu vergessen, sich auf die nicht favorisierte Alternative vorzubereiten. Was werden Sie tun, wenn die Entscheidung sich verzögert?
- Wie groß ist die Tragweite der Entscheidung? Wer und was ist betroffen?
- Wie groß ist das Risiko einer Fehlentscheidung aus Sicht der anderen? Im Extremfall kann eine Fehlentscheidung deren »Kopf« kosten, also ihren Verbleib im Unternehmen unmöglich machen. Im Normalfall können Geld, Beziehungen, Beförderungschancen und Ansehen auf dem Spiel stehen.
- Für weitere Best Practices siehe Kapitel 5.5.2. Dort wird die Vorbereitung schnelle Entscheidungen unterstützender Projektstrukturen

und die vertragliche Absicherung des Dienstleisters gegen Schäden aus sich verzögernden Entscheidungen besprochen.

Auch wenn schwierige, weniger gut laufende Entscheidungsprozesse fatal für den Projektfortschritt sind, so kann man dabei viel Interessantes beobachten. Hier werden verdeckte Probleme im Projekt sichtbar: Vertrauens- und Kommunikationsprobleme, Ängste, persönliche Besonderheiten, aber auch Lücken in der Projektplanung oder im Budget. Spätestens hier stellt sich heraus, wozu das Projekt eigentlich gut ist und wie wichtig es den Beteiligten tatsächlich ist.

6.1.3 Wer soll an Entscheidungen beteiligt werden?

Gerade im Webumfeld, geprägt vom partizipativen Führungsstil, ist ein gutes Gespür dafür wichtig, die richtigen Personen an Entscheidungen zu beteiligen. Folgende Kriterien gelten für Entscheidungen in Gremien genauso wie innerhalb des Projektteams:

- Wessen Beteiligung ist erforderlich, damit eine gute Entscheidung gefunden wird?
- Wer ist betroffen?
- Reicht die Zeit, um diese Personen zu beteiligen?

Weitere Aspekte sind:

- Ist es sinnvoll, weitere Personen einzubinden, um sie in die Gruppe zu integrieren oder Mitarbeitern Gelegenheit zum Lernen zu geben?
- Wer benötigt die in der Diskussion bekannt werdenden Informationen? Ist der Aufwand, jemanden einzubinden eventuell kleiner als die Entscheidung nachher zu erläutern?

6.1.4 Entscheidungsvorlage

Was ist das?

Eine *Entscheidungsvorlage* ist ein schriftlicher Antrag, eine Entscheidung zu treffen, die der Antragssteller nicht alleine treffen kann. Sie beinhaltet zumindest einen, im Normalfall aber mehrere alternative Vorschläge. Die Entscheidungsvorlage besteht in der Regel aus einer Präsentation und einem detaillierteren Textdokument. Entscheidungsvorlagen gehören zu den wichtigsten Dokumenten im Projekt. So wird eine Entscheidungsvorlage erstellt, um das Projektbudget bewilligen zu lassen oder um über teure Technologien mit unternehmensweiten Auswirkungen zu entscheiden. Autoren sind meistens der Projektleiter auf Dienstleisterseite oder erfahrene Mitglieder seines Teams. Sie sollten dabei intensiv mit dem Kundenprojektleiter zusammenarbeiten.

Beispiel

Entscheidungsvorlage für die Datenbank im Projekt ...
tt.mm.jjjj

	Einmalige Kosten	jährliche Kosten	Nutzen
A) Produkt 1	... TEUR	...* TEUR	Antwortzeit sinkt von 3sec auf 1sec, das ergibt ca. ... bis ...* TEUR/Jahr mehr Umsatz
B) Produkt 2	... TEUR	...* TEUR	

C) Nicht entscheiden: bis zum ... können Arbeiten umdisponiert werden, danach geschätzter Effektivitätsverlust in der Projektarbeit von ...* TEUR/Woche

* = grobe Schätzung

Abbildung 38: Muster für eine gute Entscheidungsvorlage

Die Abbildung zeigt die erste Seite der Präsentation der Entscheidungsvorlage.

Folgende Entscheidungsvorlage wird als Gegenbeispiel präsentiert – damit erhält man selten (schnelle) Entscheidungen. Solche Entscheidungsvorlagen gibt es trotzdem überraschend viele. Haben Sie auch schon welche gesehen?

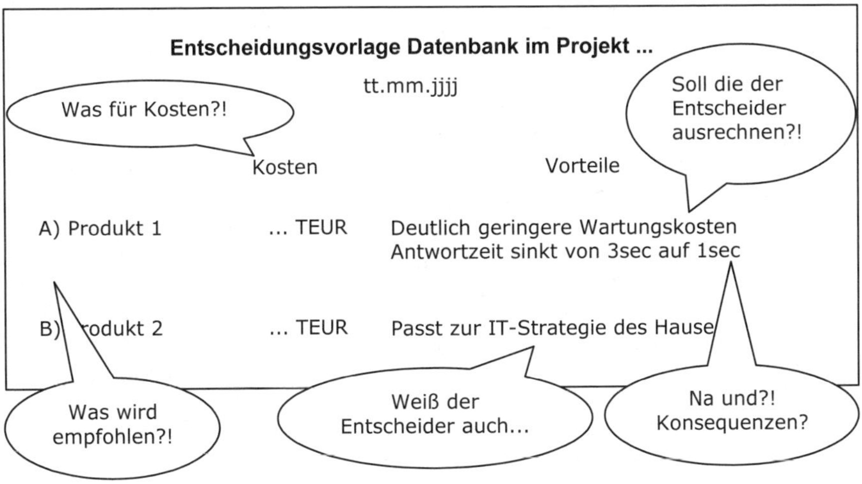
Entscheidungsvorlage Datenbank im Projekt ...
tt.mm.jjjj
Was für Kosten?!
Soll die der Entscheider ausrechnen?!
Kosten
Vorteile
A) Produkt 1
... TEUR
Deutlich geringere Wartungskosten
Antwortzeit sinkt von 3sec auf 1sec
B) Produkt 2
... TEUR
Passt zur IT-Strategie des Hauses
Was wird empfohlen?!
Weiß der Entscheider auch...
Na und?! Konsequenzen?

Abbildung 39: Beispiel für eine schlechte Entscheidungsvorlage

Inhalte

Auf der Übersichtsseite der Entscheidungsvorlage stehen die präferierte und die wichtigsten Alternativen mit ihren ausschlaggebenden Eigenschaften. Auf den weiteren Seiten folgen detailliert aufgeschlüsselte Kostenschätzungen und Nutzenbetrachtungen der Alternativen. Bei dem benutzten Beispiel einer Entscheidung über den Einsatz einer Datenbanksoftware wäre dies eine detaillierte Auswertung verschiedener Produkte verschiedener Hersteller, entsprechend einem vorher beschlossenen Kriterienkatalog.

Qualität

Die Vergleichsbasis ist Geld!

Qualität ergibt sich zum Teil dadurch, dass genau das dargestellt wird, was für den Entscheider wichtig ist:

- Zu jeder Alternative soll ein Betrag genannt werden, was diese insgesamt kostet. Den Entscheider interessieren die Gesamtkosten. Diese beinhalten Preise von Produkten, Kosten der Dienstleisterarbeiten und interne Kosten. Eventuell sind sogar Lebenszykluskosten gefragt (siehe Glossar). Schwierig wird es dadurch, dass der Dienstleister interne Kosten schwer schätzen kann. Dann aber muss der Entscheider intern prüfen lassen, eine Entscheidung wird also nicht getroffen. Durch Zusammenarbeit der Projektleiter beider Häuser können auch die internen Kosten mit einkalkuliert werden – zumindest, wenn dem keine Geschäftsgeheimnisse entgegenstehen. Ein anderes Problem ist, dass Kosten häufig nicht genau benannt werden können. Hier darf und soll geschätzt werden, auf Unsicherheiten, insbesondere größere, sollte hingewiesen werden.
- Es ist für Entscheider wichtig, wann die Kosten entstehen. Wie verteilen sich die Kosten auf die kommenden Jahre?
- Führen Sie auch die »dritte Alternative« auf, dass keine Entscheidung getroffen wird. Das ist die beste Methode um zu vermeiden, dass für diese »entschieden« wird. Was kostet jede weitere Woche, die noch überlegt wird? Das Team wird beispielsweise nicht effektiv arbeiten können, man kann aber auch nicht (einen Teil der) Mitarbeiter nach Hause schicken. Diese müssten dann für andere Projekte freigegeben und später, wenn es weitergeht, müssten neue Mitarbeiter eingearbeitet werden. Wenn diese Kosten (als noch so grob geschätzte Summe) genannt werden, so bereitet das überraschend schnell den Weg für vernünftige und zügige Entscheidungen. Oder es wird ersichtlich, dass tatsächlich noch gewartet werden kann. Diese Kostenargumentation interessiert den Kunden jedoch primär dann, wenn es seine Kosten sind. Bei Verträgen mit fester Vergütung für genau definierte Leistungen liegen die Mehrkosten beim Dienstleister, falls der Kunde langsam entscheidet. Warum soll der Kunde sich also nicht Zeit lassen? In Kapitel 5.5.2 wurde Dienstleistern aus die-

sem Grund der Ratschlag gegeben, alle Entscheidungen aus der Laufzeit solcher Verträge auszulagern.

- Bei den Vor- und Nachteilen sollen immer die Effekte der Lösung aus Sicht des Entscheiders aufgelistet werden und nicht ihre Eigenschaften. Auf einem weiteren Blatt kann ggf. erörtert werden, wie sich die Effekte aus den Eigenschaften ableiten. Daten aus Produktkatalogen haben im Allgemeinen nichts auf der ersten und wichtigsten Seite einer Entscheidungsvorlage zu suchen.
- Es kann Fälle geben, in denen Geld als Vergleichsbasis ausscheidet, weil es zum Beispiel um langfristige strategische Werte geht. Verstehen Sie obige Punkte als Aufforderung, durch Anwendung geeigneter (betriebswirtschaftlicher) Methoden und notfalls grober Abschätzungen so häufig wie möglich in Geld zu vergleichen.

Ersparen Sie dem Entscheider unnötige Denkarbeit!

- Alles in Kapitel 6.3 »Management Summary« Beschriebene gilt auch für Entscheidungsvorlagen, so zum Beispiel absolute Prägnanz und Verständlichkeit.
- Nennen Sie stets Ihre Präferenz. Wenn er will, kann sich der Entscheider Ihnen also sofort anschließen.
- Niemand wird gerne gelangweilt, unterschätzt oder überfordert, besonders nicht Entscheider. Entscheidungsvorlagen und mündliche Erläuterungen sollten sich direkt an seinem Erfahrungshintergrund ausrichten. Die Entscheidungsvorlage erstellt meistens der Dienstleister. Wahrscheinlich kann jedoch der Kundenprojektleiter helfen, den richtigen Detaillierungsgrad zu treffen.

Entscheidungsvorlagen zu erstellen bedeutet viel Verantwortung. Sicher haben Sie gelegentlich den Wunsch, Einschränkungen, Risiken, Unabwägbarkeiten zu benennen. Falls es nachträglich zu Ärger kommt und wirklich eines Tages die Entscheidungsvorlage wieder hervorgeholt wird (»Was hat er uns nur empfohlen?!«), soll der Hinweis unbedingt noch auf derselben Seite stehen, sei es nur ein Verweis auf eine detailliertere Auflistung auf einer anderen Seite oder die Notiz, dass es sich um sehr grobe Schätzungen handelt. Mündlich Gesagtes ist vergessen.

6.2 Standards für Projektdokumente

Vorgefertigte Standarddokumente und Richtlinien für die Gestaltung von Dokumenten steigern die Effektivität der täglichen Projektarbeit – wenn sie tatsächlich genutzt werden. Solche Standards sind in professionellen Projekten aller Größenordnungen wichtig, um Auffindbarkeit und Nutzbarkeit der Dokumente zu erhöhen. Idealerweise ist vieles davon bereits auf Unternehmensebene gegeben.

Konkrete Projektdokumente werden im weiteren Verlauf von Kapitel 6 besprochen, für die Dokumente Ist-Beschreibung, Pflichtenheft und Grobkonzept siehe Kapitel 1.4.5.

Standardisierungsprozess

Diese Vorgehensweisen nutzen dann, wenn alle Projektbeteiligten sie befolgen, es muss also Personen geben, die den Zugang zu den Dokumenten haben und die Einhaltung der Standards ständig beobachten. Das kann naheliegenderweise das Sekretariat tun.

Die Gestaltung von Dokumentenstandards ist jedoch Aufgabe derer, die Erfahrung in der Projektpraxis haben. Es bedarf fundierter Erfahrung, tatsächlich effektive Standards zu entwickeln. Wie sollte zum Beispiel ein Formular für einen Statusbericht entwickelt werden ohne Erfahrung in der Zusammenarbeit mit Entscheidern, die diese Berichte erhalten?

Datum und andere Standardinhalte

Kein Dokument ohne Datum gleich auf der ersten Seite! Bei diesem elementaren Punkt wird immer wieder ein Fehler gemacht: Textverarbeitungsprogramme bieten eine Vielzahl von verschiedenen Möglichkeiten, Datumsfelder einzufügen: Druckdatum, Speicherdatum, aktuelles heutiges Datum etc. Hier eignet sich entweder das Speicherdatum als aktualisierbares Feld oder die Eintragung des Datums per Hand. Beides hat Vor- und Nachteile, alles andere hat nur Nachteile.

Bei größeren Projekten ist es sinnvoll, in Dokumenten stets auch den Verteiler einzufügen sowie zu nennen, in welches Teilprojekt und welche organisatorische Einheit dieses Dokument gehört.

Dateinamensgebung

Der Name sollte beginnen mit dem Projektkürzel und Hinweisen auf den Dokumententyp, zum Beispiel »ABC-Konzept-...«. Ein Kürzel für den Dokumententyp, beispielsweise »P« für Protokoll, ist meistens keine eindeutige Hilfestellung (P wie Präsentation?), sondern eine kryptische, für Projektexterne unverständliche Komplikation. Wer das heute noch verwendet, hat es sich wahrscheinlich zu Zeiten angewöhnt, als es unter Windows nur achtstellige Dateinamen gab...

Bei der Bearbeitung eines Dokuments entstehen viele Entwicklungsstufen. Diese Versionen unterschiedlichen Datums können im Team oder auch beim Kunden im Umlauf sein. Hier ist es praktikabel, nach dem Namen der Datei das Datum in *umgekehrter* Reihenfolge in den Dateinamen aufzunehmen. Beispiel: »Name-2007-12-19.doc« für ein Dokument, welches kurz vor Weihnachten im Jahr 2007 erstellt wurde. Der Vorteil ist, dass so im Verzeichnis die Versionen des Dokuments automatisch nach Aktualität geordnet werden, die neueste Version steht unten.

Versionsnummern sind dem unterlegen, sie enthalten weniger Information.

Nach dem Datum kann noch etwas angefügt werden, um den Status des Dokuments zu signalisieren, zum Beispiel ob das Dokument abgenommen ist:

ABC-Konzept-Nutzeransprache-2007-11-12.doc
ABC-Konzept-Nutzeransprache-2007-11-19-zurAbnahme.doc
ABC-Konzept-Nutzeransprache-2007-11-20-abgenommen.doc

Versionen vom selben Tag werden durch Nummern unterschieden:

ABC-Pflichtenheft-2007-11-04-1.doc
ABC-Pflichtenheft-2007-11-04-2.doc
ABC-Pflichtenheft-2007-11-04-3-abgenommen.doc

Bei Dokumenten, die in Bezug auf eine Besprechung erstellt wurden (Agenda, Präsentation, Protokoll), sollte das Datum dieses Meetings vorne stehen, direkt nach dem Projektkürzel. Somit stehen alle dazu gehörenden Dokumente direkt untereinander. Falls mehrere Versionen unterschieden werden müssen, geschieht dies durch Nummern oder Erstellungsdatum, vor allem aber durch den Status, zum Beispiel »abgestimmt«:

ABC-2007-12-12-Statusmeeting-Agenda.doc
ABC-2007-12-12-Statusmeeting-Präsentation.doc
ABC-2007-12-12-Statusmeeting-Protokoll-Version1-zurAbstimmung.doc
ABC-2007-12-12-Statusmeeting-Protokoll-Version2-abgestimmt.doc
ABC-2007-12-19-Abnahmemeeting-Agenda.doc

Dateiattribute und unsichtbarer Text

Vergessen Sie die Dateiattribute nicht! Unter Windows-Betriebssystemen werden diese sichtbar, wenn Sie mit der Maus über den Dateinamen fahren, ohne darauf zu klicken. Was wird angezeigt? Eventuell ein Dateiname und Firmenname aus dem letzten Projekt für die Konkurrenz oder etwas Privates?! Diese Attribute können geändert werden, in dem Sie mit der rechten Maustaste auf die Datei klicken und dann »Eigenschaften« anwählen.

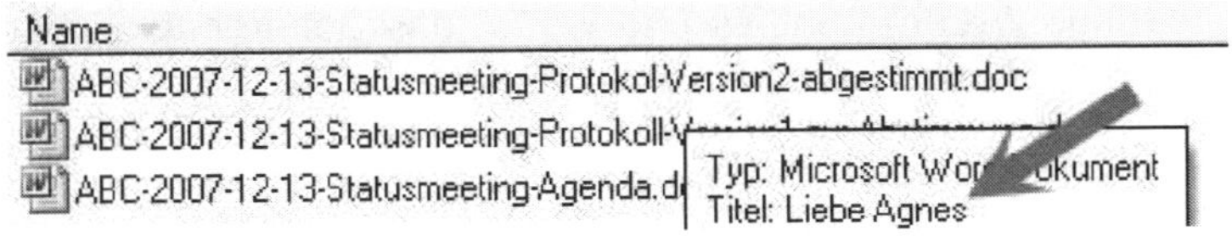

Abbildung 40: Vergessene Dateiattribute können sehr peinlich sein...

Ein ähnliches, potenziell peinliches Problem ist als „verborgen" markierter Text. Danach kann in Word gezielt gesucht werden.

pdf-Format

Damit Dokumente nicht verändert werden können und auch damit sie unter jedem Betriebssystem lesbar sind und auf jedem Rechner genau gleich aussehen, können sie in das pdf-Format konvertiert werden. Hierzu benötigen Sie den Acrobat Distiller von Adobe. Wenn dieses Programm installiert ist, kann es aus MS-Word genau wie ein Druckjob gestartet werden. Als Ergebnis wird eine pdf-Datei generiert. Das ist sinnvoll für Protokolle, Verträge und alles, was an einen weiten Leserkreis geht. Zum Lesen benötigt man den frei erhältlichen Acrobat Reader. Die lizenzierte Vollversion hat jedoch den Vorteil, dass, etwa für Feedbacks, Kommentare in kleinen Fenstern auf den Text im pdf-Dokument gelegt werden können.

6.3 Management Summary

Was ist das?

Ein *Management Summary* ist eine Zusammenfassung umfangreicherer Inhalte für das Management.

Jedes Dokument, bei dem das sinnvoll ist, soll mit einem Management Summary beginnen, so zumindest Angebote, Konzepte und Entscheidungsvorlagen. Statusberichte *sind* ein Management Summary (des Projektstatus). Als Projektleiter nutzen Sie damit ein wichtiges Mittel, um vom Entscheider zu bekommen, was Sie für den Projekterfolg brauchen.

Mit guten Management Summaries ist der Projekterfolg beeinflussbar.

Management Summaries können als Teil eines Dokuments oder eigenständig, etwa als Präsentation, überreicht werden. Adressat ist in der Regel der Entscheider oder der Steuerungsausschuss. Ersteller sind Projektleiter und erfahrene Mitarbeiter.

Inhalte

- Einleitung: Worum geht es und wo ist das Dokument einzuordnen, Zusammenhang mit der Gesamtstrategie
- Kernidee des Inhalts des gesamten Dokuments, zum Beispiel der im Dokument vorgestellten Lösung
- Nutzen
- Kosten und Risiken

- Alles, was Handlungsbedarf seitens des Managements bedeutet, insbesondere Entscheidungen, die zu fällen sind (samt Alternativen, wichtigsten Vor- und Nachteilen)
- Verweise auf den jeweiligen Ort der Detaillierung im Dokument

Der Umfang soll eine, notfalls wenige Seiten nicht übersteigen. Somit kann jeder dieser Punkte nur einen oder einige Sätze umfassen. Die Herausforderung ist es, hier dennoch Ihre Botschaft unterzubringen. Das Management Summary soll natürlich *inhaltlich* auf das Wichtigste reduziert, nicht aber durch Wahl einer kleinen Schriftgröße verkürzt werden.

Qualität

Allgemeines Gütekriterium für Management Summaries: Ein in das Projekt nur zeitweise involvierter Entscheider muss auf den ersten Blick alles zumindest einordnen können.

Ein gutes Management Summary zu schreiben ist schwer und bedarf viel Erfahrung in der Zusammenarbeit mit Entscheidern. Auch wenn Sie selbst solche Erfahrung haben, sollen für die hier erforderliche Qualität stets mehrere Feedbacks eingeholt werden. Sehr nützlich für die Qualität ist es, Management Summaries vor Abgabe jemandem vorzulesen.

Einfache Sätze überzeugen. (Mag sein, dass Ihr Entscheider gerne Thomas Mann liest - aber wollen Sie, dass ein Literaturwissenschaftler erforderlich ist, um Ihre Texte zu analysieren?) Es soll so allgemein verständlich sein, dass sogar Projektfremde einordnen können, worum es geht. Auf alle Fälle soll Fachterminologie nur soweit verwendet werden, wie das die Adressaten sicher verstehen.

Das Management Summary ist ein »funktionaler Text«: Bei jedem Satz und jedem einzelnen Wort soll klar sein, warum es dort steht, welche Funktion es erfüllt, wie es zu dem individuellen Ziel dieses Textes beiträgt. Es lohnt, den Text in diesem Sinne durchzugehen: Warum wird dieser Satz gesagt? Kann man hier nicht einige Worte kürzen? Tatsächlich ist ein Management Summary nicht an sich gut oder schlecht, erst für den konkret adressierten Entscheider, eine gegebene Firmenkultur und das Ziel, das man damit erreichen will, wird es geeignet oder ungeeignet sein.

Auch das Gesamtbild des Management Summary soll sich an den Adressaten orientieren. Was sind die Besonderheiten der Firmenkultur und der Persönlichkeiten, die es lesen werden? Zu einem gesetzten, konservativen Erscheinungsbild tragen Schriften mit Serifen (Striche an den Füßen der Buchstaben) wie Times New Roman bei. Ausformulierte, ganze Sätze und Fließtext verstärken den Eindruck. Pragmatismus strahlt Ihr Text durch Stichpunkte und starke Strukturierung aus.

Management Summaries zu schreiben ist tatsächlich eine Kunst, zu der Trainings angeboten werden sollten.

Entscheider haben wenig Zeit

Das Management Summary ist eine Botschaft, die bei den Absendern im Mittelpunkt der Arbeit steht und bei den Empfängern mit vielen anderen Nachrichten um ein kleines Scheibchen Zeit konkurriert. Stellen Sie sich den »Leseprozess« des Entscheiders folgendermaßen vor...

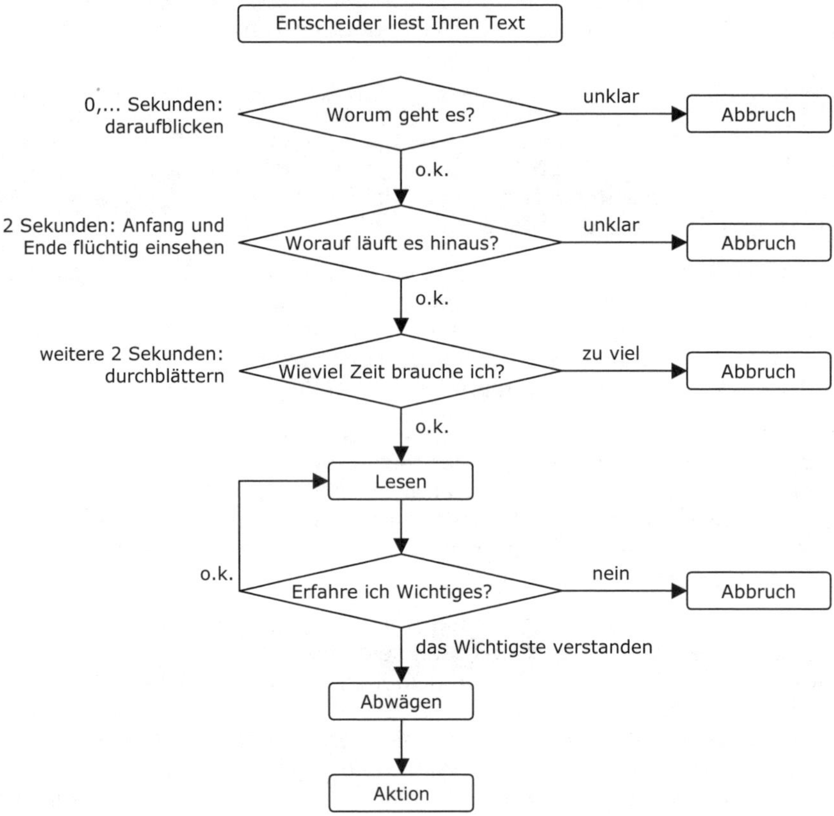

Abbildung 41: Wie groß sind Ihre Chancen, dass dieser Prozess durchlaufen wird?

Es ist wirklich so. Und wenn der zu lesende Text das gesamte Angebot, Konzept oder die gesamte Entscheidungsvorlage ist, weil es kein Management Summary gibt, sind Ihre Chancen dementsprechend gering, dass es zur »Aktion« kommt und dass diese in Ihrem Sinne sein wird. Das meistgenutzte Wort von Managern (nach »Meeting«) ist wahrscheinlich »effektiv«...

6.4 Statusbericht und Logbuch

Der *Statusbericht* entspricht einem Management Summary des aktuellen Standes des Projekts: Projektfortschritt, Budgetverbrauch, Handlungsbedarf und Risiken auf einen Blick. Adressat ist der Entscheider beziehungsweise der Steuerungsausschuss.

Das *Logbuch* ist die Projektablaufdokumentation und besteht aus immer weiter fortgeführten Listen: Es umfasst Projektdokumente und wichtige Projektereignisse wie Entscheidungen, Abnahmen und Terminverzögerungen. Das Logbuch dient der Projektarbeit und erweist sich nach wenigen Monaten oder bereits Wochen Projektlaufzeit als nützliches Mittel, um den Überblick zu behalten. Adressaten sind der Kundenprojektleiter und alle Teammitglieder.

In einem kleinen Projekt ist es sinnvoll, die zwei Dokumente zu kombinieren: Der Projektstatus bildet dann den Anfang des Logbuchs. In größeren Projekten ist der Statusbericht ein separates Dokument. Die praktikable Trennlinie zwischen beiden ist, ob der Statusbericht mehreren Personen präsentiert wird, so dass eine Präsentation mit einem Beamer sinnvoll ist. Ist dies der Fall, dann wird der Statusbericht als Präsentation erstellt, das Logbuch ist ein separates Textdokument.

Für beide Dokumente gilt, dass sie wöchentlich vom Dienstleister erstellt und dem Kundenprojektleiter (vor einer Präsentation im größeren Rahmen) vorgelegt werden sollen. Er soll sie explizit bestätigen oder ändern lassen, so wie ein Protokoll. Ein Logbuch lohnt sich auch dann, wenn der Kunde kein Interesse daran hat und nicht damit arbeiten will. Wenn es wöchentlich gepflegt wird, sind die kleinen Ergänzungen ein minimaler Aufwand. Sich länger zu erinnern ist mühselig. Genau das ist aber auch der Grund, ein Logbuch zu führen. Kunden verlangen stets einen Statusbericht, für Projektlogbücher gilt das nicht. Wenn jedoch die erste Diskussion aufkommt, bei der Mitarbeiter beauftragt werden, sich durch endlose Protokollberge zu wühlen, um eine Aussage zu finden oder wenn per E-Mail gemachte Abnahmen in Vergessenheit geraten sind, dann wird der Kunde dem Dienstleister Anerkennung entgegenbringen, wenn er schnell im Logbuch nachsehen kann.

Im Weiteren wird die Arbeit mit beiden Dokumenten dargestellt. Es ist selten sinnvoll, diese Dokumente für das Projekt neu zu erfinden. Jedes Haus hat hier seine Dokumentenvorlagen, an welche die Mitarbeiter gewöhnt sind, es kann also die Vorlage des Kunden oder des Dienstleisters verwendet werden. Aus diesem Grund wird nachfolgend der Schwerpunkt auf Inhalte und Qualitätsmerkmale von Statusberichten und Logbüchern gelegt, damit bestehende Vorlagen sinnvoll genutzt und falls nötig anpasst werden können. Abschließend wird die Anwendung dieser Prinzipien an fertigen Formularbeispielen demonstriert.

6.4.1 Statusbericht

Inhalt des Statusberichts

Der Statusbericht soll zuerst einen Gesamteindruck vermitteln:

- Gesamtstand der Projektfertigstellung, zum Beispiel in Prozent oder als Ampel (Die Ampel wird bei »Qualität« weiter unten erläutert).
- Bei Projektarbeit nach Aufwand: Aufgelaufene und voraussichtlich noch anfallende Kosten. Für den Entscheider ist die wichtigste Information, wie viel TEUR noch benötigt werden. Um die indirekte Veröffentlichung von Tagessätzen zu vermeiden, wird bei Projekten mit mehreren Dienstleistern dieser Status gegebenenfalls in Personentagen angegeben. Bei Verträgen mit fester Vergütung für genau definierte Leistungen sind diese Angaben interne Daten des Dienstleisters, den Auftraggeber betreffen nur die Ergebnisse.

Darauf folgen die Details, diese umfassen alle Aspekte der Projektsteuerung aus Kapitel 5:

- Neue Ergebnisse: Ein Überblick der Fertigstellung der wichtigsten Ergebnisse kann am besten anhand des Projektplans gegeben werden. Ein kurzer Überblick oder eventuelle Abweichungen vom Projektplan können jedoch in den Statusbericht aufgenommen werden. Dazu gehören auch Maßnahmen und Ergebnisse des Qualitätsmanagements.
- Nächste Schritte: Bis zum nächsten Statusbericht anzugehende Aufgaben sollen konkret aufgelistet werden.
- Risikobericht: Risiken, Probleme und Abhängigkeiten
- Zu fällende Entscheidungen
- Eine sehr kurze Definition des Projekts ist hilfreich, ein Satz reicht hier jedoch aus. Das ist einerseits sinnvoll für Projektfremde, die vielleicht gerade zu einer Besprechung hinzugezogen werden oder in deren Hände der Bericht nach dem Meeting gerät. Andererseits motiviert es und hilft allen, die Aufmerksamkeit immer wieder auf das Ziel zu lenken.
- Die am Projekt Beteiligten aufzuzählen ist ebenfalls eine gute Praxis. Das können bei einem kleinen Projekt oder Projektteil einzelne Personennamen sein, bei einem großen Projekt Firmennamen.
- Die allgemein für alle Projektdokumente sinnvollen Standardinhalte (Kapitel 6.2) sind hier besonders wichtig: Datum, Verteiler, informativer Dateiname mit Datum.

Auch wenn ein Teil der Informationen (Projektziel, Teilnehmer, Verteiler) eigentlich allen Anwesenden bekannt sein sollte, so helfen gerade solche Informationen dem Entscheider ungemein, den Projektkontext wieder aufzunehmen, wenn von einem Projekt zum nächsten gewechselt wird.

Qualität des Statusberichts

Maßstab für einen guten Statusbericht ist, dass Entscheider und Projektexterne sofort im Bild sind, worum es geht, auch wenn sie von einer Besprechung zur nächsten und einem Projektkontext zum anderen wechseln.

Generell gelten für den Statusbericht alle in Kapitel 6.3 »Management Summary« aufgeführten Kriterien:

- Absolut einfach, verständlich auf den ersten Blick
- Sehr prägnant
- Geschrieben und korrekturgelesen von Personen, die erfahren im Umgang mit Entscheidern sind

Schwammige Aussagen gehören nicht in einen Statusbericht:

- Prozentzahlen sollen stets an reale Quantitäten gebunden sein. Am Beispiel Projektfertigstellung: In Kapitel 3.2.2 wurde empfohlen, die Schätzung in viele kleine, in kurzer Zeit fertig werdende Arbeitspakete aufzugliedern. Wenn das so ist, kann der Fertigstellungsgrad der Anteil der fertigen Arbeitspakete an allen Arbeitspaketen sein.
- Bei Risiken sind Angaben wie »großes Risiko« oder »Risiko der Stufe 5« nicht hilfreich, aber immer wieder anzutreffen. Mehr nutzen hier konkrete kurze Beschreibungen, was die Gefahr ist und was dagegen getan wird.
- Bewährt ist auch die Ampel-Klassifikation, sie kann auf Risiken oder Aufgaben angewendet werden:
  Rot = das Projektteam kann das Scheitern nicht selbst verhindern
  Gelb = das Projektteam kann die Probleme selbst lösen
  Grün = im Plan, o.k.
  Die Ampel soll auch im Schwarz-Weiß-Druck erkennbar sein, daher am besten »rot«, »gelb«, »grün« auf die farbigen Felder schreiben.

Beispiel

Falls der Statusbericht als Präsentation gegeben wird, eignet sich folgendes Formular:

Statusbericht Projekt ... vom tt.mm.jjjj

Fertigstellungsgrad: ...% Bisherige Kosten: ...TEUR Kosten bis Ende: ... TEUR

Neue Ergebnisse

- ...

Nächste Schritte

- ...

Anstehende Entscheidungen

- ...

Ziel des Projekts:

Beteiligte:

Abbildung 42: Die erste Seite des Statusberichts

Wird der Projektstatus so präsentiert, gehört noch eine Übersicht des Projektplans dazu um darzustellen, wo sich das Projekt im Ablauf gerade befindet.

Folgendes Formular gibt als weiterer Teil des Statusberichts eine Übersicht der Risiken im Projekt mit der eben im Punkt »Qualität« eingeführten Ampel-Klassifikation:

Risikobericht Projekt ... vom tt.mm.jjjj

	Risiko	Maßname
rot	...	...
gelb	...	...
grün	...	...

Abbildung 43: Teil des Statusberichts ist der Risikobericht

Risiken, die unter »grün« stehen, sind natürlich keine Risiken mehr, diese Zeilen können jedoch für erledigte Risiken gut genutzt werden, etwa solche aus dem vorherigen Risikobericht. Diese sehr einfache Risikoübersicht ist im Allgemeinen ausreichend, die Einfachheit und Allgemeinverständlichkeit nutzt hier mehr als komplexe Formulare aus der Risikomanagementliteratur mit Eintrittswahrscheinlichkeiten und aufwändigen Risikoklassifikationen. Es geht schließlich nicht um detaillierte Hochsicherheitsberechnungen für einen Kernreaktor, sondern darum, dass alle auf den ersten Blick verstehen, wo die Probleme liegen.

6.4.2 Logbuch

Inhalte des Logbuches

- Liste aller Projektdokumente. Sie ist nicht nötig, falls alle Dokumente in einer Projekt-Website sauber katalogisiert werden. Ab einer gewissen Projektgröße ist es sinnvoll, sich auf Gesamtprojektebene ausschließlich auf projektsteuerungsrelevante Dokumente zu konzentrieren. Jedes Teilprojekt hat dann eine komplette Liste für seine eigenen Dokumente.
- Wichtige Entscheidungen und erfolgte Abnahmen
- Eingetretene Terminverzögerungen und deren Ursachen
- Sonstige wichtige Ereignisse im Projektablauf

Qualität des Logbuches

Maßstab für ein gutes Logbuch ist, ob es eine zuverlässige Referenz des Projektgeschehens darstellt und ob es langfristig mehr Zeit spart als kostet.

- Bei jedem Eintrag Datum und Dokumentenname vermerken
- Die wöchentliche Pflege ist entscheidend für den Wert des Logbuches

Beispiel

Logbuch Projekt ...

1. Kurzbeschreibung Projektziel

...

2. Projekthistorie

Entscheidungen, Abnahmen, wichtige Ereignisse	Dateiname Protokoll oder E-Mail von → an	Datum

3. Projektdokumente

Konzepte, Verträge, Präsentationen, Designs.

Name	Dateiname	Datum	Status

4. Projektadressliste

Abbildung 44: Beispiel für ein Projektlogbuch in einem kleinen bis mittleren Projekt

Datum und Status sind am besten gleich Teil des Dateinamens, siehe Kapitel 6.2. In diesem Fall entfallen diese Spalten unter »3. Projektdokumente«.

6.5 Besprechung, Agenda, Protokoll

Keine Besprechung ohne Agenda, Protokoll oder Moderator!

Um effektives Leiten von Meetings zu lernen, sind Moderationskurse gut geeignet. Ein Buch kann diese nicht ersetzen, jedoch die wichtigsten Best Practices aufzählen. Ein spezielles Meeting, das Kick-Off, wird in Kapitel 1.4.5 erläutert.

6.5.1 Best Practices zur Vorbereitung von Besprechungen

Um Meetingtermine abzustimmen, eignet sich www.doodle.ch.

Folgendes Formular bewirkt, dass Meetings besser geplant werden:

Thema: ...
Datum: ...
Ort: ...
Teilnehmer: Name Firma
... ...

Nr.	Tätigkeit	Verantwortlich	Zeit
1.	Begrüßung und Präsentation Projektstatus	Hinz	0:30
2.	Offene Fragen zur Gesamtarchitektur	Kunz	0:30
3.	-- Pause --		0:15
4.	Entscheidung über Shopsoftware	Hinz	1:00
5.	Protokoll gemeinsam prüfen	Bauer	0:15

Abbildung 45: Formular für eine Agenda

Dabei werden in die Spalte »Tätigkeit« nicht Themen geschrieben (»Gesamtarchitektur«), sondern kurz benannt, dass etwas entschieden werden soll, über etwas berichtet wird, etc.

Vorbereitungen verlangen

Als Verantwortlicher eines Meetings haben Sie das Recht, den Teilnehmern Vorbereitungen abzuverlangen - mit Hinweis auf die erhofften Ergebnisse des Meetings. Lagern Sie einfach alles aus dem Meeting aus, was gut in Einzelarbeit oder in kleinen Teams gemacht werden kann.

Größere Meetings in Sammel- und Verteilvorgänge gliedern

Es gibt viele valide Gründe, Personen zu Meetings einzuladen, generell möchte sich niemand ausgeschlossen fühlen. Bei mehr als drei Personen ist jedoch »Diskussion« keine effektive Arbeitsform mehr. Daher sollte das Meeting so strukturiert werden, dass das angestrebte Ziel allein durch Sammel- und Verteilvorgänge erreicht wird: Ideen, Kritik, Bedenken, Gefühle, Daten, Zustimmung, ... sammeln; Informationen, Aufgaben, ...

verteilen. Hiermit kann alles abgebildet werden, beispielsweise eine Entscheidungsfindung: Alternativen sammeln → Daten, Vor- und Nachteile, Gefühle, ... sammeln bis eine Alternative deutlich besser erscheint → Zustimmung sammeln.

Keine Arbeitsmeetings mit mehr als 7 Personen

Selbst Sammelvorgänge funktionieren ab ca. 7 Personen nicht mehr sinnvoll. Wenn es unbedingt erforderlich ist, so viele Personen zu beteiligen, sollten solche Meetings auf Informationsvermittlung (Vorträge) und so gründlich vorbereitete Entscheidungen reduziert werden, dass es im Grunde nur noch um die Bestätigung der Entscheidung geht. Alle Arbeiten auf dem Weg dorthin sind auszulagern.

Besprechungen in der Mitte der Woche halten

Vereinbaren Sie, dass regelmäßige Besprechungen mittwochs stattfinden. In Statusmeetings und Sitzungen des Steuerungsausschusses müssen Ergebnisse aufgezeigt werden, dafür wird oft unter Druck gearbeitet. Wenn diese Meetings zu Beginn der Woche stattfinden, kostet dies die Wochenenden. Werden sie ans Ende der Woche gelegt, so kann in der Woche nicht mehr reagiert werden, getroffene Entscheidungen können nicht prompt umgesetzt werden. Letztendlich bescheren Meetings in der Mitte der Woche allen Parteien weniger durchgearbeitete Wochenenden und mehr Zufriedenheit. Bei unterschiedlichen Standorten hat es Vorteile, generell alle Meetings auf Dienstag bis Donnerstag zu legen – dies hilft Reisen zu vermeiden, die Freitag abends um 23 Uhr enden.

Wahl der Tageszeit

Die Tageszeit, zu der ein Meeting gehalten wird, hat bekanntermaßen viel Einfluss auf die Effektivität. Vormittags wird am besten gearbeitet, nach dem Mittagessen gibt es das meiste - schläfrige - Einverständnis.

Stehmeetings

Besprechungen im Stehen sind bekanntermaßen effektiver. Dafür wird nichts außer einem erhöhten (Bar-)Tisch benötigt. Kaum zu glauben, wie schnell man fertig wird, wenn man stehen muss. Studien aus Unternehmen, bei denen diese Praxis eingeführt wurde, belegen die gesteigerte Effektivität.

Atmosphäre

Selbstverständlich sollten eine adäquate Atmosphäre sowie Kaffee, Tee usw. sein. Eine nette Abwechselung zu langweiligen »Businesskeksen« können hier frische Früchte bieten - der Erfolg ist überraschend groß, viele ernähren sich gerne gesund.

Kommen Sie zu früh!

Für die Kontakthaltung und gute Informationen ist es ausgesprochen lohnenswert, einige Minuten zu früh zu kommen oder nachher noch etwas Zeit zu haben – manchmal erfährt man hier Wichtigeres als in der Besprechung oder kann ausloten, wie die Meinungen (wirklich) sind.

6.5.2 Besprechungsablauf

1. Begrüßung
2. Wer protokolliert?
3. Gibt es Änderungen zum Protokoll vom letzten Mal? Dieser Punkt birgt das Risiko, dass eine Diskussion über Kleinigkeiten ausbricht. Eventuell vereinbaren, dass Änderungswünsche vorab per E-Mail an den Protokollanten gesendet werden.
4. Gibt es Änderungen zur Agenda?
5. Bei jedem Tagesordnungspunkt: Nur dann zum nächsten Punkt übergehen, wenn definiert und protokolliert ist, was entschieden wurde, was zu tun ist, wer es tut und bis wann.
6. Zwischendurch ca. jede Stunde eine (kleine) Pause, dabei durchlüften. Wenig Sauerstoff = wenig Ergebnis!
7. Abschließend: Termin und Verantwortlichen für das nächste Meeting vereinbaren. In Anwesenheit aller geht die Terminvereinbarung am schnellsten.

6.5.3 Moderationstechniken

Beginnen Sie pünktlich!

Es mag das erste Mal seltsam erscheinen, zur festgelegten Uhrzeit anzufangen, wenn kaum jemand da ist. Es spricht sich jedoch schnell herum. Letztendlich zahlt sich konsequente Pünktlichkeit aus, denn das Warten auf Verspätete generiert bei den Pünktlichen das Gefühl, um ihre Pünktlichkeit und ihre Zeit betrogen zu werden – wer pünktlich kommt, wird mit Herumsitzen bestraft. Diese durch Ungeduld geprägte Wartezeit ist auch nicht kommunikationseffektiv für ansonsten oft sehr informative Pausengespräche.

Auf das Thema achten

Ein permanentes Moderationsproblem sind Abweichungen vom Thema, Einschübe, anderswohin leitende Fragen von Teilnehmern. Wenn diese auf einem Flipchart für alle sichtbar gesammelt oder in die Agenda eingefügt werden ist derjenige, von dem die Anmerkung stammt, zufrieden und es kann zum Thema zurückgekehrt werden, die Besprechung geht weiter.

Brainstorming

Jeder weiß, dass Brainstorming ein modernes, positives Wort ist und eine Art der Ideensammlung bezeichnet. Tatsächlich ist der Großteil der so genannten Brainstormings keines. Hier ist wieder der Moderator gefragt: Bei einem Brainstorming werden zu einem vorgegebenen Thema Ideen gesammelt. Dabei werden diese nicht diskutiert und keinesfalls kritisiert. Sie werden erst nach Abschluss der Ideensammlung sortiert und bewertet. Der psychologische Hebel dabei ist, dass Kritik und Diskussion den freien Fluss der Ideen abwürgen: Jeder prüft erst, ob seine Idee gut, akzeptabel, normal ist. Die wirklich wertvollen, neuartigen Ideen sind jedoch naturgemäß nicht diejenigen, die alle kennen und akzeptieren oder zumindest sofort angemessen bewerten können. Nach der Ideensammlung ist der nächste Schritt, diese inhaltlich zu kategorisieren. Dabei helfen Mind-Maps, die von der bekannten gleichnamigen Software unterstützt werden. Die Ideen können auch bereits beim Sammeln auf kleinen Kärtchen an einem Pinboard angebracht und nun direkt von den Teilnehmern sortiert werden.

Blitzlicht

Das bedeutet: Jeder Teilnehmer sagt *kurz*, was er denkt. Der Moderator sollte eventuell zuvor darauf aufmerksam machen, dass hier nicht die Meinungen anderer diskutiert oder sogar in Frage gestellt werden und keine längeren Monologe gehalten werden sollen. Ein Blitzlicht kann eingesetzt werden, bevor umfangreichere Diskussionen zu einem Thema starten, oder auch abschließend danach. Bei Gruppen, die sich noch wenig kennen, ist ein Blitzlicht besonders wichtig zum Schluss einer Besprechung, um ein Stimmungsbild zu erhalten.

Nicht zielführende Diskussionen vermeiden!

Wenn die Diskussion sich verhärtet oder verzettelt, muss der Moderator prompt aktiv werden:

- Eine Pause einfügen. Pausen wirken Wunder: Viele kleine Detailprobleme erledigen sich wie von selber.
- Den Punkt als »Hausaufgabe« zur Klärung auslagern, eventuell einen Verantwortlichen dafür benennen, der Meinungen und fehlende Informationen einholt, die Entscheidung für das nächste Mal vorbereitet.
- Blitzlicht ist auch hier eine gute Technik: Jeder sagt kurz seine Meinung, so ergibt sich ein komplettes Bild der Standpunkte.

Unkonstruktives Verhalten abstellen

Wie mit gemeinen Bemerkungen beziehungsweise unkonstruktiven oder sogar böswilligen Teilnehmern verschiedener Art umzugehen ist, damit beschäftigen sich eigens Bücher. Siehe Literaturempfehlung am Ende dieses Abschnitts.

Generell sollten Gemeinheiten *sofort,* aber *nicht angreifend* behandelt werden, z. B. mit »Was wollen Sie damit andeuten?« oder »Das habe ich jetzt überhört« oder indem der Punkt spätestens in der Pause mit dem Betreffenden geklärt wird. Eine beabsichtigte peinliche Pause kann auch gut wirken. Das wehrlose Hinnehmen von Gemeinheiten zeigt jedoch allen, dass so etwas mit Ihnen gemacht werden kann, ohne dass es Konsequenzen hat.

Literaturempfehlungen

- Robert M. Bramson: Schwierige Leute – und wie man mit ihnen umgeht. Rowohlt Taschenbuch, 1990, ISBN 3-499-18727-2. Das Buch gibt pragmatischen Rat zum Umgang mit aggressiven, besserwisserischen, nörgelnden und vielen anderen Menschen.
- Edward de Bono hat zahlreiche empfehlenswerte Bestseller zum kreativen Denken und zur effizienten Zusammenarbeit in Besprechungen verfasst. Beispielsweise hilft sein Konzept der »Sechs Hüte« zu verstehen, warum Meetingteilnehmer so häufig aneinander vorbeireden und was dabei tatsächlich passiert – und natürlich, das Problem konstruktiv zu lösen. Edward de Bono: Six Thinking Hats: An Essential Approach to Business Management, Back Bay Books, 1999, ISBN 0-31617-831-4.

6.5.4 Protokoll

> »Ich denke mir, wie viel es nützt;
> Denn was man schwarz auf weiß besitzt,
> Kann man getrost nach Hause tragen.«
>
> (Johann Wolfgang Goethe: Faust I, Studierzimmer)

Folgendes Protokollformular ist im Geschäftsgebrauch weit verbreitet:

Thema:	...		
Datum:	...		
Ort:	...		
Teilnehmer:	Name	Firma	
	Hr. Hinz	...	(Protokoll)
	...	...	
Weiterer Verteiler:			
	...	...	

Nr.	Entscheidung (E), Aufgabe (A), Information (I)	Typ	Verantwortlich	Bis
1.	Gesamtkosten im Zusammenhang mit der Software genauer überprüfen	A	Hinz	28.04.2008
	...			

Abbildung 46: Formular für ein Protokoll

Die Einteilung der Protokolleinträge in E, A und I dient nicht nur der Übersicht, sondern auch als »pädagogische Maßnahme«. Hiermit gelingt es meist auch Anfängern, unstrukturierten und inhaltlich nebensächlichen Fließtext zu vermeiden. Dies hat den entscheidenden Vorteil, dass die Protokollierung besser delegiert werden kann. Dabei entsteht fast jedes Mal die Frage, wer der »Verantwortliche« einer Information ist. Dies ist der, der sie gegeben hat. Es braucht auch etwas Übung, A und E zu unterscheiden: Es ist ein A, wenn es jemanden gibt, der es tut. Dieser steht in der Spalte »Verantwortlich«. Bei einem A ohne Termin sollte der Protokollant nachfragen. Hingegen hat ein E keinen Termin. In die Spalte »Verantwortlich« wird geschrieben, wer die Entscheidung gefällt hat.

Alle in die Verantwortung mit einbeziehen

Während bei Meetings mit dem Kunden in der Regel genügend Adrenalin vorhanden ist, leiden firmeninterne Meetings gelegentlich an mangelnder Beteiligung und Verantwortungsübernahme der Anwesenden. Die oben dargestellte Art der Protokollierung eröffnet die Gelegenheit, alle in die Verantwortung für das Meeting mit einzubeziehen: Jeder protokolliert einen anderen Aspekt – Aufgaben, Informationen oder Entscheidungen. Wenn die Moderation noch eine weitere Person übernimmt, tragen bereits vier Anwesende aktiv eine Verantwortung.

Öffentlich protokollieren

Die Protokollierung erfolgt idealerweise öffentlich und prompt nachdem der jeweilige Inhalt entstanden ist. Das kann mündlich geschehen: »Bitte nehmen Sie in das Protokoll auf: ...« beziehungsweise »Ich halte für das Protokoll fest: ....« und zeitgleich eingetippt werden. Die meisten Menschen stört das Klappern der Tastatur nicht und es spart viel Zeit, sofort eine erste Protokollversion im Computer zu haben, diese am besten sogar gleich nach der Besprechung gemeinsam durchzugehen. Am effektivsten wird das Protokoll mit einem (zusätzlichen) Beamer ständig an die Wand geworfen. Eine gute Möglichkeit ist es auch, auf dem Flipchart für alle sichtbar in Stichpunkten zu protokollieren.

Protokolle binnen 24 Stunden verteilen

Veraltete Protokolle sind nutzlos. Es ist eine gute Praxis, wenn Protokolle 24 Stunden nach der Besprechung verteilt werden. In den meisten Projekten ist dies die Ausnahme. Es ist jedoch realistisch, diese Leistung zu erwarten, und Kunden reagieren auf diesen hohen Servicelevel sehr positiv. Hier kann man mit geringem Einsatz viel Zufriedenheit und Effektivität erreichen. Diese Frist sollte der Projektleiter seinem Team deutlich vorgeben und er sollte auch beständig nachhaken, dass sie eingehalten wird – Protokolle schreiben die wenigsten Leute gern.

6.5.5 Unsichtbare Ergebnisse von Meetings

Nicht alle Ergebnisse von Meetings sind dermaßen offensichtlich wie Entscheidungen, Aufgaben, Informationen oder gar erarbeitete Dokumente. Eine häufig gemachte Beobachtung ist, dass für viele technisch geprägte Menschen die nachfolgenden Arbeitsergebnisse wirklich unsichtbar sind. Der Projektleiter hat hier die Aufgabe, die Zeit für ihre Erarbeitung zu reservieren *und* auch eine angemessene Wahrnehmung ihres Wertes – und damit mehr Zufriedenheit – herzustellen.

Nicht alle Meetingtechniken auf einmal einführen

Das schrittweise Gewöhnen an effektive Arbeitsweisen kann ein unsichtbares Ergebnis von Meetings sein. Bieten Sie nicht im ersten Meeting ein Feuerwerk von eingeforderten Vorbereitungen, Brainstormings und Blitzlichtern. Wenn Sie eine Arbeitsweise eingeführt haben, erkundigen Sie sich, wie diese wahrgenommen wird. Oft bemerken die Meetingteilnehmer erst hierbei: »Stimmt, das hat das Meeting effektiver gemacht!«

Meetingergebnis richtig messen

Zentrale »unsichtbare Ergebnisse« von Besprechungen sind das persönliche Kennenlernen und das »Shared Mental Model«. Zum Kennenlernen sollten nach dem ersten Treffen jedoch nicht Meetings missbraucht werden, sondern es sollte extra Zeit reserviert werden, zum Beispiel in Form von gemeinsamen Essen. »Shared Mental Model« bedeutet gemeinsame Denkstrukturen, die effektive Zusammenarbeit ermöglichen. Ein Beispiel hierfür ist eine gemeinsame Vision des angestrebten Projektergebnisses. Es geht hierbei nicht einfach um ein Dokument namens „Projektvision" sondern darum, dass die Beteiligten die Möglichkeit haben, ihre Interpretationen mitzuteilen und die anderer zu hören, bis diese Vision wirklich eine gemeinsame wird.

Insgesamt können Meetings – wie jede Arbeit von Menschen – trotz aller Best Practices und trotz Berücksichtigung unsichtbarer Ergebnisse nicht beliebig effektiv gestaltet werden. Es wird auch immer Personen geben, die nicht zufrieden sind, sei es einfach, weil sie gerne mehr geredet hätten oder vorzugsweise alleine arbeiten.

7 Überlebenswichtiges

Robert Stoyan

Dieses Kapitel behandelt gezielt die »unangenehmen Themen«: Umgang mit hohen Risiken und Bewältigung kritischer Projektsituationen. Projekte im Allgemeinen und Webprojekte im Besonderen können sehr riskant sein – müssen es aber nicht.

Inhalte:

7.1 Professionelle Übernahme der Projektverantwortung

7.1.1 Sie werden beauftragt

Wie sollen Sie reagieren, wenn Sie gefragt werden, ob Sie die Verantwortung für ein Projekt übernehmen?

Diese Frage soll von beiden Seiten nicht als höfliche Form einer ohnehin feststehenden Beauftragung verstanden werden, auf die man selbstverständlich mit »Ja« antwortet. Natürlich ist es eine Beauftragung und natürlich wird Interesse erwartet. Wer will schon einen Projektleiter, der nicht mit Interesse an ein neues Projekt herantritt? Anstatt das Projekt sofort anzunehmen, stellen Sie Fragen dazu. Sicher würde es Sie interessieren, mehr zu erfahren – diese Neugier dürfen Sie Ihrem Gegenüber auch zeigen! Betreffend Ihrer Zusage brauchen Sie hier noch keine Aussage zu machen, besser ist es, zunächst Zeit zu gewinnen: »Ich möchte mit denen sprechen, die das Projekt bis jetzt vorbereitet haben, und ich möchte einmal darüber schlafen«. Außer den Gesprächen mit den bisherigen Mitwirkenden gehört es zur Vorbereitung auf die Annahme des Projekts, alle verfügbaren Dokumente quer zu lesen.

Wenn man Ihnen keine (Höflichkeits-)Frage stellt, gibt es um so mehr Anlass nachzudenken... Erst recht, wenn Sie das Gefühl haben müssen, Ihre Zusage nicht offen halten zu dürfen, bis Sie sich Informationen eingeholt haben. Dies ist sicher eine gute Gelegenheit, Professionalität und Durchsetzungskraft zu zeigen, damit Sie das Projekt so prüfen können, wie es für den Erfolg, den alle Beteiligten anstreben, erforderlich ist. Die eigentliche Frage ist hier jedoch, ob Sie während der Projektdurchführung auf solch ein Umfeld in der eigenen Firma angewiesen sein wollen! Siehe auch Kapitel 7.1.3, oder gleich Kapitel 7.1.4.

Wenn Sie erfolgreich Zeit gewonnen und Informationen eingeholt haben, so ist die entscheidende Frage:

Ist alles gegeben für den Erfolg?

Überlegen Sie also in Ihrem eigenen Interesse und dem der Firma, ob alles gegeben ist, damit das Projekt unter Ihrer Leitung gelingt:

- Werden Sie Erfolg haben oder ist es zu riskant? Siehe Kapitel 7.1.2.
- Wird die Übernahme von Risiken anerkannt, honoriert und werden Sie unterstützt? Siehe Kapitel 7.1.3.
- Bei nicht akzeptablen Risiken: Wie können Sie »faule« Projekte vermeiden? Siehe Kapitel 7.1.4.

Wenn Sie das Projekt grundsätzlich übernehmen können:

Es ist Ihre Aufgabe, *jetzt* Bedingungen zu nennen: »Für den Erfolg benötige ich ...«. Spätere Forderungen sind Wünsche.

Jetzt können Sie sagen, dass Sie einen Assistenten oder einen Coach brauchen, sich jede Woche eine Stunde mit dem Accountmanager oder Ihrem Chef abstimmen wollen, ein Projektzimmer, eine Schulung für Sie oder die Mitarbeiter, ein Handy, einen Dienstwagen oder Ähnliches brauchen. Wenn Sie es nicht tun, sollte Ihr Chef über Ihre Qualifikation als Projektleiter nachdenken, Sie würden dann schließlich auch dem Kunden beziehungsweise Dienstleister gegenüber nicht die Dinge einfordern, die für den Erfolg erforderlich sind.

Zusammenfassung

Es ist professionell, ein Projekt zu prüfen, bevor man die Verantwortung dafür übernimmt. Hierzu dienen folgende Schritte:

1. Neugier: Fragen stellen
2. Zeit für die Prüfung sichern
3. Umfassende Informationen einholen, andere Ansichten kennen lernen
4. Prüfung: Ist alles gegeben für den Erfolg?
5. Mittel besorgen, die für den Erfolg benötigt werden

7.1.2 Checkliste Risikoprojekt

Im Folgenden werden typische Stolpersteine zusammengefasst, die vor der Projektübernahme geprüft werden sollten. Einige der Punkte sind bereits in anderen Kapiteln erwähnt worden. Es wird auch direkt die empfohlene Reaktion oder ein Verweis darauf gegeben.

Allgemein

Mittel der Projektsteuerung fehlen

Sind die Möglichkeiten der Projektsteuerung eingeschränkt oder werden Sie daran gehindert, das Projekt zu steuern? Das kann sehr unterschiedliche Formen und Ursachen haben, bedeutet aber in allen Fällen, dass Sie Ihrer Aufgabe nicht gerecht werden können. In diesem Fall trifft tatsächlich der Spruch zu: »Management ist, Verantwortung dafür zu übernehmen, was andere verbocken«. Beispiele sind unprofessionelle Vorgaben an die Methoden der Projektsteuerung, unfähige, hineinredende Vorgesetzte, Sparen bei erforderlichen Mitarbeitern (z. B. Sekretärin) oder technischer Ausrüstung (z. B. Handy) oder die Vorgabe, ungeeignete Mitarbeiter einzusetzen. Wenn sich hier nicht verhandeln lässt, so ist das ein Grund, das Projekt nicht anzunehmen (Kapitel 7.1.4).

Zu spät involviert

Wurden Sie zu spät in das Projekt eingebunden oder in wichtigen Punkten nicht gefragt und dürfen nun »auslöffeln, was andere eingebrockt haben«?

Als Projektleiter auf Kundenseite sollte man bereits bei der Zielfindung oder spätestens der Projektdefinition involviert werden. Ganz besonders wichtig ist es, bei der Auswahl des Dienstleisters mitzuwirken und dabei auch den zukünftigen Projektleiter auf Dienstleisterseite kennen zu lernen (Kapitel 4.3.7).

Als Projektleiter auf Dienstleisterseite ist es wichtig, die Schätzung des Projektaufwands und die Auswahl der Teammitglieder selbst gemacht zu haben. Wenn das nicht der Fall war, prüfen Sie Schätzung sowie Mitarbeiter. Es gibt meistens eine interne Schätzung, die detaillierter ist als die Version für den Kunden. Machen Sie Ihre eigene Schätzung und vergleichen Sie!

Neu in der Firma

Sie sind neu in der Firma und verfügen noch nicht über ein persönliches Kontaktnetzwerk. Sie kennen die internen Gepflogenheiten noch nicht und wissen nicht, wie man etwas durchsetzt und was man ernst oder nicht ernst nehmen muss. Auch wenn sie für ein Projekt eingesetzt werden, dessen Größe und Schwierigkeitsgrad Sie ansonsten gewohnt sind, ist ein Direkteinstieg als Projektleiter im Allgemeinen zu riskant. Setzen Sie alles daran, eine Übergangsphase von mindestens einigen Monaten zu vereinbaren, in der Sie ein kleineres Projekt leiten, als Berater ohne Leitungsfunktion tätig sind oder dem Chef assistieren.

Auf Kundenseite ist die Notwendigkeit vielleicht noch größer, ein Kontaktnetzwerk zu haben und die Organisation zu kennen, denn Informationen, Ansprechpartner, Einverständnis, Entscheidungen und Mitwirkungen aller Art zu beschaffen, bildet einen Großteil der Aufgaben. Nur ein kleiner Teil dieser Aufgaben wird von dem eigenen (kleinen) Projektteam erbracht, wenn man überhaupt eins hat.

Mangel an Erfahrung

Das Projekt ist deutlich komplexer als Ihre vergangenen Projekte oder ist sehr anders. Sie besitzen also nicht die benötigte Erfahrung. Siehe hierzu Kapitel 7.2.3.

Übernahme des Projekts von einer anderen Person

Die Übernahme eines Projekts von einem Kollegen resultiert fast immer in Problemen. Ob er nun gut oder schlecht geleitet hat, bis zur Mitte eines Projekts treten meist weniger Probleme in Erscheinung, ab dann gibt es jedoch auch bei bester Managementleistung immer ein paar kritische

Situationen. So geraten Sie unverschuldet unter Druck. Zudem kennen Sie die mündlich ausgesprochenen oder unausgesprochenen Erwartungshaltungen und Vereinbarungen nicht oder nicht so gut. Im Extremfall kann Ihnen Ihr Gegenüber alles Mögliche erzählen. Sie kennen die Projektgeschichte nicht, insbesondere wissen Sie nicht, wie es zu dem Projekt gekommen ist. Zudem müssen Sie sich auch noch einarbeiten, machen ein paar Anfangsfehler in der Kommunikation, brauchen noch länger für alles, beanspruchen Geduld, die bereits beansprucht wurde etc. Es gibt eine Ausnahmesituation, in der honoriert wird, wenn Sie ein Projekt von jemand anderem übernehmen: wenn Probleme mit dem Projekt und dem bisherigen Projektleiter sichtbar zu Tage getreten sind.

Gesamtprojektverträge in frühen Projektstadien

Es wurde auf Grund grob definierter Anforderungen für das gesamte Projekt ein Vertrag abgeschlossen, der alles von den Anfängen der Konzeption bis zur Auslieferung zu einem fixen Preis abdeckt. Das ist für beide Projektleiter ein Problem.

Projektleiter auf Dienstleisterseite: Tolle Prämie für den Vertrieb, unkalkulierbares Risiko für Sie. Sie werden vor dem Kick-Off kaum eine Ahnung haben, unter welchen Bedingungen Sie am Ende installieren dürfen, und Sie wissen im Voraus nicht, welche technischen und Designanforderungen bei der Erstellung des Grobkonzepts festgelegt werden. Kunden haben jedoch meistens von Anfang an nur ein fixes Budget, scheinbar zumindest. Aus Sicht der Dienstleisterfirma kann es sinnvoll sein, bei entsprechendem Risikoaufschlag einen Gesamtprojektvertrag zu unterzeichnen und so zu kalkulieren, dass sich das Risiko im Schnitt vieler Projekte wegmittelt. Ihr Erfolg als Projektleiter wird jedoch an diesem konkreten Projekt gemessen, welches sicher mehr als einen kleinen Krümel in Ihrer Laufbahn darstellt...

Kundenprojektleiter: Es ist sicher angenehm zu wissen, dass im Vertrag eine feste Summe steht, die Beschreibung der zukünftigen Lösung muss vor Fertigstellung des Grobkonzepts jedoch zwangsweise noch sehr ungenau sein. Das führt schnell zu teuren Change Requests oder vertragsgemäßen, aber unpassenden Lösungen, vgl. Kapitel 5.6.1.

Erfolgsfaktoren

Mehrere der in Kapitel 1.6.3 aufgezählten Erfolgsfaktoren fehlen. Nützlich ist hier auch Kapitel 5.5 »Steuerung von Abhängigkeiten«. Es zählt eine ganze Reihe von Abhängigkeiten auf, die bei einem zukünftigen oder bereits laufenden Projekt die Erfolgsaussichten verringern und Fehlleistungen im bisherigen Management zeigen können.

Sinnlose Projekte

Sie sind nicht überzeugt von der Sinnhaftigkeit des Projekts? Wenn Sie diesen Punkt sorgfältig geprüft haben, können Sie ihn zum Gewinn Ihrer Firma besprechen. Beispiele für solche Fälle enthält Kapitel 4.2.6 »Risiken«. Es hängt von der Firmenkultur und Ihrem Ansprechpartner ab, ob diese Verhaltensweise honoriert wird. Im Grunde ist es die Pflicht eines guten Projektleiters, so zu handeln. Wenn das hilfreiche Äußern von Bedenken nicht honoriert wird, ist es eine legitime Überlegung, ob Ihr persönlicher Erfolg an den Sinn des Projekts geknüpft ist. Wenn Sie der Projektleiter auf Dienstleisterseite sind, sollten Sie jedoch eines nicht tun: Dem Kunden sagen, dass sein Projekt wenig sinnvoll ist. Es ist zwar ein guter Dienst am Kunden, darauf hinzuweisen, da es jedoch direkt das Sein oder nicht Sein des werdenden Projekts betrifft, ist es Ihre Aufgabe, zuerst mit dem Accountmanager zu sprechen: Er hat das letzte Wort, *bevor* ein solcher Einwand kommuniziert wird.

Fehlendes Erfolgsgefühl

Sie sind nicht überzeugt, dass dieses Projekt mit einer hohen Wahrscheinlichkeit ein Erfolg wird - aus welchem Grund auch immer. Allein damit sollten Sie natürlich nicht zu Ihrem Chef gehen, um über das Projekt zu sprechen. Es ist jedoch ein guter Indikator dafür, dass es sich lohnt, die Risiken genauer zu prüfen.

Fallen für Projektleiter auf Dienstleiterseite

Kampfpreise

Das Projekt wurde zu einem Kampfpreis angeboten, nachdem vorherige Schätzungen gesagt haben, dass es mehr kostet. Sie sollen es zum Kampfpreis durchführen. Viel Spaß! Machen Sie sich aus dem Staub, ausbaden soll es, wer es verzapft hat. Ausnahme: Es wurde intern explizit ausgesprochen, dass dies ein Kampfpreis ist und von Ihnen wird intern nur erwartet, dass Sie es zum Aufwand der Originalschätzung durchführen. Sorgen Sie dafür, dass dies (zumindest in einer E-Mail) dokumentiert wird.

Verkürzte Deadlines

Alles zum Preis Gesagte gilt analog für den Fertigstellungszeitpunkt, zum Beispiel wenn auf Kundenwunsch die Deadline vorverlegt, der Aufwand aber dabei nicht angepasst (mehr Koordinationsaufwand und mehr Risikoaufschlag) oder nicht geprüft wird, ob das Projekt überhaupt noch machbar ist. Erstellen Sie eine erneute Aufwandsschätzung.

Mangel an geeignetem Personal

Es fehlt das Fachwissen in der Firma, es gibt keine Spezialisten, die ähnliche Aufgaben tatsächlich schon durchgeführt haben oder diese sind nicht verfügbar. Wenn hier die Bereitschaft da ist, das Know-How extern einzukaufen, so ist das eine Lösung. Keine Lösung ist es, alle Teammitglieder zur Schulung zu schicken. Zumindest ein Teil von ihnen sollte echte Praxiserfahrung haben.

Fallen für Projektleiter auf Kundenseite

Reicht das Budget, bis alles *fertig* ist?

Es ist zu Beginn des Projekts kaum abschätzbar, ob ein fix vergebenes Budget für ein noch auszugestaltendes, genauer zu konzipierendes Projekt reicht. Der Vorteil der Situation ist, dass der Umfang gestaltbar ist, also auch nach unten änderbar. Nur eines darf nicht passieren: Dass es keine sinnvolle Ausgestaltung des Projekts gibt, die für Ihr Budget durchführbar ist. Das ist ein Risiko, wenn ein konkreter Vertrag nur für einen Teil des Projekts unterzeichnet wurde, es ist aber ein genauso hohes, nur schwerer erkennbares Risiko, wenn der Vertrag für das gesamte Projekt unterzeichnet wurde und im Vertrag – bis zum ersten Change Request – eine akzeptable Summe steht (siehe obigen Punkt »Gesamtprojektverträge«).

Fazit

...Gibt es überhaupt Projekte, die nicht ernsthaft riskant sind?!

Die Antwort ist »Ja«, aber nur bei entsprechender Vorbereitung. Die Botschaft ist also, dass Risikoprüfung und Risikominderung keine Spezialmaßnahmen für die wenigen schlimmen Projekte sind, sondern Routineaufgaben, die zur professionellen Projektübernahme gehören. Die verbliebenen Risiken kann man dann immer noch verantwortungsbewusst eingehen, siehe nächstes Kapitel.

Verstehen Sie den Hintergrund!

Es ist sinnvoll, die Ursachen für Risikoprojekte zu verstehen, um zu vermeiden, dass man deren Opfer wird.

Auf Dienstleisterseite

Hier erhält der Vertrieb seine Prämie meistens nicht für erfolgreiche Projekte, sondern bereits nach Vertragsunterzeichnung. Alles andere ist unpraktikabel oder erst (zu) spät messbar. Das bedeutet Motivation für die Akquisition möglichst vieler (riskanter) Großprojekte – sie ergeben viele (risikolose) große Prämien. Es kann aber auch an einer schlechten Auslastung des Gesamtunternehmens, an einer weniger zahlungskräftigen Branche oder der Eröffnung eines neuen Geschäftsfeldes liegen, dass auf Risikoprojekte eingegangen wird.

Auf Kundenseite

Hier sieht es nicht besser, eher sogar schlimmer aus: Ziel der Gesamtorganisation sind nicht Webprojekte, also gibt es nicht viele Webprojektleiter. Das Projekt ist aber da und muss geleitet werden. Wollen Sie das Opfer sein? Siehe hierzu Kapitel 7.2.

In beiden Fällen kann es durchaus professionell sein, solche Risikoprojekte anzunehmen, die Voraussetzungen dafür nennt der folgende Abschnitt.

7.1.3 Risiken verantwortungsbewusst eingehen

Sie haben festgestellt, dass das Projekt, welches Sie übernehmen, riskant ist. Fast jedes Projekt ist ernsthaft riskant, das wird klar aus obiger Liste. Mit den dort empfohlenen Maßnahmen lassen sich einige Risiken beseitigen. Wenn nun noch gravierende, projektgefährdende Risiken geblieben sind, denken Sie darüber nach, ob Sie das Projekt übernehmen können.

In einer Firma, in der Sie Risiken übernehmen können, ...

- werden Sie auf bekannte Risiken aufmerksam gemacht. Die Früherkennung von Risiken ist eine gemeinsame Aufgabe von Ihnen, dem Accountmanagement (bei Dienstleistern), Ihrem Chef und allen, die dazu beitragen können.
- wird die Übernahme von Risiken honoriert. Bei schwierigen Rahmenbedingungen wird Ihnen hohe Anerkennung entgegengebracht, auch wenn Sie das Projekt gerade so durchbringen.
- werden Sie während der Durchführung beobachtet.
- erhalten Sie, falls erforderlich, persönliches Coaching von einer geeigneten Person. Das kann Ihr Vorgesetzter sein oder ein spezieller Coach, vor allem aber sollten Sie Vertrauen zu dieser Person haben.
- wird offen und gemeinsam mit Ihnen darüber nachgedacht, ob es Möglichkeiten gibt, die große Aufgabe »maßzuschneidern«.

Zusammengefasst:

> Die Voraussetzung für die Annahme von Risikoprojekten ist, dass das hohe Risiko anerkannt sowie Ihr Erfolg dementsprechend gemessen wird und dass Sie unterstützt werden.

Sie haben wirklich einen guten Arbeitgeber, wenn all diese Kriterien erfüllt sind. In der Praxis gibt es so viel Fairness zwar, aber selten. Sind obige Kriterien nicht erfüllt, steht es Ihnen sicher zu, etwas zu unternehmen, um das Projekt zu vermeiden, siehe Kapitel 7.1.4. In diesem Fall hat Ihre Firma nämlich nicht getan, was sie Ihnen schuldig ist und was auch im Interesse der Firma selbst läge. Ihr Problem ist, dass am Ende des Projekts zählt, ob es erfolgreich war und nicht, wie schwierig es war. Der Schwierigkeitsgrad ist dann, wenn überhaupt, ein nebenbei verdienter Zusatzlorbeer. Hier funktioniert jedoch Folgendes: Es wird deutlich anerkannt, wenn Sie ein Projekt in einer *sichtbaren Schieflage* übernehmen und zu einem mittleren Ergebnis führen – wenn Sie es retten, erst recht. In einigen Firmen gibt es viele solche Projekte und viele solche Gelegenheiten!

7.1.4 »Nein« sagen oder riskieren?

Es gibt Gründe, hohe Risiken zu übernehmen und es gibt Möglichkeiten, sie abzulehnen. Beide Alternativen sind extreme, in jeder Hinsicht außerordentliche Handlungen, um die es erst dann gehen kann, wenn alle vorhergehenden Möglichkeiten ausgeschöpft sind. Das weitere Vorgehen ist:

1. Was würde es für Ihre Firma bedeuten, wenn Sie das Projekt nicht übernehmen?
2. Proaktiv nach Alternativen suchen.
3. Letzte Warnung.
4. Entscheiden, was für Sie persönlich richtig ist.
5. Das Risiko eingehen oder die passende Art des »Nein«-Sagens wählen.

Was würde es für Ihre Firma bedeuten, wenn Sie das Projekt nicht übernehmen?

Hat Ihre Firma überhaupt Alternativen? Wurde (bei Projektleitern auf Dienstleisterseite) dem Kunden gegenüber bereits Ihr Name erwähnt? Will der Kunde eventuell unbedingt, dass Sie eingesetzt werden? Versuchen Sie zu erfahren, ob es sich um eine festgefahrene Situation handelt, in dieser wird alles Weitere deutlich schwieriger und die Verluste auf beiden Seiten steigen.

Proaktiv nach Alternativen suchen

Suchen Sie aktiv nach einer Problemlösung zugunsten Ihrer Firma. Dann löst sich auch Ihr eigenes. Es gibt (fast) immer Alternativen. Eventuell reicht es, wenn Sie eine Teilaufgabe wahrnehmen. Vielleicht hat jemand anderes eine Idee. Vieles ist denkbar, nur eines führt sicher zu Schwierigkeiten: in Verteidigungshaltung gehen. Damit weisen Sie den anderen die Rolle des Angreifers zu. Recht bald müssen Sie sich dann auch tatsächlich verteidigen. – Ein Problem für Sie und eins für das Unternehmen.

Letzte Warnung

Sie sehen einen nicht zu ändernden Umstand, der den Erfolg gefährdet? Wenn Sie diesen Punkt zur Sicherheit mit Vertrauten durchgesprochen haben, können Sie ihn zum Gewinn Ihrer Firma anbringen. Etwa so: Sie würden das Projekt leiten, Sie sehen jedoch ein Hindernis, welches außerhalb Ihres Einflussbereiches liegt...

Entscheiden, was für Sie persönlich richtig ist

Im Folgenden werden zwei Ansichten nebeneinander gestellt. Keine der beiden ist per se richtig oder falsch. Es sind beides gleichwertige Alternativen, auch wenn ihre Darstellung unterschiedlich lang ist. Was Sie tun, sollte zu Ihrem Temperament und Ihrer Lebenssituation passen, damit Sie es gut umsetzen können und damit es für Sie sinnvoll ist.

Offensive Karrieresicht

Das Gute an Risikoprojekten ist, dass man dabei wertvolle Erfahrungen gewinnen kann und im Erfolgsfall sind sie ein guter Schritt nach vorne in der Karriere. Wenn alle anderen der Meinung sind, dass dieses Projekt gemacht werden soll, dass Sie dafür geeignet sind, Sie alles getan haben, um die Risiken zu mindern und Sie Erfahrung sammeln wollen, warum dann nicht darauf eingehen? – Hiermit soll eine Ermutigung ausgesprochen werden, auch Risiken einzugehen. Durch Stolpern lernt man am besten zu gehen (Sie müssen aber nicht jeden Stolperstein mitnehmen, siehe nächster Absatz »Verantwortungs-Sicht«). Die Kosten, wenn Führungskräfte stolpern, sind für die Firmen sehr hoch, oft höher als zumindest für junge Manager, die dann nach einem neuen Job suchen und die rauchenden Ruinen zurücklassen. Wenn die Firma also unbedingt will, dass Sie das Projekt trotz bekannter Risiken leiten, dann ist es eben ihr Risiko. Verständlich wird daher aber auch die Haltung vieler Firmen, noch so talentierten Nachwuchskräften nur zögernd eine Chance zu geben.

Generell ist es wichtig, sich bewusst zu machen, ob man es sich leisten kann, einen neuen Job suchen zu müssen. Das beste Ergebnis erzielt man, wenn man nicht so viel Angst hat vor Konfrontation, Misserfolg oder, im Extremfall, (Aufforderung zur Selbst-) Kündigung. Angst hindert daran, Chancen wahrzunehmen.

Verantwortungs-Sicht

Sie müssen nicht jeden Stolperstein mitnehmen. Was kostet Sie mehr: ein gescheitertes Projekt, in dem Ihr Arbeitgeber viel Geld, den Projektkunden beziehungsweise die Endkunden oder Mitarbeiter verliert und durch das Sie zumindest Ihr Ansehen verlieren, eventuell keine weitere Führungsaufgabe mehr erhalten...? Oder in einem wirklich begründeten Fall »Nein« zu sagen?

Wie sagt man »Nein«?

Firmenkulturen zeigen eine enorme Spannweite. Am einen Ende finden sich Firmen, in denen eine gemeinsame Risikoprüfung und ein gemeinsames Ausräumen von Hindernissen durchgeführt wird und die Frage, ob Sie das Projekt übernehmen, ehrlich und furchtlos beantwortet werden kann. Hier wird es nie dazu kommen, dass Sie ein Projekt ablehnen müssen. Am anderen Ende sind Firmen, in denen von Ihnen erwartet wird, selbst das unmöglichste Projekt zu übernehmen. Bei letzteren kann es dazu kommen, dass Sie ein Projekt ablehnen müssen, aber auch dort kann es sehr unterschiedlich sein, welche Reaktion zweckmäßig beziehungsweise möglich ist:

a) Das Projekt ablehnen:
Argumentieren Sie mit dem Erfolg der Firma, nicht mit Ihrem eigenen, und sprechen Sie Ihre Ablehnung weich aus. Sagen Sie zum Beispiel: »Es wäre sehr riskant für unsere Firma, wenn ich das Projekt übernehme. Ich sehe folgende Risiken: ...«. Der Unterschied zur »letzten Warnung« ist, dass Sie hier durch Ihre Ausdrucksweise zeigen, dass Sie das Projekt *nicht leiten wollen.* Der Punkt ist, dass Sie im Allgemeinen niemand als Führungskraft einsetzen wird, wenn Sie nicht wollen.

b) Unausgesprochenes »Nein«:
Es gibt immer Möglichkeiten, das Projekt zu »vermeiden«, irgendwie auszuweichen... Die Frage ist hier jedoch eher, ob Sie es nötig haben, in einem Umfeld zu arbeiten, in dem so etwas tatsächlich Ihre einzige Möglichkeit ist, um unbehelligt davonzukommen.

Eines sollten Sie jedoch nicht tun: Die wie auch immer geartete Absage für das Projekt verzögern. Wenn Sie alle früheren Schritte durchlaufen haben und das Projekt nicht übernehmen wollen, warten Sie nicht, bis es starten soll. Damit potenzieren Sie den Schaden und dieser wird auf Sie zurückfallen.

7.2 Umgang mit mangelnder Führungserfahrung

Unerfahrene Führungskräfte bedeuten ein sehr hohes Risiko für ein Projekt. Im Zusammenhang mit ihnen ergeben sich folgende Herausforderungen:

- Das Projektziel soll erreicht werden, der Kunde ist jedoch unerfahren.
- Sie sind (auf Dienstleister- oder Kundenseite) in der Rolle, einen Projektleiter oder Teilprojektleiter zu bestimmen, die Kandidaten haben jedoch zu wenig Erfahrung.
- Sie haben selbst nicht die benötigte Erfahrung.

7.2.1 Unerfahrene Kunden

Wenn Personen auf Dienstleisterseite, zum Beispiel der Projektleiter, unerfahren sind, kann der Kunde sie austauschen lassen. Seine Ansprechpartner beim Kunden kann der Projektleiter auf Dienstleisterseite jedoch nicht austauschen... Das ist *das einseitige Problem der unerfahrenen Kunden*.

Die Beobachtung aus der Praxis ist, dass Entscheider oft in ihrer Rolle erfahren sind, jedoch häufig wenig Kenntnisse von Webprojekten haben, was aber auch nicht ihre Aufgabe ist.

Bei Kundenprojektleitern sieht es oft anders aus, über sie handelt der Rest dieses Kapitels: Wichtig zu wissen für Projektleiter auf Dienstleisterseite ist, dass sehr viele Kundenprojektleiter das erste Mal ein Webprojekt (in der gegebenen Größenordnung) leiten und nicht die notwendige Ausbildung dazu haben.

Überraschend? Das ist nicht nur eine Beobachtung aus der Praxis, es kann kaum anders sein und hat nichts mit den betroffenen Personen zu tun. In einer Organisation, die als Ganzes nicht auf das Durchführen von (Web-)Projekten ausgerichtet ist, bekommt man als Projektleiter oft wenig Ausbildung, adäquates Coaching oder eine unterstützende Umgebung. Die meisten Firmen führen selten Webprojekte durch, auf alle Fälle zu selten, als dass die Organisation Erfahrung aufbauen könnte oder besonderen Wert auf die Auswahl von geeigneten Personen legen würde.

In großen Firmen gibt es zudem viele weniger stressige Tätigkeiten und Webprojektleiter zu sein gehört nicht zu den mit Ehre oder Geld am meisten honorierten, wenn der Zweck der Gesamtorganisation ein anderer ist. Bei dem Stress, den Webprojekte mit sich bringen können, und den möglichen Misserfolgen (Kapitel 1.6) machen das wenige zweimal.

Die Situation wird zusätzlich dadurch erschwert, dass die Aufgabe des Kundenprojektleiters (wenn der größere Teil des Projekts extern vergeben wird) weniger in der eigentlichen Projektleitung, sondern u. a. in der inhaltlichen Kontrolle der Projektleitung und Projektleistung auf Dienstleisterseite liegt. Gerade dazu bräuchte man jedoch besonders viel eigene Erfahrung.

Wägen Sie als Dienstleister ab, ob das Projekt bei dem unerfahrenen Kunden lohnen wird. Wenn die Organisation als Ganzes auch unerfahren ist, also generell selten Webprojekte durchführt, so ist das Webprojekt wahrscheinlich ein einmaliges Geschäft.

Solche Projekte sollten auf Dienstleisterseite von einem Projektleiter mit hervorragenden Soft Skills durchgeführt werden. Es ist nur verständlich, dass ein wenig erfahrener Kunde sich überall absichern will, viele Fragen, ein hohes Kontrollbedürfnis und vor allem Misstrauen haben wird. Mit der Dienstleistung kauft er etwas, was er nicht kennt, was aber teuer ist und viel Vertrauen braucht.

Die Sicherheit, die dieser Kunde sich wünscht, können letztendlich nur vom Dienstleister unabhängige Information, Vergleiche mit anderen Projekten und Dienstleistern sowie eigene Erfahrung bieten. Daher ist ein Dienstleisterwechsel wahrscheinlich, selbst wenn gute Arbeit geleistet wird. Das bedeutet erhöhtes Risiko für den Projektleiter, denn die Begründung für den Wechsel können schnell (vermeintliche) Unzulänglichkeiten seiner Arbeit sein. Dagegen hilft viel Einfühlungsvermögen in die wirklich schwierige Lage des Kunden, viel Selbstsicherheit bei Angriffen, die aus Unsicherheit resultieren, ausführliche Erläuterung des Arbeitsprozesses und exakte Absicherungen im Vertrag. Protokollieren Sie wirklich alles und arbeiten Sie nie ohne genaue Aufgabenspezifikation (Pflichtenheft oder Grobkonzept) - der Anfänger kann ausgewechselt werden, dann gilt nur das Geschriebene. Der Kunde wird möglicherweise ständig Änderungen verlangen. Dort hilft wieder das Geschriebene. In einen »sicheren Hafen« kann der Projektleiter auf Dienstleisterseite das Projekt (vor der Fertigstellung) nur lenken, wenn er eine ausgesprochen gute persönliche Beziehung zum Kunden aufbaut, quasi sein Freund oder Mentor wird.

In jedem Projekt ist es wichtig, den Entscheider zu involvieren, an dieser Stelle ist es sogar überlebensnotwendig. Wenn ihm bewusst ist, dass sein Projektleiter unerfahren ist, stehen die Chancen gut, dass er erkennt: Es ist für den Projekterfolg erforderlich, mehr zur Verfügung zu stehen. Im Grunde ist hier der Kundenprojektleiter ein netter Berater zu Themen der Kundenorganisation und der Kundenwünsche. Verbindliche Entscheidungen und verlässliche Informationen gibt es dort nicht. Besonders wichtig: Die Kundenzufriedenheit, die der Dienstleister anstrebt, ist (hier erst recht) an erster Stelle die Zufriedenheit des Entscheiders. Es sollte also zu Projektbeginn unbedingt im direkten Dialog nach seinen Kriterien für Zufriedenheit gefragt werden. Im Gegenzug für sein Engagement involviert und coacht der Projektleiter auf Dienstleisterseite seinen derzeit noch weniger erfahrenen Projektleiter. Damit entsteht ein persönlicher Nutzen für Entscheider und Projektleiter.

7.2.2 Auswahl des Projektleiters bei Mangel an erfahrenen Kandidaten

Bei der Wahl zwischen einem Unerfahrenen und einem Kandidaten mit einer negativen Erfahrung hat letzterer Pluspunkte. Die Voraussetzung ist, dass er aus dem Vergangenen lernen will und kann. Wer noch gar keine Erfahrung hat, wird im Allgemeinen der weniger geeignete Kandidat sein: »Wer noch keinen Kuchen verbrannt hat, weiß nicht, wie das riecht.« (Sprichwort aus dem Englischen).

7.2.3 Wenn Sie selbst zu wenig Erfahrung haben

Jeder muss einmal anfangen – benötigt werden jedoch nur erfahrene Führungskräfte. Wo ist hier der Ausweg?

Projektleiter auf Dienstleisterseite

Auf Dienstleisterseite starten immer wieder Projekte verschiedener Schwierigkeitsgrade, es ergeben sich dabei auch abgestufte Aufgaben wie Teilprojektleiter oder Mitarbeiter mit geringen Organisationsfunktionen. Es ist meistens auch möglich, sich jemanden zu suchen, der eine Coachrolle übernimmt – idealerweise der Vorgesetzte oder ein anderer Projektleiter. Berichten Sie ihm regelmäßig (wöchentlich) über den Projektfortschritt. Teilen Sie ihm Probleme und Befürchtungen mit. Bringen Sie stets auch Ihre eigenen Antworten zu jeder Frage mit, die Sie ihm stellen. Oft erkennt man auch schon in der Vorbereitung auf solch ein Gespräch, was zu tun ist.

Entscheider und Projektleiter auf Kundenseite

In den meisten Unternehmen kommen Webprojekte zu selten vor, als dass es erfahrene Webprojektleiter oder mit Webprojekten erfahrene Entscheider gäbe. Daher gibt es in der Kundenorganisation wahrscheinlich auch niemanden, der eine Coachrolle wahrnehmen könnte. Wenn das für die konkrete Organisation zutrifft, so wird ein externer Coach gebraucht. Auch wenn er nur selten kommt und teuer ist, eine Schulung reicht einfach nicht. Zum Thema Einkauf von Beratungsleistungen siehe Kapitel 4.3.3. Sind die Kosten eines gescheiterten Projekts höher als die des Coaches?!

Die beste Lösung gibt es jedoch in der persönlichen Karriereplanung – wer für Webprojekte verantwortlich werden will, lerne sein Handwerkzeug dort, wo diese im Mittelpunkt stehen: bei einem Dienstleister für Webprojekte.

Wenn Sie als Projektleiter auf Kundenseite zu wenig Erfahrung haben, nutzen Sie den Vorteil der Situation: Aller Wahrscheinlichkeit nach gibt es wenige Personen, die überhaupt in Frage kommen, das Projekt zu leiten, und diese bräuchten alle mehr Erfahrung. Sie sind also in einer idealen Verhandlungslage, einen Coach zu verlangen! Es sollte ein erfahrener externer Projektleiter als Coach hinzugezogen werden, eventuell kann ihm sogar (für eine Zeit) die Projektleitung übergeben werden, während Sie an seiner Seite lernen.

7.3 Projekte am Rande des Abgrunds retten

Rainer Kurbel

> »When I first started hearing these stories [about irrational corporate behavior] I was puzzled, but after careful analysis I have developed a sophisticated theory to explain the existence of this bizarre workplace behavior. People are idiots.«
>
> (Scott Adams: The Dilbert Principle, New York, Harperbusiness 1996)

Dieses Kapitel soll helfen, typische Fehler in »Wahnsinnsprojekten« zu erkennen und ein Verhalten zu entwickeln, das in einer solchen Situation weiterhilft. Es ist ein hartnäckiger Irrglaube, dass ein falsch aufgesetztes Projekt durch noch mehr und härtere Arbeit gerettet werden kann.

7.3.1 Wie erkennt man ein Wahnsinnsprojekt?

Gute Projekte zeichnen sich durch eine realistische Zeit-, Budget und Ressourcenplanung aus. Hierfür haben die jeweils zuständigen Mitarbeiter Informationen über ihre zu erledigende Arbeit eingeholt und sie unter realistischen Bedingungen eingeschätzt. Selbstverständlich muss in dieser Planung auch ein finanzieller und zeitlicher Puffer eingeplant werden. Wird nun diese Planung, aus welchen Gründen auch immer, übergangen oder nicht berücksichtigt, entstehen unweigerlich Engpässe und unrealistische Anforderungen.

Indikatoren dafür, dass man ein zukünftiges Wahnsinnsprojekt übernimmt, wurden in Kapitel 7.1.2 »Checkliste Risikoprojekt« aufgezählt.

Kennzeichen dafür, dass man sich bereits in einem Wahnsinnsprojekt befindet, sind:

- Das Budget wurde gekürzt, die Leistungen, der Abgabetermin oder Qualitätsansprüche dagegen bleiben unverändert. Der so erzeugte Mangel soll laut Anweisung von höherer Stelle durch »schnelleres« Arbeiten oder durch Überstunden wieder wettgemacht werden.
- Bereits zu Beginn des Projekts gibt es »Sprintphasen«.
- Personal wird für ein »wichtigeres Projekt« abgezogen.
- Die Arbeitszeiten des Teams liegen über 50 Wochenstunden, Nachtarbeit wird die Regel, Wochenenden werden durchgearbeitet.
- Zeit wird für operative Arbeit eingesetzt, für Planung ist keine mehr da. Besprechungen werden abgesagt, um das Arbeitspensum zu bewältigen.

7.3.2 Verhaltensregeln für Teilnehmer eines Wahnsinnsprojekts

Sie sind in einem Projekt gelandet, in dem die Zeit, das Budget oder die Kosten aus dem Ruder gelaufen sind? Ihre Aufgabe als Projektleiter ist es nun, dieses Projekt, das zwar im Moment läuft, aber beste Chancen hat, nie fertiggestellt zu werden, so gut wie möglich zu Ende zu bringen.

Neue Verhandlungsgrundlage!

Wenn Sie in einem Wahnsinnsprojekt gelandet sind, dürfen Sie alles tun, nur eines nicht: resignieren und die neuen, schwierigen Umstände als gegeben hinnehmen. Handeln ist gefragt, gehen Sie in die Offensive. Nehmen Sie Ihre Unterlagen und statten Sie dem höheren Management einen Besuch ab – wenn Sie auf der Dienstleisterseite sind, sowohl im eigenen Hause als auch beim Kunden. Berufen Sie den Steuerungsausschuss ein. Auch wenn Sie keine neuen Bedingungen verhandeln können, haben Sie Ihre Bedenken zu Protokoll gegeben. Dem Management muss klar vor Augen geführt werden, dass sie es mit einem Projekt zu tun haben, dessen Erfolgschancen gering sind. Ein »besserer« Projektleiter würde dieses kritische Projekt auch nicht ohne Probleme meistern. Nur weil sich bisher kein übergeordneter Manager um den Erfolg gekümmert hat, heißt das nicht, dass es bislang keine Probleme gab.

> ...Was hat ein Wahnsinnsprojekt mit einem Sprung aus dem 17. Stock gemeinsam? Bis kurz vor dem Aufschlag ist alles in bester Ordnung und es geht allen Beteiligten gut...

Es kostet viel Überwindung, die (zumindest teilweise selbst verursachten) Probleme offen zu legen. Letztendlich steht man jedoch vor der Wahl, sofort Krisensitzungen durchstehen zu müssen und dabei Gefahr zu laufen, ausgewechselt zu werden oder aktuell einigermaßen verschont zu bleiben und am Ende des Projekts das totale Scheitern zu erleben. Diese zwei Alternativen verdeutlicht folgendes Diagramm:

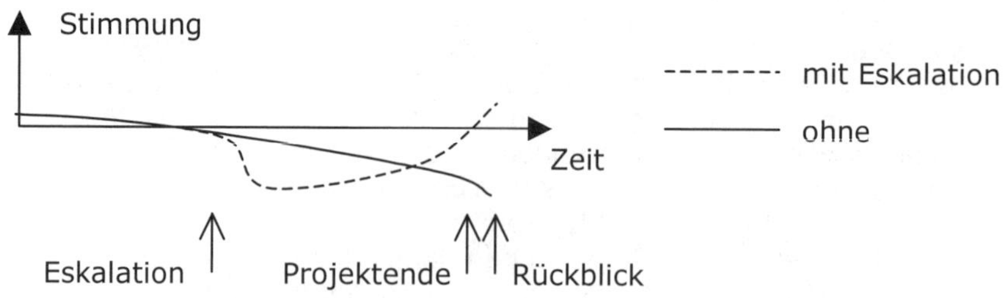

Abbildung 47: Typischer Stimmungsverlauf in einem Krisenprojekt

Im Rückblick wird die aktuelle Situation mit dem Tiefpunkt verglichen, es entsteht das Gefühl, gemeinsam etwas Schweres geschafft zu haben. Tatsächlich kommt es vor, dass andere erst nach einer erlebten und gemeisterten Krise die Qualitäten des Projektleiters erkennen.

Es soll an dieser Stelle bewusst gemacht werden, dass der Abbruch eines Projekts auch eine legitime Alternative ist. Es kann unter Umständen mehr Schaden verursachen, weiter Geld auszugeben als das Projekt zu beenden.

Projekterfolg neu definieren

Was als Projekterfolg gilt, wurde zu Beginn festgelegt. Das ist in einer Zeit passiert, in der »die Welt noch in Ordnung« war. Unter den neuen, viel härteren Bedingungen muss der Projektleiter darauf drängen, den Projekterfolg neu zu definieren. Wenn das alte Ziel war, eine voll funktionsfähige Online-Version auf der CeBit vorzustellen, was hindert daran, als neues, reduziertes Ziel die Vorstellung einer funktionsfähigen Stand-Alone Lösung anzustreben? Oder nur einer Powerpoint-Version?

Projektplan revidieren – den kritischen Pfad beleuchten

Jeder Projektplan entsteht (hoffentlich) auf Grund seriöser Planung. Wird diese Projektplanung umgeworfen, muss ein neuer Projektplan erstellt werden. Er soll allen Entscheidungsverantwortlichen vorgelegt werden. Besonders wichtig ist es hier, den kritischen Pfad (siehe Kapitel 3.5.4) deutlich hervorzuheben. Somit können alle Beteiligten genau die Arbeitspakete erkennen, bei deren Verzug der Projekterfolg gefährdet wird.

Autorität hinterfragen

Wenn es hektisch zugeht, kann nicht auf das Wohlergehen aller am Projekt *nicht* beteiligten »Mikromanager« eingegangen werden. Sicher, das Controlling möchte die Stundenauflistung genauer haben und die Personalabteilung ist sehr besorgt, wenn die Mitarbeiter in einem so kritischen Projekt erst um 10:30 Uhr eintrudeln. Dass diese Mitarbeiter aber bis um 3:00 Uhr nachts gearbeitet haben, ist ihnen entgangen.

Für das Team Sorge tragen

Wenn ein Projekt von großer Bedeutung für eine Firma ist, dann sollten das auch die Projektmitarbeiter sein und dementsprechend behandelt werden. Dies kann soweit gehen, dass der Projektleiter auch im privaten Bereich des Teams dafür Sorge trägt, dass die Teammitglieder sich ungestört der Arbeit widmen können. Es wirkt Wunder auf ihre Motivation, wenn der Projektleiter eine kleine Botschaft zusammen mit ein paar Karten fürs Schwimmbad oder Kino an die Familien schickt und sich dafür bedankt, dass er die Mitarbeiter so lange einspannen kann.

Komplexität reduzieren

Was sind die Kernaussagen des Projekts? Was ist »muss« und was »kann«? Muss der Shop wirklich für den ersten September fertig sein oder reicht vorerst auch eine Präsentation der Produkte? Muss die englische Version gleichzeitig mit der deutschen online gehen? Suchen Sie nach Einverständnis für eine »Schmalspur«-Lösung, die dann in weiteren Phasen ausgebaut wird.

Beste Arbeitsbedingungen für die, die ihr Bestes geben

Besondere Arbeitsbedingungen erfordern besondere Arbeitsumgebungen für das Team. Das können freie Getränke sein oder ein separater Raum für das gesamte Projektteam.

Fragen Sie das Team, was es von der täglichen Arbeit abhält. Wenn von diesem Team Unmögliches gefordert wird, verlangen Sie, dass die Firma optimale Arbeitsbedingungen zur Verfügung stellt und gegebenenfalls Firmenregularien für dieses Team außer Kraft setzt.

Seien Sie als Projektleiter Puffer zwischen dem Team und dem Rest der Welt.

Heilige Zeiten

Es gibt Zeiten, in denen nicht gearbeitet wird. Das sind Weihnachten, Ostern, Pfingsten oder der 1. Mai. Und da gibt es nichts zu diskutieren. Hier kann kein Kunde Arbeit einfordern. Sagen Sie jetzt nicht, dass es das nicht gibt, es gibt genug Projekte, die »garantiert besser gelaufen wären, hätte man sich von Seiten der Agentur über die Feiertage etwas engagierter gezeigt« (Originalzitat. Es ging um die Arbeit über die Weihnachtszeit.).

Erfolg messen

Besonders in Wahnsinnsprojekten ist es von großer Bedeutung, dass der Erfolg regelmäßig gemessen wird. Arbeiten Sie mit engen, regelmäßig gesetzten Meilensteinen. Wöchentlich sollen sich die einzelnen Projektteams mit Ihnen zusammensetzen und über den Stand der Arbeit berichten. So können Hindernisse schon rechtzeitig aufgedeckt und aus dem Weg geräumt werden.

8 Herausfordernde Projektarten

Robert Stoyan

Es werden drei Fokusthemen besprochen: Interne, große und internationale Projekte. Diese sind generell schwierig, im Web-Bereich haben sie zusätzliche Herausforderungen.

Inhalte:

8.1 Große Projekte

Was ein »Großprojekt« ist, legt jeder unterschiedlich aus. Geht es im Grunde nicht darum, dass es *zu groß* ist...?

Große Projekte sind potenzielle große Geldgräber für den Kunden. Um das zu vermeiden, werden nachfolgend deren spezifische Probleme besprochen und Wege aufgezeigt, sie durchführbar zu gestalten.

Kapitel 2.3 sprach die Empfehlung aus, Webprojekte so zu bemessen, dass sie binnen drei, maximal jedoch sechs Monaten fertig werden und online gehen. Hier wird diese Empfehlung begründet, indem zunächst die Risiken großer Projekte vergegenwärtigt werden. Anschließend wird gezeigt, was zu tun ist, wenn das Projekt durch Priorisierung von Anforderungen - wie dort besprochen - nicht sinnvoll zu verkleinern ist. Das Kapitel endet mit Best Practices über eine effektive Großprojektorganisation.

Projektmanager, die bislang für Softwareprojekte, jedoch nicht für Webprojekte tätig waren, können sechs Monate als Richtlinie für die maximale Projektlaufzeit als sehr eng empfinden. Wenn es sich um Projekte für Großkunden handelt, wird das eventuell sogar unrealistisch kurz erscheinen. Tatsächlich bedeutet es eine große Umstellung im Projektmanagement, Webprojekte zu führen. (Weitere Besonderheiten von Webprojekten enthält Kapitel 1.1.3 »Besonderheiten von Webprojekten«).

Herausforderungen:

Es werden im Folgenden zwei besondere Aspekte der Projektgröße betrachtet:

- Zu *Projekten mit langen Laufzeiten* werden hier solche mit einer Laufzeit über einem halben Jahr gezählt.
- Über *Großprojekte* wird gesprochen, wenn die Menge der Mitarbeiter den Einsatz von Teilprojektleitern erforderlich macht.

Für die Praxis sind die gewählten zeitlichen und organisatorischen Maße hilfreicher als irgendwelche auf dem Budget basierenden Klassifikationen von Projektgrößen, denn diese sagen letztendlich nichts über die tatsächlichen Schwierigkeiten aus.

8.1.1 Das Risiko

Projekte mit langen Laufzeiten

Wenn ein Webprojekt nicht in drei oder maximal sechs Monaten durchführbar ist, wird es von Änderungen bei Budget, Personen, Organisatorischem, Geschäftsstrategie, Marktlage, Technologie und parallel laufenden Projekten überrollt. Das ist bei Webprojekten nicht nur ein Risiko, sondern in vielen Fällen eine Gewissheit. Es entstehen unlösbare Dilemmas, bei denen gewählt werden muss zwischen nicht mehr aktuellen Lösungen, Projektabbruch oder kostspieligen, späten Ziel- und Umfangsänderungen. Die Beteiligten werden ständig von einem Problemmeeting ins nächste eilen und es wird permanent ohne Ergebnis Geld ausgegeben. Siehe zu diesem Thema auch Kapitel 2.3.3 »Warum priorisieren?«. Während der Auftragnehmer im Sinne des Dienstes am Kunden auf diese Probleme bei zu langer Projektlaufzeit hinweisen kann, ist es vitales Interesse des Kunden, hier gegenzusteuern. Das in dem Kapitel 1.7 über das Scheitern, die Erfolgsfaktoren und die häufigsten Probleme in Webprojekten Gesagte gilt erst recht für Projekte mit langen Laufzeiten.

Die für Webprojekte empfohlene Dauer bezieht sich auch auf Großfirmen und sehr große Aufgaben. Ob längere Projektlaufzeiten riskiert werden können, hängt nicht von der Größe des Unternehmens, sondern einer geringen Veränderlichkeit im Projektumfeld ab: wenig organisatorische Änderungen, stetige Finanzlage und ein wenig veränderlicher Markt sind Voraussetzungen für länger anhaltende Projekte. Dazu gehört auch, dass die Motivation für das Projekt längerfristig stabil ist, am besten direkt aus dem Wesen der Firma resultiert: Image fördern, Standardprodukte verkaufen, nicht aber Reaktionen auf aktuelle Internet- und Business-Trends.

Projekte mit besonders vielen Mitarbeitern

Die Risiken von Großprojekten liegen in der Schwierigkeit der Führungsaufgabe, d. h. der Gestaltung und der Führung der Projektorganisation (Kapitel 8.1.3). Bei komplexerer Projektorganisation kann schnell das Risiko ineffektiver Arbeit auftreten: Es werden mehr Personen für die Koordination benötigt, das Projekt wird zu einer Firma in der Firma. Bis diese voll funktionsfähig ist, ist das Projekt auch schon wieder beendet oder eher: es sollte fertig sein. Meistens sind es dieselben Projekte, die lange Laufzeiten und viele Mitarbeiter haben.

Die Verantwortung für große Projekte übernehmen?

Vor der Übernahme der Leitung eines großen Projekts lohnt ein Blick auf die Verantwortung: Welchen Schaden könnten Sie sich, Ihrem Arbeitgeber oder (auf Dienstleisterseite) Ihrem Kunden zufügen? Webprojekte sind sehr »sichtbar«, sowohl wortwörtlich als auch im übertragenen Sinne, große sind es erst recht. Konsequenzen für die Karriere sind so gut wie sicher, im positiven wie im negativen Sinne. Wenn alles bisher Gesagte nicht überzeugt, sind einige Gespräche mit Personen, die vergleichbare Projekte (am besten in der gegebenen Organisation) bereits durchgeführt haben, mit Sicherheit gut investierte Zeit. Es lohnt, deren Erfahrungen über den geplanten und tatsächlichen Projektverlauf, die erlebten Hindernisse und Probleme zu verstehen... - und zu überlegen, wie groß der Eisberg ist, dessen Spitze Sie gesehen haben. Das restliche »Eis« wird Ihnen vielleicht von den Mitarbeitern aufgetischt – gute Zuhörer finden immer jemanden, der bereit ist, Klartext zu sprechen.

Voraussetzung dafür, das erste Mal ein Großprojekt mit Teilprojektleitern zu übernehmen, sind mehrere Jahre Projektleitungserfahrung und Erfahrung als Teilprojektleiter in Projekten der gegebenen Größenordnung. Siehe hierzu Kapitel 7.1 »Professionelle Übernahme der Projektverantwortung«.

8.1.2 Projekte mit langen Laufzeiten stückeln

Nicht alle Vorhaben sind in Projekte zerlegbar, die innerhalb von drei bis sechs Monaten fertig werden *und* online gehen können. Der Anspruch der Internetnutzer ist gewachsen. Einmal verschreckte Nutzer kommen selten wieder, um erneut zu versuchen, die Website zu nutzen. Es kann also sehr wohl sinnvoll sein, erst mit einem umfangreichen und ausgereiften Angebot online zu gehen. Diese und andere Gründe können bewirken, dass ein Vorhaben nicht wie in Kapitel 2.3 beschrieben priorisiert und in handhabbare Projekte zerlegt werden kann.

Folgende Abschnitte stellen Handlungsmöglichkeiten in solchen Situationen vor:

Ist das Projekt wirklich sinnvoll?

Wenn das Projekt sich im Konflikt zwischen den oben beschriebenen Notwendigkeiten einer längeren Dauer und den Risiken solcher Projekte befindet, ist es der beste Ausweg, zuerst die Sinnhaftigkeit des Projekts zu prüfen.

Das Mögliche versuchen

Angesichts der Risiken von Projekten mit langen Laufzeiten sind radikalere Denkweisen und Maßnahmen in der Projektdefinition gerechtfertigt. Trennen Sie sich von technologischen und arbeitsprozess-orientierten Gedanken über Effektivität! Aus Sicht des Arbeitsprozesses erscheint es zum Beispiel effektiv, eine Technologieumstellung und ein Redesign an einer Website im selben Projekt durchzuführen. Das neue Design gleich mit der neuen Technologie darzustellen, erscheint ganz klar weniger aufwändig, als erst in einer neuen Technologie ein altes Design nachzubilden, um darauffolgend ein neues Design zu implementieren. Ab einer gewissen Projektdauer ist das jedoch nicht mehr unbedingt der Fall. Bis das Gesamtprojekt fertig wird, ist das Design eventuell wieder veraltet, zum Beispiel weil es den Zusammenschluss mit einer anderen Firma berücksichtigen muss... In diesem Fall kann es ausnahmsweise besser sein, im Voraus den Verlust in Kauf zu nehmen, Technologie und Design in separaten Projekten zu ändern.

Das zielführende Maß für gutes Projektmanagement bei großen Projekten ist die Erfolgswahrscheinlichkeit, Termin, Budget und Leistungsumfang *wirklich* zu schaffen.

Große Vorhaben in normale Projekte zu zerlegen, kann sehr schwierig sein. Wer es verantworten kann, Großvorhaben zu starten, sollte auch über das Budget verfügen, notfalls eine Managementberatung oder einfach einen sehr erfahrenen externen Großprojektleiter zu engagieren.

Pilotprojekte

Analog zu Prototypen innerhalb *eines* Projekts können in größerem Maßstab ein oder mehrere Pilotprojekte gestartet werden. Der wesentliche Unterschied zu Prototypen ist, dass das Ergebnis von Pilotprojekten bereits real genutzt wird, auch wenn Nutzerkreis oder Angebot noch eingeschränkt sind. Hierdurch können die Komplexität des Umfelds und der mögliche Schaden bei einem Fehlschlag vermindert und Praxiserfahrungen in der Nutzung gesammelt werden. Siehe Kapitel 3.6 »Iteratives Vorgehen«.

In großen Firmen sind für Komplexität, Dauer und Risiko oftmals interne organisatorische Aspekte ausschlaggebend. Zusammenhänge mit existierenden Prozessen, DV- und Produktionssystemen sowie eine beliebig hohe Anzahl von Stakeholdern machen die Projekte schwierig. Das erste Projekt ist im Extremfall ein »organisatorisches Pilotprojekt« und dann vor allem dazu da, Erfahrungen mit allen diesen Aspekten, Instanzen, Mitredern und – ehrlicherweise – Hindernissen zu sammeln.

»Rahmen schaffen und iterieren«

Iteration auf der Ebene von ganzen Projekten normaler Größe kann helfen, ein großes Vorhaben bei allen Veränderungen der Umgebung durchzuführen. Zuerst wird mit einem Konzeptionsprojekt ein Rahmen geschaffen, der Ziele, Anforderungen, die gestalterische und technische Gesamtidee beschreibt. Innerhalb dieses Rahmens wird mittels der üblichen Priorisierung (Kapitel 2.3) ein erstes Projekt mit den wichtigsten Anforderungen durchgeführt und online gebracht, dann ein zweites usw.

Diese Vorgehensweise ist der bei Pilotprojekten entgegengesetzt: während dort zuerst ausprobiert wird, wird hier zuerst konzipiert.

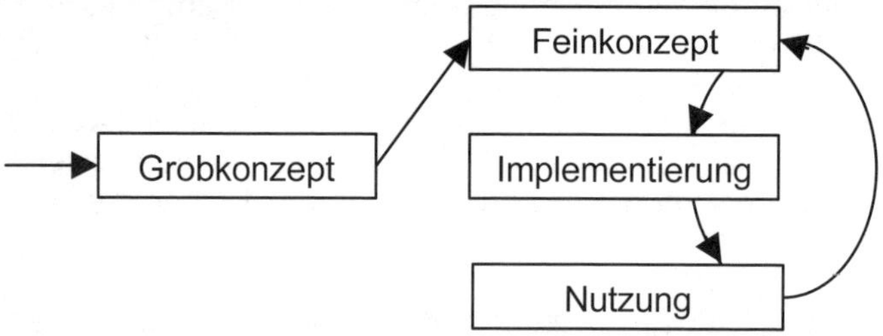

Abbildung 48: Iteration im Rahmen, den das Grobkonzept vorgibt

»Interne Iteration«

Wenn es völlig unmöglich ist, das große Vorhaben auf Projekte normalen Ausmaßes herunterzubrechen, die zu einem eigenständig nutzbaren Ergebnis führen, ist die »Iteration im Rahmen« intern durchgeführt immer noch sinnvoll. Diese »interne Iteration« (ohne Launch) ist die letzte Möglichkeit, die Vorteile von kleinen Projekten wenigstens einigermaßen zu nutzen. Es geht hier um nichts anderes mehr, als ein Projekt tatsächlich über eine lange Laufzeit hinweg durchzuführen und in Kauf zu nehmen, dass sich dabei vieles im Umfeld und den Anforderungen ändern wird. Durch eine Aufgliederung in definierte, kurze Projekte ohne Launch können jedoch Änderungen besser kanalisiert werden.

Wenn mitten im laufenden Projekt der Vorstand erscheint und mitteilt, dass sich wichtige geschäftliche Ziele geändert haben und das halbe Projekt hinfällig wird, erhöht sich die Motivation dadurch definitiv nicht. Wenn nach einem kurzen Projekt eine geordnete Evaluation stattfindet, in die alle Faktoren, so auch geänderte geschäftliche Ziele einfließen, ist eine umfassendere, professionellere Reaktion möglich – und die Frustration der Basis kann gemindert oder vermieden werden. Auf diese Weise wird intern iteriert, bis ein Ergebnis vorhanden ist, mit dem es möglich ist, online zu gehen:

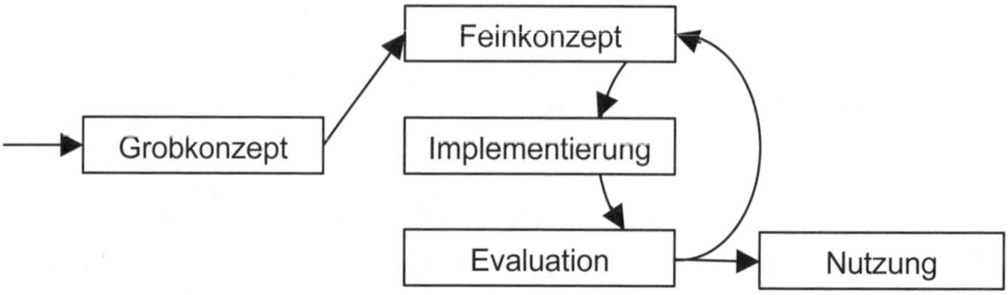

Abbildung 49: »Interne Iteration«

Zusammenfassung

Es wurde gezeigt, wie die Durchführbarkeit großer Vorhaben unter schwierigsten Umständen verbessert werden kann. Die Wahrheit ist und bleibt aber, dass schwer unterteilbare Vorhaben auch schwer zum Erfolg zu führen sind, zum Beispiel ein Relaunch einer historisch gewachsenen Großwebsite eines Markenunternehmens, bei der aus Konsistenz- und Markenimage-Gründen nicht erst nur ein Teil geändert werden kann.

8.1.3 Effektive Großprojektorganisation

Großprojekte unterscheiden sich von normalen Projekten dadurch, dass sie eine Anzahl von Teilprojektleitern haben. Der Gesamtprojektleiter stellt das Team der Teilprojektleiter zusammen, diese wiederum können die Inhalte des Kapitels 9 »Teamführung« nutzen, um ihre Teams zu etablieren. Dazu sollte der Gesamtprojektleiter das Projekt in einzelne, überschaubare Teile unterteilen.

Das Wichtigste bei der Definition der Teilprojekte ist, dass jedem ein Ergebnis zugeordnet ist, das zum Gesamtergebnis des Projekts beiträgt.

Typischerweise gibt es ein Teilprojekt IT und ein Teilprojekt Design, eventuell weitere Teilprojekte, die aus der speziellen Aufgabe, dem Content, den abzubildenden Geschäftsprozessen oder internationalen Aspekten des Projekts resultieren.

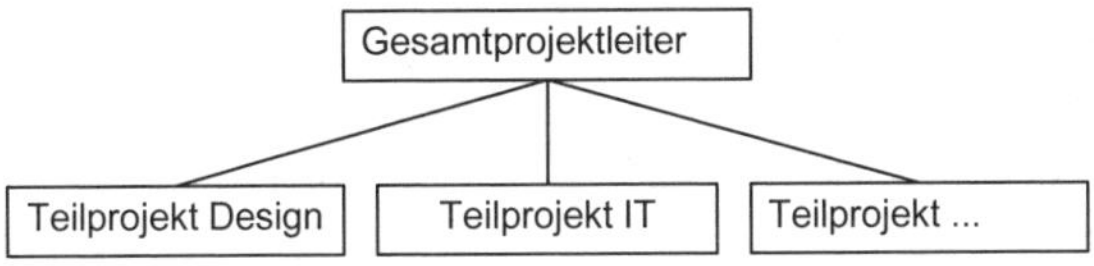

Abbildung 50: Struktur der Teilprojekte

Hinzu kommen noch *Stabsfunktionen*, die nicht die Mitarbeitermenge eines Teilprojekts haben, aber auch unmittelbar dem Gesamtprojektleiter untergeordnet sind.

Herausforderung:

Bei der geschilderten organisatorischen Komplexität werden Großprojekte schnell zu einer Firma in der Firma. Zu einer guten?!

Ein häufig zu beobachtendes Problem in Großprojekten ist, dass sinnvolle und gute Managementmethoden zu Bürokratie ohne Inhalt verkommen. Für jede Problemsorte (Risiken, Qualität, Konfigurationsmanagement, Vertragsmanagement, Kommunikation etc.) wird dann eine Stabsstelle, »Querschnittsfunktion« oder ein Teilprojekt gegründet in der

Hoffnung, sich nicht mehr darum kümmern zu müssen. Im Folgenden werden die einzelnen Themen (»Stabsstellenkandidaten«) differenziert betrachtet.

Risikomanagement

Projektrisiken gehören zur Aufgabe der Projektleiter und Entscheider im Projekt. Es ist nicht sinnvoll, für Risikomanagement eine Stabsstelle zu gründen. Es geht bei Webprojekten nicht darum, mit statistischen Methoden und komplexen Analysen, Eintrittswahrscheinlichkeiten und Schadensberechnungen Risikomanagement zu betreiben, wie es Risikomanagement-Spezialisten für Banken, Versicherungen oder Kernreaktoren tun. Das Sammeln und Bewerten aller Risiken im Projekt durch einen Verantwortlichen für Risikomanagement oder das Projektoffice ergibt bei Webprojekten zwar auch wohlstrukturierte Listen, hilft aber nicht. Das wäre sogar kontraproduktiv, denn es würde zur Informationsüberflutung und damit letztendlich zur Missachtung des Risikomanagements führen. Auch eine erinnernde Funktion kann anderweitig besser realisiert werden: Diese kommt zustande, indem Risiken regelmäßig im Rahmen des normalen Projektreportings, so zum Beispiel im Steuerungsausschuss, berichtet werden. Sinnlos, aber tatsächlich in der Praxis anzutreffen ist das Einsammeln von Risiken per Formular und E-Mail. Risiken müssen im Gespräch aufgezeigt beziehungsweise erfragt und anschließend erörtert werden. Diese Gespräche können die Teilprojektleiter jeweils für ihren Bereich leisten und wenn das Problem dort nicht lösbar ist, an den Gesamtprojektleiter eskalieren. Die nächste Ebene zur Eskalation wiederum ist der Entscheider.

Projektrisiken sind in diesem Sinne »Chefsache«. Zusammenfassend kann also festgestellt werden, dass die Auslagerung von Risiken von Webprojekten an spezielle Verantwortliche nur »Verantwortungsautomatisierung« wäre in der falschen Hoffnung, sie dadurch loszuwerden.

Eine gewisse Formalisierung ist aber sehr wohl nützlich, das geschieht am besten in Form von Risikoberichten, zum Beispiel als Teil der Projektstatusberichte, siehe Kapitel 6.4.1 »Statusbericht«. Diese werden von Projektleitern auf allen Ebenen für die jeweils höhere Ebene erstellt. Für den Eigengebrauch oder für ein Team ist es nützlich, eine Liste der Risiken und Probleme für diesen Bereich zu führen. Mehr zur Handhabung von Projektrisiken steht in Kapitel 5.4 »Steuerung von Risiken«.

Qualitätssicherung, Usability, Markenwahrnehmung ...

Wie in Kapitel 5.3 »Steuerung der Qualität« angeführt, haben IT-Experten, Designer und Branding-Verantwortliche, aber auch alle anderen Disziplinen in einem Webprojekt völlig unterschiedliche Begriffe, Methoden, Betrachtungsgegenstände und Maßstäbe, die sie mit Qualität assoziieren. Die Projektorganisation sollte diese Tatsache berücksichtigen. Mit einer Stabsstelle »Qualitätsbeauftragter« ist es hier also nicht getan. Vielmehr ist es wichtig, dass Qualität aus Sicht einer jeden Disziplin sichergestellt wird. Für ein Großprojekt ist es hier die angemessene Lösung, jeweils einen Qualitätsexperten zu beauftragen. Ideal lässt sich das umsetzen, falls die Teilprojekte den Disziplinen entsprechen. Ein für das gesamte Projekt verantwortlicher Qualitätsbeauftragter kann sinnvoll sein, um als vom Gesamtprojektleiter unabhängige Instanz an die Auftraggeber zu berichten oder um die Arbeit der verschiedenen Qualitätsbeauftragten zu koordinieren, falls das erforderlich sein sollte.

Scope- und Vertragsmanagement

Effektiv in eine Stabsstelle auslagerbar ist das Scope- und Vertragsmanagement. *Scopemanagement* ist die Aufgabe, ständig den Leistungsumfang (Scope) im Vergleich zu den Vereinbarungen aus dem Vertrag zu überwachen. Das ist wichtig auf Kunden- wie auf Dienstleisterseite. Das Vertragsmanagement sollte jederzeit einen Überblick über die Vertragsstatus aller (Unter-)Auftragnehmer geben können, falls Änderungen im Leistungsumfang erforderlich sind, deren Auswirkungen auf Verträge mit (Unter-)Auftragnehmern prüfen und die Scopeänderungen gegebenenfalls mit Vertragsänderungen umsetzen. Die Themen Scope- und Vertragsmanagement sind eng miteinander verquickt.

Projektsekretariat

Zu den Aufgaben des Projektsekretariats (Projektoffice) gehören Adresslistenführung, Reiseorganisation, Mitarbeiterbelange, Urlaubsverwaltung, Infrastrukturmanagement. Für Projektdokumente kann das Projektsekretariat eine Projekt-Website pflegen, auf die Projektmitarbeiter zugreifen können. Auflistungen angefallener Arbeitsstunden der Mitarbeiter können ebenfalls vom Projektsekretariat zusammentragen werden, ebenso kann auch die Einhaltung von Dokumentenstandards (Kapitel 6.2 »Standards für Projektdokumente«) überwacht werden.

Das Projektsekretariat ist eine sehr sinnvolle Stabsfunktion, die Besetzung jedoch schwierig. Es ist ein Widerspruch in sich: Es sind hohes Engagement und hohe Qualität erforderlich (Verfügbarkeit, Überstunden, Zuverlässigkeit, Freundlichkeit, Erfahrung, ...), die Aufgabe geht jedoch mit wenig Führungsfunktion und wenig Ehre einher. Das Projektsekretariat wird erst dann bemerkt, wenn es nicht funktioniert. Man findet Leute, die einfach nur gute Arbeit leisten wollen und nicht viel Wert auf Ehre legen. Man findet auch welche, die sehr ehrgeizig sind, viel Verantwortung und einen wichtigen Projektteil übernehmen wollen und dafür ein hohes Engagement erbringen. Das Projektsekretariat erfordert jedoch hohes Engagement ohne Ehre, es hat keine fachlich-inhaltliche Relevanz, keine wirkliche Entscheidungskompetenz. Es ist aber unersetzlich für eine effektive Projektarbeit. Bei der Auswahl der Personen für das Projektsekretariat ist also auf eine geeignete, besondere Persönlichkeitsstruktur zu achten oder es sind entsprechende finanzielle Anreize zu bieten.

Kommunikation

Kommunikation im Sinne der Verbreitung von Nachrichten an Stakeholder, Projektmitarbeiter oder Endkunden eignet sich als Stabsfunktion.

Konfigurationsmanagement, Releasemanagement

Das *Konfigurationsmanagement* in Webprojekten umfasst die Sicherung und Verwaltung von Arbeitsständen und Releases.

Die Arbeitsstände werden je nach Projektstruktur am besten pro Standort oder pro Disziplin organisiert. Gegen ein zentrales Konfigurationsmanagement als Stabsstelle spricht, dass die tatsächliche Einhaltung der Richtlinien des Konfigurationsmanagements so nicht ausreichend gesichert ist. Mitarbeiter würden so bei Stress und hohem Arbeitstempo eher mal die Dateien ohne Sicherung auf ihrem PC speichern. Es ist besser, die Verwaltung der Arbeitsergebnisse dort zu etablieren, wo die Arbeit passiert. Aufgabe der Gesamtprojektleitung ist es hier lediglich, darauf hinzuwirken, *dass* ein Konfigurationsmanagement in den jeweiligen Bereichen durchgeführt wird.

Releases im Sinne von Ergebnissen, die dem Auftraggeber übergeben wurden, müssen zentral gesichert werden, insbesondere wenn sie eine vertragsrelevante Übergabe darstellen oder online geschaltet wurden. In diesem Sinne ist ein zentrales *Releasemanagement* sinnvoll.

Zusammenfassung am Beispiel

Folgende Abbildung demonstriert die gegebenen Empfehlungen. Stabsstellen werden als seitlich angebundene Kästen, Aufgaben des Gesamtprojektleiters oder von Personen in den Teilprojekten als Spiegelstriche dargestellt.

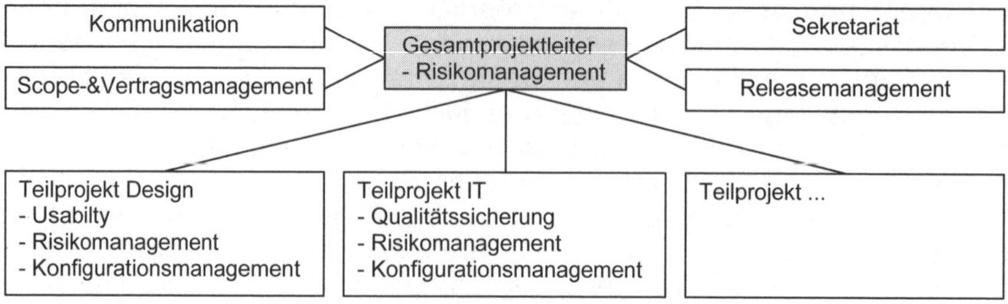

Abbildung 51: Beispiel für Projektstruktur und Verantwortungen

8.2 Internationale Projekte

Internationale Webprojekte gehören zu den schwierigsten Aufgaben für das Projektmanagement und könnten Thema eines eigenständigen Buches sein. Die zentrale Botschaft ist, dass es sich hier nicht primär um technologische Herausforderungen handelt, sondern vielmehr um organisatorische: die richtige Bemessung des Aufwands und geeignete Organisation der Projektarbeit. Die größte Schwierigkeit ist nicht die Mehrsprachigkeit der Software, sondern die Kommunikation in der Projektarbeit, die länderspezifische Anpassung des Content und der internationale Contentpflegeprozess im Betrieb der Website.

Contentadaption

Texte müssen in verschiedene Sprachen übersetzt werden, Bilder (insbesondere solche, die Menschen oder bekannte Orte darstellen oder die als Symbol funktionieren) und Texte müssen an die Kultur einer Region angepasst werden, auch die Produktpalette kann sich regional ändern. Eine Region kann hier alles von einem Teil eines Landes bis hin zu einer Gruppe von Ländern sein. Auch die Funktionen der Website müssen adaptiert werden, sie müssen Währungen, Maßeinheiten usw. berücksichtigen. Schließlich muss alles rechtlich für das jeweilige Land geprüft werden. Oftmals gibt es einen globalen, für alle Länder gültigen Content, dieser muss dann für alle Länder gleichzeitig geeignet sein, zum Beispiel sollten Bilder international sein, etwa Menschen unterschiedlicher Hautfarbe darstellen.

Die Contentadaption erfordert außerordentlich viel menschliche Arbeit und sehr aufwändige technische Unterstützung. Alle nachfolgenden organisatorischen und technischen Herausforderungen ergeben sich aus der Contentadaption.

International verteiltes Projektteam

Regionale und sprachliche Anpassung von Content braucht auch regionale und sprachspezifische Teams, welche die kulturellen Trends aufgreifen, bei Änderungen des lokalen Rechtssystems Bescheid wissen usw. Hierfür ist es de facto notwendig, dass die Teams auch räumlich verteilt sind. (Hinzu kommen weitere mögliche Aspekte wie billigere Arbeitskräfte im Ausland.) Damit wird die Arbeit wieder komplexer, es muss eine international verteilte Projektorganisation aufgestellt und geführt werden. Siehe hierzu Kapitel 9.2.4 »An einem Ort oder verteilt arbeiten« und 10.6.5 »Kommunikation in internationalen Projekten«.

Internationaler Pflegeprozess

Nach Projektabschluss muss die Site auch international gepflegt werden. Dieser Prozess muss Übersetzungen, globale und lokale Prüfungen und

Freigaben beherrschen, er muss differenzieren können nach Content, der lokal geändert werden darf und Content, der global vorgegeben wird.

Der Pflegeprozess orientiert sich am Geltungsbereich des Content: Internationaler Content, Content für einen Sprachraum, Content für eine Region. Diese Contentklassen werden jeweils von einem Redaktionsteam gepflegt. Dafür müssen im Projekt die Voraussetzungen geschaffen werden.

Technische Internationalisierung

Die bisher genannten Anforderungen betreffen den Arbeitsprozess, dafür ist jedoch massive technische Unterstützung nötig.

Ein CMS (Content Management System, Kapitel 14.4.3) ist erforderlich, um adaptierte Contentversionen vorzuhalten und dem Nutzer die angeforderte Seite in der richtigen Contentversion zur Verfügung zu stellen. Der internationale Pflegeprozess besteht aus Redakteuren, die spezifische Rechte (Erstellung, Übersetzung, Freigabe) für konkret festgelegte Teile des Content haben. Sie arbeiten hierzu an einer Redaktionsoberfläche des CMS.

Falls die Site auch Transaktionen durchführen kann, so müssen diese eventuell mehrere Währungen bedienen können, zwischen global und nur lokal vertriebenen Produkten unterscheiden können, lokale Unterschiede in den Zahlungsmethoden kennen usw. Alle diese dürfen nicht fest in den Programmcode geschrieben sein, die gesamte Geschäftslogik muss parametrisiert sein.

Wenn die Site auf mehreren Kontinenten betrieben wird, so werden mehrere technische Standorte eingerichtet, damit die Nutzer schnell genug bedient werden.

Herausforderungen an das Design

Die internationale Website stellt auch besondere Herausforderungen an das Design. So sollte sich in der Site Menschen aus unterschiedlichen Regionen, Kultur- und Sprachräumen angesprochen fühlen und orientieren können. Hier sind mitunter auf den ersten Blick unwesentliche Details zu berücksichtigen wie zum Beispiel kulturell jeweils anders belegte Farbinterpretationen oder unterschiedlicher Raumbedarf von Navigationsbegriffen in verschiedenen Sprachen in Menüleisten.

Besonderheiten des Projektablaufs

Zuerst müssen weltweit die nötigen Domänen reserviert werden (Kapitel 15.1 »Domain-Recht«).

Die Projektarbeit auf dem Weg zur internationalen Website birgt zahlreiche Risiken, vor allem aber das Risiko einer unüberschaubaren Komplexität. Dem soll folgender Ablauf entgegenwirken. Jeder Schritt ist ein eigenständiges Projekt.

1. Nationale Version, in der die spätere Contentadaption bereits vorgesehen ist (Bilder und Texte sind nicht in den Programmcode geschrieben, sondern werden zum Beispiel über ein CMS dynamisch geladen).
2. Adaptierte Versionen für wenige Pilotländer. Bei guter Arbeit im ersten Projekt sollte dieser Schritt eine Ergänzung und keine Neuenwicklung sein. Sinnvoll ist es jedoch, Erkenntnisse aus der Nutzung der nationalen Version in eine Verbesserung der dort erarbeiteten Grundstruktur einfließen zu lassen.
3. Breite Adaption für die Masse der Länder.

Oft geht diesen drei Schritten noch eine Konzeptionsphase in der Größenordnung eines eigenständigen Projekts voran – vgl. Kapitel 8.1.2.

Falls die nationale Site bereits besteht, so ist an Stelle von Schritt 1 eine nachträgliche Internationalisierung durchzuführen, um in Schritt 2 die Contentadaption durchführen zu können. Das bedeutet u. a., aus dem Programmcode mit dafür geeigneten Softwarewerkzeugen den fest hineincodierten Text (etwa für Buttons) herauszusuchen und in getrennte Dateien auszulagern. Dabei müssen grafisch dargestellte Texte manuell identifiziert werden.

Bevor ein internationales Vorhaben umgesetzt wird, sollte als Erstes geprüft werden, ob die Motivation dafür langfristig genug ist. Internationale Vorhaben brauchen ihre Zeit und wenn versucht wird, sie zu verkürzen, indem an der Abfolge obiger Schritte gespart wird, so führt das nur zum Scheitern oder noch längerer Dauer.

Zusammenfassung

Internationale Projekte sind Großprojekte, CMS-Projekte und Projekte mit verteilten Projektteams gleichzeitig – und sie bergen auch die Herausforderungen aller dieser Projekte zusammengenommen.

8.3 Interne Projekte

Wenn ein Unternehmen ein Projekt mit den eigenen Mitarbeitern realisiert, so spricht man von einem *internen Projekt*, im Businessdeutsch *In-House-Projekt*«.

Laut der Studie [Timekontor, 6.2, S. 41] werden 25% aller Software-Projekte ohne einen externen Dienstleister durchgeführt. (Die Studie bezog sich zur Hälfte auf Webprojekte). Interne Projekte haben ihre eigenen Fallstricke. Diese resultieren daraus, dass mit der Grenze zwischen den Unternehmen auch die dadurch erhöhte Aufmerksamkeit und Sorgfalt entfällt:

1. Mangelnde Zuordnung von Verantwortlichkeiten
2. Niedrige Priorität, wenig Aufmerksamkeit
3. Übliche Kontrollmechanismen werden vernachlässigt

Ersteres tritt besonders häufig dann auf, wenn unklar ist, wem in der Organisation die Website »gehört«. Der zweite Punkt ist u. a. für Dienstleister charakteristisch, deren Geschäft Webprojekte für Kunden sind, die aber in diesem Projekt die eigene Website bearbeiten. Der dritte Punkt ist generell ein Merkmal von internen Projekten.

Die folgenden Abschnitte bieten Maßnahmen gegen diese Risiken.

8.3.1 Verantwortlichkeiten definieren

Gutes Management von internen Projekten fängt bei der Begriffsdefinition an: Es sind Projekte, bei denen Kunde und Dienstleister zum selben Unternehmen gehören. Es sind keine Projekte ohne Kunden oder ohne Dienstleister! Daraus ergibt sich der erste Ratschlag für den Erfolg eines internen Projekts:

Kunde, Entscheider und Dienstleister sollen personenbezogen und schriftlich definiert werden. Das mag selbstverständlich erscheinen, tatsächlich ist jedoch der Mangel an klaren Verantwortlichkeiten das Problem, an dem viele interne Projekte leiden.

Jedes Wort dieser Empfehlung ist wichtig:

»Kunde«

Wer ist es, der mit dem Projekt zufrieden sein soll? Beispiele: Bei einer internetgestützten Mitarbeiterverwaltung kann das die Personalabteilung sein, wenn es um die Website des Gesamtunternehmens geht, so wäre das die Marketingabteilung oder der Vorstand.

»Entscheider«

Wer kann über alle Aspekte dieses Projekts eine Entscheidung treffen? Es ist definitiv nicht ausreichend, nur den Kunden festzulegen, denn es muss eine Instanz geben, an die Probleme herangetragen werden, wenn Kunde und Projektleiter diese nicht gemeinsam lösen können. Es wird also eine Person benötigt, die der internen Dienstleisterseite und Kundenseite übergeordnet ist, die also im Konfliktfall auf Grund ihrer hohen

Stellung sowohl über die Ressourcen als auch die Ziele des Projekts entscheiden kann.

»Dienstleister«

Wer ist in der Verantwortung für das Projektmanagement und wer gehört zum Projektteam?

»personenbezogen«

Es ist nicht ausreichend, eine Abteilung zu benennen. Es ist in jedem Fall auch ein konkreter Ansprechpartner zu nennen. So können die vergebenen Verantwortungen eingefordert werden.

»schriftlich«

Sicher ist innerhalb des Unternehmens meist kein unterschriebener Vertrag nötig, eine klare Aussage in beliebiger Schriftform, etwa eine E-Mail, hilft jedoch ungemein gegen Vergesslichkeit und Interpretationsspielräume.

Ein internes Projekt hat damit folgende Organisationsstruktur:

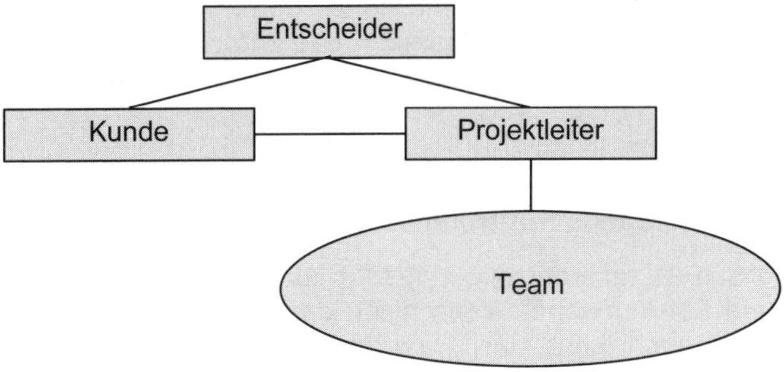

Abbildung 52: Rollen in einem internen Projekt

In vielen Fällen sind jedoch Kunde und Entscheider identisch, etwa wenn es um die Website des eigenen Unternehmens oder das Intranet geht. In einem solchen Fall kann ein Mitglied des Vorstandes die Rolle des Kunden und des Entscheiders gleichzeitig ausüben.

8.3.2 Projekte zweiter Klasse?

Interne Projekte werden schnell zu Projekten zweiter Klasse. Wenn der Geschäftszweck des Unternehmens Webprojekte sind, fungieren interne Projekte realistisch gesehen oft als »Mitarbeiter-Parkprojekte«. Es gibt immer etwas für die eigene Firma zu tun, sei es die Firmenwebsite oder das Intranet, und es gibt immer einige Mitarbeiter, die gerade nicht für einen Kunden im Einsatz sind, eingearbeitet werden müssen oder Ähnliches. Naheliegend ist es, die beiden Sorgen zu einem Gewinn zu verbinden. Aber auch bei einem Unternehmen, dessen Geschäftszweck nicht Webdienstleistungen sind, können interne Projekte durch Wegfall der externen Kunden-Dienstleister-Grenze schnell zu Projekten zweiter Klasse werden. Sie bekommen weniger Aufmerksamkeit, auch weil die Kosten nicht so direkt sichtbar werden, denn die Mitarbeiter »sind ja sowieso da«. Aus welchem Grund auch immer –

Ein Projekt zweiter Klasse wird auch nur Ergebnisse zweiter Klasse liefern.

Wenn Sie dafür die Verantwortung übernehmen sollen, gibt es zwei sinnvolle Alternativen:

a) Es wird anerkannt, dass dieses Projekt aus guten Gründen weniger priorisiert ist, eben auch anderen Zwecken wie der Einarbeitung oder dem »Parken« von Mitarbeitern dient. Die Ergebnis- und Terminerwartungen werden dementsprechend niedrig definiert, die Ressourcen eher ausgiebig. (Aber sie werden definiert.)

b) Die Projektinhalte sind tatsächlich wichtig, sie tragen viel zum Erfolg des Unternehmens bei. In diesem Fall muss von der Unternehmensleitung auch ein entsprechend hohes Commitment erwartet und das Projekt mit hoher Aufmerksamkeit des Entscheiders, entsprechender Ressourcenausstattung, aber auch hoher Zielerwartung durchgeführt werden.

8.3.3 Professionelle Kontrollmechanismen etablieren

Der erste Schritt zur Kontrolle eines Projekts ist die Festlegung von Ziel, Termin und Soll-Aufwand. Wenn nicht klar ist, was das Projekt beinhaltet, dann ist auch nicht klar, was kontrolliert und eingefordert werden soll. Tatsächlich werden diese Faktoren bei internen Projekten oft nicht so deutlich definiert. Das ist verständlich, weil es nicht durch die Beauftragung eines externen Dienstleisters erzwungen wird – den Projekterfolg behindert es aber ebenso.

Generell ist es eine gute Vorgabe für ein internes Projekt, das gesamte Projektcontrolling genauso aufzusetzen und durchzuführen, als würde Projekt in Zusammenarbeit mit einem externen Dienstleister realisiert: Zieldefinition, Pflichtenheft, Projektplan, Statusberichte, Abrechnung über aufgelaufene Aufwände, Abnahmen etc.

9 Teamführung

John Keenan
Übersetzt aus dem Englischen von Robert Stoyan und Rainer Kurbel

Die größte Verantwortung eines Projektleiters ist sicher die Menschenführung. Er kann sich nicht mit allen im Projekt beteiligten Disziplinen auskennen, dennoch muss er geeignete Personen für das Team auswählen. Projektlaufzeiten sind kurz, die Personen kennen sich vorher oft nicht, dennoch soll das Team schnell zu einer Einheit zusammenwachsen.

Dieses Kapitel vermittelt, wie man aus verfügbaren Personen ein gutes Team zusammenstellt, das Engagement der Teammitglieder gewinnt, Personen und angestrebte Ergebnisse in Einklang bringt und dann so führt, dass sich Motivation entfaltet.

Inhalte:

9.1 Wie entstehen Teams?

Schon als Kinder haben wir beim Spielen Teams zusammengestellt, um gemeinsam ein Ziel zu erreichen. Diese Teams wurden wieder aufgelöst, wenn das Ziel erreicht oder wenn es Zeit war, nach Hause zu gehen. Als Kinder hatten wir ein sehr gutes Gefühl dafür, was bei der Zusammenstellung eines Teams wichtig ist. Wir haben uns Mitspieler ausgesucht, mit denen wir uns gut fühlten, in die wir Vertrauen hatten und mit denen wir »zusammenarbeiten« konnten.

Als Erwachsene gehen wir an diese Dinge nicht mehr mit dieser Leichtigkeit heran. Wir benötigen immer noch Teams, um Ziele zu erreichen, aber wir stellen sie anders zusammen. Wir wählen Personen nach ihrer Verfügbarkeit oder weil sie zu unserer Abteilung gehören und wir wählen Personen aus »politischen« Gründen. All das sind valide Gründe, warum wir Leute in unser Team aufnehmen, aber wird daraus auch ein Team?

Die Antwort ist tendenziell »Ja«, vorausgesetzt, dass Sie als Projektleiter das Team *führen* und die Personen *bereit sind, geführt zu werden*. Ihre Aufgabe ist es, sie zu einer Einheit zusammenzuführen, die Vertrauen hat.

Ein Team mit *Erfolgspotenzial* ist eine Gruppe von Menschen, die mit Vertrauen und Respekt zusammenarbeiten, um das Ziel zu erreichen.

9.2 Das Team aufbauen

9.2.1 Das Team besetzen

Ihre wichtigste Aufgabe ist die Zusammenstellung Ihres Teams. Die Personen, die Sie für das Team gewinnen und die wiederum Sie überzeugen, dass sie dabei sein dürfen, werden Ihre Projektorganisation und die Gliederung der Teilergebnisse auf dem Weg zum Erfolg entscheidend beeinflussen.

Ein Team mit *Erfolgspotenzial* zu schaffen bedeutet, solche Personen in das Team zu nehmen, die im Team sein *wollen.* Dies mag offensichtlich erscheinen, die meisten Teams werden aber mit Personen besetzt, die gerade verfügbar sind und die nicht unbedingt auch im Team sein wollen.

Attribute von Teammitgliedern

- ✓ Möchte in diesem Team arbeiten
- ✓ Hat in der Vergangenheit Ergebnisse geliefert
- ✓ Hat relevante Erfahrungen aus vergangenen Projekten
- ✓ Will Erfolg
- ✓ Teamplayer

Checkliste 4: Erfolgspotenzial im Team

Motivierte Teammitglieder finden

Nicht immer sind perfekte Voraussetzungen gegeben, um Teams zusammenzustellen. Es gibt aber Maßnahmen, damit aus Personen, die verfügbar sind, Personen werden, die wirklich im Team sein wollen.

So sollte der Projektleiter mit jedem potenziellen Teammitglied ein Gespräch unter vier Augen führen. Dieses Meeting gibt dem Projektleiter die Gelegenheit, das Projekt zu erläutern, darauf einzugehen, was das Projekt dem Unternehmen bringt und die zu besetzenden Rollen zu benennen. Das potenzielle Teammitglied kann dann ausführen, wie es zum Erfolg beitragen könnte. Der Projektleiter sollte daraufhin die Erwartungen an die Person erläutern und sie ermutigen, vor einer Zusage über die Aufgabe nachzudenken.

Dieser Prozess hat mehrere Vorteile. Vor allem bringt es das Teammitglied in die Verantwortung, eine bewusste Entscheidung über den Beitritt zum Team zu treffen. Das ist um einiges besser als Leuten mitzuteilen, dass sie im Team sind. Auf diese Weise ist das Teammitglied moralisch dem Projektleiter verpflichtet.

Natürlich setzt das voraus, dass die ausgewählte Person auch zustimmt, dem Team beizutreten. Was aber, wenn sie absagt? Finden Sie die Ursache heraus! Hat die Person noch andere Verpflichtungen oder hat sie Probleme mit dem Projekt, so wie Sie es vorgestellt haben? In letzterem – für Sie schlechteren – Fall haben Sie das Projekt entweder nicht in einer Weise vorgestellt, dass es von der Person richtig verstanden und gewertet werden konnte, oder das Projekt ist uninteressant. Auf jeden Fall müssen Sie herausfinden, was der Grund für die Absage war, denn diese Person kann zum Multiplikator für schlechte Nachrichten über Ihr Projekt werden.

Die Qualifikation prüfen

Als Projektleiter werden Sie die Besten für Ihr Team haben wollen. Wie ermittelt man jedoch, inwieweit eine Person in der Lage ist, die geforderte Aufgabe zu erfüllen? Sie können kein Experte auf allen Gebieten sein, für die Sie Leute suchen. Lassen Sie sich daher von dem Kandidaten berichten, wie er in vergangenen Projekten ähnliche Probleme gelöst hat. Das beweist noch lange nicht, dass er ein Experte ist, es vermittelt Ihnen aber einen Eindruck, ob er solche Aufgaben bereits erfüllen konnte.

Wenn auch Kompetenz ein sehr wichtiges Kriterium für die Auswahl von Mitarbeitern ist, die wichtigste Eigenschaft, nach der Sie suchen sollten, ist allen Disziplinen gemeinsam: die Fähigkeit, eine Arbeit zu fertig zu stellen, also ein Ergebnis zu liefern. Einfache Fragen wie: «Hast Du oder das Team das gemacht?« oder »Ist das Ergebnis genutzt geworden?« können Ihnen auf harmlose Art und Weise zu einem Gefühl verhelfen, ob dem Teammitglied klar ist, was »Ergebnisse erbringen« wirklich bedeutet.

Vergangene Erlebnisse können jedoch auch zu Lasten führen, die Menschen unglücklicherweise in ihre weitere Arbeit mit einbringen. Beispiel: »Projekte werden nie rechtzeitig fertig in dieser Firma«. Achten Sie hier jedoch darauf, dass die Teammitglieder trotz aller negativen Erfahrungen aus der Vergangenheit das Potenzial für zukünftigen Erfolg haben.

9.2.2 Geschwindigkeit oder Erfolg

Wenn man ein Team zusammenstellt, wird Geschwindigkeit gelegentlich mit Erfolg verwechselt. Ein Team schnell zusammenzustellen und zum Arbeiten zu bringen, kann als wichtig angesehen werden, wenn »Time to Market« oder andere gerade aktuelle Phrasen im Raum stehen. Normalerweise ist das jedoch nicht der beste oder kosteneffizienteste Weg.

In der Regel sind die Anforderungen bei Projektbeginn noch nicht vollständig bekannt und dokumentiert. Wie sollten in dieser Situation die Teile des Teams überhaupt effektiv arbeiten können, wenn das *gesamte* Team sofort zusammengestellt wird?

Ein besserer Weg ist es, die Teammitglieder in das Projekt einzubringen, wenn sie wirklich gebraucht werden. Normalerweise müssen in einem Projekt erst Anforderungen aufgenommen und dokumentiert werden, danach beginnt der eigentliche Planungsprozess, dann wird die Vorgehensweise mit verschiedenen Abteilungen beim Kunden abgestimmt und damit begonnen, eine Gesamtarchitektur aufzustellen. Erst jetzt ist es sinnvoll, die weiteren Teammitglieder ins Boot zu holen.

Dieses zu verstehen und dem Kunden zu erklären, bringt dem Projektleiter einen weiteren Vorteil ein: Zeit – zum Rekrutieren, Motivieren und Einsetzen der restlichen Teammitglieder.

9.2.3 Teamorganisation

Man kann trefflich darüber diskutieren, ob das Personal oder die Teamstruktur zuerst kommt. In der Realität entstehen sie zusammen. Das ist normal, denn die Struktur wird geprägt von den Anforderungen an das Projekt, aber auch von den Teammitgliedern:

- Es kann in der Tat das Erfolgspotenzial noch erhöhen, wenn die Struktur sich den Fähigkeiten der Teammitglieder anpasst.
- Um schließlich das Projektergebnis abgeben zu können, muss sich die Struktur jedoch direkt auf Verantwortlichkeiten für Ergebnisse abbilden.

Es ist ein schwieriger Balanceakt, die Teamstruktur den Menschen und den zu liefernden Ergebnissen (auf Businessdeutsch »Deliverables«) anzupassen. Es ist nicht immer möglich, diese Balance zu erreichen. Wägen Sie in solchen Fällen die Prioritäten beider Aspekte ab und fragen Sie gegebenenfalls die Teammitglieder, ob sie bereit sind, für dieses Projekt neue Rollen zu übernehmen.

Wenn es im Team Mitglieder gibt, die kein direktes Deliverable haben, so wird das auch die Leistung des Gesamtteams schwächen und das Erfolgspotenzial senken.

Bei der Strukturierung eines Großprojekts sind noch eine Reihe weiterer Punkte zu beachten, siehe hierzu Kapitel 8.1.3 »Effektive Großprojektorganisation«.

9.2.4 An einem Ort oder verteilt arbeiten

Die ideale Situation für ein Team ist es, physisch am selben Ort, im gleichen Haus, Stockwerk oder sogar im gleichen Zimmer zusammenzuarbeiten. Nähe verbessert die Kommunikation im Team deutlich und baut Motivation und Teamgeist auf.

Auch wenn es für das Projekt optimal ist, das Team an einer Stelle anzusiedeln, ist das nicht immer praktikabel. Einige Teammitglieder werden physisch in ihrer jeweiligen Abteilunge bleiben wollen, um mit ihr in Kontakt zu bleiben, andere arbeiten eventuell an unterschiedlichen Orten. Hier können regelmäßige Meetings als Katalysator für Kommunikation und Teambildung dienen. Eine interessante Beobachtung hierzu ist, dass in vielen Fällen Projekte, die getrennt beginnen, an einen Ort zusammengebracht enden. Die Nachteile der aufwändigeren Kommunikation über die Entfernung beziehungsweise die Vorteile der Nähe werden letztendlich so hoch eingeschätzt, dass die anfänglichen »Gründe« für die Trennung vergessen werden.

Bei unterschiedlichen Örtlichkeiten kann noch das Problem von verschiedenen Sprachen und Kulturen hinzukommen. Größere Firmen mit der Tradition einer gemeinsamen Sprache und einer starken Firmenkultur sind normalerweise darauf vorbereitet, mit dieser Situation umzugehen; die meisten Firmen sind aber erst dabei, auf diese Herausforderungen aufmerksam zu werden. Die Themen reichen von einfachen Dingen wie Zeitunterschied oder unterschiedlichen Feiertagen bis zu komplexeren Dingen wie der unterschiedlichen Bedeutung von Begriffen und Ausdrucksweisen. Hier werden Probleme auftreten, soviel ist gewiss. Es gehört also zur Aufgabe des Projektleiters, vorab Festlegungen zu treffen. Es müssen eine Projektsprache und eine Zeit definiert werden, weiterhin soll abgewogen werden, ob es lohnt, ein gemeinsames Glossar zu entwickeln, um den Kommunikationsprozess zu unterstützen.

Das Wichtigste ist, gute Leute im Team zu haben, deren physischer Ort ist zweitrangig. Aber auch die räumliche Nähe ist ein Mittel, mit dem gute Kommunikation im Team gefördert werden kann.

9.2.5 Den Kunden ins Team holen

Projekte haben Kunden, seien es interne oder externe Kunden. Entscheidend ist, dass es jemanden gibt, der zufriedengestellt werden muss. Dieser Punkt ist sehr wichtig, denn er gibt dem Projekt eine Bedeutung. Weiterhin ist der Kunde auch der Referenzpunkt, wenn es darum geht, Probleme zu lösen.

Der Kunde sollte eng in die Arbeit des Teams eingebunden werden. Das Problem ist dabei oft, dass der Kunde zu beschäftigt ist, um sich des Projekts anzunehmen, oder dass das Team sich nicht aktiv darum bemüht, den Kunden einzubeziehen. In beiden Fällen ist es so gut wie unmöglich, das Projekt zum Erfolg zu führen. Die meisten Projektleiter werden zustimmen, dass harte Kunden oft ein gutes Projektergebnis erhalten. Der Grund dafür liegt auf der Hand: Ein harter Kunde weiß genau, was er will. Ihre Aufgabe als Projektleiter ist es, diese Anforderungen dahingehend zu verhandeln, dass Sie sie erfüllen können. Das Gute daran ist, dass es bei bekannten Anforderungen in der Regel möglich ist herauszufinden, wie sie erfüllt werden können.

Ist der Kunde nicht involviert, wird im besten Fall das Projekt weniger erfolgreich sein, in den meisten Fällen jedoch wird es ernste Probleme geben. Das Interessante ist, dass der Kunde sich – wenn das Projekt es ihm wert ist – letztendlich einbringen wird, in der Regel wegen Problemen mit Zeitplan oder Budget. Wie erreicht man das so früh wie möglich? Kreieren Sie die kritische Situation – auf dem Papier! Erstellen Sie einen Bericht, der das zu erwartende Ergebnis des Projekts vorhersagt und zeigen Sie darin, wie unklare Anforderungen und weitere mangelnde Teilnahme des Kunden zu Zeit- und Budgetüberschreitungen führen. Hilft das nicht, müssen Sie entweder pragmatisch handeln und das Projekt stoppen, sich einen neuen Kunden suchen oder optimistisch bleiben und hoffen, dass alles gut geht. Sie haben die Wahl...

Ein guter oder »harter« Kunde erhöht deutlich das Erfolgspotenzial eines Projekts.

9.2.6 Dem Team einen individuellen Kontext geben

Nachdem Sie das Team organisiert und den Kunden dazu gebracht haben, beim Gelingen des Projekts zu helfen, definieren Sie nun einen Kontext, gelegentlich auch als »Vision« bezeichnet, für das Team.

Diese Vision sollte speziell für dieses Team entworfen werden und etwas sein, was als Basis eines Gemeinschaftsgefühls dienen kann und über ein gemeinsames Verständnis dazu beiträgt, dass alle in dieselbe Richtung mitziehen. Im einfachsten Fall ist es eine kurze Definition des Projektziels, es kann jedoch auch weicher sein, eine Art »Kompass«, wie das Projekt dort hinkommt. Auf alle Fälle soll es helfen, das Projektziel zu erreichen, eventuell trägt es sogar noch darüber hinaus.

Beispiele:

- Wenn die besondere Herausforderung im Projekt ein enger Terminplan ist, so ist es sinnvoll, den Kontext um Pragmatismus herum aufzubauen. Beispiel: »Pragmatismus in allem, was wir tun« (wird uns dem Ziel näher bringen).
- In einem Webprojekt, in dem ganz besonders die Qualität im Vordergrund stand, hat die Geschichte von Gus Grissom diesem Zweck gedient: Der Astronaut des Mercury-Programms wurde den Angestellten eines Zulieferers der NASA präsentiert, um ihnen auf diesem Wege die Verantwortung bewusst zu machen und auf eine bessere Qualität hinzuwirken. Vor versammelter Mannschaft sollte Grissom etwas sagen. Er brachte drei Worte heraus: »Do Good Work! « (weil ich es bin, der in der Rakete steckt!). Die Reaktion der Mitarbeiter war enorm und sie leisteten gute Arbeit. – Dieses einfache »Do Good Work!« und diese Geschichte lieferten auch den Kontext für das Webprojekt.

Für einige Projekte werden zur Identifikation Logos erstellt, sie erfüllen aber nicht die Funktion, eine Botschaft zu kommunizieren.

Ein Team braucht einen Kontext. Wenn dieser klar kommuniziert und verstanden wird, so kann er das Erfolgspotenzial erhöhen.

9.3 Das Team führen

9.3.1 Führungsstil

Im Allgemeinen wollen und brauchen Menschen Führung. Sie werden zwar mit Ihnen diskutieren und sich beschweren, aber letztendlich wollen sie für jemanden arbeiten, der führen kann. Seien Sie sich als Projektleiter dessen bewusst und arbeiten Sie an Ihrem Führungsstil.

Es gibt zwei Führungsstile, auf die häufig Bezug genommen wird. Der eine ist »Command and Control«, bei dem der Projektleiter diktiert, was zu tun ist und die Aktionen aller kontrolliert. Der andere ist der konsensorientierte Stil, bei dem zur gemeinsamen Entscheidungsfindung ermutigt wird. Wer in Projekten mit diesen Führungsstilen konfrontiert wurde weiß, dass beide ihre Vor- und Nachteile haben. Bei »Command and Control« entsteht in der Regel der Eindruck, dass eigenständiges Denken nicht gefragt ist und der Projektleiter tut, was er will, ohne auf die Gefühle im Team Rücksicht zu nehmen. Beim konsensorientierten Stil können endlose Diskussionen zu Stagnation im Projekt führen und zu dem Eindruck, dass kein Fortschritt gemacht wird. Die Erfahrung zeigt, dass eine Kombination aus beiden Führungsstilen das Beste ist. Gute Projektleiter fördern den Konsens im Team, treffen aber auch, falls angebracht, Einzelentscheidungen.

Als Projektleiter bringen Sie Ihre Persönlichkeit mit ein. Um zu einem bestmöglichen Führungsstil zu finden, ist es erforderlich zu bestimmen, welches Ihr natürlicher Stil ist. Sind Sie eher ein »Command and Control«-Typ oder eher ein konsensorientierter Manager? Diese Feststellung ist wichtig und bedarf der Rückschau: Wenn Sie in der Vergangenheit die Erfahrung gemacht haben, dass Entscheidungen »ewig« gedauert haben, tendieren Sie wahrscheinlich eher zum Konsensstil. Wenn Sie sich erinnern, dass Entscheidungen zwar schnell gefällt wurden, rückblickend aber weniger gut waren, so tendieren Sie eher zu »Command and Control«. Diese Beschreibungen bestätigen aber auch, dass eine Kombination beider Stile normalerweise das Beste ist: Ermöglichen Sie Diskussionen, damit Konsens entstehen kann, aber geben Sie auch einen Rahmen und einen Zeitplan vor, damit Fortschritt möglich wird und seien Sie, wenn erforderlich, entschlossen und zeigen Sie Führung!

Ein weiterer wichtiger Punkt in der Teamführung ist, dass es nur einen »Chef« geben kann. Es gibt Firmen, bei denen gemeinsame Teamführung vorkommt, typischerweise einen Projektleiter von der betriebswirtschaftlichen Seite und einen Web-Projektleiter. Auch wenn dies als duales Führungsprinzip gefördert wird, entwickelt sich oft einer der Projektleiter zur führenden Persönlichkeit oder es werden Konflikte entstehen, die das Projekt negativ beeinflussen. Eine Ausnahme ist es, wenn die Personen sich sehr gut kennen.

Seien Sie als Projektleiter sich bewusst, dass Sie als Führungspersönlichkeit gesehen werden und dementsprechend handeln müssen. Dieser Gedanke kann zunächst erschreckend sein, aber mit einigem Nachdenken, Praxiserfahrung und dem Wunsch danach können Sie Führungsqualitäten entwickeln. Und denken Sie daran: Auch wenn Sie sich noch nicht wie eine Führungspersönlichkeit fühlen, handeln Sie einfach wie eine, und niemand wird den Unterschied merken.

9.3.2 Motivation

Sie können Motivation nicht direkt herbeiführen, Sie können jedoch die Bedingungen schaffen, unter denen die von den Teilnehmern eingebrachte Motivation, in diesem Team für die Projektziele zu arbeiten, sich entfaltet:

Seien Sie ehrlich mit guten und schlechten Nachrichten, feiern Sie den Erfolg und schützen Sie sowohl Ihr Team als auch Ihr Projekt. Konzentrieren Sie sich auf den Erfolg des Projekts und auf alles, was diesen Erfolg ausmacht.

Vor allem aber zeigen Sie Interesse an den Menschen und an ihrer Arbeit. Sind Sie nicht Führungskraft geworden, um mit Menschen zu arbeiten? Hier geht es allerdings nicht darum, in Outlook eine weitere Aufgabe »Kontakthaltung, Interesse zeigen, Fragen stellen zu ihrer Arbeit« einzufügen. Hier geht es darum, Interesse zu *haben*. Führungskräfte *müssen* sich für ihre Mitarbeiter interessieren, um Erfolg (und Spaß) bei ihrer Arbeit zu haben. Sie können sich dieses Interesse jedoch bewusst machen, öfters darüber nachdenken, was Sie eigentlich interessant finden und warum. Was Sie dann aus dieser Einstellung heraus tun, wird authentisch sein. Und wenn man wirklich Interesse hat und sich dessen bewusst ist, wird dieses gezeigt, auch wenn noch so viel anderes zu tun ist. Sie werden einen Weg finden, und sei es nur kurz, die Mitarbeiter anzusprechen. Interesse an Mitarbeitern ist Voraussetzung für Führung.

Literaturempfehlungen

- Reinhard K. Sprenger: Mythos Motivation. Wege aus einer Sackgasse. Campus, 2002, ISBN 3-593-36894-3. Es wird ein tiefes Verständnis von Mitarbeitermotivation gegeben, insbesondere auch davon, was nicht zu Motivation führt. Die Beschreibungen der »Sackgassen« sind sehr unterhaltsam und bewirken immer wieder einen Aha-Effekt.
- Alexander Christiani: Motivieren Sie sich selbst – das 6-Schritte-Programm. Erschienen in »Meilensteine zum Erfolg«, mvg-Verlag München, 1999, ISBN 3-478-72660-3. Wenn auch der Gesamtbeitrag das Thema Selbstmotivation behandelt, so ist der Abschnitt »Hauptmotivatoren«, Seite 97ff, eine kurze und bündige Darstellung, warum Motivation von Mitarbeitern schwierig ist: Die Motivationsfaktoren der Menschen sind völlig unterschiedlich. Was den einen motiviert, demotiviert den anderen.

9.3.3 Probleme im Team

Teams bestehen aus Menschen, und Menschen sind komplexe Lebewesen, die nur allzu oft Probleme haben oder bereiten. Diese Schwierigkeiten können mit einer anderen Person zusammenhängen oder mit der Qualität der geleisteten Arbeit. Egal um was für ein Problem es sich handelt, Sie müssen schnell darauf reagieren, um den negativen Einfluss auf das Gesamtteam zu minimieren.

Probleme, die mit der Arbeit zusammenhängen, manifestieren sich typischerweise an Schnittstellen, etwa indem ein Mitarbeiter einem anderen ein Teilergebnis abliefern muss und es Mängel bei Qualität oder Termintreue gibt. Wenn Sie vermitteln, um gemeinsam eine Lösung zu finden, müssen das Problem, die Aufgaben und der Zeitplan klar definiert werden. Als Projektleiter sollten Sie den Fortschritt beobachten, damit dieses Problem nicht noch einmal auftaucht.

Probleme persönlicher Natur müssen diskret behandelt werden. In den meisten Situationen kann mit Anstand und Verständnis auf beiden Seiten eine Lösung für das Problem gefunden werden. Wenn das Problem mögliche rechtliche Konsequenzen hat, etwa ein Teammitglied illegal oder unmoralisch handelt, muss die Personalabteilung zur Unterstützung hinzugezogen werden.

Normalerweise erkennt man Probleme nicht, bis sie einen ernsthaften Grad angenommen haben. Im Rückblick sind die Anzeichen jedoch nur allzu deutlich. Der Projektleiter sollte sich daher die Zeit nehmen, um »den Flur entlang zu spazieren« und mit den Teammitgliedern unter vier Augen zu sprechen. Solche alltäglichen Gespräche bringen viele Informationen und Bürogerüchte ans Licht. Wenn nötig, kann gleich reagiert werden, in anderen Fällen kann die Information später beim Treffen von Entscheidungen nützlich sein.

Probleme im Team müssen schnell und fair angegangen werden. Nichts zu tun verschlimmert sie, da die Menschen im Umfeld des Problems sich dessen nur allzu sehr bewusst sind und erwarten, dass die Führungskraft sich des Problems annimmt.

9.3.4 Das Team schützen bei Leistungseinbrüchen einzelner

Nicht alle Teammitglieder passen in die Subkultur, die sich in einem Projekt entwickelt. Damit ist zu rechnen und es hat nichts mit persönlichem Versagen zu tun. Wie aber der Projektleiter damit umgeht, kann schnell zu persönlichem Versagen führen. Nicht darauf einzugehen, wenn ein Teammitglied die geforderte Leistung verfehlt, ist dem Rest des Teams gegenüber unfair und kann zu einem Motivationseinbruch führen.

Der Projektleiter muss das Team und dessen Erfolg schützen.

Wenn ein Teammitglied, aus welchem Grund auch immer, nicht die geforderte Leistung erbringt, ist es wichtig, dass der Projektleiter fairerweise mit dem Teammitglied über die Situation spricht, noch bevor die Entscheidung fällt, die Person aus dem Projekt zu entfernen. Die Diskussion sollte direkt sein und Sie als Projektleiter sollten genaue Gründe für die Unzufriedenheit aufzeigen und schließlich dem Teammitglied Möglichkeiten aufzeigen, wie es wieder ein funktionierender Teil des Ganzen werden kann. Diese Diskussion kann dazu führen, dass sich entweder die Leistungen verbessern und sich somit das Problem löst oder dass das Teammitglied selbst beschließt, das Projekt zu verlassen, was ebenfalls eine Lösung ist.

Letztendlich muss das Problem gelöst werden und wenn Sie das Teammitglied auffordern müssen, das Projekt zu verlassen, tun Sie es schnell und fair. Die »endgültige« Entscheidung hinauszögern nutzt nicht. Das hat zwei wichtige Auswirkungen: Erstens wird dadurch dem Rest des Teams mitgeteilt, dass Sie sich um das Projekt und das Team kümmern. Zweitens kann es sein, dass Ihnen diese Person irgendwann in der Zukunft als Kunde wieder gegenübersitzt – dann ist es gut, wenn Sie fair gewesen sind.

Kommt die Person aus einer anderen Abteilung und hat dort einen Vorgesetzten, dann ist es Ihre Aufgabe, mit ihm zu sprechen um festzulegen, wie verfahren wird. In der Regel wird die Person in ihre Abteilung zurückkehren. Dieser Punkt ist wichtig, denn dass ein Mitarbeiter nicht in ein Team gepasst hat bedeutet noch lange nicht, dass es keine andere Rolle in einem anderen Teil des Unternehmens gäbe, die er ausfüllen könnte. »Es gibt keine nutzlosen Personen, sondern nur falsch geforderte Gewinner.«

Müssen Sie einen Mitarbeiter schließlich aus dem Team nehmen, bitten Sie ihn einfach an einen ungestörten Ort. Wenn Sie die empfohlene Prozedur befolgt haben, der Person Ihre Unzufriedenheit in einem früheren Gespräch mitzuteilen, so wird ihr klar sein, worum es jetzt geht. Sie brauchen also Ihre Mitteilung nicht weiter hinauszuzögern. Sagen Sie kurz und bündig, dass seit dem letzten Gespräch keine Verbesserung erfolgt ist und dass Sie die Person aus dem Team nehmen.

Niemand ist unersetzbar. Es wird immer Personen geben, die wichtig sind – sie aber nur deswegen zu halten, weil sie Wissen haben, ist typischerweise falsch, wenn sie das Team aus dem Gleichgewicht bringen.

9.3.5 Raus aus dem Büro!

Die Anstrengungen und der Stress eines Projekts können Menschen müde und emotional machen. Im schlimmsten Fall führt das zu Konflikten, im besten »nur« zu fehlender Kommunikation im Team.

Im Büro sind die Mitarbeiter auf Ihre Arbeit konzentriert oder sollten es zumindest sein. Es bleibt wenig Zeit zum Aufbau zwischenmenschlicher Beziehungen, die verhindern könnten, dass zukünftige Probleme zu Krisen werden.

Organisieren Sie als Projektleiter Ereignisse, bei denen Kommunikation spontan passieren kann und wo die Teammitglieder die Gelegenheit haben, Beziehungen außerhalb des Projekts aufzubauen. Dabei müssen Sie die persönlichen Umstände der Teilnehmer berücksichtigen. Ein Team aus jungen Singles wird eher abendliche Aktivitäten bevorzugen, während Teammitglieder mit Partnern und eventuell Familie eher für wenige Treffen tagsüber sind, so dass diese nicht mit ihrer Freizeit kollidieren. In der Regel empfiehlt sich eine gesunde Mischung aus beidem, da für die meisten Menschen auch einige Treffen am Abend akzeptabel sind.

Es kommen verschiedene Möglichkeiten in Frage, aber einer der geeignetsten Plätze, um die gewünschte Art der Kommunikation zu fördern, ist die Kneipe. Wenn Sie das Team einmal im Monat auf ein Bierchen versammeln, so ist das sicher ein erfolgreicher Weg, um Kommunikationsprobleme im Team ohne jede Mühe zu lösen.

9.4 Zusammenfassung

Ein Team zu managen, ist teilweise sehr schwierig, kann aber auch Spaß machen und wird bestimmt nie langweilig. Wahrscheinlich ist das der Grund, warum Sie Projektleiter geworden sind.

Führung kann komplex sein, muss aber nicht. Um es auf einfache Regeln zu reduzieren: Kommunizieren Sie dem Team klar den Kontext, seien Sie in der Lage zuzuhören, seien Sie ehrlich mit guten und schlechten Nachrichten, feiern Sie Erfolge und schützen Sie sowohl Ihr Team als auch Ihr Projekt. Konzentrieren Sie sich auf den Erfolg des Projekts und auf alles, was dazu beiträgt.

Zu guter Letzt:

Erfolg aus der Vergangenheit erhöht die Chance auf zukünftigen Erfolg.

Um ein erfolgreicher Projektleiter zu sein, müssen Sie ein gutes Team zusammenstellen. Um ein gutes Team zusammenzustellen, müssen Sie gute Leute für das Projekt gewinnen. Gute Leute werden von guten Projekten angezogen und um gute Projekte zu machen, braucht es einen erfolgreichen Projektleiter. (...Bitte wiederholen...)

Mit anderen Worten: Erfolgt gebiert Erfolg.

10 Kommunikation

John Keenan
Übersetzt aus dem Englischen von Robert Stoyan und Rainer Kurbel

Kommunizieren Sie für den Erfolg! Webprojekte sind kommunikationsintensiv und haben häufig viele verschiedene Stakeholder. Auch gibt es hier wegen der interdisziplinären Zusammenarbeit kein gemeinsames fachliches Verständnis, es bleibt nur Kommunikation übrig, um Menschen zu verbinden und Probleme zu lösen.

Gelungene Kommunikation beginnt bei einer hilfreichen Betrachtungsweise, was das ist. Darauf aufbauend werden hier konkrete Schritte vermittelt, die der Verantwortliche eines Webprojekts zu leisten hat. Es wird gezeigt, wie professionelle Kommunikationsplanung für Projekte erfolgt. Zahlreiche Best Practices zum Umgang mit realen Problemsituationen runden das Kapitel ab, um Projektleiter und Entscheider in die Lage zu versetzen, ab sofort besser zu kommunizieren.

Inhalte:

10.1 Was ist Kommunikation?

Um die Bedeutung guter Kommunikation zu erkennen, muss man zuerst verstehen, was Kommunikation ist - und was nicht.

Kommunikation wird in der Regel als Übertragung von Informationen verstanden. Genau das ist es nicht. Kommunikation ist vielmehr das Empfangen von Informationen, denn solange der Empfänger das Übertragene nicht versteht, also nicht empfängt, hat keine Kommunikation stattgefunden.

Ein Manager muss kommunizieren können. Um effektiv zu kommunizieren, müssen Sie sich in die Lage der Person versetzen, mit der Sie kommunizieren. So können Sie niemandem komplexe technische Konzepte erklären, der nicht das entsprechende technische Verständnis hat. Sie müssen die Botschaft in eine Sprache »übersetzen«, die diese Person versteht, sonst kommunizieren Sie nicht, sondern halten einen (schlechten) Vortrag.

Man kann es so sehen, dass alle Probleme, die in einem Projekt auftreten, das Ergebnis mangelhafter Kommunikation sind. Wenn Sie lernen, was gute Kommunikation bedeutet und wie sie geplant wird, erhöht sich Ihr *Erfolgspotenzial* deutlich.

10.2 Projektentscheidende Kommunikationsinhalte

10.2.1 Was soll mit dem Projekt erreicht werden?

Das wirtschaftliche Ziel eines Projekts muss einem unterschiedlichen und breitgefächerten Publikum kommuniziert werden. Dieser Schritt dient dazu, Unterstützung für das Projekt zu mobilisieren. Entscheidend ist, dass diese Kommunikation konsistent ist und die Sprache der Zuhörer verwendet wird.

Beispiel:

»Ziel des Projekts XYZ ist es, die Kosten der Veröffentlichung von neuem Content in der gesamten Unternehmensgruppe zu reduzieren. Das wird erzielt mit Software und Prozessen, die es ermöglichen, dass die Nutzer ihren eigenen Content eingeben, verwalten und publizieren. Nach ersten Schätzungen betragen die Einsparungen X% und wir erwarten einen ROI innerhalb von acht Monaten.«

Diese Botschaft zu entwickeln, ist ein iterativer Prozess. Während Sie als Projektleiter oder Entscheider dasselbe unterschiedlichen Zuhörern mitteilen, lernen Sie mehr und mehr über die zu verwendende Sprache und bekommen mehr Einblicke in den möglichen Nutzen und die potenziellen

Fallstricke. Diese Erkenntnisse sollen dazu dienen, die Beschreibung des Projektziels zu verbessern.

Die Beschreibung des wirtschaftlichen Ziels soll klar, konsistent sowie kurz und bündig sein.

10.2.2 Den Erfolg definieren

Für die Projektarbeit, deren Steuerung und Abstimmung zwischen dem Kunden und dem Dienstleister wird eine andere Definition benötigt, wann das Projekt als erfolgreich gilt. Diese bezieht sich weniger auf die wirtschaftlichen Auswirkungen als vielmehr auf das konkrete Projektergebnis.

Beispiel: »Wir liefern dem Kunden bis zum 30. September ein System, mit dem er Inhalte veröffentlichen kann.«

Bringen Sie hier kurz, klar und präzise auf den Punkt, wann das Projekt als erfolgreich gilt. Dieses Ziel sollte erreichbar sein, also insbesondere nichts enthalten, was von anderen geliefert wird (das wäre: »Der Content wird bis zum 30. September veröffentlicht«).

Die *Erfolgsdefinition* des Projekts zu verstehen, sie zu dokumentieren und darüber Einverständnis zu erzielen, ist ein Muss für Projektleiter. Diese Beschreibung ist eines der Attribute, die ein Projekt mit Erfolgspotenzial ausmachen, siehe Kapitel 1.1.1 »Was ist ein Projekt«.

Der Nutzen einer gemeinsamen Erfolgsdefinition geht über die offensichtliche Notwendigkeit hinaus, daraus herzuleiten, was im Projekt geleistet werden soll. Sie kann als Schutzschild für das Projekt benutzt werden.

Wann immer versucht wird, die Bedingungen zu verändern, auf denen das Projekt einst gegründet wurde, so ist es die Aufgabe des Projektleiters, das Projekt zu verteidigen. Wird zum Beispiel der Vorschlag gemacht, das Ziel oder das Budget zu ändern und dieser Vorschlag ändert das Erfolgspotenzial des Projekts, so kann der Projektleiter mit gutem Grund verlangen, dass die Erfolgsdefinition geändert wird – und zwar schriftlich. Dies bewirkt in der Regel, dass über die Änderungsanforderung detaillierter nachgedacht wird. So wird entweder die Anfrage fallen gelassen oder modifiziert, oder die Erfolgsdefinition wird geändert und damit das Projekt verteidigt. Mehr dazu steht in Kapitel 10.6.2.

10.2.3 Projektmarketing

Reicht es aus, gute Arbeit zu leisten? Die Antwort ist bekanntermaßen »Nein«.

Es ist wichtig, dass der Projektleiter nicht nur dafür sorgt, dass gute Arbeit geleistet wird und Projektpläne eingehalten werden, sondern auch, dass dies bekannt ist und kommuniziert wird.

Es gehört zur guten Kommunikationspolitik, regelmäßig über das Projekt zu berichten, die Herausforderungen zu benennen und Erfolge bekannt zu machen. Auch die Herausforderungen werden letztendlich alle Betroffenen zu schätzen wissen.

Diese Informationen sind wichtig für die Projektsponsoren, so können sie sich mit ihresgleichen darüber austauschen und fühlen sich zuversichtlich bezüglich des zukünftigen Resultats. Die Teammitglieder benötigen diese Informationen, damit sie stolz auf das sind, was sie leisten.

Das Projektmarketing wird mit Hilfe des Kommunikationsplans entwickelt.

10.2.4 Zusammenfassung

Die Botschaften »Wirtschaftliches Ziel« und »Erfolgsdefinition« sowie der in Kapitel 9.2.6 vorgestellte »Kontext für das Team« bauen aufeinander auf und ergänzen einander in ihrer Wirkung. Diese Übersicht erläutert ihren Zusammenhang.

◄──────────────────►

- ist ein Ziel
- wirkt extern

- ist der Weg zum Ziel
- wirkt intern

Botschaft	**Wirtschaftliches Ziel**	**Erfolgsdefinition**	**Kontext für das Team**
Zweck	Das Projekt »verkaufen«	»Schutzschild« gegen unvorhergesehene Änderungen	Kompass für die Arbeit des Teams
Zielgruppe	Business-Stakeholder	Steuerungsausschuss, Business-Stakeholder, Projektteam	Projektteam
Beispiel	»Ziel des Projekts XYZ ist ... Einsparungen X% und wir erwarten einen ROI innerhalb von acht Monaten.«	»Wir liefern dem Kunden bis zum 30. September ein System, mit dem er Inhalte veröffentlichen kann.«	»Pragmatismus in allem, was wir tun« oder auch »Do Good Work!«
Passt inhaltlich zu	Geschäftsplan	Projektplan, Pflichtenheft	Projekt-Intranet

Tabelle 2: Botschaften über ein Projekt

10.3 Kommunikationsplan

Alle Probleme in einem Projekt können als Folge schlechter Kommunikation gesehen werden. Wenn Sie das erkennen, werden Sie auch sehen, dass Kommunikation geplant und gesteuert werden muss.

10.3.1 Einen Kommunikationsplan erstellen

Um einen Kommunikationsplan zu erstellen, gehen Sie genauso vor wie bei jeder anderen Planung auch: Zunächst werden die Ziele, dann die Wege und schließlich der Aufwand der Umsetzung definiert:

- Was soll mit der Kommunikation erreicht werden?
- Mit wem wird kommuniziert?
- Was soll den Adressaten mitgeteilt werden?
- Welche Medien werden genutzt?
- Wie oft wird kommuniziert?
- Welche Ressourcen werden für Erstellung und Verteilungsprozess benötigt?

In der Regel kommunizieren Sie mit dem Kundenprojektleiter beziehungsweise dem Projektleiter auf Dienstleisterseite, dem Steuerungsausschuss und innerhalb des Teams, vgl. Kapitel 10.4. Die Potenziale der einzelnen Medien finden sich detailliert in Kapitel 10.5.

10.3.2 Den Kommunikationsplan ausführen

Bei der Planung haben Sie abgewogen und abgestimmt, wie viel Zeit und Energie Sie in die Projektkommunikation investieren wollen, welche Kosten es wert ist und was Sie davon erwarten können. Wenn hier die bewusste Entscheidung getroffen wurde, dass der Einsatz von Ressourcen kein Luxus, sondern eine Notwendigkeit ist, dann sollte der Kommunikationsplan wie jede andere Aufgabe des Projekts ausgeführt und kontrolliert werden. Das mag offensichtlich scheinen, aber die Erfahrung zeigt, dass die Projektkommunikation leider häufig an letzter Stelle landet, wenn das Projekt unter Druck gerät. Sehen Sie als Projektleiter gute Kommunikation als ein hilfreiches Mittel und priorisieren Sie sie entsprechend.

Gute Kommunikation ist nicht nur etwas für große Projekte. Die Ausmaße des Kommunikationsplans werden durch die Projektgröße und das Budget beeinflusst, die Anforderungen sind jedoch bei allen Projektgrößen gleich.

10.3.3 Beispiel-Kommunikationsplan

Kommunikation	Freigabe	Start	Häufigkeit	Format	Verantwortlich	Zielgruppe
Wöchentlicher Projektstatusreport	Projekt-manager	01.01.2004	wöchentlich	E-Mail	Hinz	T, S
Monatlicher Projektstatusreport	Projekt-manager	01.01.2004	monatlich	E-Mail	Hinz	T, S, B
Projekt-Information	Projekt-manager	01.03.2004	vierzehntägig	E-Mail	Hinz	T, S, B, I
Information zur Einführung	Entscheider	01.06.2004	einmal	E-Mail	Schmidt	S, B, I
Einführungs-präsentation	Entscheider	10.06.2004	einmal	Präsentation	Schmidt	B, I

Legende: T = Projektteam, S = Steuerungsausschuss, B = Business-Stakeholder, I = Interne Nutzer

Tabelle 3: Beispiel eines Kommunikationsplans

10.4 Kommunikation mit verschiedenen Partnern

10.4.1 Kommunikation mit Kunden

Um als Dienstleister erfolgreich mit Kunden zu kommunizieren, müssen Sie sich in deren Welt versetzen. Sie werden sehen, dass Kunden in ihrem geschäftlichen Alltag eine eigene Sprache entwickelt haben. Klare Kommunikation mit Kunden wird davon abhängen, inwieweit Sie deren Sprache sprechen und ob Sie zumindest Interesse an deren Geschäft zeigen. Bitten Sie dazu Ihre Kunden, Ihnen ihr Geschäft zu erklären, fragen Sie nach deren Maßstäben für Erfolg und wie sie diesen messen. Finden Sie heraus, was die Personen lesen, das ermöglicht es, ihre Welt zu verstehen. Sie werden dadurch automatisch besser kommunizieren.

10.4.2 Kommunikation mit dem Steuerungsausschuss

In größeren Organisationen wird üblicherweise ein Steuerausschuss mit Vertretern aus unterschiedlichen Abteilungen eingesetzt. Seine Funktion ist es, den Fortschritt des Projekts zu kontrollieren, den Projektbeteiligten Einblick in potenzielle Probleme zu gewähren und als Instanz für Entscheidungen zu dienen, welche die Kompetenz der Projektleiter übersteigen. Wie Sie mit dem Ausschuss kommunizieren beeinflusst stark, wie viel Hilfe der Ausschuss auf Ihrem Weg zum erfolgreichen Projekt geben kann. Typischerweise sind die Ausschussmitglieder erfahren und beschäftigt. Um möglichst viel Nutzen aus der Zusammenarbeit mit ihnen zu ziehen, geben Sie kurze und präzise Informationen. Heben Sie Probleme hervor, skizzieren Sie Alternativen und schlagen Sie Lösungen vor. Auf Basis dieser Informationen werden die Ausschussmitglieder normalerweise Ihre Vorschläge akzeptieren und Sie auf potenzielle Gefahren aufmerksam machen. Wenn Sie auf diese Weise mit dem Ausschuss zusammenarbeiten, können Sie dessen Mitglieder beeindrucken und sie dadurch stärker persönlich in das Projekt involvieren. Die Ausschussmitglieder sind ausgezeichnete Multiplikatoren von Meinungen, daher kann dies sehr zum Vorteil sein - vorausgesetzt, die Meinungen sind gut...

Gelegentlich, wenn schwierigere Probleme auftreten, sollten Sie einen anderen Zugang zu den Mitgliedern des Ausschusses wählen. Es kann erforderlich sein, ein oder mehrere Mitglieder des Steuerungsausschusses vor der nächsten Sitzung anzusprechen, um Einblick in deren Sicht der Probleme zu bekommen oder Unterstützung für den geplanten Lösungsweg zu erhalten. Dies ist vor allem wichtig, um übermäßige Diskussionen in der Ausschuss-Sitzung zu vermeiden. Es sind nämlich genau diese langen Diskussionen, die tödlich sind für gute Meetings und die gute Entscheidungen verhindern.

10.4.3 Kommunikation mit dem Team

Das Team will über das Projekt immer auf dem neuesten Stand sein: Was sagt der Kunde, wo liegen im Moment die Prioritäten, wie stehen wir momentan da? - All das sind Fragen, welche die Projektteilnehmer beschäftigen. Dieser Wissensdurst sollte gestillt werden, um die Motivation zu bewahren und zu erhöhen.

Wenn Sie dem Team Informationen weitergeben ist es wichtig, dass Sie gute und schlechte Nachrichten gleichermaßen mitteilen. Schlechte Nachrichten vergisst man selten, da der Kunde in der Regel eine Reaktion erwartet. Die guten Nachrichten sollten jedoch auch an das Team weitergeleitet werden.

Kommunikation innerhalb des Teams sollte eigentlich nicht schwierig sein, da Sie als Projektleiter direkten Zugriff auf die einzelnen Personen haben. Unglücklicherweise ist es meistens nicht so einfach, denn Mitarbeiter sind auf ihren eigenen Teil des Projekts fixiert und ihnen fehlt oft der Blick für das Ganze.

Regelmäßige Meetings sind gut geeignet, um die Situation zu verbessern. Hier können Informationen an das gesamte Team verteilt, aktuelle Probleme diskutiert und Erfolg gefeiert werden. Eine naheliegende Maßnahme ist ein regelmäßiges Projektstatusmeeting des Teams.

Das Meeting wird vom Projektleiter eröffnet, indem er einen kurzen Rückblick über die seit dem letzten Meeting vergangene Zeit gibt und dabei Erfolge betont. Dann sollten zukünftige kritische Herausforderungen identifiziert werden. Der weitere Ablauf kann flexibel gestaltet werden, neue Teammitglieder sollen jedoch unbedingt vorgestellt werden. Eventuell können einige Arbeitsgruppen innerhalb des Teams eine kurze Vorstellung über Themen von allgemeinem Interesse geben.

Für Teams, die über verschiedene Standorte verteilt arbeiten, ist das eine Gelegenheit, sich zu treffen und Bekanntschaften aufzubauen. ...Ein gemeinsamer Besuch in der Kneipe kann in diesem Kontext zum »zwischenmenschlichen Beziehungs-Workshop« werden!

Kommunikation mit den einzelnen Projektmitgliedern über ihre Leistung erfordert - je nach Art der Botschaft - eine andere Herangehensweise. Erfolge sollten mit dem gesamten Team geteilt, Fehler unter vier Augen besprochen werden.

10.5 Kommunikationsmedien nutzen

10.5.1 Projekt-Website

Eine Website kann ein wichtiges Mittel für den Austausch von Informationen über das Projekt sein. Dabei können die Informationen für den Kunden (Projekt-Extranet) und für das Team (Projekt-Intranet) getrennt werden, im Allgemeinen gilt jedoch: je mehr Informationen, desto besser.

Die Vorteile einer Projekt-Website sind mit Kosten verbunden. Die Site muss erstellt und gepflegt werden wie jede andere. Dazu müssen Ressourcen bereitgestellt werden. Treffen Sie als Projektleiter die Entscheidung, ob das mit Ihrem Budget realisiert werden kann. In den meisten Fällen gibt es Wege und Möglichkeiten dazu.

10.5.2 Meetings und Telefonkonferenzen

Meetings sind der verbreitetste Kommunikationsweg und, wenn sie gut gemanagt werden, auch der beste. Meetings bieten ein Forum für zwischenmenschliche Kommunikation, in dem Gestik beobachtet und Feedback von den Teilnehmern sofort entgegengenommen werden kann. Meetings brauchen einen Anfangszeitpunkt, eine Agenda und ein festgelegtes Ende. Lange, ausschweifende Meetings sorgen nur dafür, dass sich die Teilnehmer »geistig verabschieden«. Mehr zu Meetings steht in Kapitel 6.5.

Telefonkonferenzen, eine Variation der traditionellen Meetings, sind sehr hilfreich, wenn die Teilnehmer sich bereits kennen. Eine Telefonkonferenz zu leiten ist vergleichbar mit der Leitung eines Meetings, es sind allerdings einige Grundregeln zu beachten. Beim Sprechen muss eine Reihenfolge eingehalten werden und es kann jeweils nur einer Person erlaubt sein zu reden. Wenn an der Telefonkonferenz Personen teilnehmen, die sich zuvor nicht getroffen haben oder nicht ausreichend kennen, sollten alle angewiesen werden, wenn sie sprechen, stets auch ihren Namen und falls nötig ihre Firma zu nennen.

10.5.3 E-Mails, Newsletter

Dies sind schnelle und einfache Mittel zur Verbreitung von Informationen und besonders nützlich für regelmäßige Statusberichte an ein breites Publikum. Wägen Sie ab, wie oft etwas Interessantes zu sagen sein wird, ob es wöchentlich, vierzehntägig oder monatlich ist. Wenn Sie sicherstellen, dass der Zeitplan eingehalten wird, so wird der konstante Informationsfluss helfen, Vertrauen auch in das gesamte Projekt aufzubauen.

10.5.4 Printmaterial

Es sollte immer gedrucktes Material über das Projekt, die Projektziele, den Nutzen und den Zeitplan vorhanden sein. Dieses Material hilft nicht nur in der Kommunikation mit dem Kunden, sondern es versorgt auch (neue) Teammitglieder mit einem Grundwissen und unterstützt sie dann in ihrer Kommunikation mit dem Kunden.

10.5.5 Road Shows

Road Shows sind Live-Präsentationen für ein größeres Publikum potenzieller Endkunden. Sie sind ein guter Weg, um die Kunden der zukünftigen Website anzusprechen, der allerdings seine Kosten hat. Road Shows müssen von bester Qualität sein. Um das Projekt bestmöglich darzustellen, dürfen bei den Rednern, dem Präsentationsmaterial und der Örtlichkeit keine Kompromisse eingegangen werden. Um sicherzustellen, dass auch das richtige Zielpublikum angesprochen wird, muss der Einladungs- beziehungsweise Marketingprozess gut geplant sein.

10.6 Best Practices

10.6.1 Die Macht der Wahrheit

Projektleiter entwickeln eine emotionale Bindung zu ihrem Projekt. Wie könnte es auch anders sein, da sie mehr Zeit mit ihrem Projekt verbringen werden als mit den Menschen, die ihnen am nächsten stehen. Diese emotionale Bindung hat viele Vorteile, aber auch einen wichtigen Nachteil:

> Wer emotional an seinem Projekt hängt, wird eher die guten Nachrichten kommunizieren wollen. Das Entscheidungsvermögen kann hier stark beeinflusst werden.

Die »Macht der Wahrheit« ist etwas Einfaches und Wirkungsvolles: Kommunizieren Sie die Wahrheit und nicht das, wovon Sie denken, dass die Zuhörer es hören möchten. Eine Geschichte, die nur von Optimismus und Erfolg handelt, ist nicht glaubhaft. Wer mit der Wahrheit nicht umgehen kann, wird anderweitige Probleme haben. Sie werden Ihre Kommunikation einschränken müssen, um damit umzugehen.

Abschließend ein wichtiger Punkt zur Wahrheit:

Wahrheit ist nicht die faktische Situation im Moment, sondern vielmehr die Kommunikation der faktischen Situation in einer Sprache, die der Empfänger versteht.

Gerade dieses Verständnis von Wahrheit ist wichtig beim Überbringen von schlechten Nachrichten. Wenn der Empfänger sich nicht die Zeit zum Verstehen nimmt oder nicht in der Lage ist zu verstehen, wird er durch diese schlechten Nachrichten nur (noch mehr) verwirrt. Er wird die schlechten Nachrichten so weiterkommunizieren, dass es zu einem Desaster kommt.

Wahrheitsgetreue Kommunikation muss verstanden werden wie jede andere Kommunikation auch. So kann es in entsprechenden Situationen korrekt sein, mit der Wahrheit »hauszuhalten« – sowohl aus ethischer als auch aus Projektperspektive.

So findet die Macht der Wahrheit zum Beispiel im Projektmarketing Anwendung, indem »zu viel Wahrheit« zu berichten unnötige Probleme kreieren kann und Unwahrheiten zu berichten unweigerlich zu Ärger führt. Das klingt vielleicht paradox, aber es gibt Probleme, die mehr als einen neugierigen Blick brauchen, um angemessen gewürdigt und verstanden zu werden. Personen, die außerhalb des Projekts stehen, haben selten die Zeit und den Ehrgeiz, sich ein vollständiges Bild von der Situation zu machen und registrieren dann nur, dass ein »falscher Ton« da war. Ohne weitere Begleitung wird dieser Eindruck auf das Projekt zurückfallen und Schaden verursachen.

10.6.2 »Nein« sagen, um das Projekt zu verteidigen

Wenn ein Projekt geplant wird, sollte es ein Ziel haben. Dieses sollte in eine Erfolgsdefinition im Sinne von Kapitel 10.2.2 »Den Erfolg definieren« übersetzt werden, diese wiederum in einen Projektplan, ein Budget und in Qualitätskriterien.

Im Laufe des Projekts werden Sie andauernd mit Anforderungen konfrontiert, die den Leistungsumfang oder das Budget ändern beziehungsweise die Qualität gefährden. Sie müssen sich eine Strategie zurechtlegen, wie Sie diesen Anforderungen begegnen. In Kapitel 10.2.2 wurde erwähnt, wie die Erfolgsdefinition dazu dienen kann, das Projekt zu verteidigen. Wie funktioniert das im Detail?

Die Strategie sollte auf der einfachen Grundlage basieren, dass die Realisierung des Leistungsumfangs gesteuert wird durch den Zeitplan, das Budget und durch Qualitätskriterien. Eine Änderung an einem dieser insgesamt vier Parameter eines Projekts bewirkt Änderungen an den anderen.

Wenn Sie zum Beispiel aufgefordert werden, den Leistungsumfang des Projekts zu ändern, so ist es Ihre Aufgabe als Projektleiter zu fordern, dass entweder der Zeitplan, das Budget oder die Qualitätskriterien angepasst werden. In letzter Konsequenz bedeutet eine Aufforderung, den Umfang zu ändern, ohne dass Sie einen der Parameter ändern können, dass Sie beschuldigt werden, das Projekt mit übermäßigem Spielraum aufgesetzt zu haben. Oder es ist eine Anweisung, ein Projekt zu leiten, das zum Scheitern verurteilt ist.

Nein sagen zu Änderungen, bei denen nicht gleichzeitig die Erfolgsdefinition angepasst wird, ist also die zu erwartende professionelle Handlung eines Projektleiters.

10.6.3 Politik

»Politik« ist ein Teil des Lebens, sie ist Teil von allem, was wir tun und sagen. An dieser Tatsache lässt sich schwer etwas ändern und man sollte sie auch nicht in Frage stellen oder dagegen ankämpfen. Sehr wohl sollte man sich stets an sie erinnern.

Das Projekt zum Erfolg zu führen ist nicht unbedingt der erste Punkt auf der Prioritätenliste aller Personen im Projektumfeld, leider gilt das auch schon mal innerhalb des Projektteams.

Es ist nicht möglich, sich jede politische Konstellation zu erarbeiten, die in einem Projekt auftreten kann. Ein guter Projektleiter sollte dieses Thema jedoch mit seinem Kunden oder Dienstleister offen besprechen, um ein Verständnis für die politische Situation zu bekommen beziehungsweise zu geben.

Nehmen Sie Politik nie persönlich; als »Spiel« gesehen kann sie in einigen Fällen sogar Spaß machen.

10.6.4 Kommunikationsdesaster

Zweifelsohne muss sich ein Projektleiter im Katastrophenmanagement auskennen. Der Moment wird kommen, wenn der Projektsponsor, der Kunde oder Teammitglieder von Ihnen wissen wollen, warum alles daneben geht und was Sie dagegen tun werden. Dieses Desaster wird typischerweise durch Fehlkommunikation verursacht. Es ist relativ einfach zu handhaben. Hier ist Ihnen bekannt, was die Ursache zu sein scheint und Sie können die erforderlichen Botschaften kommunizieren, um die Situation wieder in den Griff zu bekommen. Das tatsächliche

Problem wird jedoch im Normalfall nicht das kommunizierte Problem sein. Um zur »realen« Ursache vorzustoßen, bedarf es einigen Nachfragens und lateralen Denkens – bis Sie schließlich zu dem Punkt kommen, an dem Sie entdecken, dass es sich um so etwas Simples wie einen Parkplatz für ein Auto handelt.

Eine ungleich schwierigere Situation, in der Regel ebenfalls durch schlechte Kommunikation verursacht, ist die, wenn Außenstehende ein Urteil über Ihr Projekt abgeben. Irgendjemand hat irgendwo einen Gesprächsfetzen aufgeschnappt, interpretiert ihn und erschreckt damit die Personen, von denen Sie abhängen. In diesem Fall hat der Projektleiter nicht die Möglichkeit, in den Kommunikationsfluss einzugreifen. Das Problem ist nicht definiert, also kann er auch nicht die Botschaften kommunizieren, die das Problem beheben könnten. Das Einzige, was der Projektleiter unternehmen kann, ist die Quelle und die Art des Problems ausfindig zu machen und erst dann die Fehlinterpretation zu korrigieren. Falls das nicht möglich oder nicht passend ist, kann es helfen, einen knappen und klaren Projektstatusbericht oder einfach schon eine gute Projektdefinition zu veröffentlichen. Somit kann den erweckten Vorbehalten gegenüber dem Projekt begegnet werden.

10.6.5 Kommunikation in internationalen Projekten

Projekte mit internationalem Charakter bergen normalerweise kulturelle und sprachliche Herausforderungen. Der gemeinsame Nenner im Identifizieren und Lösen von Problemen ist die Kommunikation. Als Projektleiter sollen Sie Ihre Mitarbeiter coachen und sich selbst erinnern, dass das Verstehen von Problemen der halbe Weg zur Lösung ist.

Es kommt darauf an, das Problem zu *verstehen*.

In diesem Zusammenhang und generell in der Kommunikation mit Personen, die nicht ihre Muttersprache benutzen, gilt die Best Practice:

Achten Sie darauf, was die Menschen *meinen* und nicht darauf, was sie sagen.

Das wird am Anfang bewusste Anstrengung kosten, mit der Zeit wird es jedoch immer selbstverständlicher werden, bis Sie schließlich diese Fähigkeit im Gespräch mit jeder beliebigen Person nutzen.

10.6.6 Kommunikation dokumentieren

Was nicht dokumentiert wurde, ist nie passiert. Diese alte Regel lernen die meisten Projektleiter, wenn auch nur durch Erfahrung. Die Bedeutung von schriftlicher Kommunikation kann nicht hoch genug eingeschätzt werden. Meetings müssen dokumentiert, Diskussionspunkte oder

Probleme schriftlich fixiert werden, so dass bei allen beteiligten Parteien Übereinstimmung über die aktuelle Situation und das weitere Vorgehen herrscht.

Bei der Dokumentation gilt, dass weniger mehr ist. Lange Prosa lässt zu viel Spielraum für Interpretationen und führt zu Missverständnissen. Wenn Diskussionspunkte oder Probleme schriftlich fixiert werden, soll das kurz und präzise geschehen. Wo es angebracht ist, ordnen Sie einen »Owner« zu. Wenn dieser für den Punkt Verantwortliche seine Aufgaben erledigt hat, berichtet er allen Involvierten darüber.

Die Erfolgsdefinition und die Projektziele müssen an alle auch schriftlich verteilt werden, so dass kein Raum für Interpretationen bleibt.

Im schlimmsten Fall, also dem Scheitern des Projekts, wird die schriftliche Kommunikation für die »Autopsie« benutzt.

10.6.7 Die Kraft der Stille

Als Führungskraft können Sie sich oft in Versuchung fühlen, zu viel zu reden. Wenn bei einem Problem die Person, mit der sie sich darüber unterhalten, schweigt, werden Sie eventuell anfangen zu reden, um die Stille zu füllen. Genau das sind die Momente, in denen Stille Kommunikation bedeutet. »Benutzen« Sie doch einmal Stille, um Ihre Enttäuschung zu übermitteln oder um Lösungen aus anderen herauszulocken. Sie werden in Ihrer Rolle permanent mit Situationen und Problemen konfrontiert, die außerhalb Ihrer Fachkenntnis liegen. Benutzen Sie das Schweigen als Werkzeug und betrachten Sie es nicht als Schwäche.

Schweigen ist auch Gold in Situationen, die einen negativen Einfluss auf Ihr Projekt haben können. Entscheidungen, die im Eifer des Gefechts gefällt wurden, sind oft falsch und, einmal kommuniziert, sind sie nur sehr schwer wieder rückgängig zu machen. Eine Weile zu schweigen, einige Zeit verstreichen zu lassen bis zur Kommunikation dieser Entscheidungen, gibt die Möglichkeit, die Entscheidung zu reflektieren und damit den Einfluss auf das Projekt zu ändern.

10.7 Zusammenfassung

Kommunikationsfähigkeiten sind Voraussetzung für Führungskräfte. Sie müssen die zu kommunizierende Botschaft definieren, die geeignete Herangehensweise wählen und die Botschaft so übermitteln, dass sie verstanden wird. Erst mit dem Verstehen kommt Kommunikation zustande. Gute Kommunikation darf in einem Projekt nicht als Zusatzattribut verstanden werden, sondern muss als Bestandteil der Aufgabe gesehen werden. Sie erhöht das Erfolgspotenzial. Wie jeder andere Teil des Projekts muss Kommunikation geplant, priorisiert und ausgeführt werden.

11 Einleitung: Welches Web-Fachwissen brauchen Manager?

Robert Stoyan

Entscheider und Projektleiter müssen den fachlichen Arbeitsprozess, jeweils auf ihrer Ebene, steuern können. Führungsqualitäten allein genügen dazu nicht, denn: Steuern setzt Verstehen voraus. Dieses Kapitel gibt als Einleitung zu Teil III einen Überblick der managementrelevanten Fachkenntnisse bezüglich Webprojekten.

Inhalte:

11.1 Steuern der Fachdisziplinen in Webprojekten

Wie soll man Arbeiten steuern, die man selbst nie getan hat und die man aus Zeitmangel auch nie wirklich verstehen kann? Wie kann man den Mitarbeitern ihre Kompetenzen und ihren Freiraum lassen und trotzdem Rahmenbedingungen setzen? Wie erkennt man managementrelevante Auswirkungen von fachlichen Aussagen, Vorgängen und Entscheidungen? Was müssen Führungskräfte über die einzelnen Disziplinen unbedingt selbst wissen?

Die Antworten lassen sich nicht in wenigen Zeilen geben. Die Idee wird auf den nachfolgenden Seiten skizziert, die Inhalte finden sich in den restlichen Kapiteln von Teil III.

Webprojekte brauchen eine starke Arbeitsteilung

Es ist eine Glaubensfrage des Managements, wie viel Führungskräfte von der Arbeit der Geführten verstehen müssen. Es gibt Führungskräfte, die bei ihren Mitarbeitern hohes Ansehen durch tiefgehendes Verständnis von deren Arbeit haben und die man gerne um Rat fragt. Andere mischen sich ständig in die Arbeit ein. Eine dritte Sorte von Führungskräften genießt hohen Respekt bei den Geführten dadurch, wie sie ihre eigentliche Aufgabe als Führungskraft erfüllt. Bei Teams aus vielen verschiedenen Disziplinen funktioniert letzterer Ansatz. Führen durch fachlichen Vorsprung funktioniert innerhalb einer Disziplin.

Was bei Webprojekten Führungsaufgabe ist und welche managementrelevanten Aspekte der Arbeit der Geführten hierfür bekannt sein müssen, benennen die nachfolgenden Abschnitte.

Übersicht der Zuständigkeiten in Webprojekten

Die folgende Abbildung konkretisiert die Aufteilung der Zuständigkeiten bezogen auf die eigentliche Projektarbeit. Allgemeine Projektmanagementaspekte wie Abrechnung und Vertragswesen werden hier außen vor gelassen.

	Projektleiter ■ Steuern von Erstellung und Verbesserung der Ergebnisse ■ Teamführung ■ Projektplanung	**Fachvorgesetzter** ■ Coaching und Beurteilung ■ In der Regel auch Personalvorgesetzter
Entscheider ■ Gesamtziele vorgeben ■ Entscheidungen treffen zu zentralen Projektthemen	Gemeinsam: zentrale Projektthemen, u. a.: ■ Kosten ■ Ziele, Nutzen ■ Risiken ■ Schlüsselanforderungen	**Senior-Mitarbeiter** ■ Aufwandsschätzung ■ Coaching und Beurteilung ■ Fachlich schwierige Arbeiten (das meiste bis Ende Grobkonzept)
	Mitarbeiter ■ Erstellung der Arbeitsergebnisse ■ Rechtzeitiges Melden von Problemen ■ Test und Verbesserung der Ergebnisse	**Testressourcen** ■ Usability-Tests ■ Tests der Markenwahrnehmung ■ IT-Tests

Tabelle 4: Zuständigkeiten in einem Webprojekt

Dabei sind »Testressourcen« in Webprojekten:

- Usability-Labor oder externes Usability-Institut, in beiden Fällen sind das Wichtigste die am Test teilnehmenden Personen der Zielgruppe
- IT-Testumgebung, im Idealfall ein Nachbau der echten Betriebsumgebung (Software und Hardware)
- Fachvorgesetzte und Senior-Mitarbeiter als Feedbackgeber

Welches Know-How braucht man, um steuern zu können?

Um als Führungskraft (insbesondere Projektleiter) die fachliche Arbeit steuern zu können, werden bestimmte Kenntnisse benötigt. Es lohnt sich zu prüfen, ob man bei den einzelnen Disziplinen tatsächlich über diese Kenntnisse verfügt. Die Kapitel über Markenführung, Design und IT orientieren sich an diesen Punkten:

Die Rollen kennen

Um ein Team zu führen, muss zunächst klar sein, was sich hinter den vielfältigen Rollenbezeichnungen verbirgt und wer wofür der Ansprechpartner ist.

Die Vorgehensweisen der Disziplinen kennen

Die Kenntnis des Arbeitsablaufs wird es ermöglichen, Aufwandsschätzungen im Team zu leiten, die Einzelergebnisse der Spezialisten zu einem Projektplan zusammenzuführen und Einsätze von Mitarbeitern zu planen. Aber auch um Risiken und Zeitverzug im Voranschreiten zu erkennen, muss klar sein, wie das Gesamtbild des Projekts aus Sicht der jeweiligen Disziplin ist.

Die Arbeitsergebnisse einordnen und grob einschätzen können

Es gehört zur Aufgabe einer Führungskraft, gemeinsam mit Senior-Mitarbeitern managementrelevante Auswirkungen fachlicher Sachverhalte zu extrahieren und dazu die richtigen Fragen zu stellen. Wichtig ist es auch, ein Gefühl dafür zu haben, welche Aufgabe schwierig und welche Routine ist. Die Kompetenz im Beurteilen von Ergebnissen sollte so weit gehen, dass man eine Vermutung formulieren kann, ob ein Ergebnis gut ist oder sich eine gründlichere Überprüfung seitens der Spezialisten lohnt. Weiterhin sollen Kriterien und Methoden der Überprüfung und Verbesserung bekannt sein.

FAQ

Führung ist immer auch Problemmanagement. Man kann zwar nicht auf alle erdenkbaren, aber zumindest auf die typischen Schwierigkeiten vorbereitet sein.

Das Vertrags- und Internetrecht kennen

Bezüglich Recht werden anders strukturierte Kenntnisse benötigt als bei Branding, Design und IT. Das Kapitel Recht folgt dementsprechend auch einem anderen Aufbau. Der Bezug zur Projektarbeit ist hier ein anderer. Rechtsexperten sind in der Regel nicht Teil des Projektteams. Ähnlich ist, dass auch hier Experten konsultiert werden sollen, insbesondere bevor ein Vertrag geschlossen oder eine Website online geschaltet wird. Als Führungskraft werden Sie jedoch (hoffentlich im gesamten Projekt und darüber hinaus) ohne Rechtsanwalt mit dem Kunden beziehungsweise Dienstleister zusammensitzen. Dafür, aber auch um Rechtsexperten zielgerichtet fragen zu können, müssen Sie selbst wissen, wo Gefahren lauern.

Steuern, ohne hineinzureden

Folgende Arbeiten sind nicht Aufgabe von Führungskräften. Mit »(!)« sind dabei die Aufgaben markiert, die in nicht interdisziplinären Projekten (z. B. reinen IT- oder Designprojekten) zum Projektleiter gehören können.

Erstellen der Arbeitsergebnisse

Führungskräfte sollten es vermeiden, die Aufgaben ihrer Mitarbeiter zu erledigen.

Bewerten der Arbeitsergebnisse (!)

Haben Sie wirklich die Zeit, sich tiefes Know-How in den verschiedensten Fachdisziplinen anzueignen oder sogar aktuell zu halten? Feedback und Coaching sollen Senior-Mitarbeiter und Fachvorgesetzte geben.

Aufwände schätzen (!)

Die Aufwandsschätzung für einzelne fachliche Arbeitspakete sollen Senior-Mitarbeiter leisten.

Der in diesem Kapitel beschriebene Weg der Zusammenarbeit ist durch gegenseitigen Respekt zwischen Führungskraft und Geführten gekennzeichnet, deren Kompetenzen sich unterscheiden und ergänzen. Wichtiger als die tiefgehende Kenntnis von Details der Fachdisziplinen ist ein gutes Verständnis für die jeweilige Branche, für die Ihr Webprojekt durchgeführt wird.

11.2 Unterschiede der Disziplinen

Im Folgenden werden Unterschiede der Disziplinen hinsichtlich der Beachtung aufgezeigt, die sie von Projektleitern und Entscheidern erhalten. (Unterschiede der Qualitätsbegriffe fasst Kapitel 5.3 zusammen.) Diese Liste illustriert die typischen Probleme, mit denen die Disziplinen zu kämpfen haben. Diese sind hauptsächlich vom individuellen Lebenslauf und fachlichen Hintergrund der jeweiligen Person abhängig, einige Tendenzen lassen sich jedoch verallgemeinern. Die zuerst genannten Disziplinen haben im Kontext von Webprojekten tendenziell mehr Präsenz in den Köpfen von Führungskräften.

1. IT:
   Ohne IT geht es nicht, das erkennt jeder an. Ein Problem besteht gelegentlich bei großen Firmen und rein geschäftlich denkenden Managern, die von Managementconsultants immer wieder hören: »Die Technik kann das leisten«. – Mit dem Ergebnis, dass nicht praktikabel umsetzbare Konzepte entstehen.
2. Strategie und Business:
   Diese Disziplin steht bei Entscheidern natürlich an erster Stelle, bei Projektleitern nicht. Aus Kostengründen setzen nur große Firmen dafür externe Berater ein. Kleine und mittlere Unternehmen sollten jedoch ebenfalls über ROI, Geschäftsprozesse und langfristige Ziele nachdenken und das Webprojekt auch von dieser Warte betrachten.
3. Werbung (Marketing-Kommunikation):
   Dass man dafür werben muss, damit die Nutzer die Website besuchen, ist klar. Weniger beliebt ist die Erkenntnis, dass Marketing-

steuerung nicht allein darin besteht, das Budget auf verschiedene Kanäle aufzuteilen. Es kommt nicht nur auf den Mix, sondern auf die Abstimmung, Kooperation und schließlich Synergie der verschiedenen Kanäle an. Erst langsam setzt sich die Erkenntnis durch, dass tatsächlichen Nutzen bringende Werbung im Medium Internet auch erst bei entsprechenden Kosten zu haben ist.

4. Recht:
   Dieser Punkt wird generell als relevant und wichtig betrachtet, bei kleineren Unternehmen herrscht jedoch oft Mangel an Kenntnissen, vorvertragliche Rechtsprüfung ist hier selten. Dies ist nicht verwunderlich, da die Einstellung juristischer Mitarbeiter noch nicht lohnt, die Konsultation eines externen Rechtsanwalts aber jedes Mal sichtbar Geld kostet. Das Feuer wird gelöscht, wenn es brennt...

5. Konzeption:
   Dienstleister bemängeln immer wieder die Bereitschaft der Kunden, in die Konzeption zu investieren. Tatsache ist, dass der Projekterfolg maßgeblich davon abhängt. Hier investiertes Geld zahlt sich vielfach aus. Woher aber soll der Kunde die Relevanz von Konzeption kennen, wenn Projektmanagement eher die Domäne des Dienstleisters ist? Wie soll der Kunde darauf vertrauen, dass eine gute Konzeption erstellt wird, wenn mangels besseren Wissens das Einzige, was er beurteilen kann, der spätere Erfolg bei den Nutzern ist? Hier ist außerordentlich viel Vertrauenswürdigkeit und »Pädagogik« auf Seiten des Dienstleisters vonnöten – und anscheinend nicht immer genug vorhanden.

6. Design:
   Jeder legt Wert darauf, dass seine Website gut aussieht. Wenige sind sich jedoch bewusst, dass nicht die eigene Wahrnehmung, sondern die der Zielgruppe der Maßstab für den Erfolg ist. Eine noch geringere Zahl setzt das konsequent mit Zielgruppenanalysen und -tests um.

7. Content:
   Die Stellung dieser Disziplin ist je nach Website sehr unterschiedlich, die Spanne reicht von einer statischen Site mit selten geändertem Content bis hin zu einem komplexen System, in dem ein Stab von Redakteuren permanent den Content pflegt und auch Content von Dritten über Schnittstellen eingebunden wird. Aufmerksamkeitsdefizite bestehen bezüglich dieser Disziplin häufig hinsichtlich der Aufwände: Content ist teuer und verursacht permanent Kosten.

8. Branding:
   Lediglich in markenbewussten Branchen wird in diesen Bereich investiert. Die generelle Unkenntnis ist hier noch größer als beim Design und geht häufig mit dem Missverständnis einher, die Marke sei der Name und das Logotyp. Tatsächlich ist die Marke das subjektive Gesamtbild, das eine Zielgruppe mit einem Angebot verknüpft. Dieses Gesamtbild definiert den Grad der Begehrlichkeit eines Angebots

und macht die Marke zu einem maßgeblichen Unternehmenswert. Daher sollte bei jeder Veränderung des Angebots oder der Kommunikation geprüft werden, ob und wie diese das Bild der Marke bei ihren Zielgruppen beeinflusst.

In den Kapiteln von Teil III werden die Disziplinen Branding, Design, IT und Recht beschrieben. Marketing-Kommunikation sowie Strategie- und Business Consulting sind nicht Thema dieses Buches, siehe [E-Business]. Konzeption wird als Teil der Disziplinen im jeweiligen Kapitel ausführlich behandelt. Die Contenterstellung wird in der Regel nicht zum Webprojekt gerechnet, da er meistens aus anderen Abteilungen, der bisherigen Website oder von Content-Anbietern kommt.

11.3 Erstellen Sie eine Website selbst!

Führen Sie den in Kapitel 1.4 beschriebenen Projektablauf selbst durch. So erhalten Sie die praxisnahe Möglichkeit, ein Gefühl für die Aufgaben und Probleme zu entwickeln, die Designer und IT-Entwickler haben.

Auch wenn Sie ein einfaches Ziel wählen, das einen geringen Zeitaufwand verspricht, werden Sie merken, dass es nicht zielführend ist, einfach drauflos zu designen und zu programmieren. Zuerst sollten Ziel und Zielgruppe, dann Inhalte überlegt werden. Aber auch beim anschließenden Design und der HTML-Codierung werden Sie erleben, wie viele kleine Hindernisse es gibt, die Aufwand verursachen: dass nicht jedes Foto auch im Web gut aussieht, dass Ihre Website ganz hinten liegt in den Ergebnissen der Suchmaschinen, dass die Ladezeiten der Seiten zu lang sind und vieles andere mehr.

Alles zu schwer, haben Sie nie gelernt und woher bekommen Sie überhaupt eine URL? Einfach und vorgefertigt gibt es die bei www.freenet.de oder www.geocities.de. Sie werden dort ebenfalls Hilfe finden, wenn Sie nicht in HTML programmieren können, auch Anfängerbücher dazu gibt es genug. Tipp: Sowohl beim Internet Explorer als auch bei Netscape gibt es eine Ansicht »Quellcode«. Damit wird der HTML-Code anderer Internetseiten sichtbar. Außerdem kann Word jedes Dokument auch im HTML-Format abspeichern.

Der größte Lerneffekt kann aber gut möglich im Bereich des Projektmanagements liegen, nämlich, dass es sehr schwierig ist, den Aufwand eines Vorhabens mit vielen Unbekannten zu schätzen und dass es andere eventuell nicht so großartig finden, was Ihnen gefällt. Diese Probleme sind durchaus ähnlich zu »richtigen« Webprojekten, die Lösung auch: den Leistungsumfang zunächst streng priorisieren, iterativ vorgehen und die Zielgruppe von Anfang an mit einbeziehen.

12 Die Marke im Internet

Jörg Ruckelshauß und Julia Prenzel

Dieses Kapitel gibt einen Einblick in die Markenentwicklung und Markenführung im Kontext von Internetprojekten, es stellt Akteure, Methoden und Ergebnisse vor. Für diejenigen Leser, die über das Tagesgeschäft hinaus ein vertieftes Verständnis vom Wert und dem Wesen von Marken erhalten möchten, ist das Kapitel 12.5 gedacht.

Im Vergleich zu den Kapiteln Design oder IT hat dieses eine andere Position. Während erstere typische Teilprojekte in einem Webprojekt sind, so werden Marken im Normalfall vor dem Webprojekt auf Ebene des gesamten Unternehmens kreiert. In das Webprojekt fließen die Eigenschaften dieser Marken ein. Wie jedoch soll die Marke auf der Website gut präsentiert werden, wenn die für das Projekt Verantwortlichen nicht wissen, was eine Marke ist und wie sie (im Internet) erfolgreich umzusetzen ist? Dieses Kapitel hilft dabei, mit Marken- und Marketingverantwortlichen erfolgreich zusammenzuarbeiten, ihre Sprache zu sprechen und mit der Website einen Beitrag zur erfolgreichen Marke zu leisten.

Inhalte:

12.1 Einleitung

Marken für ein Massenpublikum gibt es seit mehr als 100 Jahren. Wozu jetzt die Aufregung?

Marken sind allgegenwärtig. Allein in Deutschland waren im Jahr 2001 exakt 606.637 Marken angemeldet und gültig. Im jenem Jahr wurden beim Deutschen Patent- und Markenamt fast 58.000 neue Marken geschützt, vor allem für Dienstleistungen [Patent 2001]. Damit hat sich innerhalb von knapp fünf Jahren die Zahl der jährlich entwickelten neuen Marken gegenüber 1996, dem Jahr des Beginns der kommerziellen Internetära, um fast 90 % gesteigert. Der kurzzeitige Boom der internetbasierten Wirtschaft hat also zu einer enormen Explosion bei den Marken geführt.

Nur ein Bruchteil dieser neuen Marken hat sich jedoch durchgesetzt. Die meisten haben es nur wenige Monate geschafft, im Markt zu existieren und sich im Wettbewerb der Marken zu behaupten. Dies liegt zum einen daran, dass es mit sehr hohen Kosten verbunden ist, eine neue Marke bekannt zu machen. Zum anderen ist häufig unklar geblieben ist, welche Differenzierung und welches Versprechen diese neuen Marken formulieren wollten. Ganz offenbar waren etliche Markenmacher schlecht beraten, als sie die neuen Marken konstruiert und der Öffentlichkeit vorgestellt haben. Was fehlte, war ein strategisches, qualifiziertes, methodisch abgesichertes, empirisch gestütztes Vorgehensmodell für die Führung der neuen Marke.

Die markenstrategische Handlungsempfehlung ist der wichtigste Beitrag der Markenberater in Internetprojekten:

Es hat sich in der Praxis gezeigt, dass nicht nur die Implementierung einer neuen Marke, sondern auch die Übertragung einer etablierten Marke ins Web alles andere als selbsterklärend ist und es bei weitem nicht ausreicht, den Styleguide der Marke auch im Internet korrekt und penibel umzusetzen.

Markenanbieter mussten sehr häufig ihr Auftreten im Internet schon nach wenigen Monaten komplett über den Haufen werfen, weil sie eben nicht die Erwartungshaltung der Zielgruppe getroffen oder übertroffen, sondern mit unklaren Angeboten, unklaren Strukturen und unklaren Anmutungen ihr Markenbild in Frage gestellt haben.

Die Aufgabe von Markenberatern im Rahmen von Internetprojekten besteht darin, die betriebswirtschaftlichen Ziele des Unternehmens bezüglich Märkten, Produkten, Services und Preisen mit den *kommunikativen Erwartungen und Einstellungen* der Zielgruppe abzugleichen, gestützt durch Markt- und Meinungsforschung. Was erwarten die Nutzer von einer bestimmten Marke im Internet? Was erwarten sie nicht? Was würde irritieren, was besonders gefallen? Mit welcher Anmutung sollte die Marke auftreten? Die Ergebnisse dieser Zielgruppenforschung sind die

Grundlage für die Informationsarchitektur und das Interface-Design, indem sie Richtlinien für Inhalt und Form der zu erstellenden Website formulieren.

Diese Arbeit an der Schnittstelle zwischen Business Consulting und Design ist ein in sich stark geschlossener, zeitlich und organisatorisch überschaubarer und gekapselter Vorgang. Markenberater sammeln Informationen im Unternehmen, reichern diese nach bestimmten Methoden durch empirische Daten aus der Zielgruppenforschung an und generieren daraus kommunikative Vorgaben für die Kreation, zusammengefasst im sogenannten *Creative Brief*.

Ähnlich gekapselt lassen sich die Kosten für eine Markenberatung betrachten. Sie hängen im Wesentlichen von dem stark skalierbaren Aufwand ab, der in der Marktforschung betrieben wird. Je mehr Feldforschung oder Interviews notwendig sind, um zu hinreichenden Erkenntnissen zu kommen, desto höher das Budget, das vor allem für externe Marktforschungsunternehmen ausgegeben werden muss. Die Kosten für die eigentliche Beratungsleistung – also die Konzeption der Marktforschung, die Begleitung der Untersuchungen, die Interpretation der Ergebnisse und die Erarbeitung von strategischen Handlungsempfehlungen sowie die Übergabe der Erkenntnisse an die nachgelagerten Projektteams – sind in der Regel im Projektverlauf leicht zu überblicken, weil diese Leistungen oftmals im Paket zum Festpreis eingekauft werden können.

Begriffe

Folgende Begriffe haben sich im professionellen Markenkontext etabliert und werden für nachfolgende Ausführungen benötigt:

Geht es um die Entwicklung einer ganz neuen Marke für ein neues oder bereits vorhandenes Produkt oder eine Dienstleistung, dann spricht man von *Brand Development* oder *Branding*. Entwickelt ein Markenberater Konzepte und Maßnahmen für die Zukunft einer eingeführten, etablierten Marke, spricht man nicht von Branding, sondern von *Brand Management*, also von *Markenführung*. Beratungsleistungen im Umfeld von Marken, unabhängig von neuen oder bestehenden Marken, nennt man ganz allgemein *Brand Consulting*. Da die Sprache des Markenconsultings sehr stark amerikanisch geprägt ist, sind für ein praxistaugliches Verständnis auch die branchenüblichen, meist englischsprachigen Begriffe unverzichtbar. In diesem Buch werden sowohl deutsche als auch englische Begriffe verwendet.

12.2 Rollen

Die Rollenbezeichnungen im Markengewerbe sind – wie bei Kommunikationsdienstleistungen üblich – bunt und phantasievoll. Im Kern sind es zwei Professionen, die im Branding und Brand Management gefragt sind: ein Experte für den Inhalt und ein Experte für die Form.

Strategic Planner

Gebräuchlich sind auch die Bezeichnungen Brand Consultant, Analyst, Strategist, Manager. Das sind in der Regel Wirtschafts-, Sozial- oder Kommunikationswissenschaftler, die den analytischen und strategischen Part abdecken.

Brand Designer

Üblich sind auch Corporate Designer, Creative Director, Art Director, Designer. Es sind in der Regel Gestalter mit Hochschuldiplom (Visuelle Kommunikation, Produktdesign, Grafikdesign, Kommunikationsdesign etc.), die den kreativen Part abdecken.

Je nach Projektgröße können viele Planner und viele Designer die Markenaufgabe in Angriff nehmen, wobei vor allem in der schöpferischen Phase die Kreativen das Gros der Mannschaft stellen.

Ergänzt werden kann das Team durch diverse Professionen aus Werbe- und Design-Dienstleistungen sowie Marktforschungsunternehmen (z. B. Texter, Marktforscher).

Wenn es um die sogenannte *Brand Power*, die Aktualität und Bedeutung der Marke im Markt geht, treten weitere Professionen hinzu, die sich auf das Aufgabenfeld der *Site Promotion*, also der Bekanntmachung der Website im Markt, spezialisiert haben:

Media Planner

Er ist verantwortlich für den übergreifenden »Mediamix«: Auswahl der Medien, die die kommunikativen Botschaften der Marke an ihre Zielgruppen transportieren sollen. Der Media Planer ist häufig Kommunikationswissenschaftler, Betriebswirt oder Werbekaufmann, in der Regel für klassische und neue Medien gleichermaßen zuständig. Analysiert Medienprofile, entwickelt Buchungspläne und verwaltet Mediabudgets.

Online Marketing Spezialist

Diese Rolle ist vergleichbar mit dem Media Planner, allerdings fokussiert auf Onlinemedien. Er ist verantwortlich für die Bekanntmachung der Website mithilfe von Onlinewerbemitteln. Es ist eine Spezialdisiziplin, die sich durch die hohe Entwicklungsdynamik der Onlinewerbeformen herausgebildet hat.

Media Producer / Operator

Er ist verantwortlich für die medientechnische Produktion der Kommunikationsmittel, kann ausgebildeter Mediengestalter (Lehrberuf), aber auch studierter Designer sein. Er kennt sich gut aus mit allen einschlägigen Designprogrammen (Photoshop, Flash, Freehand usw.).

12.3 Vorgehen und Ergebnisse der Markenführung

12.3.1 Vorgehen

Markenführung (Brand Management) ist ein zyklischer Prozess, in dessen Mittelpunkt die Marke-Mensch-Beziehung steht. Deren Festigung ist das Ziel. Der Weg zum Ziel ist Konsistenz zwischen den kommunikativen Signalen der Marke und dem Markenbild in den Köpfen ihrer Zielgruppen.

Der Zyklus der Markenführung

Der Zyklus der Markenführung durchläuft drei Etappen oder auch Ebenen: die »Konzeptionsebene«, die »Codierungsebene« und die »Rezeptionsebene«. Um diese gruppieren sich die einzelnen Aufgabenfelder des Strategic Planners. Auf der Konzeptionsebene wird der Status quo der Marke und ihrer Umwelt analysiert und die Markenbotschaft definiert. Auf der Codierungsebene wird die Markenbotschaft kreativ umgesetzt und zu den Zielgruppen transportiert. Die Zielgruppen interpretieren schließlich auf der Rezeptionsebene die Markenbotschaft und gleichen diese mit ihrem eigenen Markenbild ab.

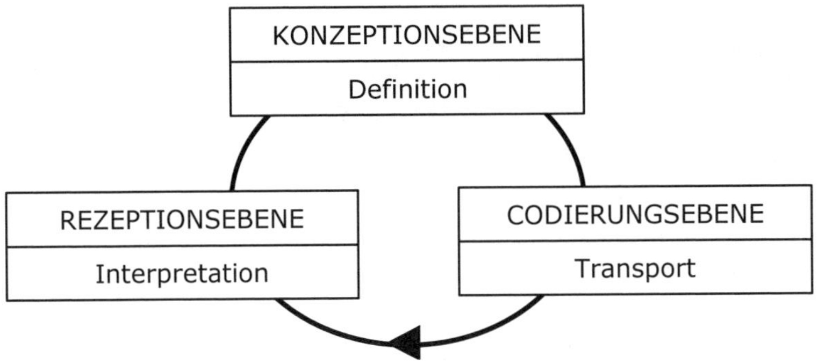

Abbildung 53: Zyklus der Markenführung

12.3.2 Die Konzeptionsebene

Sie markiert die »Startlinie« des Arbeitsprozesses und ist gleichzeitig das Kern-Aufgabengebiet des Strategic Planners. Auf Basis der Status-quo-Analyse wird die zukünftige Markenstrategie im Rahmen des *Creative Brief* (oder auch *Brand Brief*) definiert.

Status-quo-Analyse – die Elemente

Eine umfassende Status-quo-Analyse sollte folgende Elemente haben:

- Zielsetzung des Internet im Marketingmix
- Soziodemografie der Online-Zielgruppe: Geschlecht, Alter, formale Bildung, Einkommen
- Psychografie der Online-Zielgruppe: Werte, Ziele, Interessen, Leitbilder
- *Consumer* beziehungsweise *Customer Insight*: Erwartungen und Wünsche an das Angebot der Marke online, Motive und Barrieren für die Nutzung
- *Markenstatus*: Zielgruppenspezifisches Markenbild im Wettbewerbskontext
- *Kommunikationsanalyse*: Zielgruppenspezifische Wahrnehmung der Markenkommunikation offline und online im Wettbewerbskontext
- *Markenarchitektur*: Analyse der spezifischen Beziehungen aller in einer Website inszenierten Marken zueinander. Die Analyse der Markenarchitektur ist dann notwendig, wenn mehrere Marken in derselben Website präsentiert werden und es damit zu einer »Fusion« aller Unternehmensmarken kommt. Anderenfalls entsteht online statt einer Markenwelt ein Markendschungel. Das führt zu einer Verwirrung der Zielgruppen, die Submarken und die Unternehmensmarke verlieren an Klarheit und Kontur.

Das Phänomen der »Markenfusion« ist intermedial einzigartig: Nur im Internet werden alle Marken eines Unternehmens für die Zielgruppe parallel sichtbar. Daher ist die Analyse der Markenarchitektur eine der Haupt- und Spezialaufgaben der Markenführung im Internet.

Status-quo-Analyse – die Methoden

Eine fundierte Analyse des Status quo stützt sich grundsätzlich auf empirische Erkenntnisse. Diese müssen aber nicht grundsätzlich neu erhoben werden. Häufig liegen Marktforschungsdaten über Marke und Zielgruppe vor. Sollten diese jedoch nicht vollständig oder nicht aktuell sein, ist die Durchführung eines Forschungsprogramms als valide Basis für das weitere Vorgehen zu empfehlen.

Quantitative Forschung eignet sich dabei vorzugsweise zur soziodemografischen Beschreibung der Zielgruppe, zur Erhebung des »Markendreiklangs« (Bekanntheits-, Sympathie- und Nutzungswert) sowie zur Erhebung des Online-Nutzungsverhaltens. Qualitative Forschung liefert hingegen tiefergehende Erkenntnisse über Psychografie, Markenbild, Nutzungsmotive und -barrieren der Zielgruppe.

Natürlich ist die Markenanalyse keine empirische Randdisziplin. Dementsprechend existiert eine große Anzahl speziell entwickelter Instrumente, mithilfe derer Unternehmensberatungen, Agenturen und Marktforschungsunternehmen unterschiedlichste Facetten des Markenbildes und des Markenwertes erheben. Unten stehende Tabelle zeigt eine kleine Auswahl von funktional und methodisch differenzierten Markentools [Absatz 2002]:

Tool	Funktion	Kontakt
APIA (Analyse Projektiver InterAktionen)	Analyse der Psychografie der Zielgruppe, des Markenbildes, der Nutzungsmotive und -barrieren und der Wahrnehmung der Markenkommunikation	Dr. Krüger &EQUITY GmbH www.equity.de
Brand Assessment System (BASS)	Markenbewertung auf Basis einer erlös- und einer konsumorientierten Komponente	GFK Marktforschung www.gfk.de
Brand Profiler	Analyse des inneren Markenbildes der Zielgruppen	Roland Berger Strategy Consultants www.rolandberger.de
BRAND RATING	Analyse folgender drei Komponenten: Qualitative Markenstärke, quantitativer Markenbonus und spezifisches Markenpotenzial	B.R.BRAND RATING GmbH www.brand-rating.de
BRAND STATUS	Analyse der abstrakten und konkreten Markenelemente und der Erfolgsfaktoren der Marke sowie Darstellung der Relationen innerhalb von Markenarchitekturen	ICON BRAND NAVIGATION Group www.icon-brand-navigation.com

Tabelle 5: Markentools

Status-quo-Analyse – der Ergebnisbericht

- Soziodemografische und psychografische Beschreibung der Zielgruppe
- Facetten des Markenbildes
- Wahrnehmung der Kommunikation offline und online
- Erwartungen und Wünsche (Benchmarks), Motive und Barrieren für die Online-Nutzung
- Gegebenenfalls: Struktur der Markenarchitektur, Beziehungen der einzelnen Marken zueinander
- Stärken und Schwächen des Markenbildes und der Website im Wettbewerbskontext
- Identifizierung relevanter Alleinstellungsmerkmale
- Abgleich mit den Inhalten der derzeitigen Strategie und Kommunikation der Marke

Zukünftige Markenstrategie – die Kriterien

Das Phänomen der »Markenfusion« ist intermedial einzigartig: Nur im Internet werden alle Marken eines Unternehmens für die Zielgruppe parallel sichtbar. Daher ist die Analyse der Markenarchitektur eine der Haupt- und Spezialaufgaben der Markenführung im Internet.

Die Online-Adaption sollte sich dabei nach folgenden Kriterien richten:

- Spezifische Zielsetzung des Internet im Marketingmix
- Medienspezifische Nutzenfacetten der Marke
- Spezifika der Online-Zielgruppen

Zukünftige Markenstrategie – Der Ergebnisbericht

Eine ganzheitliche Online-Markenstrategie ist Gestaltungsvorgabe für Inhalt, Struktur und Gestaltung der Website. Sie sollte dementsprechend folgende drei Punkte umfassen:

- Konsequenzen für die Optimierung des inhaltlichen Angebots (Schnittstelle zum Business Consulting)
- Konsequenzen für die Optimierung der Informationsarchitektur (Schnittstelle zur Informationsarchitektur)
- Konsequenzen für die Optimierung des Human Computer Interface Design (Schnittstelle zum Design)

Formuliert wird die Online-Markenstrategie in der Regel – ebenso wie im Bereich der Offline-Kommunikation – im Rahmen des »Creative Brief« (oder auch »Brand Brief«, »Brand Platform« genannt). Ein standardisiertes Creative-Brief-Formular existiert nicht. Jedoch besteht weitgehend Konsens über seine zentralen Elemente. Variationsreichtum lässt sich lediglich in der Benennung und Gliederung der einzelnen Punkte beobachten.

Die klassischen Elemente des Creative Brief in der Übersicht:

- Kommunikationsziel
- Zielgruppenbeschreibung (soziodemografisch und psychografisch)
- Customer Insight / Consumer Insight, Motive und Barrieren
- Key oder Unique Benefit (Kern-Nutzen, rational und emotional)
- Reason Why und Support (Features, die den formulierten Kern-Nutzen einlösen)
- Brand Positioning (Markenpositionierung)
- Key Brand Values (Markenwerte)
- Brand Personality (Markenpersönlichkeit)
- Tonality (Tonalität)

12.3.3 Die Codierungsebene

Der Strategic Planner ist der Anwalt der Marke – auch intern. Daher fungiert er an dieser Stelle des Prozesses als Berater bei der inhaltlichen, strukturellen und formalen Optimierung der Website und stellt sicher, dass die Strategie von den einzelnen internen Akteuren richtig interpretiert und durchgängig umgesetzt wird.

Darüber hinaus ist er verantwortlich für die Durchführung des Usability-Tests, der im Idealfall nicht nur die Nutzerfreundlichkeit der Website überprüft, sondern auch ihre Gesamtanmutung – also das Bild von der Marke, das sie durch Inhalt und Design vermittelt.

12.3.4 Die Rezeptionsebene

Weil Wandel eine der wenigen verlässlichen Konstanten ist, ist die Grundvoraussetzung für langfristig erfolgreiche Markenführung die kontinuierliche Beobachtung der »Marke-Mensch-Beziehung« und die unmittelbare Reaktion auf deren Wandel. Das gilt vor dem Hintergrund der steigenden Marktdynamik heute mehr als früher. Die Erwartungen an die Online-Inszenierung und das Online-Angebot einer Marke wandeln sich heute ebenso schnell wie die Wettbewerbssituation im Markt. Dieser Wandel beeinflusst die Wahrnehmung der Website – und damit die Gesamtwahrnehmung der Marke. In regelmäßigen Abständen und im Zuge größerer Veränderungen innerhalb der Markenumwelt sollten daher die Wahrnehmung der Marke und ihres Online-Angebots überprüft und gegebenenfalls die Markenstrategie oder die Website aktualisiert werden.

Rezeptionsanalyse – die Methoden

Zur Analyse eignen sich die unter »Konzeptionsebene – Status-quo-Analyse« bereits beschriebenen Untersuchungsmethoden.

Rezeptionsanalyse – der Ergebnisbericht

Ergebnisse von Marktforschungen zur

- Bewertung der Website durch den User im Wettbewerbskontext
- Analyse des transportierten Markenbildes
- Analyse des inneren Markenbildes im Wettbewerbskontext

⇒ Identifizierung von Stärken und Schwächen im Markenbild und der Website

Strategy-Review – der Ergebnisbericht

- Abgleich von Analyseergebnissen und derzeitiger Strategie

⇒ (Gegebenenfalls) Aktualisierung der strategischen Vorgaben
⇒ (Gegebenenfalls) Konsequenzen für die Optimierung der Website

12.3.5 Zusammenfassung

Folgende Tabelle fasst die Vorgehensweise der Markenführung zusammen:

Konzeptionsebene		Codierungsebene	Rezeptionsebene
Verständnis	**Definition**	**Beratung / Pre-Test**	**Überprüfung**
Zielgruppe ▪ Markenbild ▪ Erwartungen, Wünsche ▪ Werte, Ziele, Interessen ▪ Leitbilder	▪ Brand Benefit ▪ Brand Values ▪ Brand Personality	▪ Angebotsspektrum ▪ Angebotsübergreifende Inhalte ▪ Tonalität	▪ Zufriedenheit ▪ Sympathie, Interesse ▪ Identifikation

Tabelle 6: Vorgehensweise Markenführung

12.4 Vorgehen und Ergebnisse der Neuentwicklung einer Marke

12.4.1 Vorgehen

Brand Development (oder auch Branding) ist um die Jahrtausendwende vom Stiefkind zum Liebling der Medien avanciert. Dies ist nicht ohne Grund geschehen, denn neben – und im Zuge – der Internet- und Start-up-Euphorie hat eine »Markenexplosion« stattgefunden, die die Marktentwicklung der letzten Jahre geprägt hat. Brand Development ist demnach nicht nur ein beliebtes Medien-, sondern auch ein relevantes Marketingthema. Deshalb kann und soll es an dieser Stelle nicht unberücksichtigt bleiben, obwohl die Vorgehensweise bei der Entwicklung einer neuen Marke ebenso medienunspezifisch ist wie die Grundprinzipien der Markenführung.

Ebenso wie für die Markenführung gilt für die Markenentwicklung der Grundsatz: »Die Zielgruppe ist das Maß aller Dinge!« Im Gegensatz zur Markenführung ist hier allerdings nicht die Pflege, sondern der Aufbau einer starken Marke-Mensch-Beziehung das Ziel. Relevanz für die Zielgruppen und Einzigartigkeit gegenüber dem Wettbewerb sind die Wege zum Ziel. Im Gegensatz zum Prozess der Markenführung ist ferner der Prozess der Markenentwicklung naturgemäß nicht zyklisch, sondern linear. Er hat einen Anfang und ein Ende. Dazwischen liegen fünf Arbeitsschritte:

1. Analyse
2. Strategisches Markenkonzept
3. Markenname
4. Markendesign
5. Implementierung

12.4.2 Analyse

Analyse – die Elemente

Eine umfassende Analyse sollte folgende Elemente umfassen:

- Branchenspezifische Design- und Namensgebungs-Trends (online und offline)
- Soziodemografie der Zielgruppe
- Psychografie der Zielgruppe
- Markenstatus der nächsten Wettbewerber

Analyse – die Methoden

Zu den unter »Strategische Ebene – Status-quo-Analyse« genannten Methoden kommt an dieser Stelle *Desk Research* (also die Sichtung von Online- und Offline-Medien zur Bestandaufnahme der aktuellen Markeninszenierungen innerhalb einer Branche) als effizienteste und sinnvollste Methode zur Identifizierung branchenspezifischer Design-Trends hinzu. *Desk Research* meint, dass kein gesondertes Marktforschungsprogramm aufgesetzt wird, sondern »vom Arbeitsplatz aus« Daten gesammelt werden.

Analyse – der Ergebnisbericht

- Branchenspezifische Design-Trends und Markenanmutung der nächsten Wettbewerber
- Soziodemografische und psychografische Beschreibung der Zielgruppen
- Markenstatus der nächsten Wettbewerber

⇒ Positionierung der »Marke-in-spe«

12.4.3 Strategisches Markenkonzept

Strategisches Markenkonzept – der Ergebnisbericht

Die kommunikationsstrategischen Richtlinien für die Gestaltung werden auch hier zumeist im Rahmen des Creative Brief formuliert (in diesem Zusammenhang auch häufig »Branding Brief« genannt). Allerdings wird häufig zusätzlich – oder alternativ – zum strategischen Markenkonzept ein »Markenmodell« entwickelt, in das der Kern-Nutzen, die anvisierten Kern-Werte und Kern-Wesensmerkmale der Marke eingefügt sind.

Die zentralen Elemente des Creative Brief sind:

- *Key Brand Benefit*: Originäre Funktion; Nutzen der Marke für ihre Zielgruppen
- *Desired Brand Values*: Zentrales Werte-Set, das die Marke verkörpern soll

- *Desired Brand Personality*: Set an Charakteristika, die die Markenpersönlichkeit kennzeichnen sollen
- *Verbales Konzept*, Tonalität: Korridor für Textsprache, Sprechhaltung etc.
- *Visuelles Konzept*, Tonalität: Korridor für Bildsprache, Typografie etc.

12.4.4 Entwicklung des Markennamens

Entwicklung des Markennamens – Schritte

Auch für Marken gilt: »Nomen est Omen«. Der Name einer Marke prägt häufig maßgeblich ihre Wahrnehmung - und ist in der Regel ihr beständigstes Element. So löst »Volksfürsorge« eine andere Assoziationskette aus als »AXA Colonia« und entsprechend werden ersterer Werte wie »Fürsorge«, »Heimat«, »Familie« und »Verantwortung« zugesprochen, während letztere für Werte wie »Disziplin«, »Ehrgeiz« und »Ordnung« steht, siehe [Springer1]. Die Entscheidung für den Markennamen sollte daher auf einer empirischen Untersuchung seines semantischen Spektrums beruhen.

Zur Entwicklung eines Brand Name gehören grundsätzlich vier Schritte:

1. Entwicklung einer Liste alternativer Namensvorschläge
2. Ähnlichkeitsrecherche, Überprüfung der Schützbarkeit (Name, URL)
3. Entscheidung für die favorisierten Namensalternativen (vorzugsweise drei oder vier Alternativen)
4. Erhebung der Akzeptanz und des semantischen Spektrums der favorisierten Namensalternativen

Entwicklung des Brand Name – die Methoden

Zur Überprüfung der Akzeptanz und des semantischen Spektrums unterschiedlicher Namensvarianten sollte im Idealfall eine quantitative Umfrage mit einem qualitativen Forschungsprogramm kombiniert werden. Das qualitative Forschungsprogramm dient zur Identifizierung des semantischen Spektrums, während im Rahmen einer quantitativen Umfrage einerseits der Akzeptanzwert erhoben werden kann und andererseits die Ergebnisse der qualitativen Forschung validiert werden können.

Entwicklung des Brand Name – der Ergebnisbericht

- Namensliste: alternative Namensvorschläge, typischerweise 10 bis 20
- Ergebnisse der Ähnlichkeitsrecherche, Schützbarkeitsprüfung
- Akzeptanzwerte und Assoziationsspektren der getesteten Favoriten

⇒ Abgleich mit den strategischen Vorgaben

12.4.5 Entwicklung des Markendesign

Entwicklung des Markendesign – Schritte

Gestalterische Richtlinie für das Markendesign ist der Creative Brief. Dieser stellt sicher, dass eine widerspruchsfreie - also verbal und visuell konsistente - Marke entsteht. Die Entwicklung des Markendesign erfolgt in drei Prozess-Schritten:

1. Entwicklung alternativer »Markenvisionen«
2. Markentest
3. Implementierung der Marke

Entwicklung alternativer »Markenvisionen« – Vorgehen

Im Idealfall werden vier alternative »Markenvisionen« entwickelt, die jeweils einen differenzierten und einzigartigen - aber strategiekonformen - Branding-Ansatz, vollständig ausformuliert vom Konzept bis zum medienspezifischen Erscheinungsbild, erlebbar machen.

Die Erfahrung zeigt, dass gerade vier Alternativen die zielführendste Bandbreite an Auswahlmöglichkeiten bieten, weil die prinzipiellen Direktionen erschöpfend ausgelotet werden können, ohne dass die Vielfalt der Möglichkeiten unübersichtlich und damit für die Entscheidungsfindung kontraproduktiv wird.

Die vier unterschiedlichen »Markenvisionen« sind die Diskussions- und Entscheidungsgrundlage für die letztendliche Marke, die dann umgesetzt, sprich: in all ihren Erscheinungsformen online und offline produziert wird, sobald die Ergebnisse durch eine Zielgruppen-Qualifizierung konsolidiert sind.

Entwicklung alternativer »Markenvisionen« – der Ergebnisbericht

- (Gegebenenfalls) Key Visual
- Logotype
- Typografie
- Farben
- Layout-Prinzipien online und offline
- Umsetzungsbeispiele, Kommunikationsmaßnahmen

12.4.6 Markentest

Markentest – die Methoden

Für die Evaluierung der alternativen Markenwelten ist ein qualitatives Forschungsprogramm zu empfehlen. Dieses liefert auf Grund seines Tiefen- statt Breitenansatzes verlässlichere Erkenntnisse über den jeweiligen emotionalen Anmutungscharakter der Markenalternativen.

Markentest – der Ergebnisbericht

- Assoziationsspektren der einzelnen Markenalternativen
- Akzeptanz der einzelnen Markenalternativen

12.4.7 Implementierung der Marke

Implementierung der Marke – die Elemente

Die Implementierung der Marke ist der letzte Schritt innerhalb des Prozesses des Brand Development. Sie umfasst zwei Leistungen:

- Markenschutz: Markenrechtliche Registrierung
- Marken-Styleguide (im Offline-Bereich auch »CD-Manual« genannt): Richtlinien für die Inszenierung der Marke

12.4.8 Zusammenfassung

Folgende Tabelle gibt eine Übersicht der Vorgehensweise beim Brand Development:

Arbeitsschritte	Inhalte	Methoden	Ergebnisse
Analyse	▪ Design- und Namensgebungs-trends ▪ Zielgruppe ▪ Wettbewerb	▪ Desk Research ▪ Qualitative und quantitative Forschung	▪ Beschreibung der Zielgruppen ▪ Markenstatus der nächsten Wettbewerber ▪ Positionierung
Markenkonzept	▪ Markencharakter ▪ Gestaltungsrichtlinien		▪ Creative Brief, Markenmodell
Markenname	▪ Name List ▪ Ähnlichkeitsrecherche, Schützbarkeit (Name, URL) ▪ Akzeptanz und semantisches Spektrum der Namensalternativen	▪ Qualitative und quantitative Forschung	▪ Ergebnisse der Ähnlichkeitsrecherche, Schützbarkeitsprüfung ▪ Ergebnisse der Rezeptionsanalyse
Markendesign	▪ Markenvisionen ▪ Evaluierung	▪ Qualitative Forschung	▪ Key Visual ▪ Logotype ▪ Typografie ▪ Farben ▪ Layout-Prinzipien online und offline ▪ Umsetzungsbeispiele und Kommunikationsmaßnahmen ▪ Ergebnisse der Rezeptionsanalyse
Implemen-tierung	▪ Markenrechtliche Dokumentation ▪ Richtlinien für die Markeninszenierung		▪ Markenschutz ▪ Marken-Styleguide (CD-Manual)

Tabelle 7: Vorgehensweise beim Brand Development

12.5 Wert und Wesen der Marke

12.5.1 Was ist eine Marke?

Was ist eine Marke und warum ist sie so wichtig?

Das Phänomen »Marke« ist nicht in einem allgemeingültigen, griffigen Merksatz abzuhandeln, denn es ist weitaus komplexer als auf den ersten Blick ersichtlich. Auf der Suche nach Bedeutung und Wesen dieses Phänomens soll als – quasi gesicherter – Ausgangspunkt die Definition im Gesetzbuch dienen: »Als Marke können alle Zeichen, insbesondere Wörter einschließlich Personennamen, Abbildungen, Buchstaben, Zahlen, Hörzeichen, dreidimensionale Gestaltungen einschließlich der Form einer Ware oder ihrer Verpackung sowie sonstige Aufmachungen einschließlich Farben und Farbzusammenstellungen geschützt werden, die geeignet sind, Waren oder Dienstleistungen eines Unternehmens von denjenigen anderer Unternehmen zu unterscheiden.« [§ 3 Markengesetz]

Marken machen also den Unterschied. Warum?

In unserem marktgetriebenen Wirtschaftssystem, das durch austauschbare, zum Verwechseln ähnliche Waren und Dienstleistungen geprägt ist, brauchen Kunden Anhaltspunkte für Orientierungen im Angebot und Entscheidungshilfen, die über die objektiven Aspekte eines Produkts oder einer Serviceleistung hinausgehen müssen. Marken sind diese Anhaltspunkte, denn sie erfüllen im Kern diese *Orientierungsfunktion*, indem sie bestimmte Waren und Dienstleistungen markieren.

Die Aufgaben von Marken sind:

- Nachweis des Absenders, Herstellers, Urhebers oder Autors
- Klare, eindeutige Differenzierung von anderen Angeboten

Gleichzeitig ist mit dem Nachweis des Absenders ein *Versprechen* verbunden. Inwiefern?

Markenprodukte und Markendienstleistungen zeichnen sich dadurch aus, dass sie unbefristet und ohne Bedingungen eine mindestens gleichbleibende, meist sogar permanent verbesserte Qualität bieten. Dieses Versprechen gilt für alle Artikel und Services, die mit einer Marke gekennzeichnet sind. Das Ziel der Markeneigner ist, treue Kunden zu gewinnen, die sich auf dieses rationale und emotionale Versprechen verlassen und immer wieder zur Marke ihres Vertrauens greifen – aus den verschiedensten Gründen.

Die Ziele von Marken sind:

- Formulierung eines konstanten oder verbesserten Qualitäts- und Leistungsversprechens
- Langfristige Vertrauensbildung

- Loyalität und stabile Kundenbeziehungen
- Gewinnmaximierung mittels Durchsetzung eines höheren Preisniveaus

Um verstehen zu können, warum sich das Markenwesen innerhalb der Kommunikationsbranche überhaupt zu einer eigenständigen Disziplin mit eigenen Methoden und Berufsbildern entwickelt hat, ist eine differenzierte, tiefergehende Betrachtung des Phänomens »Marke« notwendig.

Differenziertes Markenverständnis

Die Marke ist nicht nur ein Name oder ein Logo. Keine Frage, der Markenname und in der Regel auch das Markenzeichen sind selbstverständlich unverzichtbare Bestandteile einer Marke. Sie sind aber auch nur Teile des Phänomens »Marke«. Im zeitgenössischen Markenverständnis hat sich die Überzeugung durchgesetzt, dass eine »Marke« ein komplexes *Vorstellungsbild in den Köpfen ihrer Zielgruppe* ist. Dieses Vorstellungsbild ist die Summe aller faktischen, ideellen, rationalen und emotionalen Merkmale, die das Publikum der Marke zuweist. Zu dieser Summe gehören außerdem natürlich Merkmale wie Logo, Farben, Motive, Slogans und Verpackungen. Relevant ist aber immer nur, wie die Zielgruppe diese Merkmale wahrnimmt und nicht, ob der Markenberater diese Merkmale schön oder abstoßend, spannend oder langweilig findet. Relevant für die Markenführung ist nur das *innere Markenbild*, die Wahrnehmung in der Zielgruppe, denn dieses innere Markenbild steuert das Verhalten der Zielgruppe, indem es motiviert oder demotiviert, Waren und Dienstleistungen als interessant einstuft und in den subjektiven Kreis der relevanten Angebote aufsteigen lässt – oder eben nicht. Kurz gesagt:

> Für die Markenführung ist allein die Sicht der Zielgruppe maßgeblich.

12.5.2 Markenmanagement

Markenmanagement ist Wahrnehmungsmanagement

Beim Markenmanagement geht es darum, die Wahrnehmung einer Marke oder – bei neuen Marken – die Erwartungen, die an sie gestellt werden, zu ermitteln und zielgerichtet zu beeinflussen. Zur Ermittlung der Wahrnehmung bedient man sich sozioempirischer und tiefenpsychologischer Forschungsmethoden, bewegt sich also auf sozialwissenschaftlichem Terrain. Dazu gehören quantitative Forschungsmethoden wie Umfragen zur Bekanntheit einer Marke und qualitative Methoden wie Einzelinterviews oder Fokusgruppen.

Aus den Erkenntnissen der quantitativen und qualitativen Marktforschung destillieren dann Markenexperten die Sicht der Zielgruppe, das innere Markenbild. Wofür steht die Marke? Welche Bedeutung spielt sie im Kontext der Konkurrenz: Wie verhält sie sich gegenüber anderen

Marken, die ähnliche oder sogar gleiche Angebote an die Konsumenten herantragen? Dabei kann es sich natürlich immer nur um Momentaufnahmen handeln, denn das Markenbild in den Köpfen der Zielgruppe ist dynamisch und mehr oder weniger starken Schwankungen unterworfen – je nach Lebenssituation und Lebensgewohnheiten verändern sich die Markenrealitäten beim Verbraucher.

Das tatsächliche Markenbild, das in der Zielgruppe aktuell und wirksam ist, muss mit den eigentlichen Zielsetzungen des Markeninhabers und seiner Marketingstrategen abgeglichen werden.

Verstehen die Verbraucher die Marke richtig? Deckt sich das, was die Marke sein soll, mit dem, was bei den Adressaten ankommt? Ist die Marke tatsächlich so klar, frisch und unkonventionell wie gewünscht oder kommt beim Konsumenten vielmehr ein staubiges oder diffuses Bild an? Aus dem Vergleich von Wunsch und Wirklichkeit ergeben sich Konsequenzen und Handlungsempfehlungen. Bei Divergenzen braucht die Marke einen neuen Impuls, eine Akzentuierung, eine Klarstellung, damit sich die Soll-Position und die Ist-Position der Marke wieder annähern. Es ist die Aufgabe der Markenberater, eine Strategie für diese Kurskorrektur zu entwickeln, aus der hervorgeht, mit welchen Botschaften und welchen Maßnahmen man die Marke ins Lot bringen wird. Zum Beispiel: Was soll die Marke im Internet darstellen – ein allgemeines Portal für moderne Lebensführung in Westeuropa oder eine faktische und fokussierte Inszenierung der Produktfeatures bzw. des Angebotsspektrums? In dieser Frage haben zahlreiche Markeneigner sich zunächst für das breit gefächerte Portal entschieden, um dann merken zu müssen, dass dies keine Vorteile für die Positionierung ihrer Marke im Wettbewerb bringt, sondern die Zielgruppe nur verwirrt. Die Moral der Geschichte: Die Kompetenzen einer Marke sind nicht beliebig dehnbar – auch nicht im Internet.

Zusammenfassung

Das Markenmanagement umfasst also drei Aufgaben:

- Analyse der Markenwahrnehmung einer Zielgruppe (empirisches Moment der Markenführung)
- Ableitung und Planung von notwendigen Korrekturen, Verstärkungen, Aktualisierungen der Marke (strategisches Moment der Markenführung)
- Transport eines konsistenten und attraktiven Markenbildes (kreatives Moment der Markenführung)

12.5.3 Markenmodell

Um das Markenbild in den Köpfen der Zielgruppen zu erkennen und aus den Erkenntnissen der sozioempirischen Markenforschung die relevanten

Daten herauszufiltern und in einen Sinnzusammenhang zu bringen, braucht man ein Markenmodell. Es ist klar, dass einzelne Bemerkungen von Verbrauchern nicht unmittelbar gewertet werden können, sondern in einen größeren Zusammenhang eingeordnet werden müssen, der dann relevante Aussagen erlaubt. Diesen Kontext liefert das Markenmodell.

In der Markenbranche existieren mindestens 30 unterschiedliche Markenmodelle – jede Strategieagentur und Unternehmensberatung hat ihr eigenes Modell, weil es verbindliche Standards nicht gibt. Je nach Ansatz und methodischem Hintergrund sind diese Modelle mal einfacher, mal komplizierter, mal alltagstauglich und mal akademisch, immer mit eigenen Bezeichnungen und eigenen Visualisierungen für ähnliche Sachverhalte. Die Autoren haben unterschiedliche Modelle geprüft und erkannt: Unterm Strich haben alle Modelle eine gemeinsame Basis. Und mit dieser arbeiten sie.

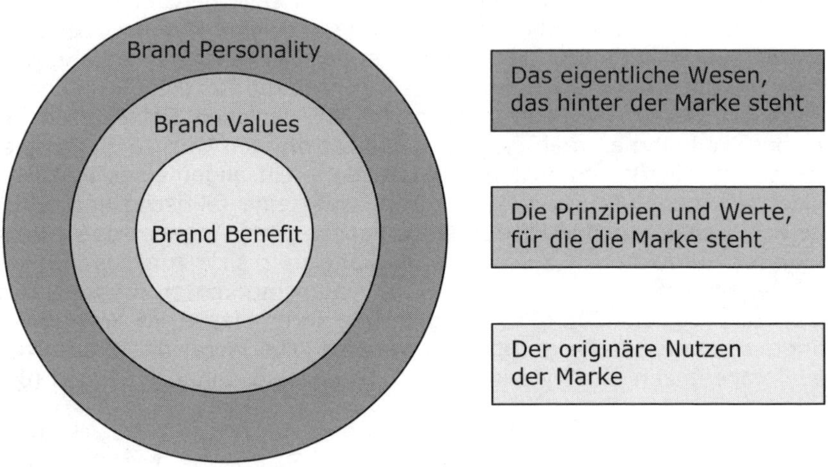

Abbildung 54: Das Markenmodell

Eine Marke lässt sich als Kreis oder als Kugel mit drei Sphären begreifen. Im Zentrum dieser Kugel steht der »Brand Benefit«, der originäre Nutzen der Marke beziehungsweise des Produkts, das die Marke bezeichnet. Ein Beispiel verdeutlicht dies: Der originäre Nutzen eines Autos ist individuelle Freiheit. Individuelle Freiheit ist das Versprechen, das von jeder Auto-Marke ausgedrückt wird. Beim »Brand Benefit« sind alle konkurrierenden Marken einer Gattung gleich, weil sie alle das gleiche Basisversprechen abgeben.

Die Differenzierung erfolgt dann auf der zweiten Ebene, bei den »Brand Values«. Marken unterscheiden sich durch ihre Werte und durch die Wertmaßstäbe, die sie bei ihren Adressaten ansprechen. Zur Erinnerung: Relevant ist immer nur das, was die Zielgruppe denkt. Deshalb ist es von zentraler Bedeutung für das Markenmanagement, welche Werte die Zielgruppe mit einer bestimmten Marke in Verbindung bringt.

Die Brand-Management-Agentur »&EQUITY« hat im Auftrag der »Hörzu« ein Wertemodell zur empirischen Analyse und Positionierung von Marken entwickelt. Das Modell unterscheidet vier jeweils heterogene Wertewelten, die in ihrer Gesamtheit alle aktuell relevanten Werte des westlichen Kulturkreises umfassen. Zu diesen lassen sich sowohl Zielgruppen als auch Marken zuordnen. Die Zuordnung einer Marke in die jeweilige Wertewelt offenbart die »Brand Values«: Eben das jeweilige Werteset, das eine Marke repräsentiert.

Nachstehende Tabelle veranschaulicht das Prinzip am Beispiel von Bank-Marken:

Zielsetzung / Orientierung	**Erleben** Die eigene Welt bewahren und genießen	**Gestalten** Die eigene Welt prägen und beherrschen
Freiheit Lust an Überraschungen	**Wertewelt Lebensfreude** Lust, Genuss, Spaß, Risiko, Jugend, z. B. Citibank	**Wertewelt Lebenskunst** Stil, Kultur, Reife, Souveränitat, Zeit, z. B. Hypo-Vereinsbank
Sicherheit Schutz vor Überraschungen	**Wertewelt Bindung** Nähe, Liebe, Heimat, Treue, Freundschaft, z. B. Sparkasse	**Wertewelt Leistung** Disziplin, Erfolg, Ehrgeiz, Ehrlichkeit, z. B. Deutsche Bank

Tabelle 8: Werte- und Positionierungsmodell, Quelle: [Springer2]

Zwei Beispiele sollen illustrieren, was damit gemeint ist. Zwei wichtige Marken im Bereich der »Weißen Ware«, also der großen Haushaltsgeräte, sind Siemens und Bosch. Gerade bei Waschmaschinen und Kühlschränken sind die optische Ähnlichkeit und die Produkteigenschaften grundsätzlich so austauschbar, dass Kunden ohne Markenunterschiede keine Entscheidungsgrundlage hätten. Bei Siemens und Bosch gilt das Prinzip der Austauschbarkeit jedoch ganz besonders, denn beide Marken gehören einem einzigen Unternehmen, werden von einer Hand entwickelt und gefertigt. Hier macht in der Tat ausschließlich die Marke den Unterschied.

Der originäre »Brand Benefit« der beiden Haushaltsgeräte-Marken ist identisch: Beide versprechen Entlastung im Haushalt. Erst auf der Werteebene werden die Unterschiede sichtbar: Während Siemens in den Augen der Verbraucher für »Leistung«, »Innovation« und »Lust« steht, sehen die Konsumenten bei Bosch zwar auch »Leistung«, aber darüber hinaus »Präzision« und »Pflicht« statt »Lust«.

Diese Relation zwischen Marke und Werten kann noch einen Schritt weiter gedacht werden. Wenn Marken für Werte stehen, so wie Menschen für Werte stehen, dann müssen Marken auch eine »Persönlichkeit« besitzen, die diese Werte verkörpert. Diese Persönlichkeit, die *Brand Personality*, die der Marke ein Gesicht gibt, ist die dritte Sphäre im Markenmodell.

Während die Persönlichkeit von »Siemens« im Markt für Haushaltsgeräte – immer in der Wahrnehmung der Verbraucher! – als »jung, eher männlich, weltoffen und individualistisch« wahrgenommen wird, ist »Bosch« in den Köpfen der Zielgruppen mit Attributen wie »alt, männlich, bodenständig, deutsch, akribisch, traditionalistisch« verknüpft. Die Marken-Persönlichkeiten, die das Wertefeld einer Marke verkörpern, unterscheiden sich also sehr deutlich, obwohl die Produkte im Prinzip die gleichen Leistungen bieten, fast identisch aussehen und ähnlich teuer sind. Die Differenzierung findet auf der Markenebene statt.

	Siemens	**Bosch**
Brand Benefit	Entlastung	Entlastung
Brand Values	Leistung Innovation Lust	Leistung Präzision Pflicht
Brand Personality	jung, eher männlich weltoffen kreativ individuell	alt, männlich bodenständig deutsch akribisch traditionalistisch

Tabelle 9: »Weiße Ware« in der Wahrnehmung der Zielgruppe, Quelle: [Springer2]

Doch auch bei Produkten, die sehr viel Wert auf Differenzierung durch Design legen, übernimmt die Marke, ihre Werte und ihre Persönlichkeit, die Differenzierung. Das zeigt eine Analyse der Mittelklasse-Modelle von »BMW« und »Audi«:

	BMW 3er	**Audi A4**
Brand Benefit	Freiheit	Freiheit
Brand Values	Lebenslust, Power Ehrgeiz Elite	Vernunft, Fortschritt Ästhetik Heimat
Brand Personality	männlich bayerisch-weltoffen extrovertiert Single	tendenziell männlich bürgerlich introvertiert Familienmensch

Tabelle 10: »Mittelklasse-Autos« in der Wahrnehmung der Zielgruppe, Quelle: [Springer3]

Zusammenfassung

Eine Marke lässt sich begreifen als Kombination aus drei Sinnsphären:

- Brand Benefit – Der originäre Nutzen der Marke
- Brand Values – Die Prinzipien und Werte, für die die Marke steht
- Brand Personality – Das eigentliche Wesen hinter den Werten

Neben den drei Sinnsphären der Marke (Nutzen – Werte – Persönlichkeit) ist die Bedeutung einer Marke abhängig von ihrer Bekanntheit und ihrer Aktualität im Markt, im Kontext ihrer Wettbewerber. Der Begriff *Brand Power* beschreibt, welche Präsenz die Marke beispielsweise durch Werbekampagnen erlangt und mit welcher Intensität sie wahrgenommen wird. Der Aufbau einer wirksamen Brand Power ist eine Spezialaufgabe, die häufig von Media-Agenturen gelöst und an dieser Stelle nicht weiter vertieft wird.

12.5.4 Markenführung im Internet

Unternehmen investieren in den Aufbau und die Pflege ihrer Markenwerte, weil sie wissen, dass Kundenbindung nur mit starken Marken funktionieren kann. Sie platzieren Ihre Botschaften im Print, in der Außenwerbung, in Film, Funk und Fernsehen, via Direct Marketing, am PoS und auf Events. Sie möchten jeden dieser Kanäle optimal nutzen, um das zu erreichen, was jeder einzelne Kanal besonders gut leisten kann. Die klassischen Kanäle bringen Aufmerksamkeit und versprechen Leistungen rational und emotional. Das ist erprobt und funktioniert seit Jahrzehnten, mal besser und mal schlechter. Die Frage ist: Was macht man mit einer Marke im Internet? Was muss zu Marken im Internet beachtet werden?

Das Internet ist eine Kommunikationsplattform. Als solche transportiert es ein spezifisches Markenimage – so wie alle Kommunikationsmedien. Das bedeutet: Die einzelnen Online-Kommunikationsmaßnahmen müssen einerseits *markenstimmig* sein und andererseits *zielgerichtet* eingesetzt werden.

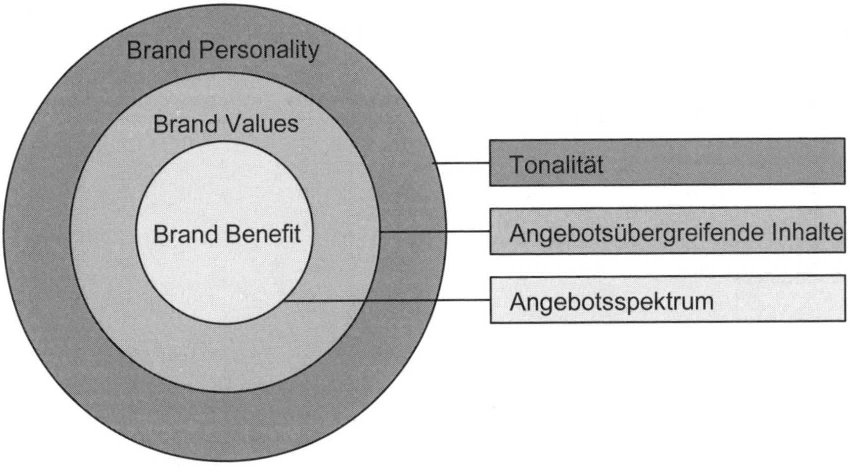

Abbildung 55: Markenadäquate Online-Kommunikation

Markenstimmigkeit bedeutet: Der Markennutzen muss online erkennbar sein und darf nicht hinter anderen Botschaften verschwinden. Der Markennutzen »individuelle Freiheit« einer Auto-Marke darf nicht im *Angebotsspektrum* hinter Sportnachrichten, Wettervorhersagen, Fremdwerbung und selbstverliebtem Interface Design zurücktreten, weil sonst die Marke als Absender dieses Benefits nicht mehr identifiziert wird. Gleichzeitig bietet das Internet vielfältige und ständig wachsende Möglichkeiten, online zusätzliche Nutzen anzubieten, von Informationen über Kommunikationsdienste bis hin zu Transaktionen. Wichtig ist, dass diese onlinespezifischen Nutzen oder *Mehrwertdienste* mit den Markenwerten vereinbar sind und nicht beliebig aus der Fülle der Möglichkeiten herausgegriffen werden. Steht eine Marke für das Wertebündel »Stil, Kultur, Reife, Souveränität, Zeit«, so sollte überprüft werden, ob ein News-Ticker, ein Chat-Room, ein offenes Message-Board oder die neuesten Börsenkurse die richtigen Zusatznutzen sein können. Diese Stimmigkeit zwischen Werten und Angeboten muss selbstverständlich auch auf der Ebene der Marken-Persönlichkeit erreicht werden. Die Persönlichkeit, die der Verbraucher hinter einer Marke fühlt, muss sich mit der *Tonalität*, also der Haltung des Internetangebots decken. Die Haltung einer Marke – dominant oder partnerschaftlich, weltoffen oder lokal engagiert, innovativ oder gemütlich – muss in den klassischen Medien exakt die gleiche sein wie in den neuen Medien. Das ist leider nicht immer so, weil sich gestalterische Gimmicks, technologische Sachzwänge oder kurzfristige Hype-Themen vor die Präsenz der Marke schieben und damit für Verwirrung in der Zielgruppe sorgen. Eine Marke steht ihrem Wesen und ihrer Aufgabe entsprechend immer und notwendigerweise für Konstanz und Stabilität – das kann online nicht unterlaufen werden, nur weil es medientechnisch möglich ist, ohne exorbitanten Kostenaufwand verschiedene Strategien der Markeninszenierung durchzuspielen. Das soll nicht heißen, dass sich die Präsenz im Netz nicht permanent verändern darf – im Gegenteil. Nur müssen diese Veränderungen markenstimmig und zielgerichtet sein.

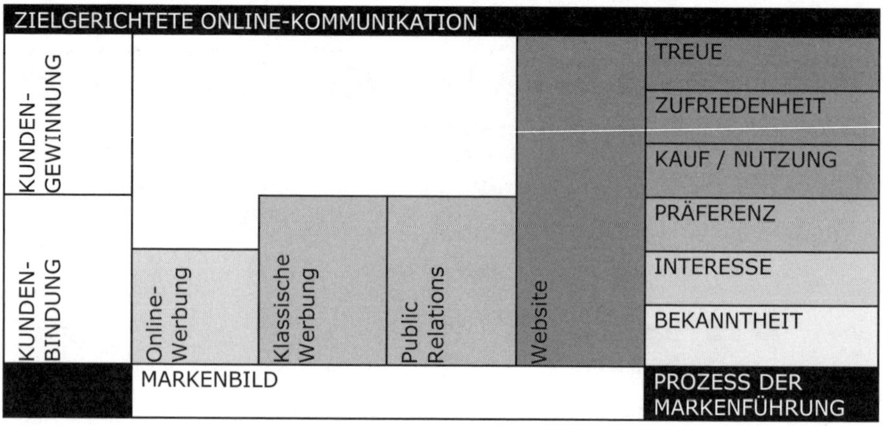

Abbildung 56: Zielgerichtete Marken-Kommunikation

»Zielgerichtet« bedeutet »medienadäquat«: Das Besondere an Marken im Web ist, dass eine Website neben den Standardaufgaben des Imageaufbaus, die jede werbliche Kommunikation hat, mehr Aufgaben hat – einfach deshalb, weil das Web mehr kann als das Papier oder das Fernsehen. Klassische Kommunikation kann bekannt machen, kann Interesse wecken und kann Präferenzen unterstützen – Online-Kommunikation verlängert und vertieft darüber hinaus die Markenerfahrung, beispielsweise über das Kauferlebnis und die direkte Erfüllung ohne Medienwechsel und Wartezeiten.

Zusammenfassung

Das Internet zeigt beide Seiten der Marke – Markenimage und Markenerfahrung. Als Push-Medium muss es einen Nutzen versprechen – so wie alle Kommunikationsmedien. Als Pull-Medium muss es diesen Nutzen einlösen, denn dieser liefert dem Menschen die nötige Motivation zum Handeln. Der angebotene Nutzen kann Information, Interaktion, Unterhaltung oder auch Service und Transaktion sein. Das bedeutet: Das Internet ist häufig Kommunikations-, Transaktions- und Serviceplattform der Marke zugleich. Das Medium Internet prägt beide konstitutiven Faktoren der Marke: sowohl das Markenimage als auch die Markenerfahrung.

Psychologisch – weil die Zielgruppe das Gefühl hat, direkt mit der Marke und dem Unternehmen zu interagieren.

Faktisch – wenn die Zielgruppe tatsächliche Leistungen und Services vom Unternehmen bekommt.

Die Aufgabe der Online-Markenführung ist die Erfüllung der Zielgruppenerwartung sowohl an den »Charakter« der Marke als auch – und vor allem – an das Angebot der Marke.

12.6 FAQ

Frage 1: Sind die Markenstrategie und die Markenpositionierung identisch mit der Marktstrategie beziehungsweise Marktpositionierung?

Antwort 1: Nein! Diese Begriffe dürfen nicht verwechselt werden. Im Idealfall leitet sich die Markenstrategie und -positionierung aus der Marktstrategie ab. In jedem Fall aber beschreibt sie die kommunikative Aussage der Marke. Die Markenstrategie definiert nicht das Marktsegment oder die Preisstrategie, sondern die Werte und das Versprechen der Marke. Marktpositionierung und Preisbildung sind nicht Aufgabe der Markenberater, sondern werden in der Regel von internen oder externen Business Consultants erarbeitet.

Frage 2: Braucht man online eine »neue« Markenstrategie?

Antwort 2: Nein! Ganz im Gegenteil. Das Ziel ist die Vermittlung eines konsistenten Markenbildes über alle Medien hinweg. Es bedarf jedoch einer Adaption und Konkretisierung der Strategie – je nach der spezifischen Zielsetzung und Angebotsstruktur der Website.

Frage 3: Ist die Durchführung eines Marktforschungsprogramms wirklich notwendig?

Antwort 3: Sie ist immer zu empfehlen, denn Verbraucherdaten sind die einzig relevante Basis, wenn es um die Führung von Marken geht. Allerdings sollte geprüft werden, ob diese Daten extra erhoben werden müssen oder bereits vorliegen – innerhalb des Unternehmens oder auch innerhalb zugänglicher Fremdstudien. In jedem Fall aber beansprucht ein qualitatives Marktforschungsprogramm einen unerheblichen Teil des Marketingbudgets. Die Kosten-Nutzen-Rechnung geht auf.

Frage 4: Welche sind die wichtigsten Erkenntnisinteressen, die im Zentrum des Marktforschungsprogramms stehen sollten?

Antwort 4: Die einzelnen Erkenntnisinteressen divergieren naturgemäß je nach Aufgabenstellung und Zielsetzung. Das Untersuchungsdesign sollte daher grundsätzlich Aufgabenstellung und Zielsetzung berücksichtigen. Unabhängig davon sollten jedoch im Rahmen des Marktforschungsprogramms immer zwei Aspekte erhoben werden:

- Die Erwartungen und Wünsche der Zielgruppe an das Produkt oder die Dienstleistung
- Die Wahrnehmung der Marke im Kontext der Konkurrenz

Frage 5: Welcher Marktforschungsansatz ist zu empfehlen: Der quantitative oder der qualitative?

Antwort 5: Auch hier gibt es keine absolute Antwort. Grundsätzlich gilt: Für die Erhebung von faktischem Wissen über das Konsumentenverhalten eignet sich die quantitative Marktforschung:

- Allgemeines Kaufverhalten im Hinblick auf das Produkt- oder Dienstleistungssegment
- Markenbekanntheit
- Markensympathie
- Online-Verhalten

Für die Analyse der dahinter liegenden Motive und Einstellungsbilder eignet sich der qualitative Ansatz:

- Kaufmotive und -barrieren
- Markenbild
- Wahrnehmung des Wettbewerbs

13 Design

Prof. Andrea Krajewski

Design in Webprojekten ist vergleichbar mit der Arbeit an einem Eisberg – nur ca. 20% der kompletten Masse ragen als sichtbarer Teil über die Wasseroberfläche hinaus. Neben der Kreation von Look & Feel (der Anmutung und dem Verhalten von interaktiven Anwendungen) übernehmen Designer interaktiver Anwendungen die Aufgabe der Strukturierung von Handlungen und Informationen (Informationsarchitektur) zur nutzungsfreundlichen Aneignung durch die Anwender (Usability).

Wie kann das Designpotential in Webprojekten optimal ausgeschöpft werden? Dieses Kapitel beschreibt die Aufgaben von Design, die Vorgehensweise von Designern in Webprojekten und gibt Anhaltspunkte zu überprüfbaren Arbeitsstationen. Es richtet sich an Projektmanager, Entscheider, Marketing Manager und alle Personen, die in Projekten mit Designern zusammenarbeiten, aber auch an Designer, denen ein Argumentationsleitfaden zur Kommunikation mit Projektpartnern in interdisziplinären Teams an die Hand gegeben wird.

Inhalte:

13.1 Einleitung

Nach wie vor wird gerade bei der Gestaltung interaktiver Medien in vielen Projekten das Potential von Design ungenügend ausgeschöpft. Vielmehr prallen in Designfragen populäre Vorurteile aufeinander und demotivieren die Teammitglieder – Designer wie Nicht-Designer. Nur wer seine Werkzeuge kennt, kann sie auch gezielt und effektiv anwenden. Das gilt auch für den Einsatz von Design. Mit einem gewissen Grundverständnis wird das oft künstlerisch verklärte Design jedoch zu einem handhabbaren und kontrollierbaren strategischen Mittel in Webprojekten. Dieses Kapitel bietet Argumentationshilfen für die Planungsphase eines Projekts zur Platzierung von Design und liefert Bewertungskriterien für Designergebnisse.

Bei der Lektüre des folgenden Abschnitts erfahren Sie:

1. Design ist mehr als bunte Bilder: Über Informationsarchitektur, Usability und weitere Qualitätsfaktoren des Designs interaktiver Medien.
2. Design heißt Kommunikation – aber wie kommuniziert man mit Design?
3. Um Design zu bewerten, benötigt man keinen »guten Geschmack«.

Pinzette oder Hammer – kennen Sie Ihr Werkzeug?

Die Praxis zeigt, dass das Leistungspaket Design zu Beginn eines jeden Projekts erläutert werden muss.

Das Abgleichen von Methoden und Vorstellungen zur Vorgehensweise ist die Grundlage einer guten Projektkommunikation. Um im Projektverlauf weder als Designer noch als Auftraggeber ungewollte Überraschungen zu erleben, empfiehlt es sich jedoch gerade bei dem Paket Design, weit vorher anzusetzen, nämlich bei der Definition des Designbegriffs selbst.

»Design« ist ein an sich ungeschützter Begriff und so begegnet man ihm daher im Alltag allerorten, ohne dass hierfür eine entsprechende Ausbildung oder ein entsprechend qualifizierter Workflow zugrunde gelegen haben muss. Die Beispiele Hair-Design (Friseur), Fingernagel-Design (Kosmetiker) oder Designer-Droge (krimineller Chemiker) belegen dies anschaulich.

So erfreulich die offensichtliche Akzeptanz des Begriffes Design und seine selbstverständliche Übernahme in den allgemeinen Sprachgebrauch ist, so problematisch ist jedoch der Umgang mit der aus diesem Gebrauch abgeleiteten Definition: Design ist künstliches, exklusives und schickes Beiwerk zu einem Produkt. In jedem Fall, so die allgemeine Meinung, entspringt Design einem bewundernswert kreativen Prozess, der in trendorientierten Formen und Farben mündet.

...Und wie ist Ihr Design-Verständnis?

13.1.1 Qualitätsziele im Design

Überlassen Sie nichts dem Zufall: Definieren Sie Ihre Messlatte!

Produkte erfüllen mit Hilfe von Design Funktionen, die über die rein praktische Handhabung hinaus gehen. Sind diese bekannt, so können zu Beginn eines Webprojekts Designziele festgelegt werden, um im Sinne eines Qualitätsmanagements im Design als Prüfkriterien zu dienen:

- Praktische Ziele
- Sozio-kulturelle Ziele
- Wirtschaftliche Ziele

Diese Ziele werden im Folgenden auf überprüfbare Kriterien heruntergebrochen.

Praktische Ziele

Praktische Funktion

Prüffrage: Inwiefern unterstützt und ermöglicht das Design die Funktion der Anwendung? Können beispielsweise alle Inhalte optimal mit vier Klicks erreicht werden?

Ergonomische Umsetzung

Prüffrage: Inwiefern berücksichtigt das Design softwareergonomische Erkenntnisse zur Optimierung des Mensch-Maschine-Interfaces? (ISO 9241-10/11)

Ist das Design beispielsweise durch den konsequenten Einsatz konsistenter Gestaltungsprinzipien – wie etwa identisch genutzte Interaktionsprinzipien bei Mouse-Over und Mouse-Down – für den Nutzer lernförderlich?

Sozio-kulturelle Ziele

Ausdruck eines persönlichen Lebensstils oder einer Haltung

Prüffrage: Inwiefern integriert das Design den Nutzer in einen bestimmten Lebensstil? Stimmt beispielsweise der eingesetzte audio-visuelle Stil?

Bildung von Gemeinschaften (Communities)

Prüffrage: Inwiefern fördert das Design Gemeinschaften? Werden beispielsweise schnell erreichbare Dialogmöglichkeiten mit verständlicher Benutzungsoberfläche (Interface) eingebunden?

Wirtschaftliche Ziele

Ausdruck der Unternehmenshaltung

Prüffrage: Inwiefern repräsentiert das Design die Haltung des Unternehmens oder eine Marke (Brand)? Ist beispielsweise die Reaktion der Anwendung ebenso so höflich, wie man es von einem Berater des Betreibers erwarten kann?

Positionierung am Markt

Prüffrage: Inwiefern repräsentiert oder besetzt das Design einen Marktbereich?

Differenzierung von Wettbewerbern

Prüffrage: Inwiefern bietet das Design Alleinstellungsmerkmale oder aber Zeichen für Gruppenzugehörigkeiten?

Erfüllung des Zielgruppenbedarfs

Prüffrage: Inwiefern geht das Design auf den Bedarf der Zielgruppe ein? Werden beispielsweise in einer Website für Anwendertypen mit unterschiedlichem Informationsverhalten spezifische Zugänge zu Informationen angeboten, wie etwa durch News, Suchfunktion, hierarchische Organisation, Querverweise etc.?

13.1.2 Die Kernbegriffe des Designs interaktiver Medien

Was ist Design?

Design ist die strategische, strukturelle und visuelle Umsetzung einer interaktiven Produkt-, System- und/oder Service-Lösung.

Die Übersetzung des englischen Begriffes »Design« als »Zeichnung, Plan, Muster« verdeutlicht, dass es sich bei der Auslegung des Begriffes nicht nur um die äußere Form (Zeichnung, Muster), sondern auch um die Struktur, die Strategie, den inneren Aufbau und die Funktionsweise (Plan) eines Produktes handelt. Das Design von Webanwendungen ist daher mit Architektur vergleichbar. Auch hier sind Form- und Farbgebung der Innenraum- und Außengestaltung nur ein Aspekt. Ein Gebäude ohne die Planung von Zugängen, Leitsystemen und Versorgungsstrukturen wäre undenkbar. Im Bereich des Designs für Websites spricht man in diesem Zusammenhang neben dem Interface Design auch von *Informationsarchitektur*. Sie umfasst die Strukturierung von Informationen und die Gestaltung der Handlungen beim Zugriff auf diese Informationen. Diese Handlungen beziehen sowohl die der Website als auch die des Nutzers mit ein. Im Website-Design spricht man daher von Interaktionsgestaltung. Zu guter Letzt hat Design – wie vermutet – die Aufgabe der visuellen und auditiven Realisierung.

Was hat diese Definition mit Ihrer Praxis zu tun?

Aus den Faktoren Struktur, Interaktivität und audio-visuelle Realisierung lassen sich die drei Aspekte erfolgreichen Designs interaktiver Medien ableiten:

- Struktur → Informationsarchitektur
- Interaktivität → Usability
- Audio-visuelle (A/V) Realisierung → Produktsprache

Die nachfolgenden Abschnitte gehen auf diese drei Aspekte ein.

Informationsarchitektur

Werden Sie zum Bauherrn – Das Gerüst einer Website

Der Begriff der Informationsarchitektur ist dem der Architektur entlehnt. Zur Begriffserklärung soll aus diesem Grunde zunächst auch auf die Welt der Architektur zurückgegriffen werden.

Architektur → Informationsarchitektur

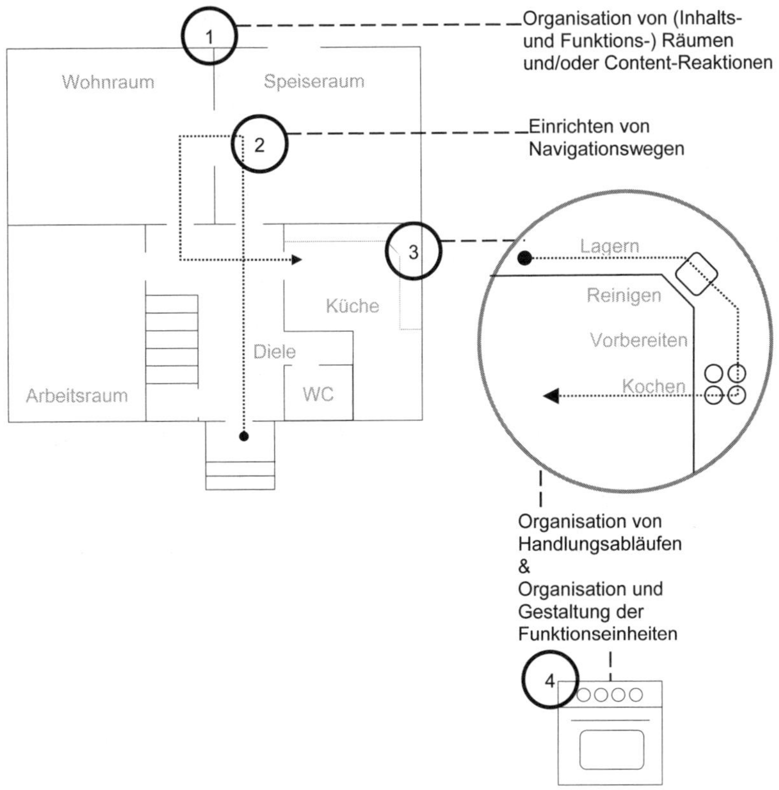

Abbildung 57: Architektur als Herleitung für Informationsarchitektur

Architektur bedeutet die Planung und Organisation von Raumsystemen und ihrer gegenseitigen Verknüpfung unter Berücksichtigung der dort stattfindenden funktionalen Abläufe. Als materialgebundene Konstruktion sind Architektur und Technik untrennbar.

Diese Vor- und Aufgaben lassen sich zunächst als Modell in den Bereich der Informationsarchitektur transferieren. Der entscheidende Unterschied zwischen Architektur und Informationsarchitektur aber liegt zum einen in der Beweglichkeit und Dynamik der zu schaffenden Räume (die in der Architektur ja bekanntlich statisch sind). So kann sich ein Informationsraum einer Website an die Bedürfnisse des Nutzers anpassen. Zum anderen liegt er in der zusätzlichen Aufgabenstellung des Dialogangebots an den späteren »Bewohner«, so als beschäftige sich ein Architekt gleichfalls mit der Rekrutierung des zur Architektur passenden Butlers, Kochs, persönlichen Agenten etc. Dieser kleine Unterschied erklärt auch die oft gelesene Binsenweisheit, dass sich die Informationsvermittlung im Web grundlegend von der in Printmedien unterscheidet.

Informationsarchitektur bedeutet die Planung und Entwicklung von Prinzipien, die auf Grund ihrer Systematik, ihrer Struktur und ihrer Ordnung Benutzern eine Anwendung und die ihr innewohnende Information zugänglich und handhabbar machen.

Dennoch wird eine Website als dynamischer, nutzerbezogener und dialogorientierter Informationsraum in vielen kommerziellen Websites noch immer nicht in dem Umfang genutzt, in dem er Nutzern und Unternehmen tatsächlich Vorteile verschaffen könnte. Stattdessen wird in Webprojekten oft erwartet, dass vorhandene Inhalte auf Screens abgebildet werden. Designer von interaktiven Medien ordnen keine Inhalte auf Screens an, sie gestalten dialogorientierte Informationsräume zwischen Nutzern und Unternehmen.

Fragen Sie einen Designer also nicht nur danach, wo er Ihre Informationen auf den (Web-)Seiten platzieren möchte. Fragen Sie ihn nach nutzerbezogenen Zugangs- und Dialogmöglichkeiten, also nach der Informationsstruktur in Ihrem Informationsraum.

Die nachstehende Abbildung zeigt die verschiedenen Ebenen, aus denen sich die Informationsarchitektur einer Website zusammensetzt. Die hellgrauen Bereiche verweisen dabei auf Designaufgaben, die dunkelgrauen auf technische Aspekte.

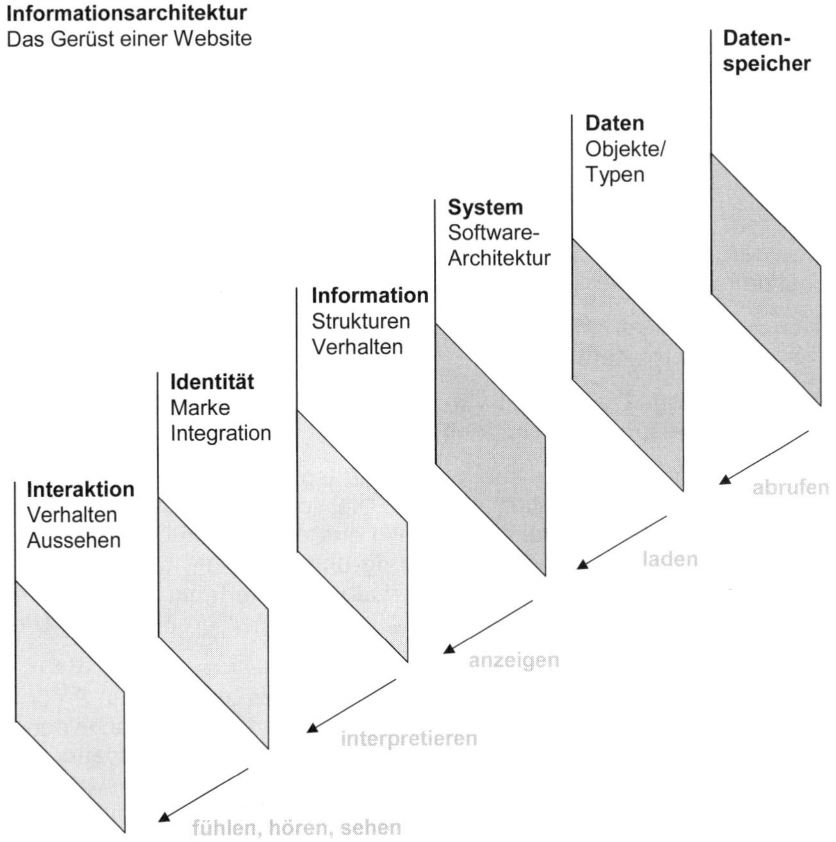

Abbildung 58: Schema der architektonischen »Schichten« einer Website

Usability

Usability – Über die Interaktion mit dem Nutzer

Wurden Websites vor einiger Zeit noch als blinkende Plakatwände und Unternehmensbroschüren eingesetzt, steigt heute zunehmend die Nutzung von Webseiten zum aktiven Dialog mit dem Kunden. So orientieren sich auch Designer zunehmend von einer produkt- hin zu einer nutzerorientierten Gestaltung. Mit der strategischen Nutzung des Internets im Bereich des E-Commerce und Customer Relationship Management (CRM) steigen die Anforderungen an die Entwicklerteams von interaktiven Dialogsystemen. Usability, also die Überprüfung des so genannten Gebrauchswertes solcher Websites, wird dabei zunehmend zu einem Qualitätsfaktor für die Beziehung zwischen Nutzer und Unternehmen.

Die Gebrauchstauglichkeit von (Web-) Anwendungen bedeutet »[...] das Ausmaß, in dem ein Produkt durch einen bestimmten Benutzer in einem bestimmten Nutzungskontext genutzt werden kann, um bestimmte Ziele effektiv, effizient und zufrieden stellend zu erreichen« (EN ISO 9241 - 11, Definition 3.1).

Usability – Faktoren der Gebrauchstauglichkeit

Effektivität: Die Genauigkeit und Vollständigkeit, mit der ein Benutzer ein bestimmtes Ziel erreichen kann.

Effizienz: Der im Verhältnis zur Genauigkeit und Vollständigkeit vom Benutzer eingesetzte Aufwand.

Zufriedenstellung: Die Freiheit von Beeinträchtigungen und eine positive Einstellung gegenüber der Nutzung.

Gebrauchstauglichkeit kann somit nicht nur isoliert mit dem Blick auf die spezielle Anwendung gesehen werden. Die spezifischen Anforderungen der Benutzer spielen hierbei eine ebenso große Rolle wie die zu bewältigende Aufgabe selbst und die Umgebung und Situation, in der die Aufgabe erledigt werden soll. (Nebenbei erwähnt ist die Ignoranz dieser Parameter einer der Gründe, warum WAP sich keiner großen Beliebtheit erfreut.)

Die Vorlieben und Fähigkeiten der Zielgruppe eines interaktiven Produktes spielen bei der Einschätzung des Gebrauchswerts eine entscheidende Rolle. Hierbei handelt es sich etwa um die Aufmerksamkeitsspanne des Nutzers, die Grenzen des Kurzzeitgedächtnisses, seine Lerngewohnheiten, seinen Grad an Erfahrung bezüglich der Aufgabenstellung und im Umgang mit Dialogsystemen und letztendlich das mentale Modell der von ihm vorausgesetzten zugrunde liegenden Logik des Dialogsystems, mit dem er arbeiten wird.

Dies weist auf die Notwendigkeit eines umfangreichen Research- und Testszenarios bereits zu Anfang eines Projekts hin. Gerne greifen Designer und Kunden zu Testzwecken im informellen Rahmen auf ihnen bekannte Personen zurück, die sich als unerfahren im Gebrauch mit dem Computer erwiesen haben. In diesem Zusammenhang wird dann auch schon einmal die eigene Großmutter als Idealnutzer herangezogen. Böse Zungen sprechen in diesem Zusammenhang auch vom *DAU*, dem dümmsten anzunehmenden User. In den seltensten Fällen gehören die Großmutter oder ein fiktiver DAU auch zur Zielgruppe. So wird an dieser Stelle ebenfalls deutlich, dass vor Beginn von Usability-Tests anzustrebende Ziele (Usability-Ziele) definiert werden müssen, die für einen bestimmten Nutzerkreis in einem bestimmten Kontext Gültigkeit haben sollen.

Usability – Standards

Die normative Leitlinie für die Gestaltung benutzungsfreundlicher Webseiten ist die internationale Norm EN ISO 9241 »Ergonomische Anforderungen für Bürotätigkeiten mit Bildschirmgeräten«.

Sie besteht insgesamt aus 17 Teilen, welche die Anforderungen an Hardware und Software beschreiben.

In den Teilen 110 (dieser ersetzt seit 2006 den Teil 10) und 11 werden die für die Gestaltung von Websites relevanten Aspekte der Dialoggestaltung und Gebrauchstauglichkeit interaktiver Systeme behandelt.

Kriterien der Dialoggestaltung nach EN ISO 9241-110

Aufgabenangemessenheit: Unterstützung des Nutzers, Arbeitsaufgaben des Dialogsystems effektiv und effizient zu erledigen. Hierzu gehört beispielsweise, dass dem Nutzer keine unnötigen Arbeitsschritte zugemutet werden – auch solche nicht, die aus technischer Sicht vielleicht wünschenswert wären.

Selbstbeschreibungsfähigkeit: Dem Nutzer soll zu jeder Zeit klar sein, in welchem Dialog und an welcher Stelle im Dialog er sich befindet und was er dort tun kann. Hierzu gehört eine für ihn verständliche Gestaltung (z.B. der Navigationselemente), die sich nach DIN EN ISO 9241-12 (Eigenschaften dargestellter Informationen) durch Klarheit, Unterscheidbarkeit, Kompaktheit, Konsistenz, Erkennbarkeit, Lesbarkeit und Verständlichkeit auszeichnet. Jeder Dialogschritt sollte dem Nutzer (etwa durch Rückmeldung des Systems) unmittelbar verständlich werden. Dazu gehört beispielsweise eine Information über das Kommando, welches gerade ausgeführt wird oder der Überblick über zukünftige und zurückliegende Dialogschritte in einer für den Nutzer verständlichen Weise.

Steuerbarkeit: Der Nutzer kann das Dialogsystem starten sowie seine Richtung und Geschwindigkeit beeinflussen. Hierzu gehört beispielsweise das an unterschiedliche Nutzertypen (ungeübt bis geübt) angepasste Zur-Verfügung-Stellen unterschiedlicher Ebenen und Formen des Dialogs (Menüs oder Kurzwahltasten) für ein- und dieselbe Teilaufgabe.

Erwartungskonformität: Konsistenz eines Dialogs und die Entsprechung von kontextbezogenen Nutzerbelangen durch Berücksichtigung seiner Kenntnisse, Erfahrungen sowie allgemein anerkannte Konventionen. Hierzu dient nicht nur die konsequente Gleichbehandlung ähnlicher Arbeitsaufgaben in der Dialoggestaltung, sondern auch die adäquate Übersetzung von Arbeitsaufgaben, die dem Nutzer aus seinem Alltag bekannt sind, in den Handlungsablauf der interaktiven Anwendung.

Fehlertoleranz: Erreichung des Arbeitsergebnisses trotz fehlerhafter Eingaben ohne oder mit minimalem Korrekturaufwand des Anwenders. Hierzu gehört die Erläuterung der Eingabe- oder Interaktionsfehler des Nutzers.

Individualisierbarkeit: Anpassungsmöglichkeiten des Dialogsystems an die Erfordernisse der Arbeitsaufgabe sowie an individuelle Fähigkeiten und Vorlieben des Benutzers.

Lernförderlichkeit: Unterstützung und Anleitung des Benutzers beim Erlernen des Dialogsystems durch das System selbst. So sollen beispielsweise gleichartige Hinweismeldungen stets am gleichen Ort im Anzeigebereich erscheinen.

Usability – Barrierefreies Web

In den weiteren Bereich des Themas Usability fallen auch die Anforderungen an das so genannte *Barrier Free Design*, die helfen sollen, behindertenspezifische Barrieren auf Webseiten zu beseitigen.

Die Grundlage für die Anforderungen an barrierefreie Webseiten ist die bereits 2002 in Kraft getretene Verordnung Barrierefreie Informationstechnik zum Bundesbehindertengleichstellungsgesetz (BITV). Diese betrifft zunächst die Bundesbehörden, die bis zum 01.08.2002 ihre Internet- und Intranetseiten barrierefrei zu gestalten hatten. Vorhandene Webseiten der Bundesverwaltungen, die sich speziell an Behinderte richten, mussten bis Ende 2003 behindertengerecht umgestaltet werden. Alle übrigen Webseiten der Bundesverwaltung unterlagen einer Frist bis 2005. Im Gesetzestext verpflichtete sich die Bundesregierung jedoch, darauf hinzuwirken, dass auch gewerbsmäßige Anbieter ihre Produkte im Internet behindertengerecht gestalten. Hierzu gehören beispielsweise Maßnahmen wie der Einsatz von *Screen-Readern* (das sind Programme zur Umwandlung aller Site-Informationen in strukturierte Text-Informationen, die beispielsweise von Braille-Lesegeräten ausgelesen werden können) und Vergrößerungslupen. Die BITV greift übrigens die seit 1999 international etablierten Web Content Accessibility Guidelines 1.0 des W3C Konsortiums (WAI-Richtlinien) auf.

Mehr als Usability – Dialog und Unternehmensbild

Eine Anwendung repräsentiert das Unternehmen nicht nur in ihrem Aussehen, sondern auch in ihrem Verhalten gegenüber dem Nutzer.

Ein Aspekt, der sich aus dem Umfeld Barrierefreiheit und Usability eher unerwartet entwickelt, ist, dass der Dialog zwischen Mensch und Anwendung im Web-Design eine oft unterschätzte Bedeutung für das Unternehmensbild eines Nutzers hat. Dass dies ein Fehler ist, erklärt ein kurzer Ausflug in die reale Welt: Jede gut geführte Vertriebsorganisation erhält als einen wichtigen Berührungspunkt zum Kunden Trainings, die über die Anweisungen zur Kleiderordnung (Stil) und dem zu vermittelnden Produktwissen (Content) hinausgehen, denn ein Verkäufer repräsentiert eine Marke oder ein Unternehmen in hohem Maße durch sein Verhalten. Warum sollten sich Benutzer von Websites von anderen Dingen leiten lassen? Im Design interaktiver Medien wird die wechselseitige Beziehung zwischen Nutzer und Anwendung – hervorgerufen durch den Prozess der Interaktion – als psychologische Voraussetzung für Unternehmens-, aber auch Markenerfahrung moderiert.

Produktsprache: Design als Kommunikationsmittel

Sehen Sie auch manchmal Rot? An dieser Stelle geht es um den bewussten Einsatz von visuellen Zeichen.

Jede strukturelle und visuelle Äußerung auf einem Screen, egal ob sie von einem Designer oder Nicht-Designer produziert wurde, birgt eine Aussage. Und es ist in der Tat besser, man weiß, worüber man auf dem Screen spricht.

Eine wesentliche Aufgabe von Designern ist es, die verschiedenen Funktionen von Design im Produkt strukturell und visuell so zu übersetzen, dass der Nutzer sie verstehen und rational sowie emotional einordnen kann. Web-Design erklärt, von welchem Unternehmen mit welcher Haltung eine Seite stammt, für welche Nutzer in welcher Lebenswelt sie gedacht ist, welchen Wert sie hat und wie man sie nutzen kann und fordert zum Dialog mit dem System auf. Mit anderen Worten: Design spricht! Mehr noch – schauen Sie sich einmal um und Sie können es an sich selbst beobachten – jede Struktur, Form, Farbe, Bewegung, jedes Zeichen, jeder Ton oder jedes Bildzitat in Ihrer natürlichen oder künstlichen Lebenswelt löst bei Ihnen eine Interpretation aus.

Wir sind von je her darauf angewiesen, visuelle Reize in unserer Umgebung zu verstehen und einzuordnen. Die Interpretation erfolgt ganz automatisch, ob das betreffende visuelle Phänomen nun eine beabsichtigte Gestalt hat oder nicht.

Im Hinblick auf Webseiten lässt sich also feststellen, dass es nicht möglich ist, auch nur eine einzige Form zu publizieren – wie beispielsweise einen Button auf einer Bildschirmseite – ohne nicht auch eine Aussage zu treffen. Ist er rund oder eckig, spricht er die visuelle Sprache eines bestimmten Betriebssystems oder tut er dies bewusst nicht, ist er altmodisch mit einem Schatten versehen oder besteht er nur aus einem Schriftzug? Erklärt er, wie man ihn benutzen soll (berühren, halten, anklicken, ziehen) oder passt er gar in ein plastisches mentales Modell aus der Welt der analogen Erfahrungen des Nutzers?

Werden Sie Designkritiker!

Die Beurteilung von Design hat mit »gutem Geschmack« nur wenig zu tun.

Im Vorfeld wurde auf die Zielgruppenbezogenheit der Gestaltung hingewiesen. In der Beurteilung von Design benötigt man also Kriterien, die über den eigenen Geschmack hinausgehen. Design bedeutet Kommunikation und benötigt also ganz offensichtlich eine Art Sprache, um sich auszudrücken. Was ist das für eine Sprache und wie können Sie diese beurteilen? Hierzu zunächst noch eine weitere Frage: Wie beurteilen Sie denn Sprachwerke, also einen Roman, einen Zeitungsartikel oder eine Reportage generell?

Das Werk eines Schriftstellers wird an verschiedenen sprachlichen Kriterien gemessen. Einerseits geht es um formale Fragen: Ist der von ihm erstellte Text formal korrekt, d. h. hat er die Regeln der Grammatik befolgt oder gegebenenfalls bewusst durchbrochen? Auf der anderen Seite geht es um Fragen des Inhalts und der Interpretation: Stimmt die von ihm hergestellte sprachliche Tonalität mit dem vermittelten faktischen Inhalt überein? Entspricht die von ihm entwickelte Dramaturgie dem zu vermittelnden Prozess der Story und dem gewählten Genre? Und schließlich: Gelingt es dem Schriftsteller, Sie, also seine Zielgruppe, anzusprechen?

Die Beurteilung des Kommunikationserfolges von Design kann an ganz ähnlichen Kriterien gemessen werden. Auch hier lauten die Fragen: Ist der erstellte Entwurf formal korrekt und kommt er den inhaltlich-interpretatorischen Anforderungen mit den notwendigen Mitteln entgegen?

Statt mit den Grundsätzen der Sprachtheorie (*Linguistik*), wird im Design mit den Grundsätzen der Zeichentheorie (*Semiotik*) operiert. Wie in der Sprachtheorie können Zeichenwerke so einerseits unter rein formalen Aspekten betrachtet werden – in der Linguistik ist dies die *Grammatik*, in der Semiotik bezeichnet man diesen Aspekt mit *Syntaktik*. Ein bekannter formaler Aspekt ist beispielsweise der Goldene Schnitt, der sich dem formalen Aspekt der proportionalen Aufteilung von Strecken und Flächen widmet. Andererseits geht es im Teilbereich der Semiotik, der *Semantik*, um Zeichen, die eine inhaltliche Bedeutung für den Betrachter haben. Hier werden beispielsweise Zeichen eingesetzt, die eine symbolische Wirkung entfalten oder aber Assoziationen beim Nutzer hervorrufen. Offenkundig wichtig in diesem Zusammenhang ist eine übereinstimmende Verständigungsbasis zwischen Sender (Designer) und Empfänger (Nutzer). Das Zeichenrepertoire von Designer und Nutzer muss zu großen Teilen deckungsgleich sein, um Inhalte verständlich zu vermitteln. Der Designer sollte somit über Kenntnisse des Interpretationsmodells der Nutzer des von ihm gestalteten Produkts verfügen – dies gilt insbesondere bei einer im Web nahezu vorauszusetzenden Kulturkreis-überschreitenden Gestaltung. Für die Projektarbeit bedeutet dies zum einen, dass sich das Designteam im Vorfeld der Entwicklungstätigkeit mit der direkten visuellen Welt der Zielgruppe auseinandersetzt. Hierzu gehört neben der Einfühlung in einen Zielgruppen-Stil auch die Kenntnis über die genutzte visuelle Sprache des zukünftigen Anwenders, die sich zur Transformation in eine Website eignen könnte. Zum anderen entwickeln Designer eine zielgruppengerechte visuelle Sprache auch aus der Interpretation der Handlungsmodelle der anzusprechenden Nutzergruppen, um diese auf die Website angewandt abzubilden.

In der Designtheorie hat sich für das oben erläuterte Interpretationsmodell der Zeichen (Grammatik, Syntaktik) der Begriff der *Produktsprache* etabliert. (Siehe hierzu untenstehende Liste der »Designvokabeln«.)

Designvokabeln der Produktsprache

Anzeichenfunktionen (Syntaktik) liefern Informationen zum Gebrauch eines Produktes (Beispiel: »Hier klicken«) *oder* Informationen zum Wesen eines Produktes (Beispiel: »Dies ist ein Shop«).

Symbolfunktionen (Syntaktik) liefern Informationen zum Produktkontext (Beispiel: »Dies ist ein Produkt für Senioren«).

Formalästhetische Funktionen (Grammatik) liefern Informationen zur formalen Wahrnehmung von Produkten (Beispiel: »Diese Handlungsschritte im Formular gehören zusammen«).

13.2 Rollen

In den goldenen Zeiten des Internet-Booms wurden auf Grund der neuen Aufgabenstellungen an Designer die interessantesten Bezeichnungen für die Rollen der neu zu besetzenden Aufgaben gefunden. Zusätzlich wird die genaue Erkennung der Bedeutung der einzelnen Titel noch durch die Anglizismen der Branche erschwert und so existiert ein Website Designer neben dem Interaction Designer, dem (User)Interface Designer, dem Flash Artist, dem Multimedia Specialist und des weiteren mehr.

Dieser Abschnitt soll Klarheit über die (wenigen) notwendigen Rollen im Designprozess geben.

Im Kern sind in einem Webprojekt für das Design Kompetenzen in den Bereichen Strategie, Struktur/Dramaturgie sowie Interaktion/visuelle Kommunikation zu stellen. Diese können, müssen aber nicht auf verschiedene Personen aufgeteilt werden. Wichtig ist für die eingesetzten Rollen die Fähigkeit, die Schnittstellenfunktion zu den anderen im Projekt beteiligten Disziplinen Wirtschaft, Marketing und IT umsetzen zu können.

Usability Researcher

Usability Researcher übernehmen den Part des *User Research*. Hierbei handelt es sich um die im Vorfeld der Produktentwicklung durchzuführenden Analysen zur Zielgruppe (Kenntnisse, Umfeld, Handlungsmodelle, Fähigkeiten, Erwartungen etc.). Es kann sich hierbei um Designer mit entsprechender Evaluierungs-Erfahrung, Soziologen, Arbeitswissenschaftler, Ethnologen oder Software-Ergonomen handeln.

Usability Engineer

Der Usability Engineer ist Ansprechpartner für alle Usability-Fragen im User Centered Design Process (UCD). Hierzu gehören die Planung des Faktors Usability im Projekt selbst, die Festlegung und Überwachung von Usability-Zielen sowie die Planung und Überwachung von Tests und ihrem Ergebnisreporting. Diese Rolle wird in der Regel mit Usability-erfahrenen Designern, Soziologen, Arbeitswissenschaftlern oder Software-Ergonomen besetzt.

Creative Director, Art Director

Kreativ- oder Artdirektoren werden je nach Projektgröße und Projektausrichtung gemeinsam oder alleine eingesetzt. Während der Kreativdirektor eher den designstrategischen Aspekt abdeckt – dies schließt plattformübergreifende Aspekte und Fragen des Design- und Markenmanagements mit ein –, ist der Artdirektor für die Ausarbeitung des übergreifenden Stils zuständig. Die Rollen werden von erfahrenen Designern mit strategischem Potential besetzt.

Informationsarchitekt

Das Feld der Informationsarchitektur hat sich historisch auf Grund seiner eigenständig wirkenden Arbeitsergebnisse (wie beispielsweise Sequenz-Diagramme (Darstellung von Handlungsabläufen)) und seiner sehr abstrakt-konzeptionellen Vorgehensweise, die nach populären Maßstäben nicht als Design betrachtet wird, als eigenständige Disziplin festgesetzt. Tatsächlich kann die Informationsarchitektur jedoch als Bestandteil des Designs gewertet werden. Beachtet man beim Aufsetzen des Projektteams dieses kleine, aber wesentliche Detail, können im Vorfeld bereits die klassischen Konflikte zwischen »den Informationsarchitekten« (wahlweise auch »den Konzeptern«) und »den Designern« vermieden werden.

Zu den Aufgaben der Informationsarchitektur gehören alle planerischen und strukturierenden Aspekte einer Website. Diese sind neben der Organisation der Inhaltsmodule auch die Gestaltung der Dialoge und Handlungsabläufe, was beispielsweise auch das Navigationskonzept einschließt. Dieser Bereich stellt, wie man vielleicht bemerkt, eine extrem starke Überlappung zum visualisierenden Part des Design dar. Als Informationsarchitekten kommen daher u.a. Designer in Frage.

Interface Designer

Die Aufgabe von Interface Designern ist die audio-visuelle Umsetzung der Schnittstelle zwischen Nutzer und Anwendung von der Entwicklung der übergreifenden Screen- und Interaktionsprinzipien der Site über die Realisierung eines audio-visuellen Stils bis zum Demonstrator und dem abschließenden Styleguide. Er stützt sich bei seiner Arbeit auf die Arbeitsergebnisse von User Research, Artdirektion und Informationsarchitektur. Besetzt wird diese Rolle mit Kommunikations- oder Produktdesignern.

In der Regel erfüllen Diplom-, Bachelor- oder Master-Absolventen der Studiengänge Industrial Design, Kommunikationsdesign oder Mediendesign die oben genannten Anforderungen.

13.3 Vorgehen

Der Designprozess in einem Webprojekt umfasst eine Reihe von unterschiedlichen Aufgaben. Diese reichen von der Recherche und Analyse über die Synthese in eine Designstrategie bis zur Transformation der Strategie in ein Produkt. Dabei muss der Designer als Schnittstelle zwischen Unternehmen, Zielgruppe und IT jede dieser Ebenen im Projekt verstehen lernen.

Der Designprozess begleitet daher die meisten Phasen eines Webprojekts mit einem mehr oder weniger hohen Anteil. Da Designer die Aufgabe haben, Strategien, Aussagen und Inhalte zu vermitteln, sollte darauf geachtet werden, sie zu einem möglichst frühen Zeitpunkt damit zu versorgen.

Bei der Lektüre des folgenden Abschnitts erfahren Sie:

- Gutes Design schließt den Nutzer mit ein.
- Auch der Designprozess ist iterativ.
- Geprüft wird mittendrin, nicht nur hinterher.

13.3.1 User Centered Design (UCD)

Ein Designprozess, der sich am Nutzer orientiert, bezieht diesen mit ein.

Sicher stellen Designer die Frage nach der Zielgruppe zu Beginn eines Projekts. Danach nehmen jedoch in vielen Webprojekten Kunden und Designer die Stellvertretung von Nutzern ein. Wann aber ist der Zeitpunkt der Wahrheit in einem Projekt gekommen, zu dem festgestellt wird, ob das Ziel der Nutzungsfreundlichkeit auch erreicht wurde? Die erschreckende Antwort lautet: Oft zu spät. Usability-Tests von Webseiten werden, wenn überhaupt, am Ende des Gestaltungsprozesses durchgeführt.

Die folgende Darstellung des Designprozesses greift die Methoden des so genannten *User Centered Design Process* (UCD) – zu Deutsch »nutzerzentrierter Designprozess« – praxisorientiert auf.

Stationen des UCD-Prozesses:

1. Kontextrecherche (Analyse von Aufgaben, Problemen, Visionen, Umgebung)
2. Definition der Nutzungsanforderungen
3. Modell- und Prototypenentwicklung (Iterationsprozess / Rapid Prototyping)
4. Nutzungsanforderungen am Prototypen demonstrieren und bewerten
5. Anforderungsdefinition im Konsens (= Projektziel)
6. Definition von Usability Regeln (Styleguide)
7. Umsetzung

UCD ist das Modell für einen iterativen Designprozess, in dem Anwender und Usability-Experten in Rahmen des so genannten *Usability Engineering* (UE) in die einzelnen Designphasen eingebunden werden. Die internationale Norm DIN EN ISO 13407 bietet eine Orientierung zur Implementierung dieses Prozesses.

Die Implementierung des Usability Engineering in den Designprozess bedeutet natürlich einen höheren Aufwand. Werden Fehler jedoch erst in einem Test während des Betriebs der Site offenbar, so bedeutet dies entweder einen enormen ungeplanten Aufwand an Kosten und Zeit zur Optimierung der Fehler oder eine weitere Website ohne den erhofften Erfolg.

Die nachfolgende Grafik erklärt die Iterationsstufen des Designprozesses.

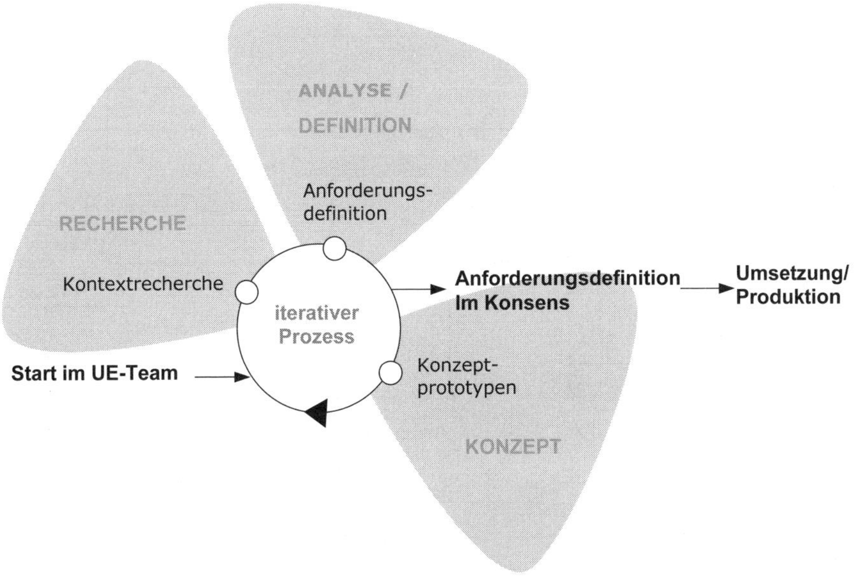

Abbildung 59: User Centered Design Process

Es lohnt sich, in diesem Modell einen genaueren Blick auf die Definition der »Modell- und Prototypenentwicklung« zu werfen (siehe obenstehende »Stationen des UCD-Prozesses«). Die Prüfung, inwieweit ein im Entwurfsprozess befindliches Produkt in seinen Aspekten Struktur, Dramaturgie, Dialog, Interaktion und Visualisierung den ermittelten Anforderungen entspricht, kann durch eine Reihe verschiedener Testmodelle erfolgen, auch ohne dass hierzu komplette interaktive Modelle programmiert werden müssen.

13.3.2 Design im Gesamtprojektablauf

Die nachfolgende Darstellung liefert einen Blick auf den in den Gesamtprozessablauf eingebundenen Designanteil.

```
┌─Vorbereitung──────────────────────────────────────────┐
│                    Durchführung                       │
│         ○ Kick-Off                                    │
│         ▓▓▓▓▓▓▓▓▓▓ Ist-Beschreibung und Pflichtenheft │
│              ▓▓▓▓▓▓▓▓▓▓▓▓ Gesamtgrobkonzept           │
│                    ▓▓▓▓▓▓▓▓▓▓▓▓▓▓ Design              │
│                    ▓▓▓▓▓▓▓▓▓▓▓▓▓▓▓▓▓▓▓▓ IT            │
│                                          ✦ Launch     │
│                                          ┌─Nutzung─┐  │
└───────────────────────────────────────────────────────┘
```

╭─ Recherche, Analyse, Definition ─╮
│ ▪ Design Ziele   │
│   ▪ Usability   │
│   ▪ Look & Feel   │
│   ▪ Relationship   │
│   ▪ Nutzwert   │
│   ▪ Mehrwert   │
╰──────────────────────────────────╯

╭─ Konzept (grob) ──────────────────╮   ╭─ Konzept (fein) ─────────────────────╮
│ ▪ Anwendungscharakter   iterativ │   │ ▪ Informationsarchitektur   iterativ │
│ ▪ Informationsarchitektur   ↻   │   │   ▪ Use-Cases (fein)   ↻   │
│   ▪ Use Cases (grob)   │   │   ▪ Content-Diagramme (fein)   │
│   ▪ Content-Diagramme (grob)   │   │   ▪ Navigationskonzept   │
╰───────────────────────────────────╯   │ ▪ A/V Konzept   │
                                             │   ▪ Look & Feel   │
                                             │   ▪ Medienkonzept   │
                                             │   ▪ Styleguide   │
                                             │   ▪ Demonstrator   │
                                             ╰──────────────────────────────────────╯

╭─ Produktion ──────────────────╮
│ ▪ Screens oder Templates   │
│ ▪ Medien   │
╰───────────────────────────────╯

───→ Zeit

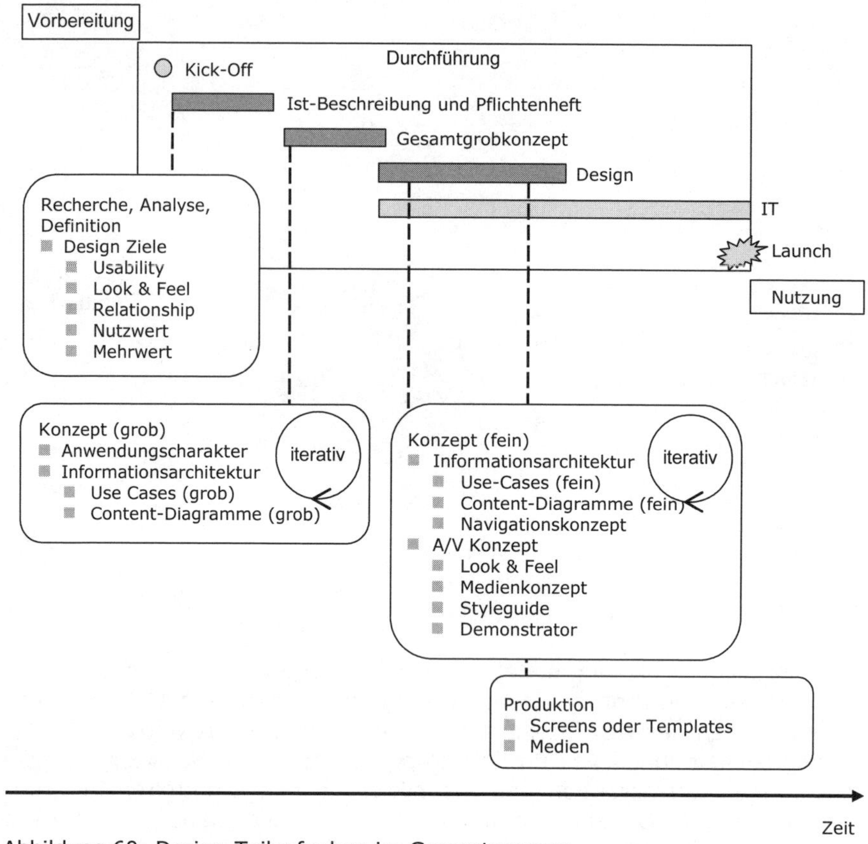

Abbildung 60: Design-Teilaufgaben im Gesamtprozess

Projektstationen mit Fallstricken

Fallstrick 1: Wozu Recherche?

Die Aufgaben in der Recherchephase liegen im Zusammentragen, Abgleichen und Analysieren von Anforderungen an das Design. Resultat sind konkrete Aussagen zu den Designzielen der Website. Nicht immer wird die Tatsache, dass für das Design fundierte Inhalte vorliegen müssen, auch praktisch umgesetzt. Zuweilen fehlt sowohl auf Kunden- als zum gerechten Ausgleich auch auf Dienstleisterseite die faktische Sensibilisierung, um Inhalte mit der notwendigen Konsequenz auch zu erarbeiten. Die Gründe liegen auf der Hand: Belastung von Budget, Zeit und künstlerischer Freiheit.

Ist für die Recherchephase grünes Licht gegeben, geht es im zweiten Schritt darum, zielgerichtet auf die Designfragestellungen hin zu recherchieren.

Die Designziele äußern sich in der Gebrauchstauglichkeit der Anwendung, ihrem Nutz- und Mehrwert, Look & Feel und der Beziehung zwischen Nutzer und Anwendung. Über die notwendigen Schwerpunkte der Recherche informiert der nachfolgende Abschnitt »Arbeitsergebnisse«.

Fallstrick 2: Wie grob ist ein Grobkonzept?

Ziel der Entwicklung von Konzepten ist, ein Produkt auf der strukturellen, prozessualen, dramaturgischen und auditiv-visuellen Ebene zu entwickeln. Die Konzeptphase bereitet in den einzelnen Iterationsstufen die Realisierungsphase vor. In der Regel versucht man, diesen Projektabschnitt in Grob- und Feinkonzept zu unterteilen. Wann ein Konzept im Design noch als grob zu bezeichnen ist und wann bereits als fein, ist reine Definitionssache und im Projektvorfeld zu klären. Die Meilensteine der Konzeptphase lauten hiervon unberührt:

- Anwendungscharakter
- Informationsarchitektur
- Audio-visuelles (A/V) Konzept

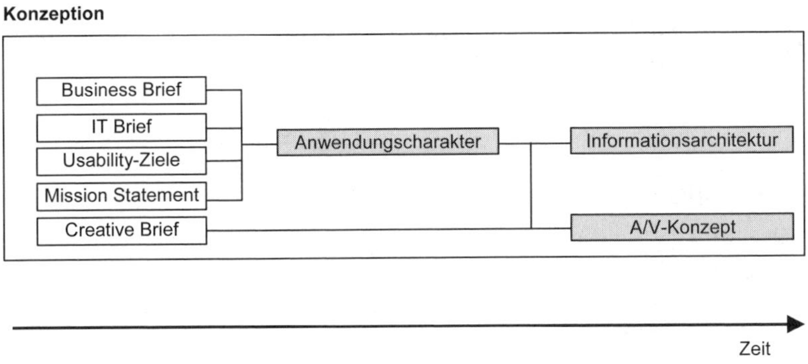

Abbildung 61: Teilergebnisse im Konzeptionsprozess

Fallstrick 3: Erst die Informationsarchitektur, dann die Visualisierung?

Für die Ressourcen- bis hin zur Raumplanung der Arbeitsteams ist es für Projektmanager wichtig zu wissen, dass Informationsarchitektur und A/V-Konzept keine unmittelbar voneinander zu trennenden Bereiche sind, obgleich die sichtbaren Resultate (Diagramme vs. Screens) sich stark voneinander zu unterscheiden scheinen. Strukturierende und visualisierende Aufgaben greifen im Design unmittelbar ineinander. Im Prozess wechselt der Designer daher immer wieder von der abstrakt- konzeptionellen in die visuelle Ebene seines Aufgabenbereiches.

Je besser diese Verzahnung hier funktioniert, desto besser ist es für Team und Ergebnis. Im Idealfall wird für diese beiden Aufgabenbereiche ein gemeinsames Team gebildet. In größeren Projekten wird sich eine Spezialistentrennung zwischen visuell denkenden Strukturierern und strukturell orientierten Visualisierern nicht vermeiden lassen. Hier sollte zumindest ein Designer ausgewählt werden, der den Dialog zwischen beiden Aufgabenbereichen führt.

Fallstrick 4: Wann wird getestet?

Im Sinne der iterativen Entwicklung kann jeder Meilenstein mit prospektiven Anwendern oder Usability-Experten getestet werden. Die Erkenntnisse dieser Tests werden dann im nächsten Schritt der Entwicklung berücksichtigt. Hierzu ist es nicht zwingend notwendig, vollständige interaktive Prototypen zu bauen. Auch mit Papier und Bleistift lassen sich nutzbare Testanwendungen gestalten. Das Projektteam sollte sich im Vorfeld genau darüber im Klaren sein, wann und aus welchem Grund einzelne Designfragestellungen mit Nutzern oder mit Experten getestet werden sollen. Handelt es sich um Standarddialoge oder soll eine innovative Interaktionsform eingesetzt werden? Hierbei sollte, bei allem Respekt vor dem Sinn des Usability Engineering Lifecycle, durchaus berücksichtigt werden, dass Designer Kommunikationsexperten sind. Hier reicht es mitunter aus, den Faktor Gebrauchstauglichkeit in seinen gewünschten Ausprägungen explizit zu gewichten und als Kommunikationsauftrag an die Designer weiterzuleiten.

13.4 Arbeitsergebnisse

Die Art und Anzahl der Arbeitsergebnisse im Designprozess richten sich nach den fallspezifischen Projektanforderungen und können im Einzelfall, auch in Abhängigkeit der beteiligten Dienstleister (IT-Branche oder Werbe-Branche), stark variieren. Fasst man die Erfahrungen verschiedener Design-Dienstleister zusammen, lassen sich hieraus mühelos für den Designprozess 50-60 Prozess-Schritte und Teilergebnisse identifizieren. Die nachfolgende Liste repräsentiert einen Katalog von 16 Teilleistungen, die erfahrungsgemäß in Webprojekten erstellt werden sollten.

Bei der Lektüre dieses Abschnittes erfahren Sie:

1. Bis zum ersten Screen tut sich einiges – Wichtige Teilergebnisse als Meilensteine im Design
2. Design hat Methode – Die gängigsten einzuplanenden Methoden auf dem Weg zu Look & Feel

13.4.1 Recherche

Hierzu werden die relevanten Aspekte des Herstellers, des Marktes und der Zielgruppe erforscht und zusammengetragen. Enge Berührungsfelder gibt es mit Bereichen des Marketing und des Kundenbeziehungsmanagements (auch *Customer Relationship Management* oder *CRM*). (Siehe hierzu auch Abschnitt 13.1.1 »Qualitätsziele im Design«.) Diese Phase findet daher in der Regel insbesondere in Hinblick auf unternehmerische und IT-Strategien in Zusammenarbeit mit einem interdisziplinären Team statt, zu dem auch Designer gehören.

Nachfolgend werden die designrelevanten Aspekte der Recherchephase erläutert.

Fokus »Zielgruppe und Kontext« (User Research)

Je näher ein Nutzer kennen gelernt wird, desto präziser kann das Design seinen Anforderungen und Erwartungen entsprechen und die Anwendung somit die gewünschte Akzeptanz erreichen.

Welche physiologischen Eigenschaften der Benutzer stellen Bedingungen an die Anwendung? Welcher Persönlichkeit muss die Anwendung begegnen? In welches soziodemografische und kulturelle Umfeld wird die Anwendung integriert? Welche Erwartungen hat der Benutzer gegenüber dem Unternehmen, der Website, Internet-Technologie generell und der zu gestaltenden Anwendung und den dort angebotenen Leistungen bzw. Produkten (beispielsweise einem Shop) im Besonderen?

Jede Anwendung wird zudem in einer bestimmten Umgebung (Wohnzimmer, Büro, Bankhalle, Internet-Café) unter Zuhilfenahme bestimmter Werkzeuge (PC, Notizblatt, Bookmarkfunktion) oder innerhalb eines mentalen Anwendungskontextes genutzt (wie kaufe ich ein, wie organisiere ich meine Informationen). Ebenso wie die rein anwendergetriebenen Anforderungen sind Beurteilungs- und Auswahlkriterien von Käufern der anzubietenden Dienstleistungen und Produkte sowie ihre Fähigkeiten und Erwartungen im Umgang mit Web-Technologien (Anfänger, fortgeschrittener Internet-Nutzer, Fast Follower) von Belang.

Gängige Testverfahren des User (Experience) Research sind:

- Kontextanalyse
- Fragebogen
- Fokusgruppen-Interviews

Diese Untersuchungen können, sofern das notwendige Know-How vorhanden ist, intern oder unter Zuhilfenahme von externen Forschungsinstituten – etwa für qualitative Marktforschung – durchgeführt werden.

Fokus »Unternehmen«

Design transportiert als Schnittstelle zwischen Unternehmen und Benutzer nicht nur die Haltung des Unternehmens und seine Differenzierung am Markt, sondern macht auch die gewünschten Strategien (Geschäfts-, Kundenbeziehungsmanagement-, Marketing-, Marken-, Corporate Identity Strategie) für den Benutzer erfahrbar. Aus diesem Grunde werden in der Analysephase die entsprechenden Daten, zumeist von oder im Team mit den entsprechenden Experten, ermittelt (Siehe auch Kapitel 12, »Die Marke im Internet«).

Die Websites werden in den meisten Fällen Bestandteil der logistischen Struktur eines Unternehmens. Hierzu werden Organisation des Unternehmens, seine Informationsworkflows und die relevanten Produktions- und Distributionsabläufe als zu berücksichtigende Parameter aufgenommen und die Folgen der notwendigen Verschränkung mit der Site analysiert.

Nicht zu letzt stellt die IT-Infrastruktur des Unternehmens (Hardware- und Software-Voraussetzungen) Anforderungen an das Design.

Fokus »Wettbewerb« (Design-Benchmarks)

Eine im Web publizierte Anwendung hat in jedem Fall marktstrategische Relevanz. Interessant in diesem Zusammenhang ist die Analyse der Konkurrenzsituation und das Herausfiltern der konzeptionell interessantesten Modelle, die in das Gebiet der zu erstellenden Anwendung fallen sowie die Identifikation daraus eventuell abzuleitender Größen, an denen sich das Unternehmen/die Anwendung messen lassen muss oder soll (Best Practice Modelle).

Anders als bei der Verwendung im Business Process Reengineering kann Benchmarking im Design keine Qualitätskriterien in Form von Kennziffern liefern. Dennoch ist die Übernahme der Benchmarking-Methodik »Messen, Analyse, Optimierung« auch im Design sinnvoll, um auf diese Weise mit einem Katalog von Qualitätsmaßstäben für das Design zu arbeiten.

Anhand der vorangegangenen Kontext- und Unternehmensanalyse (Messen) können zunächst Qualitätsziele für das Design definiert werden. So könnte ein Ziel beispielsweise lauten, dem Nutzer ein größtmögliches Gefühl von Sicherheit auf der Website zu geben, weil die Produkte des betreibenden Unternehmens für ihre Sicherheit bekannt sind. Sites, auf denen das Kriterium »Sicherheit« ebenfalls eine Rolle spielt, werden nun zur Erhebung möglicher Ausprägungen der gewünschten Qualität analysiert und relevante Lösungen, die als Maßstab dienen können, herausgefiltert. In der Konzeptphase werden die als Maßstab definierten Beispiele auf ihre Verwendbarkeit geprüft und in konkrete Szenarien umgewandelt.

Was tun mit den Recherche-Ergebnissen?

Die Daten dieser Phase stellen eine unverzichtbare inhaltliche Grundlage der weiteren Designarbeit dar – Sie wissen ja: Form vermittelt immer einen Inhalt – und werden in der folgenden Analyse/Definitionsphase in ein so genanntes Rebriefing umgewandelt. Hierbei handelt es sich um ein konkretisiertes, ausführliches Briefing. Leider nutzen Designer und IT-Experten im Projektablauf nicht immer die gleichen Begriffe. Aus der IT-Perspektive ist das Rebriefing vergleichbar mit Bestandteilen des Pflichtenhefts.

13.4.2 Rebriefing/Pflichtenheft

Die Analyse- und Definitionsphase führt die recherchierten Projektgrundlagen zu konkreten Anforderungsaussagen der Perspektiven Business Strategie, Technologie und Design in einem *Rebriefing* (Pflichtenheft) zusammen.

In der Regel äußern sich die Design-Ziele in den Punkten:

- Usability-Ziele
- Look & Feel und Relationship
- Nutzwert
- Mehrwert

Die oben stehenden Punkte werden bei Beteiligung von Design-, Werbe- oder Branding-Agenturen auch im so genannten *Creative Brief* zusammengefasst (siehe hierzu auch Kapitel 12.3.2 »Die Konzeptionsebene«). Wird im Projekt zusätzlich ein Usability-Engineering-Prozess installiert, werden die Usability-Ziele heute noch unabhängig vom Creative Brief formuliert. Dies ist sicherlich eine Praxis, deren Folgen für das Projekt und das Team im Vorfeld des Projekts wohl überlegt sein wollen, denn sie geht unter anderem mit der getrennten Betrachtung zwischen Nutzung und Markenaussage einher. Dies führt mitunter zu Konflikten beispielsweise zwischen den beteiligten Usability-Experten und Brand-Designern. Als für Kunden und Team populäre Technik hat sich indes die Formulierung eines übergreifenden Mission Statements erwiesen.

13.4.3 Mission Statement

Das *Mission Statement* ist nicht mehr und nicht weniger als eine prägnante Zieldefinition in Form eines Slogans, die zum Zwecke der Selbstüberprüfung als ständiges Maß am Produkt liegt und sich in diesem letztendlich in jedem einzelnen Aspekt bewahrheiten sollte. Es ist kurz, präzise, unwiderstehlich logisch und zugleich emotional.

Ein Beispiel: »Einfach genial – genial einfach« bezeichnet eine Anwendung, in welcher der Nutzer auf einfachste Art und Weise komplexe Abwicklungen vornehmen kann, die für ihn von großem Nutzen sind. Gleichzeitig bewahrt dieses Statement jedoch auch davor, die Anwendung in einem Anfall von Genialität mit allen möglichen technologischen Features zu bestücken, da sie ja dann nicht mehr als einfach zu werten ist. Und wie sieht das einfach-geniale Look & Feel aus? Weder überladen, noch spartanisch nüchtern. Hier wäre sicher die geniale Technologie übersetzt in einfach verständliche grafische Sprache der umgekehrten Lösung – einfache Technologie in barocker grafischer Sprache – vorzuziehen.

Das Mission Statement beschreibt zugleich die Grundmotivation für das Projekt und den Kernvorteil für seine Nutzer. Ein gutes Mission Statement kann auf charmante Art dafür sorgen, dass weder Team noch Kunde ihre Ziele aus den Augen verlieren.

13.4.4 Anwendungscharakter

Auf den ersten Blick scheint dieser Punkt eine unangemessene Leistung für die Gestaltung einer Website, schließlich soll ja kein Broadway-Stück geschrieben werden, dessen Charaktere angelegt werden müssen. Dennoch verbirgt sich hinter diesem Konzeptaspekt ein wichtiges Differenzierungsmerkmal für Anwendungen.

In den vorangegangenen Abschnitten des Kapitels »Design« wurde auf die Bedeutung des Beziehungsaufbaus durch die Art der Interaktion zwischen Anwendung und Benutzer hingewiesen. In der Konzeptphase wird hierfür der Grundstein gelegt. Versuchen Sie doch einmal, den Charakter eines Ihnen bekannten Menschen zu beschreiben. Sie werden dies sicher mit Hilfe folgender Parameter versuchen:

Die grundsätzliche Werte-Haltung (z.B. konservativ), die geistigen Fähigkeiten (z.B. intelligent, kreativ), die Präsenz (z.B. charismatisch), die Art der Eigenorganisation (z.B. ordentlich), das Verhalten anderen gegenüber (z.B. hilfsbereit, zurückhaltend). Wenn es gelingt, dass ein Benutzer in dieser oder ähnlicher Form von einer Anwendung spricht, ist das Beziehungsgeflecht bereits ziemlich eng. Ganz nebenbei wurde er dann auch noch Bestandteil einer Demonstration funktionierenden Corporate Designs im Internet, denn selbstverständlich erlebt der Benutzer durch den Charakter der Anwendung auch die Marke oder das Unternehmen.

Der konzeptionelle *Charakter der Anwendung* beschreibt ihr grundsätzliches Wesen, aus dem für das Design ihr Verhalten, aber auch ihr Erscheinungsbild abgeleitet werden kann.

Für die Entwicklung des Charakters stehen Designern in der Regel verschiedene Beschreibungsebenen – etwa verbal oder visuell – zur Verfügung. Eine gängige Methode ist die Präsentation und Einordnung des Charakters anhand von gegensätzlichen Attributen (Polaritäten) wie etwa ruhig vs. dynamisch. Typbeschreibungen können jedoch auch auf der visuellen Ebene beispielsweise mit Hilfe von Collagen (Moodboards) vorgenommen werden. Beide Methoden eignen sich übrigens auch gut für die Untersuchung von Nutzererwartungen in Bezug auf das Verhalten der Anwendung.

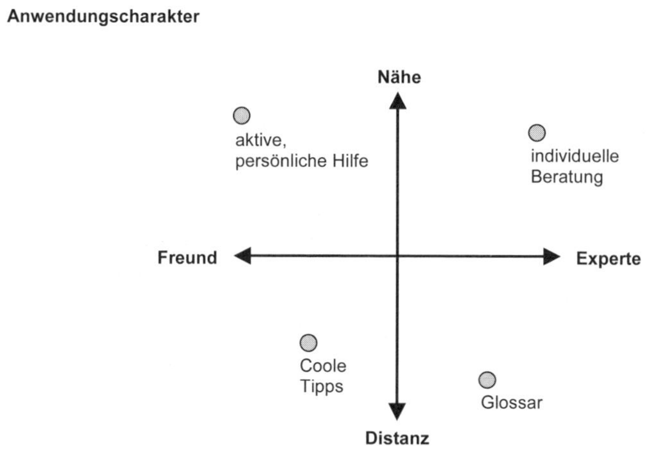

Abbildung 62: Semantischer Raum mit verschränkten Polaritäten zur Definition des Anwendungscharakters

Der Anwendungscharakter wird in der Regel in einem Verbalkonzept dokumentiert, welches die erarbeiteten Darstellungen mit einschließt.

13.4.5 Definition der Use Cases

In Anwendungsfall (*Use Case*) -Plänen werden sämtliche Anwendungsfälle grob erfasst und in strukturierter Übersicht dargestellt. Wichtig dabei ist, dass sie Handlungen aus dem Blickwinkel des Nutzers erfassen – und nicht solche aus technischem Gesichtspunkt.

Die Handlungsabläufe werden in Form von Struktogrammen (Handlungs-Ablauf-Diagrammen) visualisiert. Sie zeigen, mit welchen Handlungen in welcher gegenseitigen Verflechtung die angestrebten Ziele erreicht werden können. Hierzu kann die Formulierung des so genannten *mentalen Modells* oder einer *Nutzungsmetapher* sinnvoll sein. Dies ist die Vorstellung, die ein Benutzer auf Grund von Alltagserfahrungen von der Nutzungsweise einer Anwendung hat. Eine bekannte Nutzungsmetapher ist die des Schreibtisches, auf dem Dokumente abgelegt werden können, die sich erfolgreich als Modell für Benutzungsoberflächen etabliert hat. Daran angeschlossen ist die Beantwortung der Fragen zur Interaktionsaktivität der Nutzer (wie häufig wird er aufgefordert, aktiv zu werden und wie viel Aufwand bedeutet diese Aktivität für ihn?) sowie zur Dramaturgie einzelner Interaktionshandlungen (wann genau muss der Nutzer aktiv werden?). In Abhängigkeit zu den Use Cases wird jedoch auch bereits die prinzipielle Reaktion des Systems auf die Handlungen des Nutzers festgelegt. Bietet die Site beispielsweise immer nur die Informationen an, die der Benutzer gerade in diesem Moment benötigt (*situativ-relevant*)? Oder ist sie gar in der Lage, sich dem Benutzer selbsttätig anzupassen (*autonom-adaptiv*)?

13.4.6 Diagramme

Die Struktur der Inhaltsmodule und der Ablauf von Handlungen wird mit Hilfe von geeigneten Diagrammen in verschiedenen Granulierungsstufen (grob bis fein) visualisiert. Zunehmend setzt man hierbei die verschiedenen Diagrammtypen der Unified Modeling Language (UML) ein, einer Modellierungssprache für Software. Die Diagramme zeigen dem Kunden, mit welchen Inhaltsmodulen in welcher gegenseitigen Verflechtung die angestrebten Ziele vom Nutzer erreicht werden können, und dies unabhängig davon, auf welchen und wie vielen Seiten diese später erscheinen. Der Fokus liegt im ersten Schritt auf der Gestaltung optimaler Handlungsabläufe innerhalb einer optimalen Content-Architektur. Das hat den unwiderstehlichen Vorteil der Konzentration auf die Benutzbarkeit der Website, aber auch auf ihr Content- und Service-Angebot, ohne in die Argumentation visueller oder technischer Gestaltung zu geraten. In diesem Stadium werden jedoch bereits wesentliche Aspekte der späteren Informationserschließung durch den Nutzer festgelegt. Handelt es sich um eine *lineare* oder eine *poli-lineare* Erschließung, also beispielsweise um eine lineare geführte Abfolge bei der Bestellung eines Buches oder um die Entscheidungsmöglichkeit zwischen vielen (poli) Informationssträngen? Sind die Inhalte an die jeweilige Informationssituation im Handlungsablauf des Nutzers anpassbar (kontext-sensitiv) oder gar auf die Situation des Nutzers (im Kundenlebenszyklus etwa) angepasst (situativ-relevant)? Nach welcher Logik sind die Informationen organisiert (Zeit, Kategorien, Hierarchien, semantische Zusammenhänge, ...) – oder obliegt die Organisation gar dem Nutzer selbst (personalisierbar – der Nutzer passt die Site anhand seines Profils an seinen Informationsbedarf an)?

13.4.7 Papier-Mock-Up

Diese Methode eignet sich zur Überprüfung von (insbesondere neuen, innovativen) Abläufen, die innerhalb einer Seite dargestellt werden sollen. Die einzelnen Seiten werden hierzu grob auf Papier skizziert. Dialog- und Interaktionselemente werden extra ausgeschnitten, damit sie frei auf dem Papier bewegt werden können. Mit Hilfe der Papierprototypen werden Use Cases mit den Nutzern durchgespielt.

13.4.8 Navigationskonzept

Das *Navigationskonzept* legt die Erschließung von Inhalten durch den Nutzer fest. Nach welchem Organisationsprinzip soll Information vorgehalten werden – Matrix, Baum, Netz, ...? Auf welche Weise wird dem Nutzer eine Orientierung ermöglicht (Wo bin ich, was kann ich hier alles tun, wohin kann ich gehen, woher komme ich und wie komme ich wieder zurück?)? Soll der Nutzer explorativ oder zielgerichtet fortschreiten? Kann das Angebot »hart« (es wird nur nach den jeweiligen Suchbegriffen gesucht) oder »weich« (es wird nach den Suchbegriffen und ihren Relationen gesucht) durchsucht werden? Geht der Nutzer assoziativ oder direkt vor? Für die Visualisierung des Navigationskonzepts empfiehlt sich eine Entwicklung von Skizzen über *Wire-Frames* (nicht farbig angelegte Screens mit der Darstellung der Navigationszonen und ihrer Elemente) bis hin zu klickbaren Screenmodellen.

13.4.9 Wire-Frames

Die nun festgelegten Funktionsbereiche der Screens werden als schwarz-weiße Outline-Rahmen auf Papier festgelegt und mit den Nutzern anhand von exemplarischen Anwendungsfällen durchgegangen.

Wire-Frames eignen sich als Testwerkzeug und zur Absprache von Teilergebnissen intern und mit Kunden.

13.4.10 Moodboards

Moodboards (statische oder bewegte Collagen mit visuellen Eindrücken) dienen der Annäherung an die visuelle Sprache einer Anwendung mit dem Ziel ihrer Übersetzung in strukturierte Gestaltungs- und Interaktionsprinzipien. Sie stellen für die Designer die erste Brücke zwischen der abstrakt-verbalen Analyse- und Definitionsphase und der realisierenden Konzeptphase dar und werden oftmals lediglich als internes Instrument – beispielsweise zur Kommunikation zwischen Konzeption und Design, CD/AD und Designern, CD/AD und Brand Management genutzt. Moodboards können jedoch auch mit den Auftraggebern diskutiert werden, wenn diese dementsprechend über den Abstraktionsgrad solcher visuellen Äußerungen unterrichtet werden und mit diesem auch umzugehen wissen.

13.4.11 Medienkonzept

Auf Basis von Anwendungscharakter und Moodboards kann das *Medienkonzept* entwickelt werden. Es beantwortet, auf welche Art Inhalte an den Nutzer vermittelt und der Dialog geführt werden soll (Text, Video, Audio, Bild, Animation). Müssen Sachverhalte durch Animationen illustriert werden, wie soll das Bild-Text-Verhältnis aussehen, wie viel »Multimedia« ist einerseits notwenig und kann andererseits vom Nutzer unter den gegebenen technischen Vorgaben (Bandbreite, Ausgabegerät) toleriert werden? In der Regel ist das Medienkonzept ebenfalls Grundlage für den Text-Styleguide.

13.4.12 Screens (Look & Feel)

Screens demonstrieren einzelne (statische) Ansichten der Anwendung. An ihnen sollen die Tonalität der Anwendung, das Medienkonzept und der auditiv-visuelle Ausdruck der Interaktion verdeutlicht werden. Dieser Strang des Designprozesses beschäftigt sich mit der Gestaltung von Kommunikationseinheiten, die vom Nutzer wahrgenommen, verstanden und umgesetzt werden können. Hierbei handelt es sich bei Webprojekten um die Gestaltung visueller und auditiver Elemente (*Look*) in ihrer Interaktion mit dem Nutzer (*Feel*). Zur Veranschaulichung der Interaktionsprinzipien – wie beispielsweise Hinweise auf aktive Buttons, MouseOver, geklickte Buttons – werden in diesem Stadium Screensequenzen (statische Schritt-für-Schritt-Einstellungen) erstellt.

13.4.13 Demonstrator

Bei dem Demonstrator handelt es sich zumeist um die interaktive Demonstration eines für die Anwendung charakteristischen Handlungsszenarios. Andere Begriffe wie *Walkthrough*, *Clickable Screens*, *Mock Up* sind ebenfalls gebräuchlich. Worum es sich nicht handelt, ist ein Prototyp, da dessen Produktion für die Zwecke des Demonstrators in der Regel zu umfangreich und aufwändig ist. Der Demonstrator wird zum einen zur Kommunikation mit dem Auftraggeber und allen Entscheidungsträgern genutzt, zum anderen jedoch auch für Tests mit dem Nutzer. An dieser Stelle können so genannte »klassische« Usability-Tests durchgeführt werden, beispielsweise in einem Usability-Labor mit dem entsprechenden Testaufbau (Rechner, Moderator, Audio-/Video-Dokumentation, Zuschauerraum).

13.4.14 Storyboards

Storyboards sind aus der Produktion zeitbasierter Medien – also Film und Animation – bekannt. Hierbei handelt es sich um skizzierte Ablaufpläne einer Erzählung oder eines Erzählstranges. Im Bereich der interaktiven Medien sind Storyboards dieser Ausprägung für die Erläuterung und Planung einer komplexeren Anwendung an sich eher unüblich, da es durch die Eingriffsmöglichkeit des Nutzers zu aufwändig wäre, für alle Fälle Erzählstränge zu skizzieren. In der Anwendungsproduktion besteht ein Storyboard aus einer Screendarstellung unter (oftmals tabellarischer) Auflistung aller Medienbestandteile, Aktionen und Links und dient der Kommunikation zwischen Designern und Frontend-Programmierern. Es kann gezeichnet oder im weiteren Projektverlauf am Rechner erstellt werden.

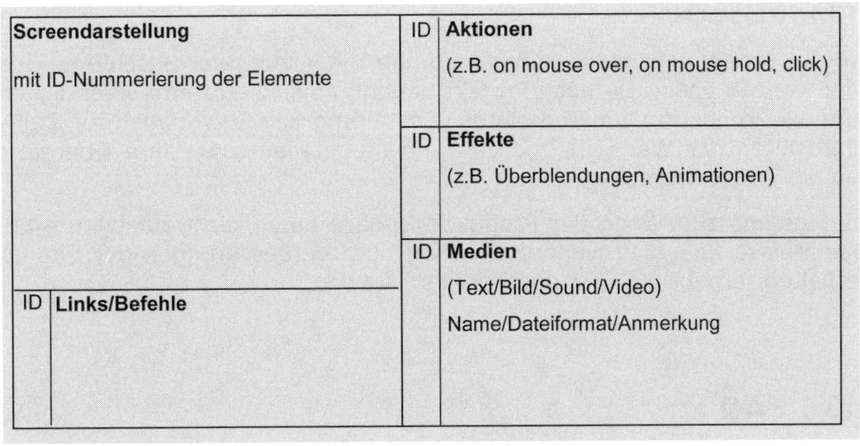
Screendarstellung
mit ID-Nummerierung der Elemente
ID
Aktionen
(z.B. on mouse over, on mouse hold, click)
ID
Effekte
(z.B. Überblendungen, Animationen)
ID
Medien
(Text/Bild/Sound/Video)
Name/Dateiformat/Anmerkung
ID
Links/Befehle

Abbildung 63: Schematische Darstellung eines Storyboards

13.4.15 Styleguide

Im *Styleguide* werden sämtliche gestalterischen Prinzipien verbindlich festgelegt. Er dient als Vorgabe für die Produktion und später als Handbuch für weitere gestalterische Arbeiten an der Website. In der Regel werden dort im Minimum folgende Parameter festgelegt:

Gestaltungskonzept	Zielgruppe Mission Statement, Anwendungscharakter A/V-Konzept, Medienkonzept
Grundraster (Layout)	Seitentypen (Home, Subhome, Content, Pop-Up) Rastergrammatik (Funktionszonen der Screens) Größen und Positionen von Elementen
Farben	Klassifizierung (Haupt-, Sekundär-, ...-farben) Psychologische Wirkung
Schrift	Klassifizierung (Headlines, Subheadlines, Fließtext, ...) Schriftart/-schnitt, Schriftgrößen, Schriftbehandlung Farben
Konstanten	z. B. Logotypen (Signet, ...) Größen Farben
Navigationselemente	z. B. Buttons Gestalt (Form, Farbe, Typo) Positionierung Interaktionsprinzipien
Medieneinsatz	Verhältnis (Bild/Text/Ton/Video) Sprache (Bild/Text/Ton/Video) Größen (Formate, Dateigrößen, evtl. auch Dauer)
Elemente zum Werbe-Einsatz	z. B. Banner, Buttons, Pop-Up, Newsletter
Textstyleguide	

Tabelle 11: Inhalte eines Styleguides

13.4.16 Medien

In der Produktionsphase geht es um die Umsetzung der Beschlüsse aus der Konzeptphase. Je nach Projekt handelt es sich hier im Wesentlichen um die Produktion von Templates (Gestaltung von Stilvorlagen für Standardseiten der Website) und Medienbestandteilen sowie ihre Übergabe an die Programmierung.

Spätestens zum Ende der Produktionsphase kann, nicht zuletzt um Erkenntnisse für einen weiteren Ausbau oder Verbesserungen der Site zu erhalten, erneut ein Test durchgeführt werden.

13.5 FAQ

Frage 1: Was kostet Design?

Antwort 1: Die Kosten für Design berechnen sich aus der Aufgabenstellung, der Qualifikation der benötigten Designer und Experten für Spezialösungen (3-D Animation, Quicktime-VR Erstellung, Fotografie, Filmproduktion, Musikproduktion) sowie anfallenden Lizenzen für Medien (Bild, Ton, Bewegtbilder, Text).

Eine verbindliche Kalkulation wird ein seriöses Designteam in der Regel erst nach dem Grobkonzept und dem Pflichtenheft erstellen können. Schließlich wird der Designpart zumeist im Rahmen eines Vertrages mit fester Vergütung für ein genau definiertes Ergebnis erbracht. Das Designteam schuldet dem Auftraggeber also ein Ergebnis, und zwar genau so, wie es den Wünschen des Auftraggebers, dem Bedarf der Zielgruppe, den Anforderungen aus Marke, Markt und Medium und der Machbarkeit aus den IT-Anforderungen entspricht. All diese Dinge sind natürlich bei der ersten Entscheidungsrunde, in der es unter Umständen darum geht, ob eine solche Investition getätigt werden sollte oder nicht, noch nicht bekannt. Dies sollte ein Auftraggeber zumindest wissen, wenn er eine Agentur auffordert, »mal eben« eine Kostenschätzung abzugeben.

Vor der Klärung der ersten Honorarfrage sollte in jedem Fall ein ausführliches Briefinggespräch stattfinden, das dem Designverantwortlichen einen groben Überblick über die Ansprüche und anfallenden Aufwände verschafft. Eventuell verlangt der Designverantwortliche zur Erstellung einer ersten groben Kostenschätzung mehr Material und vor allem mehr Zeit. Seien Sie skeptisch, wenn Ihnen ein Designer noch vor diesem Briefinggespräch Seitenpreise oder eine pauschale Abschätzung für einen »mittleren Webauftritt« unterbreitet. In der Regel gehen die Vorstellungen darüber, was ein »mittlerer Auftritt« ist oder was alles auf einer Seite passiert, sehr weit auseinander und am Ende sind die Kosten für Sie dann garantiert doch höher. Fragen Sie Designer für eine erste grobe Einschätzung Ihrerseits nach ihrer Vorgehensweise und auch nach

Tagessätzen. Lassen Sie sich ähnliche wie das von Ihnen geplante Projekt zeigen und den Umfang der hierfür benötigten Ressourcen (Zeit, Personal, Budget) nennen.

Ein nicht zu unterschätzender Faktor, der zusätzlich zum Aufwandshonorar zu Buche schlägt, sind die Kosten, die mit der Erstellung und Lizenzzahlung für Medien (also Fotografien, Bewegtbilder und Sounds oder Musik) verbunden sind. Auf dieses Thema sollten Sie den Designer gezielt ansprechen, denn gerade Kosten für Medienlizenzen oder externe Spezialisten werden gerne unter »Nebenkosten« in vertragsseitig zunächst unbezifferter Höhe festgelegt.

Und nun noch ein Tipp aus (leidvoller) Praxis: Sie ersparen sich und Ihrem zukünftigen Dienstleister sehr viel Zeit und Aufwand, wenn Sie von vornherein Ihren groben Budgetrahmen mitteilen. Im unerfreulichen »Budget-Gambling« des ersten Kostenvoranschlags ist schon manche gut passende Konstellation im Keim erstickt worden. Gerade im Design geht es darum, in welchem Grad ein Designteam a) ein Verständnis für Auftraggeber und Aufgabenstellung entwickeln kann und b) in der Lage ist, die Erkenntnisse auch sensibel und professionell zu vermitteln und umzusetzen. Nicht selten ist dies eine Frage der Chemie zwischen Designteam und Auftraggeber – und nicht des Preises. Haben Sie »Ihr« Designteam gefunden, überlegen Sie gemeinsam mit ihm, wie Ihre Vorstellungen mit Ihrem Budget zu vereinbaren sind.

Frage 2: Unser Programmierer beherrscht die notwendigen Programme auch – wozu also einen Designer beauftragen?

Antwort 2: Die Anforderungen an Design sind umfangreicher als die, ein Programm zu beherrschen und vorgefertigte Module auf einem Bildschirm zu arrangieren. Insbesondere die Kommunikations- und Integrationsfunktion von Design kann von ausgebildeten Designern in der Regel besser umgesetzt werden als von Programmierern.

Frage 3: Was, wenn mir das Design nicht gefällt?

Antwort 3: Wenn Ihnen das Design nicht gefällt, hat das sicher einen Grund. Diskutieren Sie mit dem Designer auf einer sachlichen Basis darüber und hören Sie sich an, welche Argumente er Ihnen anbietet. Bitten Sie ihn zu erklären, warum er meint, dass das Design für die Zielgruppe und Ihr Unternehmen geeignet ist. Planen Sie im Falle weiterer Zweifel Tests ein, um die Reaktion der Zielgruppe zu prüfen. Nebenbei sollten Sie sich selbst allerdings auch einmal ganz nüchtern fragen, inwiefern Ihr persönlicher Geschmack für Ihre Zielgruppe relevant ist. Argumentiert Ihr Designer allerdings ebenfalls nur auf der Geschmacksebene (»Also, mir gefällt es«), sollten Sie sich eventuell nach einem anderen Gestalter umsehen.

Frage 4: Wann kann ich (endlich) Screens sehen?

Antwort 4: Wie so oft hilft auch hier ein vergleichendes Alltagsbeispiel: Einen Kuchen kann ich sehen, wenn ich mir überlegt habe, für welchen Anlass (Hochzeit oder Picknick) und von welcher Zielgruppe (zuckerkranke Tante oder Hochleistungssportler) der Kuchen genossen werden soll und nachdem ich eingekauft und gebacken habe. Ganz ähnlich ist das mit den Ergebnissen im Design.

Da Design Kommunikation und Handlungsmodulation darstellt, müssen zunächst die Inhalte und Handlungen definiert werden. Stehen diese fest, können sinnvolle Screens folgen.

Frage 5: Kann ich gleichzeitig eine optisch hochwertige und unter Usability-Aspekten korrekte Anwendung erhalten?

Antwort 5: Selbstverständlich. Dies wird sogar in der Definition zur Gebrauchstauglichkeit der EN ISO 9241-11 gefordert. So ist ein einzulösender Aspekt die Zufriedenstellung des Nutzers, die unter anderem durch das Erzeugen einer positiven Einstellung gegenüber der Nutzung beim Anwender erreicht werden kann.

14 IT

Robert Stoyan

Was müssen Führungskräfte über Informationstechnologie wissen, um die Arbeit der Spezialisten in einem Webprojekt steuern und bei wichtigen Entscheidungen mitwirken zu können? Dieses Kapitel wendet sich an Projektleiter und Entscheider, deren fachlicher Hintergrund nicht die IT ist, die jedoch Verantwortung für ein Webprojekt haben, in dem diese eine Rolle spielt.

Inhalte:

14.1 Einleitung

Was IT ist, weiß jeder im Projektumfeld...

Immerhin haben IT-Experten im Gegensatz zu Designern und Branding-Experten nicht das Problem, ständig ihr Dasein rechtfertigen zu müssen. Was Informationstechnologie grundsätzlich ist und wozu sie dient, braucht hier nicht erläutert zu werden.

Was IT-ler sagen, versteht nicht jeder...

Die größte Herausforderung in der Interaktion mit IT-Experten liegt für Fachfremde erfahrungsgemäß im gegenseitigen Verständnis.

Daher werden nachfolgend die wichtigsten Fachbegriffe erläutert. Weitere Erklärungen beinhaltet das Glossar.

Die wichtigsten IT-Begriffe für die Projektpraxis

Folgende Begriffe verwenden Spezialisten unbeabsichtigt auch dann (im IT-Sinne), wenn sie sich redlich bemühen, auf Fachchinesisch zu verzichten:

Code, Quellcode, Source Code: Alle diese Worte bedeuten Programmtext. Nachdem dieser von den Mitarbeitern erstellt wurde, wird daraus automatisch das lauffähige Programm generiert (*kompiliert, übersetzt*).

Codierung, Implementierung, Realisierung, Umsetzung: Im Kontext von Software bedeuten alle diese Worte Programmierung von Code, d. h. es wird das in den Konzepten Beschriebene in Software umgesetzt.

Entwicklung: Umfasst Konzeption, Implementierung und Test der Software.

IT-Feinkonzept, Design, Softwaredesign: Bezeichnet die detaillierte Konzeption der Software, sie ist die unmittelbare Stufe vor der Implementierung, siehe Kapitel 14.4.6 »Feinkonzept«. Da Design in einem interdisziplinären Webprojekt sowohl Softwaredesign als auch die Bezeichnung der Disziplin Design im Sinne von Kapitel 13 bedeuten kann, wird hier im Weiteren vom IT-Feinkonzept gesprochen.

Lösung, Softwarelösung: Damit wird das IT-Projektergebnis oder ein Zwischenergebnis bezeichnet. Es kann nur für Individualsoftware verwendet werden, also nicht für fertig gekaufte Produkte, sehr wohl aber für angepasste Produkte oder Ergebnisse, die unter Verwendung von *Softwarebausteinen* (fertigen, vielerorts einsetzbaren Softwareteilen) entstanden sind.

Plattform: Bedeutet im engeren Sinne Betriebssystem, so zum Beispiel in der Zusammensetzung *plattformunabhängig* (Software, die auf jedem Betriebssystem funktioniert).

Server: Software oder die Einheit von Software und Computer, die der Beantwortung von Anfragen anderer Computer dient. Zum Beispiel liegt die Website auf einem Server, sie beantwortet eintreffende *HTTP-Requests.* Das sind Anfragen, die vom PC des Internetnutzers generiert werden, wenn der Nutzer mit einem Klick eine Aktion auslöst.

System: Wird im IT-Jargon für die Einheit von installierten Softwareprodukten, Betriebssystem und Hardware verwendet – im Prinzip alles außer der eigentlichen »Nutzsoftware«, hier also der Website. Im weiteren Sinne kann der Begriff auch jede größere eigenständige Einheit von Software bezeichnen, er ist also völlig vage.

Tool, Werkzeug: Im weitesten Sinne jede Art von Softwareprodukt (so auch eine Datenbanksoftware), im engeren Sinne ein Softwareprodukt, das im Entwicklungsprozess genutzt wird, also der Konzeption, der Implementierung, dem Testen oder dem Konfigurationsmanagement dient.

Frontend versus Backend: Frontend bezeichnet alles in der Website, was der Nutzer sieht, das *Backend* ist der Rest. Der Unterschied, der sich so kurz auf den Punkt bringen lässt, beschreibt technisch völlig unterschiedliche Welten. Das Frontend beinhaltet den Content, dessen Aufbereitung für den Nutzer und die Navigationselemente, mit denen dieser sich orientieren kann. Das Frontend ist technisch in der Regel deutlich leichter umzusetzen als das Backend, das die Funktionalitäten beinhaltet, die der Nutzer auslösen kann, die Datenbanken, die Inhalte und Nutzerdaten hergeben. Jede Website hat logischerweise ein Frontend, sonst sieht der Nutzer nichts. Sie muss jedoch kein Backend (im eigentlichen Sinne) haben: Wenn es über Navigation hinausgehend keine Funktionalität gibt und wenn der Content in vorgefertigten (statischen) Webseiten abgespeichert zum Abruf bereit steht, dann braucht nicht mehr getan zu werden, als dem Nutzer die jeweils angeforderte Seite zu liefern. Die angezeigten Inhalte können jedoch alternativ auch im Moment der Anfrage (aus Datenbanken) generiert werden. In diesen Fällen hat die Website ein Backend. Ein komplexeres Backend wird erforderlich, wenn Aktionen mit Auswirkungen auf andere Teile des Unternehmens, zum Beispiel Bestellungen und deren Auslieferung, möglich sein sollen.

14.2 Rollen

Projektleiter IT

Die Aufgaben des *Projektleiters IT* umfassen das Erstellen einer technischen Leistungsbeschreibung, Abschätzen der IT-Aufwände, die Ressourcenplanung und Führung der Spezialisten.

Der IT-Projektleiter ist Ansprechpartner für alle Fragen bezüglich der technischen Projektdurchführung. Er ist auch Ansprechpartner für die Abstimmung mit anderen im Projektteam beteiligten Disziplinen.

Publisher (Frontend-Entwickler)

Sie entwickeln den im Browser sichtbaren Teil der Website, das *Frontend*. Dies ist tendenziell eine Routineaufgabe, bei der Seite für Seite nach den Vorgaben des Designs zu codieren sind. Anspruchsvoll wird sie zum Beispiel, wenn Spiele implementiert werden sollen, diese gehören auch zur Frontend-Entwicklung.

Entwickler (Backend-Entwickler)

Falls die Website ein *Backend* hat, so wird dies von *Entwicklern* erstellt. Dies ist tendenziell die anspruchsvollere Aufgabe. In der Regel handelt es sich um Hochschulabgänger und Mitarbeiter mit einigen Jahren Berufserfahrung. Sie sollten praktische Kenntnisse in Scriptsprachen (z.B. PHP) und in objektorientierten Programmiersprachen (Java) mitbringen. Diese aus dem Lehrbuch zu kennen, reicht definitiv nicht aus. Entwickler sind selten in Gespräche mit dem Kunden eingebunden. Sie sind vielmehr intern für die Implementierung zuständig.

Anmerkung: Verwenden Sie nicht das Wort »Programmierer«, es drückt Geringschätzung aus, als ob der Software-Entwicklungsprozess nur aus dem Eintippen von Code bestünde.

Senior-Entwickler

Entwickler mit sehr viel Erfahrung tragen oftmals den Zusatz *Senior*. Diesen Personen werden in der Regel komplexere oder zentral wichtige Aufgaben zugeordnet. Somit werden sie an Schlüsselstellen eingesetzt. Ihre Aufgabe kann auch die Leitung eines kleineren Teilprojekts beinhalten. Die Mitarbeiter sollten insbesondere auch in den frühen Projektphasen eingesetzt werden, da in diesen Phasen der Grundstein für die Qualität gelegt wird. Sie sollten sehr gute Kenntnisse in der Modellierungssprache UML (Kapitel 14.4.6 »Feinkonzept«) besitzen sowie im Umgang mit sogenannten Design Patterns (Konzeptionsmuster für gute Software) vertraut sein. Der Projektleiter sollte Vertrauen zu diesen Mitarbeitern besitzen, da sie für ihn eine wichtige Hilfe darstellen.

Der Senior-Entwickler ist Ansprechpartner für alle Fragen hinsichtlich der Software, schätzt Aufwände von Teilaufgaben und kann die technische Umsetzbarkeit von gestalterischen Anforderungen beurteilen. Er ist auch Ansprechpartner für den Kunden in technischen Fragen.

(Senior-) Architekt

In einigen Firmen gibt es eigens Spezialisten für die frühen Projektphasen, sogenannte Architekten. Diese konzipieren die grobe Struktur der Software. Architekten sollten zuvor in einigen Projekten auch implementiert haben, da nur so gewährleistet ist, dass sie auch Schwächen bei ihren eigenen oder fremden Architekturen erlebt haben.

Ein Architekt ist Ansprechpartner für Fragen des Aufbaus und Zusammenwirkens verschiedener Teile der Software. Er kann die technische Machbarkeit von Performance-, Business- und Designanforderungen beurteilen.

Deployment-Experte

Diese Rolle wird in der Regel als Teilaufgabe von Entwicklern wahrgenommen. Es handelt sich darum, die Softwarewerkzeuge für Entwicklung, Test und Betrieb einzurichten beziehungsweise die Installation vorzubereiten.

Spezialist für Hardware und Netzwerke

Diese Mitarbeiter kennen sich mit den verschiedenen Hardware- und Netzwerkkonzepten aus. Die Kenntnisse reichen von Firewalls, Loadbalancer, Cluster-Technologien bis hin zu Netzwerkprotokollen (siehe Kapitel 14.4.1). In Webprojekten besteht die Aufgabe darin, dem Kunden mitzuteilen, welche Hardware er für den Betrieb der Anwendung benötigt. Hierzu müssen Performanceanforderungen definiert werden. Ebenso wichtig ist die Konzeption und Umsetzung von Sicherheits-Aspekten.

Qualitätsbeauftragter

Diese Mitarbeiter kennen sich mit qualitätsfördernden Software-Entwicklungsmethoden und mit den verschiedenen Testmethoden aus. Sie müssen die gängigsten Testwerkzeuge kennen, insbesondere solche, die es erlauben, Tests an der Nutzeroberfläche und Lasttests automatisiert durchzuführen.

14.3 Vorgehen

Beginnend mit einer reinen IT-Sicht werden nachfolgend die Schlüsselkonzepte und -vorgehensweisen erläutert. Diese werden dann im Gesamtprojektablauf platziert, dort werden auch die einzelnen Arbeitsergebnisse der IT in der zeitlichen Abfolge sichtbar. Diese Darstellung leitet über zum Kapitel 14.4 »Arbeitsergebnisse«, in dem die zentralen Ergebnisse einzeln besprochen werden.

14.3.1 Grundlegende Vorgehensweisen

Die folgenden grundlegenden Vorgehensweisen werden in praktisch jedem Webprojekt eingesetzt.

Iterative Entwicklung

Wie für das Gesamtprojekt (Kapitel 3.6 »Iteratives Vorgehen«), so ist auch für die IT ein iteratives Vorgehen sehr nützlich. Die IT in Webprojekten ist dafür das ideale Terrain schlechthin. So können bereits zu einem sehr frühen Zeitpunkt Teile des Systems beim Kunden installiert werden, so dass vor der endgültigen Installation und dem darauffolgenden Betrieb beides bereits mehrfach erprobt wurde. Pilotanwender (Erstanwender) können zu einem sehr frühen Zeitpunkt bereits Teile nutzen und Feedback geben. Somit entsteht Sicherheit auf Auftraggeber- und Auftragnehmerseite. Solch ein Projekt kann IT-seitig wie folgt aussehen:

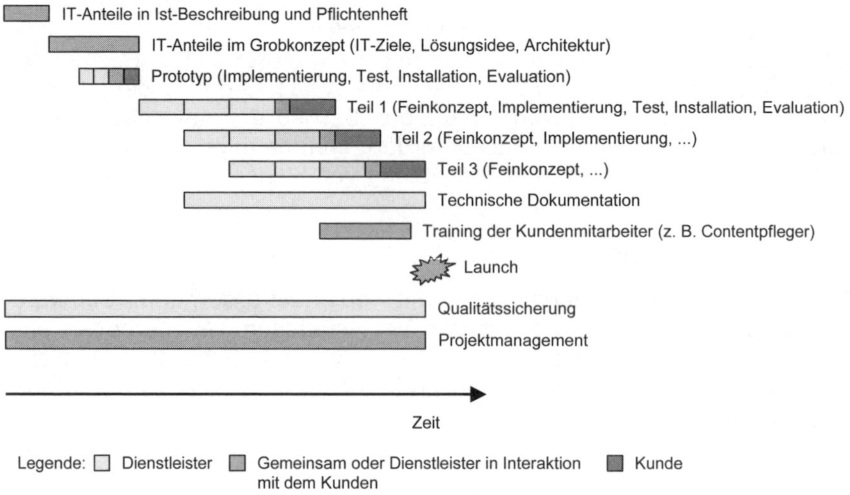

Abbildung 64: Beispiel eines Projektablaufes aus IT-Sicht

Die vermerkten Installationen sind hier diejenigen beim Kunden. »Evaluation« kann hier zum Beispiel Tests seitens des Kunden oder Nutzung durch einen Kreis von (internen) Pilotanwendern bedeuten.

Wie aus dem Schaubild ersichtlich wird, fallen auch auf Auftraggeberseite Aufgaben an. Bei der Erstellung von Ist-Beschreibung, Pflichtenheft und Grobkonzept ist es sehr wichtig, dass inhaltlich mit dem Geschäft des Auftraggebers vertraute Mitarbeiter involviert sind, um die Anforderungen exakt zu treffen und somit die optimale Akzeptanz zu erzielen. Aber auch zu späteren Zeitpunkten sind Mitwirkungspflichten auf Kundenseite insbesondere bei der Installation einzuplanen.

Use Cases

Der entscheidende Schritt von der Designkonzeption zur IT-Konzeption ist die Umwandlung von Design-Use-Cases in IT-Use-Cases.

Use Cases sind Handlungsabläufe. Bis zu diesem Punkt sind sich Designer und IT-Experten einig, der Begriff deckt im Detail jedoch in der IT etwas anderes ab als im Design.

Im Design ist es ein Handlungsablauf des Nutzers, der für ihn einen eigenständigen Sinn ergibt, so zum Beispiel, dass ein Nutzer einer Website einer Bank eine Überweisung durchführt. Einzelne Schritte dieses Use Cases sind, dass er sich in der Website seiner Bank authentifiziert, seinen Kontostand einsieht, die Transaktion durchführt und schließlich eine Bestätigung erhält. Dabei wird zunächst nicht von konkreten Klicks im Web ausgegangen, sondern die Handlungen werden unabhängig davon spezifiziert, ob sie im Web oder der Realität stattfinden. Das führt zur Entwicklung von intuitiven Nutzungsoberflächen, die dem im realen Leben erlernten Verhalten entsprechen. Erst im zweiten Schritt werden diese Handlungen in Klicks »on Screen« heruntergebrochen.

Ein Use-Case stellt in der IT einen technischen Ablauf dar, der einen eigenständigen Sinn ergibt; er kann, muss aber nicht an eine Aktion eines Nutzers gekoppelt sein. Bezogen auf das eben verwendete Beispiel ist ein IT-Use-Case die Anmeldung des Nutzers, er besteht aus der Entgegennahme von Nutzername und Passwort, der Prüfung, ob diese stimmen und der Rückmeldung an den Nutzer. Als IT-Use-Case kann man jedoch auch einen technisch initiierten Ablauf betrachten, zum Beispiel eine regelmäßige automatische Prüfung, ob der Nutzer nicht zu lange inaktiv war und daher aus Sicherheitsgründen automatisch abgemeldet werden soll.

Um einen Design-Use-Case umzusetzen, sind häufig mehrere IT-Use-Cases erforderlich. Die Anzahl der IT-Use-Cases ist insgesamt beträchtlich höher.

Der Schritt von den Design- zu den IT-Use-Cases lässt sich im Musterprojektablauf aus Kapitel 1.4 folgendermaßen einordnen: Im IT-Grobkonzept werden aus den Design-Use-Cases die größeren Softwarekomponenten extrahiert. Hier werden Fragen beantwortet wie zum Beispiel: Wird eine Datenbank benötigt? Wird ein CMS (Kapitel 14.4.3) benötigt? Im Feinkonzept werden dann aus den detaillierten Design-Use-Cases sowie aus verschiedenen technischen Abläufen die einzelnen IT-Use-Cases ausgearbeitet. Das bereitet unmittelbar deren Implementierung vor.

14.3.2 Etablierte Vorgehensweisen der Softwareentwicklung

Gibt es *die* etablierte Methode, die das gesamte IT-Vorgehen in einem Webprojekt beschreibt? Speziell für Webprojekte gibt es so etwas nicht, es wird jedoch oft Bezug genommen auf folgende etablierte Standardvorgehensweisen, die allgemein für IT-Projekte entwickelt worden sind.

XP

Extreme Programming ist eine handliche Menge von guten, erprobten, aufeinander abgestimmten und sehr konkreten Regeln. Sie wurde erfunden, um bei schwer planbaren Projekten mit sich ändernden Aufgabenstellungen dennoch pünktlich zum Ziel zu kommen und ist damit prädestiniert für die dynamische Welt der Softwareentwicklung von Webprojekten. Es mag überraschen, aber die Regeln umfassen auch Anweisungen zur allgemeinen Arbeitsorganisation wie »Keine Überstunden!«. XP gehört zu den sogenannten »Agilen Methoden«. Das sind weniger komplizierte Software-Entwicklungsmethoden, welche die Eigenverantwortung der Entwickler in den Mittelpunkt stellen. Der Buchmarkt hält eine reichhaltige Auswahl von Büchern zu XP bereit. Kurze Übersichten geben:

- www.xprogramming.com
- www.extremeprogramming.org

Ein wichtiges Element von XP besteht darin, vor der eigentlichen Softwareerstellung automatisierbare Testläufe zu programmieren. Während XP sich generell sehr gut für Webprojekte eignet, ist dieses Prinzip oft eine Ausnahme: Die Oberfläche der Website wird in vielen Projekten häufig geändert, so können einmal codierte Tests für die Oberfläche nicht beständig genutzt werden, sondern müssten ständig mitgeändert werden. Dies kann je nach Änderungsdichte lohnend oder nicht lohnend sein.

RUP

Rational Unified Process ist eine umfangreiche Methode zur Entwicklung objektorientierter Software (siehe Glossar). Sie enthält viele Möglichkeiten, den Entwicklungsprozess an die Aufgabe anzupassen. Sie kann bei komplexeren Web-Anwendungen sinnvoll eingesetzt werden. Betont wird hier die Planung vor der Entwicklung. Siehe:

- http://www.ibm.com/developerworks/rational/rationaledge

14.3.3 IT im Gesamtprojektablauf

Die bisher dargestellte, weitgehend IT-seitig gehaltene Sicht des Projektablaufs wird nun im Gesamtzusammenhang des interdisziplinären Webprojekts platziert:

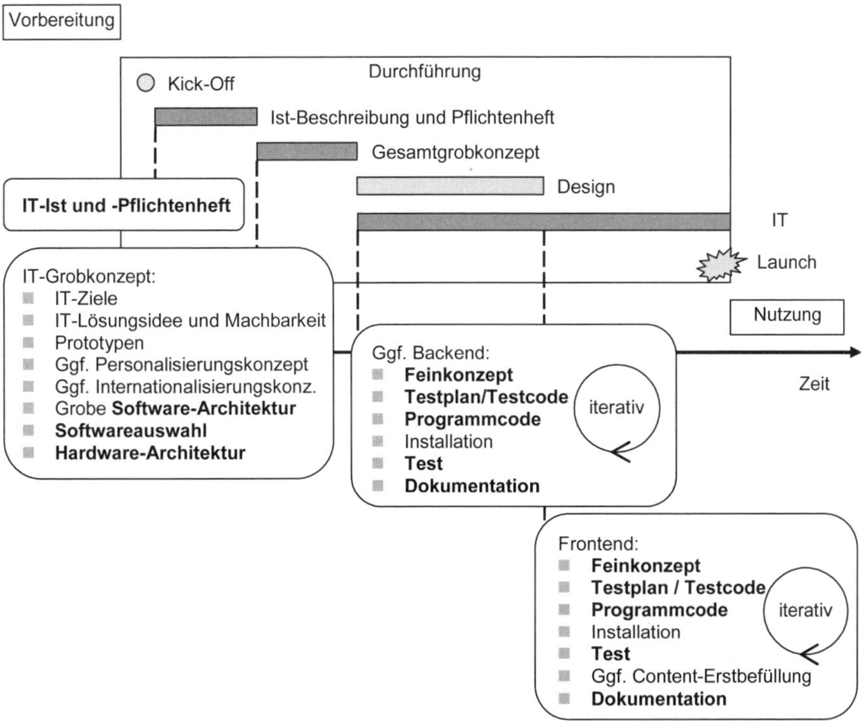

Abbildung 65: IT-Projektarbeiten im Gesamtablauf

Die fett gedruckten Arbeitsergebnisse werden einzeln im folgenden Kapitel 14.4 vorgestellt. Für die nicht fett gedruckten Teile des Gesamtgrobkonzepts siehe Kapitel 1.4.5, Schritt 8 »Gesamtgrobkonzept«.

Anmerkungen:

Die *Content-Erstbefüllung* ist spezifisch für CMS-Projekte und wird wegen ihres besonderen Arbeitsaufwands hier erwähnt. Die Inhalte der Seiten werden bei einem CMS nicht dauerhaft erstellt, sondern sind über das CMS stets editierbar. So müssen diese auch erstmalig in die noch leere Website eingegeben werden. Dies geschieht durch Redakteure, eventuell können hier auch Inhalte aus einer bestehenden Site übertragen werden.

Die *Installation* ist ein Paradebeispiel für den Nutzen des iterativen Vorgehens. Wird nicht iterativ vorgegangen, d.h. werden nicht bereits im

Laufe der IT-Entwickungsphase mehrfach beim Kunden Zwischenstände installiert, ist es nicht nur ein Risiko, sondern praktisch sicher, dass die Installation scheitern wird. Es werden Probleme auftreten, unabhängig davon, ob bei einem Provider oder beim Kunden selbst installiert wird: Die technische Umgebung war nicht so wie beschrieben, die Website funktioniert nicht mehr oder anders, etc. Wenn aus irgend einem Grund nicht iterativ entwickelt wird, so sollte zumindest ein Installationstest beim Kunden durchgeführt werden.

Natürlich gibt es analog zur Softwareauswahl auch eine *Hardwareauswahl*, diese wird hier nicht gesondert betrachtet, da die Beschreibung der Hardwarearchitektur in Kapitel 14.4.2 »Hardwarearchitektur« hier das Wesentliche bereits vorgibt. Generell spielt die Auswahl von spezifischen Hardwareprodukten bei vorgegebener Hardwarearchitektur nicht die entscheidende Rolle in Webprojekten

Nicht eingezeichnet ist der *Aufbau der Entwicklungsumgebung*. Dieser Schritt soll nicht vergessen werden, er kann jedoch zu sehr unterschiedlichen Zeitpunkten passieren, etwa bereits beim Grobkonzept für eine Prototypentwicklung oder erst später. Teil davon ist auch die *Einrichtung eines Konfigurationsmanagements*, das heißt einer Verwaltung verschiedener Softwareversionen der Entwicklung und des Einsatzes im realen Betrieb der Site.

14.4 Arbeitsergebnisse

Die nachfolgenden Kapitel erläutern die einzelnen Arbeitsergebnisse. Besonders ausführlich dargestellt werden die Ergebnisse »Ist-Beschreibung und Pflichtenheft«, »Softwareauswahl« und »Hardwarearchitektur«. Diese sind managementrelevant und für die Kosten und die Leistung der Website ausschlaggebend. Die restlichen Arbeitsergebnisse sind nur für das IT-Team selbst, dessen Leitung und teilweise für die IT-Spezialisten auf Kundenseite relevant. Eine Ausnahme stellt die Dokumentation dar, die für die Wartbarkeit und Weiterentwickelbarkeit der Website wichtig ist und damit einen Beitrag zur Unabhängigkeit des Kunden von dem Dienstleister leisten soll.

Die IT-Fachbegriffe werden bei deren erstem Auftreten, die meisten gleich in Kapitel 14.4.1, definiert.

14.4.1 Ist-Beschreibung und Pflichtenheft: Kostenentscheidende IT-Fragen

Wenn geklärt ist, was die Nutzer auf den Webseiten sehen und tun können und wie die Site die Marke inszenieren soll, so bleiben IT-seitig immer noch wichtige Aspekte offen. Für die Aufwandsschätzung und Architekturplanung einer Site sind Antworten auf nachfolgende Fragen erforderlich. Diese Antworten sind Teil der Ist-Beschreibung oder des Pflichtenhefts.

Bei definiertem Angebot für die Nutzer entscheiden die Antworten auf die folgenden Fragen über die IT-Kosten in einem Webprojekt.

Allgemein

Bei einer bestehenden Website:

- Gibt es Daten über das Nutzerverhalten?
- Wie viele Page Impressions pro Monat gibt es? (*Page Impressions* sind Seitenabrufe von Nutzern)
- Welche Seiten werden am häufigsten genutzt?
- Welche Seiten werden fast nie genutzt?

Webserver

Begriffe

Der *Webserver* ist ein Rechner mit einer Webserver-Software, er stellt der Außenwelt die Webseiten zur Verfügung. Diese können statisch hinterlegt sein oder dynamisch (auf Grund von Parametern bei Bedarf) generiert werden.

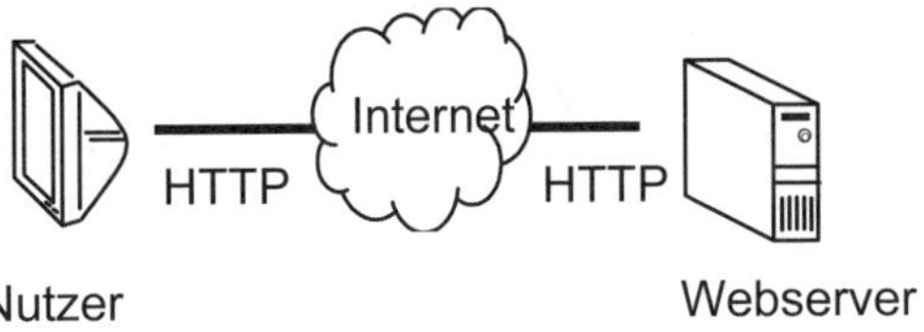

Abbildung 66: Der Webserver stellt die Seiten zur Verfügung

Hosten bedeutet, den Programmcode der Site zu verwalten, auf Rechnern auszuführen und für Zugriffe aus dem Internet verfügbar zu machen. Das kann auf eigenen Rechnern geschehen oder bei einem anderen Unternehmen (*Provider*), das diese Dienstleistung anbietet.

Fragen

Wenn bereits ein Webserver existiert:

- Welche Hardwareausstattung besitzt dieser?
- Wird bereits eine Website auf diesem Server gehostet?
- Welches Betriebssystem hat der Server? (Windows, Linux, Unix, Macintosh)

- Welcher Webserver in welcher Version ist es? (Zum Beispiel Apache und Microsoft Internet Information Server)

Hosting und Netzanbindung:

- Wo wird gehostet (im eigenen Unternehmen beziehungsweise bei welchem Provider)?
- Welche Netzanbindung besitzt der Server? (Datenübertragungsrate des Netzwerks)

Wenn noch kein Webserver existiert:

- Welche Hardwareausstattung ist geplant?
- Auf welchem Betriebssystem soll der Server laufen?
- Wird ein *Mirror-Server* benötigt? (Das ist ein Server, auf dem eine Kopie genau derselben Site läuft. Er wird eingesetzt, um Überlast zu vermeiden oder wenn – auf einem anderen Kontinent etwa – dadurch der Zugriff der Nutzer über das Internet schneller wird)

System- und Sicherheitsarchitektur

Begriffe

Der Webserver ist nur der prominenteste Teil einer Hardware- und Softwarearchitektur, die erforderlich ist, um eine Site zu betreiben (*Webarchitektur*). Weitere wichtige Teile sind:

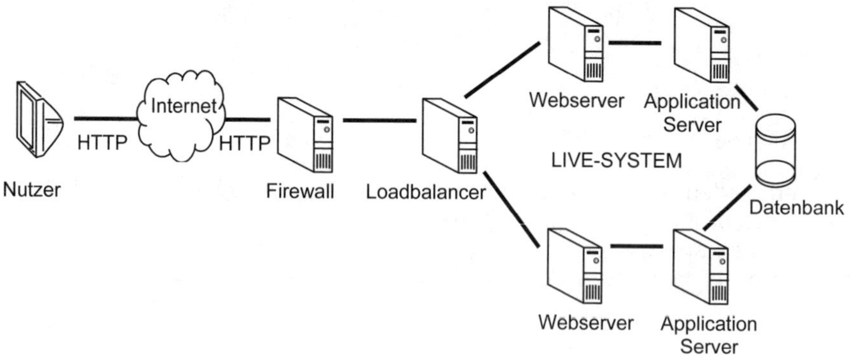

Abbildung 67: Webarchitektur

Das *Live-System* sind die Rechner, auf denen die Site läuft. Es kann mehrere Instanzen der Software und mehrere Rechner beinhalten. Zusätzlich kann es Rechner geben, auf denen Kopien der Site für Testzwecke laufen.

Der *Application Server* beherbergt die Geschäftslogik, falls eine solche benötigt wird. Damit wird die Software bezeichnet, die nicht zwingend, aber möglicherweise auf einem separaten Computer läuft. Wenn es auf Grund komplexer Geschäftsprozesse nicht ausreicht, dass der Webserver Webseiten an Nutzer sendet und diese eventuell aus der Datenbank mit Daten befüllt, sondern dazwischen komplexe logische Operationen, Transaktionen mit Zugriff auf weitere Schnittstellen etc. durchzuführen sind, so geschieht dies auf einem eigenen Server, dem Application Server. Dieser Begriff ist jedoch in der Geschäftspraxis stark »verwässert«: Da Application Server ein sehr hochwertiger Begriff ist, wird er gerne auch auf alle Arten von Webserver angewendet, die nicht oder nur teilweise die Funktion eines Application Servers erfüllen.

Eine *Firewall* ist ein separater Rechner, der eingehende Daten einer Sicherheitsprüfung unterzieht.

Fragen

Falls bereits eine Webarchitektur vorhanden ist:

- Wenn ja, welche Softwareprodukte (Application Server, Webserver, Datenbanken) werden eingesetzt?
- Welche Hardware und Software wird für den Internetzugang genutzt (Internetzugangsarchitektur)? Gibt es eine Firewall?
- Gibt es ein getrenntes Produktiv- und Entwicklungssystem?
- Welche *Datenreplikationen* gibt es? (Daten werden regelmäßig abgeglichen, um sie an mehreren Stellen identisch vorzuhalten)

Falls nicht:

- Welches Datenbanksystem soll eingesetzt werden (zum Beispiel Oracle, MS-SQL, MySQL)? Kunden haben in der Regel ein präferiertes oder vorgeschriebenes Datenbanksystem, um Wartungskosten gering zu halten und durch Lizenzverträge günstige Preise für die Datenbankprodukte zu erhalten.

Performance für die Nutzer

- Wie viele Nutzer werden gleichzeitig aktiv sein?
- Wie hoch ist die minimale Übertragungsgeschwindigkeit, für die entwickelt werden kann? (Gemeint ist das langsamste Modem, das bei den Nutzern dieser Site anzunehmen ist.)
- Welche Browser in welchen Versionen sollen unterstützt werden? (Internet Explorer, Firefox, ...)
- Welches Antwortzeitverhalten erwartet der Endkunde?
- Wo werden Inhalte für dynamische Seiten gespeichert?
- Wie werden diese gepflegt?
- Welche Ausfallzeiten sind noch akzeptabel?

Erst wenn all diese Fragen beantwortet sind, kann ein Zeit- und Kostenplan erstellt werden. Selbstverständlich werden die meisten dieser Pläne erstellt, bevor die Fragen beantwortet sind. An dieser Stelle soll lediglich nochmals allen Projektbeteiligten klar gemacht werden, dass die Antworten zu obigen Fragen die Kosten wesentlich beeinflussen können. Somit können zuvor gemachte Aussagen bezüglich Kosten und Zeitrahmen nur ungefähre Angaben sein, welche mit Hilfe von Erfahrungswerten aus früheren, ähnlichen Projekten gewonnen werden.

14.4.2 Hardwarearchitektur

Gerade bei Webprojekten wird dieses Arbeitsergebnis oftmals unterschätzt. Im Vergleich zu Client-Server-Anwendungen ist die Hardwarearchitektur bei Webprojekten um einiges komplexer. Folgende sind die wichtigsten Punkte:

- Anzahl der Webserver
- Anzahl der Application Server
- Anzahl der Datenbankserver
- Firewalls – demilitarisierte Zone (DMZ)
- Load-Balancing
- Backup-Strategie
- Recovery-Strategie

Wie viele Web-, Application- und Datenbankserver tatsächlich benötigt werden, hängt stark von dem zu erwartenden Nutzeraufkommen und Nutzerverhalten ab (wie viele Nutzer am Tag, wie viele zur Spitzenzeit und wie viele Seitenabrufe pro Besucher). Sollten hierzu keine Zahlen vorliegen, was kein Einzelfall ist, dann müssen gemeinsam mit dem Auftraggeber Annahmen getroffen werden. Bei einer Website sollten mindestens jeweils zwei Rechner existieren, zum einen wegen der Ausfallsicherheit und zum zweiten gibt es bei Websites kein Wartungsfenster. Als *Wartungsfenster* wird die Zeit bezeichnet, in der die Anwendung ruht und gewartet werden kann. Die Anwendung muss in der Regel 24 Stunden pro Tag an 365 Tagen im Jahr verfügbar sein. Im Falle eines Relaunch einer existierenden Site sollte auch die Hardwarearchitektur überdacht werden. Vielleicht wird der Relaunch ein ganz anderes Benutzerverhalten mit sich bringen, da das Angebot viel attraktiver geworden ist und viel stärker vom Marketing beworben wird. Im Falle eines Relaunch sollte das Nutzerverhalten der existierenden Site als Basis herangezogen werden.

Sehr wichtig ist es weiterhin, bei den Nutzerzahlen einen Puffer einzubauen. Die Anwendung sollte nicht gerade am ersten Tag bereits an ihre Grenzen stoßen. Ein älteres, aber prominentes Beispiel dafür, dass die Hardware dem Nutzeraufkommen nicht gewachsen war, ist die Website von Infineon zum Börsengang. Bei solchen Projekten ist der erste Tag der Site der gefährlichste. In den ersten Wochen wird eine solche Site von so vielen Menschen besucht wie später nie wieder. In diesem Fall sollte darüber nachgedacht werden, ob nicht auch Leihrechner eingesetzt werden, die nach Abebben des ersten Ansturms wieder an den Hardwarehersteller zurückgegeben werden können. Die Testumgebung kann in den ersten Wochen auch mitgenutzt werden.

In Punkto Sicherheit kann nicht genug Vorsorge getroffen werden. Auf jeden Fall soll eine äußere Firewall den Webserver sichern. Wozu, wenn auf dem Webserver sowieso nur Daten liegen, die jeder einsehen kann? Folgendes Szenario ist möglich und schon viele Male passiert: Ein Hacker knackt den Webserver und verfälscht Inhalte. Für die Inhalte ist aber der Kunde verantwortlich. Das Verfälschen kann so weit gehen, dass strafbare Inhalte eingestellt und für die Öffentlichkeit sichtbar werden.

Immer wenn die Webseite auf weitere Teile des Intranets zugreift (z.B. Datenbanken, Transaktionen), sollte hinter dem Webserver eine zweite Firewall eingerichtet werden: Der Webserver muss von außen erreichbar sein, das ist der Sinn eines Webauftrittes. So lässt sich prinzipiell keine beliebig hohe Sicherheit herstellen, dass der Webserver nicht geknackt wird. Wenn hier keine weitere Firewall steht, ist der Rest des Unternehmens den Hackern ausgeliefert (z. B. muss irgendwo das Passwort für die Datenbank liegen, damit die Daten letztendlich in die Webseiten gelangen können). Der Bereich zwischen den beiden Firewalls wird oftmals auch als *demilitarisierte Zone* bezeichnet. Hier befindet sich der Webserver.

Im Falle großer Unternehmen sollte berücksichtigt werden, dass durchaus auch Gefahr von innen, also von den eigenen Mitarbeitern, drohen kann. Die Site soll auch nach dieser Seite hin geschützt werden!

Sobald mehr als ein Rechner eingesetzt wird, muss auch über die Lastverteilung (Load-Balancing) nachgedacht werden. Über den Internet-Zugang kommen zunächst sämtliche Anfragen herein. Diese müssen nun so auf mehrere Webserver verteilt werden, so dass keiner überlastet ist. Hierfür gibt es sowohl Hardware- als auch Softwarelösungen. Auch hier gilt es, das Load-Balancing-System redundant auszulegen, denn in einer web-basierten Umgebung darf es keinen sogenannten *Single Point of Failure* geben: Egal, welche Komponente ausfällt, das System sollte stets noch funktionieren. Klar dass bei einem solchen Vorfall die Antwortzeiten eventuell länger werden. Die Anwendung bleibt dennoch lauffähig.

Gerne vergessene Punkte sind auch *Backup* (Datensicherung) und *Recovery* (Möglichkeit der Wiederherstellung). Oft wird erst im Falle eines Platten-Crashs bemerkt, dass es kein Backup gibt oder das letzte zu lange zurückliegt. Doch nicht nur die Sicherung muss durchgeführt und geprüft werden, sondern auch das Wiedereinspielen von gesicherten Daten!

14.4.3 Softwareauswahl

In jedem Projekt werden Softwareprodukte eingesetzt, zum Beispiel die Entwicklungsumgebung, die Datenbank, der Webserver oder der Application Server. Bei der Auswahl dieser Software denken wahrscheinlich die meisten IT-Mitarbeiter, dass dies die wichtigste Entscheidung ist. An dieser Stelle soll betont werden:

Es ist meistens nicht projektentscheidend, welches Softwareprodukt aus einer engeren Auswahl letzten Endes eingesetzt wird. Wichtig ist, *dass* nach einer bestimmten Zeit eine Entscheidung fällt.

Sollte dies nicht geschehen, so wird das Projekt in Zeitverzug kommen. Wichtig ist hier der Einsatz von Mitarbeitern mit Praxisbezug, denn Theoretiker werden immer versuchen, andere zu überzeugen, dass die optimale Software noch nicht gefunden ist.

Bewährte Werkzeuge nutzen

Aus der Erfahrung zahlreicher Projekte kann gesagt werden, dass es niemals »die optimale Software« geben wird. Jede hat Schwächen und viele haben Stärken. Wichtiger ist vielmehr die Tatsache, ob im Team bereits jemand mit diesem Softwareprodukt Erfahrung hat. In einigen Projekten werden sogar Produkte eingesetzt, die nachweislich schlechter sind als neue, auf dem Markt erhältliche. Neue Tools brauchen immer neue Einarbeitung und bergen immer neue Risiken. Erst das Wissen über die Zuverlässigkeiten und Unzuverlässigkeiten macht Technologie berechenbar.

Service für die Entwicklung

Ein sehr wichtiger Entscheidungsfaktor bei einem Softwareprodukt ist die Qualität der Hotline und ein direkter Zugriff auf die Entwickler des Werkzeugs. Hier haben natürlich Produkte heimischer Hersteller Vorteile. Es wurden jedoch auch Erfahrungen mit amerikanischen Herstellern gemacht, bei denen der Zugriff auf die Entwicklungsteams hervorragend funktioniert hat.

Typische Aspekte großer Unternehmen

Für die Projektpraxis weniger geeignet sind Teams, die permanent Produkte vergleichen, aber niemals mit einem davon Projekte durchgeführt haben. Diese vergleichen oftmals nur Produktfeatures (Funktionalitäten). Auf Fragen wie »Wieso halten Sie das Produkt XY für das bessere?« werden dann Antworten gegeben wie »Weil das Produkt auch die Funktionalität A unterstützt«. Leider wurde nicht berücksichtigt, dass diese Funktionalität gar nicht benötigt wird. Durch die Tatsache, dass Webprojekte extrem unterschiedlich sein können und auch sind, lässt sich zum Beispiel keine allgemein gültige Entwicklungsumgebung definieren. Gerade sehr große Firmen versuchen jedoch, einen solchen Standard zu definieren. Das hat Vorteile bezüglich Großeinkauf oder Wartung, es ist aber nur bis zu einem gewissen Grad sinnvoll, Freiräume sollten möglich sein. Für bestimmte Produkte ist es eben sinnvoll und für andere nicht.

Herstellersoftware oder Open Source

Gerade im Webbereich wird häufig kostenfreie Software eingesetzt. Diese muss in keiner Weise schlechter sein als proprietäre Herstellersoftware. Unterschiedliche Stufen der freien Verfügbarkeit werden unter dem Sammelbegriff *Open Source* zusammengefasst, zum Beispiel völlig freie Software oder auch Software, deren Sourcecode veröffentlicht ist, aber nicht mit eigenen Modifikationen weiterverkauft werden darf. In allen Fällen bedeutet Open Source, dass die Software kostenlos und der Source Code verfügbar ist.

Es ist zunächst eine geschäftspolitische Entscheidung, ob Open Source-Software eingesetzt wird. Es soll dann jedoch auch im Einzelfall geprüft werden, was für die jeweilige Software sinnvoll ist. Beides hat Vor- und Nachteile. Bei frei verfügbarem Sourcecode können Fehlerkorrekturen selbst vorgenommen werden, die Hotline und Fehlerkorrektur durch Hersteller bei proprietärer Software kann durch die Fehlerbehebung in der Open-Source-Gemeinde aufgewogen werden.

Ein prominentes Beispiel für Open-Source-Software ist der Apache Webserver. Dieser ist kostenlos von www.apache.org erhältlich. Ca. 60% der Websites nutzen diesen Server (news.netcraft.com).

Unabhängigkeit wahren

Technologie kann Abhängigkeiten auf vielen Ebenen mit sich bringen. Folgende Fragen liefern Entscheidungskriterien, um bei der Auswahl eine hohe Unabhängigkeit zu erzielen:

- Wer kann die Website warten?
- Wer kann sie weiterentwickeln?
- Müssen andere Technologien zu dieser kompatibel sein?
- Werden international standardisierte Datenübertragungsprotokolle genutzt?
- Kann die Software durch eine andere ersetzt werden?

Hier sollen Spezialisten aus dem eigenen Hause die Risiken prüfen.

CMS

Content Management Systeme (synonym: *Redaktionssysteme*) sind wohl die am meisten untersuchten Softwareprodukte. Sie dienen der Verwaltung und Aufbereitung von Inhalten für das Web. Contentpfleger (synonym: Redakteure) können hier den Content in sogenannte Templates eingeben oder dort ändern. Er wird nach definierten Regeln formatiert, das heißt aufbereitet für die Darstellung im Web. Ein Template ist einfach ein Formular zur Dateneingabe oder -änderung. Es kann zum Beispiel einer Seite im Web entsprechen. Bei vielen Systemen sind keine technischen Kenntnisse (HTML-Programmierung) erforderlich, um damit zu arbeiten. Die beteiligten Contentpfleger bilden den CMS-Workflow, hier können Arbeitsabfolgen wie Erstellung, Prüfung, Freigabe, Übersetzung, Freigabe in der Fremdsprache implementiert werden.

Es gibt Websites, die sich eigens diesem Thema widmen, zum Beispiel www.contentmanager.de. Diese können die Auswahl eines CMS unterstützen. Das Wichtigste ist jedoch, sich bei der Auswahl zunächst im Klaren zu sein, in welchem Umfang das CMS benötigt wird. So ist zum Beispiel die Frage nach Personalisierung bereits ein guter Ansatz zur Vorauswahl. Einige Content Management Systeme (zum Beispiel Vignette) sind auf diesem Gebiet sehr stark. Sollte allerdings Personalisierung nicht gefragt sein, so können solche Systeme sehr schnell aus der Betrachtung herausfallen und damit Kosten eingespart werden. Weitere wichtige Fragen zur Entscheidungsfindung sind:

- Betriebssystem des redaktionellen Arbeitsplatzes. Soll die redaktionelle Arbeit betriebssystemunabhängig sein (über einen Web-Browser erfolgen)?
- Wie viele Redakteure werden gleichzeitig auf das System zugreifen?
- Gibt es bestimmte Ausgangsformate, die für die Online-Präsentation aufbereitet werden müssen (Office-Dokumente u. ä.)?
- Sollen bestehende Anwendungen eingebunden werden?
- Sollen die Online-Daten auch in anderen Medien ausgegeben werden können, beispielsweise Print? (Cross Media Publishing)
- In welchen Datenbanken beziehungsweise Dateiformaten sollen Informationen wie zum Beispiel Texte oder Bilder vorgehalten werden?
- Wie hoch ist die Aktualisierungshäufigkeit, die notwendig ist, um den Zielgruppen und ihren Informationsbedürfnissen zu entsprechen?
- Sollen alle Inhalte allen Zielgruppen in den verschiedenen Sprachen zur Verfügung stehen? Wenn nein, welche Inhalte müssen in welchen Sprachen zur Verfügung stehen?
- Aus welchen Schritten besteht der redaktionelle Workflow? Beispiele: Inhalte erstellen, ändern, freigeben, übersetzen oder rechtlich prüfen. Soll ein Vier-Augen Prinzip durch den Workflow erzwungen werden?
- Welche Redakteure werden welche Inhalte pflegen? Anzahl?
- Chefredakteure: Wer erteilt Freigaben für welche Inhalte?
- Administratoren: Wer administriert und betreibt das System technisch, setzt Benutzerrechte und die Rahmenbedingungen für die Redakteure?
- Wie viel technisches Verständnis haben Redakteure und Administratoren?

Mit Hilfe der Antworten auf diese Fragen sollte sich die Auswahl auf ca. drei oder vier Redaktionssysteme reduziert haben.

Wenn ein Projekt mit einem Redaktionssystem erfolgreich abgeschlossen wurde, so ist es sinnvoll, das nächste Projekt ebenfalls mit diesem anzugehen. Das gilt auch, wenn im Projektverlauf des öfteren aufgefallen ist, dass dieses Produkt Mängel hat. Die Fallstricke und auch die angenehmen Seiten der Software sind nun bekannt, damit bestehen also beste Voraussetzungen, auf dieser Basis eine treffende Aufwandsschätzung erstellen zu können. Sollte dennoch eine Entscheidung für ein anderes Werkzeug fallen, so muss seriöserweise für die noch nicht bekannten Probleme ein Risikoaufschlag einkalkuliert werden. Es wird Probleme geben – so viel ist sicher.

Eine immer wiederkehrende Frage ist auch, ob überhaupt ein CMS benötigt wird. Diese Fragen lässt sich oft nicht mit einem klaren »Ja« oder »Nein« beantworten. Hinweise auf die Notwendigkeit eines solchen System können sein:

- Die Seiten werden häufig geändert.
- Die Redakteure verfügen nicht über technisches Know-How.
- Die Site würde mehr als 100 statische Seiten umfassen (fest codierte Seiten, wenn kein CMS eingesetzt wird).

Nicht sinnvoll ist es heutzutage, Content Management Systeme selbst zu implementieren. Die Zeiten, in denen das noch eine valide Alternative war, sind angesichts des verfügbaren Produktangebotes vorbei.

Application Server

In diesem Bereich ist die Werkzeug-Auswahl wesentlich einfacher. (Für eine Erläuterung, was ein Application Server ist, siehe Kapitel 14.4.1). Es gibt aktuell drei Marktführer: BEA WebLogic, IBM WebSphere und den kostenlosen JBoss. Oftmals gibt der Auftraggeber bereits vor, welches Werkzeug als Application Server zu verwenden ist, da in diesem Umfeld häufig strategische Entscheidungen im Unternehmen des Auftraggebers getroffen worden sind. Bei Application Servern ist das auch völlig sinnvoll. Schwieriger ist hier die Entscheidung, ob ein solches Produkt überhaupt eingesetzt werden soll:

> Nicht jedes Webprojekt benötigt einen Application Server.

Leider gibt es keine eindeutige Richtlinie, ab welcher Konstellation ein Application Server einzusetzen ist. Es hängt vor allem von der Komplexität der abzubildenden Geschäftsprozesse ab. Auf jeden Fall wird das Projektbudget durch die Entscheidung, einen kommerziellen Application Server einzusetzen, gewaltig in die Höhe getrieben. Der Application Server nimmt wiederum auch einiges an Programmieraufwand ab, der sonst selbst zu realisieren wäre.

Webserver

Welcher Webserver eingesetzt werden soll, ist aus der Erfahrung vergangener Projekte heraus weniger projektentscheidend. In vielen Fällen gibt der Auftraggeber den einzusetzenden Webserver bereits vor.

Wenn keine Vorgabe existiert, wird so gut wie immer der Apache-Webserver oder Internet-Information-Server (IIS) gewählt. Apache ist Open Source und somit frei erhältlich. Etliche große Web-Projekte haben diesen verwendet. Der IIS ist bei den Server-Betriebssystemen von Microsoft bereits dabei.

Entwicklungswerkzeuge, Versionsverwaltung

Die Entwicklungsumgebung im engeren Sinne bilden folgende Werkzeuge:

- Der *Editor* unterstützt eine komfortable und effektive Codierung.
- Der *Compiler* übersetzt den Quellcode in ausführbare Programme.
- Mit dem *Debugger* wird in erstellter Software nach Fehlern gesucht, zum Beispiel indem der Code Schritt für Schritt ausgeführt wird.

Diese drei dienen der Implementierung der Software. Sie werden in der Regel im Paket verkauft.

Für eine professionelle Softwareentwicklung werden auch *Testwerkzeuge* benötigt, mit denen (teil-)automatisierte Tests durchgeführt werden können. Beispiel: JUnit. (Andere Testwerkzeuge testen die Funktionstauglichkeit und Leistungsfähigkeit im realen Betrieb, beispielsweise Mercury Interactive.)

Für die Konzeption der Software können *Modellierungswerkzeuge* benutzt werden. Hiermit können die (detailliertere) Struktur der Software geplant und zum Beispiel Use Cases konzipiert werden. Ein Beispiel ist Rational Rose.

Die Open Source Software Eclipse beinhaltet alle soweit aufgezählten Werkzeuge.

Versionsverwaltung: Die Benutzung der Versionsverwaltung ist ein Muss für alle Projektbeteiligten. Hiermit werden die erstellten Arbeitsstände der Software permanent archiviert, somit kann auf frühere Versionen zurückgegriffen werden. Sie dienen auch der Vermeidung von Versionskonflikten in dem Sinne, dass gleichzeitig mehrere Entwickler denselben Teil des Quellcodes editieren.

Bei den in diesem Kapitel aufgezählten Werkzeugen hat jeder Entwickler seine persönlichen Präferenzen. Bei der »Entwicklungsumgebung im engeren Sinne« (Editor, Compiler, Debugger) ist es nicht projektentscheidend, welches Werkzeug gewählt wird und ob alle dasselbe verwenden. Entwickler im selben Projekt dürfen jedoch keine unterschiedlichen Modellierungswerkzeuge und Versionsverwaltungen benutzen. Eine Versionsverwaltung sollte auf alle Fälle eingesetzt werden.

Datenhaltungssysteme

In jeder Website müssen Daten gespeichert werden. Es gibt viele verschiedene Möglichkeiten hierzu. In den meisten Fällen wird die Masse der Daten in Datenbanken (DB) gespeichert. Der langfristig marktführende DB-Hersteller ist Oracle. Sollte beim Kunden noch keine Datenbank vorhanden sein, was selten der Fall ist, so muss diese innerhalb der Projektlaufzeit ausgewählt werden. Hierbei entscheiden meist strategische Gesichtspunkte. In den meisten Fällen sind aber bereits mehrere DB-Systeme beim Kunden im Einsatz. In diesem Fall sollte genau hinterfragt werden, welches DB-System zukünftig in der Unternehmensstrategie eine Rolle spielt. Eine Migration von einer Datenbank auf die eines anderen Herstellers ist sehr schwierig, fehleranfällig und aufwändig. Hersteller weisen zwar darauf hin, dass Datenbanken doch einheitlich den SQL-Standard unterstützen, aber hier gilt: Die Tücken stecken im Detail. Angefangen bei den Datentypen (genaue Formatierung der Daten) bis hin zu so genannten *Stored Procedures* (in der Datenbank gespeicherte Programmteile, die direkt auf der Datenbank operieren) gibt es etliche Spezifika.

In letzter Zeit wird, insbesondere für Nutzerdaten, vermehrt LDAP (Lightweight Directory Access Protocol) verwendet. Darüber können hierarchisch strukturierte Daten sehr einfach abgelegt werden. In der Microsoft-Welt ist ADS (Active Directory Service) das Pendant.

Auch Dokumentenmanagementsysteme und Content Management Systeme können als Datenhaltungssystem bezeichnet werden.

14.4.4 Aufbau der Entwicklungsumgebung

In Projekten wird dieser Punkt oftmals in der Planung (sowohl in Bezug auf Zeit als auch auf Budget) vergessen. Um das Projekt erfolgreich zu entwickeln, ist es ratsam, die Entwicklungsumgebung so aufzubauen, dass sie der späteren Umgebung beim Kunden sehr nahe kommt oder identisch ist. Genau dies erfordert Ressourcen. Es ist sinnvoll, die einzelnen Komponenten wie Webserver, Application Server und Datenbank auf einzelne Rechner zu verlagern, wenn das beim Kunden der Fall ist. So lassen sich Fehler in der Anwendung besser in der Umgebung des Dienstleisters reproduzieren. In sehr vielen Fällen wird hierdurch letztendlich wertvolle Zeit gespart. Als Faustregel kann mit ca. zwei Wochen für diese Aufgaben gerechnet werden. Ein weiterer Vorteil ist, dass der Kunde erkennt, dass der Dienstleister das Projekt ernst nimmt.

14.4.5 Softwarearchitektur

Dieses Arbeitsergebnis beschreibt den Aufbau der Software. Hierzu gehört eine Benennung und Beschreibung der einzelnen Komponenten. Weiterhin beinhaltet sie die Beschreibung einzelner Protokolle zwischen je zwei Komponenten. Wenn die Softwarearchitektur auch beschreibt, welche Alternativen es gibt und was letztendlich der Grund für getroffene Entscheidungen war, so wird sie sehr hilfreich, wenn neue Mitarbeiter hinzukommen. Der Entscheidungsweg sollte so transparent wie möglich sein.

Eine grobe Version der Softwarearchitektur soll bereits Teil des Grobkonzepts sein, dort sind die Komponenten die einzusetzenden Softwareprodukte. Eine detailliertere Version ist Teil des Feinkonzepts, diese ist weniger für den Kunden gedacht, sie dient vielmehr der internen Kommunikation beim Dienstleister.

14.4.6 Feinkonzept

Das *Feinkonzept* ist die detaillierte technische Konzeption zur unmittelbaren Vorbereitung der Implementierung.

Dabei werden, wie in Kapitel 14.3 beschrieben, Design-Use-Cases in technische IT-Use-Cases heruntergebrochen. Das Feinkonzept enthält außerdem die detaillierte Softwarearchitektur.

Das Feinkonzept muss kein abgeschlossenes Dokument sein, das nach dem Grobkonzept und vor der Implementierung der Software erstellt wird. Wie in Kapitel 14.3 eingeführt, ist es üblich, im Rahmen einer iterativen Vorgehensweise stets vor einer Teil-Implementierung die Feinkonzeption dafür zu leisten.

Das Feinkonzept wird eine Beschreibung für das Frontend und eine für das Backend enthalten (vgl. Kapitel 14.3) - abgesehen von dem Fall, wenn bei einer einfachen Site nur ein Frontend zu realisieren ist.

Im Frontend-Teil spezifiziert das Feinkonzept insbesondere die technische Umsetzung des Designs der einzelnen Webseiten.

Im Backend-Bereich geht es im Feinkonzept insbesondere um die IT-Use-Cases. Diese beschreiben, in welchen Schritten von Nutzern ausgelöste Aktionen und allgemein technische und geschäftliche Prozesse durchgeführt werden. Aus dieser Beschreibung können die feineren Einheiten des Codes und deren Funktionsweise extrahiert werden. Zur Beschreibung solcher Detailkonzeptionen ist die Modellierungssprache *UML* (Unified Modelling Language) der internationale Standard, sie wird von Modellierungswerkzeugen (z. B. Rational Rose) unterstützt.

14.4.7 Testplan, Testcode, Testarten

Dieses Kapitel beschreibt das Testvorgehen von der Planung bis zur Durchführung und Protokollierung der Tests. Eine Ausnahme sind Usability-Tests, diese werden im Kapitel 13 »Design«, zum Beispiel 13.3.1 »User Centered Design«, betrachtet.

Um professionell zu testen soll das Testvorgehen spezifiziert werden.

Dies erfolgt am effektivsten mit codierten Tests. Tests können – ähnlich wie die eigentliche Software – ebenfalls programmiert werden und dann per Knopfdruck durchgeführt werden. Siehe hierzu den Absatz »Testwerkzeuge« im Kapitel 14.4.3 »Softwareauswahl«.

Früher geschah die Testspezifikation mit einem *Testplan*. Dieser hat aber auch heute noch seine Rechtfertigung, da nicht alles effektiv mit automatischen Tests abgedeckt werden kann. Insbesondere sollte die Funktionstauglichkeit der Benutzeroberfläche auch direkt von Menschen geprüft werden. Beschrieben wird, welche Tests wann, von wem und auf welche Art durchzuführen sind.

Gemeinsam für alle Arten von Testvorgehen ist:

- Testen ist eine der wichtigsten IT-Aufgaben im Projekt.
- Tests immer vor dem Programmieren der Software spezifizieren.
- Tests sollen nicht nur frei erfunden, sondern auch systematisch aus allen Use Cases abgeleitet werden. Der Projektleiter kann das Testen wirkungsvoll prüfen, in dem er einige Use Cases auswählt und darum bittet, zu zeigen, wie diese in Tests umgesetzt worden sind.
- Es sollen auch Personen testen, die nicht in die Entwicklung involviert sind.
- Wenn gefundene Fehler behoben werden, muss alles neu gestestet werden, denn Fehlerbehebungen an einem Ort können Fehler an anderen Orten verursachen. – Hier wird ersichtlich, wie wertvoll automatisierte Tests sind!
- Durchgeführte Tests und Testergebnisse sollen protokolliert werden, behobene und nicht behobene Fehler in einer Fehlerdatenbank gehalten werden.

Das Testen braucht besondere Aufmerksamkeit vom Projektleiter, weil Informatiker in der Regel nicht gerne testen. Dies kann kaum anders sein: Eine Software konzipieren und erstellen sind kreative Tätigkeiten, bei denen Tag für Tag Fortschritte sichtbar werden. Welche Chancen hat dagegen eine Tätigkeit, bei der nichts Neues und nichts Sichtbares entsteht und die zudem viel Zeit, typischerweise ein Drittel des Projektes, in Anspruch nimmt?!

Testarten

Es sind technische und funktionale Tests durchzuführen.

Funktionale Tests (Fachliche Tests)

Unter diesen Begriffen wird in der IT synonym die Prüfung verstanden, ob die Software auch alle Anforderungen an die gebotene Funktionalität genauso abdeckt, wie sie in den Konzepten definiert wurden.

Technische Tests

Die technischen Tests betrachten die Software nicht aus Anwendersicht. Vielmehr wird sie zum einen auf Code-Ebene betrachtet. Es werden einzelne Teile der Software qualitätsgesichert.

Zum anderen müssen gerade webbasierte Anwendungen auch hinsichtlich des Lastverhaltens und der Ausfallsicherheit getestet werden. Bei sogenannten Lasttests besteht die Aufgabe darin herauszufinden, wie viele Benutzer gleichzeitig bedient werden können. Hierbei ist insbesondere darauf zu achten, dass bei der Durchführung der Tests das *Caching* (Zwischenspeicherung) ausgeschaltet wird. Das bedeutet, dass zum Beispiel ein Webserver eine gerade angefragte Seite in seinem Arbeitsspeicher vorhält. Wird diese Seite anschließend wieder angefordert, holt sich der Webserver die Seite aus seinem Cache, was wesentlich schneller geht als eine noch nicht angefragte Seite neu abzurufen. Somit kann das Testergebnis verfälscht werden.

In punkto Ausfallsicherheit und Robustheit wird die Site auf sein Verhalten bei Rechnerabstürzen getestet, diese können zum Beispiel durch andere Programme verursacht werden. Durchgeführt werden kann dieser Test im Prinzip durch einfaches Herunterfahren einzelner Rechner.

White-Box- und Black-Box-Tests

Dies sind zwei weitere Begriffe, welche IT-Spezialisten im Zusammenhang mit Tests häufig nutzen. Bei einem *Black-Box-Test* wird die Software als abgeschlossene Einheit betrachtet; es wird nicht geprüft, was in der Software abläuft, sondern nur wie sie (nach außen) reagiert. Funktionale Tests und Lasttests sind Black-Box-Tests. Bei *White-Box-Tests* werden Einzelteile der Software qualitätsgesichert oder es wird überprüft, welche Auswirkungen verschiedene Vorgänge innerhalb der Software haben.

QS-Datenbank

Für die Testprotokollierung sollte eine *QS-Datenbank* (Qualitätssicherungs-Datenbank) etabliert werden. Darin wird üblicherweise der Schweregrad der Fehler in drei Kategorien eingeteilt:

1. Muss sofort behoben werden: verhindert die Nutzung der Anwendung.
2. Soll bald behoben werden: ist wichtig.
3. Kann behoben werden: falls noch Zeit ist, werden diese Fehler korrigiert.

So kann bei der Fehlerbehebung eine Priorisierung erfolgen. Die QS-Datenbank kann auch nach Inbetriebnahme der Site benutzt werden, um Fehlermeldungen seitens des Kunden zu protokollieren.

Zu Testinhalten und -werkzeugen siehe Kapitel 14.4.9.

14.4.8 Programmcode

Auch in einem kleineren Webprojekt betreffen Details der Programmierung nicht den Projektleiter.

Projektleiter sollen jedoch sicherstellen, dass Senior-Mitarbeiter Code Reviews durchführen. Im *Code Review* werden (meistens zu zweit, Entwickler und »Zuhörer«) schwierige Teile des Programms durchgegangen. Wenn man als Entwickler jemand anderem seinen Code erklärt, erkennt man Fehler und Verbesserungsbedarf oft schon selbst. Die so gefundenen Fehler kosten sehr viel weniger Zeit als Fehler, die bei Tests gefunden werden und deren Ursache erst im Code lokalisiert werden muss.

Weiterhin wichtig und gerne vernachlässigt sind erläuternde Kommentare im Code und generell ein verständlicher Programmtext, den außer den Erstellern auch andere Entwickler ändern können. Hierzu tragen außer Code Reviews auch Entwicklungsrichtlinien bei. Wenn solche im Unternehmen nicht bereits vorhanden sind, sollen einige wichtige und praxiserprobte Punkte von Senior-Entwicklern notiert und als Standard allen vertraut und zur Vorgabe gemacht werden.

14.4.9 Dokumentation

Innerhalb eines Projekts können folgende Handbücher für den Kunden entstehen. Diesbezüglich ist zu Projektbeginn mit dem Kunden zu klären, welche Dokumentation er tatsächlich in Auftrag gibt. Ein weiterer wichtiger Punkt sind Richtlinien zur Erstellung der Dokumentation, diese sollen ebenfalls zu Projektbeginn definiert werden.

Hilfefunktion, Benutzerhandbuch

Hier erhält der Endanwender Hilfe, wie die entstandene Lösung zu bedienen ist. Zahlreiche Screenshots sorgen für leichte Verständlichkeit. Das kann bei komplexeren Anwendungen sinnvoll sein und sollte elektronisch und leicht auffindbar in die Site integriert sein. Ein »Benutzerhandbuch« im eigentlichen Sinne des Wortes ist im Internetbereich unüblich.

Administrationshandbuch

Das Handbuch beschreibt zum einen den Installationsvorgang der Lösung, aber auch Aufgaben im laufenden Betrieb wie Erstellung und Wiedereinspielung von Datensicherungen. Daneben gibt es Hinweis auf die unterschiedlichen Logdatei-Ausgaben und welche Aktionen bei welchen Log-Meldungen einzuleiten sind. Die *Logdatei* ist eine vom Webserver automatisch generierte Datei, welche den Betrieb der Site protokolliert. Ein Teil dieses Handbuches kann als Hilfefunktion in die Weblösung integriert werden, ein Teil muss separat gehalten werden.

Entwicklungshandbuch

Mit diesem Handbuch wird ein Entwickler in die Lage versetzt, die entstandene Lösung aus technologischer Sicht zu verstehen und zu erweitern. Das Entwicklungshandbuch beschränkt sich auf die individuell erstellten Teile der Lösung und wird das Grob- und Feinkonzept wiederverwenden. Bei eingesetzten Werkzeugen wird auf deren Entwicklerhandbücher verwiesen.

Schulungsunterlagen

Diese Unterlagen werden zu einführenden Schulungsmaßnahmen für Mitarbeiter herangezogen, die mit der Site als interne Nutzer oder Administratoren umgehen müssen. Das kann zum Beispiel bei einem Training für Redakteure sinnvoll sein, die an einem CMS-System arbeiten, oder für Moderatoren und Administratoren, die eine Handelsplattform überwachen.

14.5 FAQ

Frage 1: Was sind die häufigsten Fehler, die im IT-Team begangen werden?

Antwort 1: Die Projektleitung sollte insbesondere folgende häufigen Probleme beachten:

- Entwickler programmieren darauf los, ohne zu planen.
- Es wird keine Zeit zum Aufbau der Entwicklungsumgebung eingeplant.
- Es wird zu wenig Zeit für Test und Fehlerkorrektur eingeplant. Die Planung für diese Aufgaben wird rein analytisch (was kann alles passieren) und nicht im Vergleich mit vergangenen Projekten erstellt.
- Die Dokumentation wird vergessen: Aus Zeitnot wird sie hinter den Launch verschoben, dann wird sie in der Aufregung des Launches vergessen, die Mitarbeiter werden für andere Projekte eingesetzt, es ist zu spät.
- Es fehlt die übergreifende Sicht auf die Aufgabe, der Zusammenhang zum Projektziel, zu den Nutzern, unwichtige Details werden perfektioniert, die später kaum oder nie genutzt werden. (Siehe separate FAQ weiter unten.)
- Es gibt keine von den Entwicklern unabhängige Qualitätssicherung. So führt es zum Beispiel zu anderen Resultaten beim Test, wenn Personen ohne IT-Erfahrung oder IT-ler, die nicht mitentwickelt haben, einen Teil die Anwendung testen.
- Qualitätssicherung erfolgt nur am Ende des Projekts in Form von Tests, das heißt es werden keine Code Reviews durchgeführt, es wird nicht vorher anhand der Use Cases ein Testplan erstellt usw.
- Es wird vergessen, Sicherungskopien der erarbeiteten Ergebnisse zu erstellen, insbesondere in Stressphasen.

Die Gegenmaßnahmen ergeben sich eigentlich bereits aus der Aufzählung: Wenn es die Projektgröße erlaubt, ist ein eigenständiger Verantwortlicher für Qualitätssicherung innerhalb des IT-Teams zu etablieren; wenn das Projekt nicht groß genug ist, so ist das der IT-Projektleiter unter Hinzunahme einiger Projektexterner für IT-Tests. Senior-Mitarbeiter und der Projektleiter sind in der Verantwortung, die Business- und Designziele permanent in das Team zu tragen, für Austausch mit allen anderen Teilprojekten und dem Kunden zu sorgen. Sie sollten auch Code Reviews durchführen und beobachten, ob Daten regelmäßig gesichert werden und genügend Zeit für Tests eingeplant wird.

Frage 2: Was sind die häufigsten Fehler im Management der IT-Aspekte eines Webprojekts?

Antwort 2: Typische Fehler auf Seiten des Managements:

- Zu langsame Entscheidung bei der Auswahl von Software- und Hardwareprodukten.
- Einsatz von Technologien, die auf dem Papier (oder auch der Realität) besser sind, mit denen jedoch im Team keine Erfahrung vorhanden ist oder die generell unerprobt und noch in Entwicklung begriffen sind.

Frage 3: Die IT-Experten wollen viel Zeit in ein Detail investieren, aus Gesamtprojektsicht erscheint Ihnen als Kunde oder als Projektleiter auf Dienstleisterseite eine technisch nicht so gute (saubere, vollständige, perfekte, langfristige) Lösung angesagt, beispielsweise um den Aufwand zu verringern. Was ist zu tun?

Antwort 3: »Ich übernehme die Verantwortung« funktioniert selten. Es verursacht eventuell Erleichterung auf IT-Seite, aber auch Frustration - abgesehen davon, ob man überhaupt weiß, wofür man die Verantwortung übernimmt. Versuchen Sie in solchen Situationen immer erst zu verstehen: Stellen Sie dafür Fragen, warum der Aufwand erforderlich ist oder zu welchen Konsequenzen es führt, wenn die technisch weniger »schöne« Lösung gewählt wird. Das haben Sie schon getan? Weitere Maßnahmen sind:

- Senior-IT-Mitarbeiter fragen, ob die technisch bessere Lösung wirklich notwendig ist. Mitarbeiter mit viel Projekterfahrung verstehen besser, dass IT nur ein Teil des Ganzen ist.
- Es kann eine angemessene und gute Lösung sein, wenn sich die IT-Experten direkt mit dem Kunden zusammensetzen. Wenn die Quelle des Konfliktes zwischen ihnen liegt, sollen sie selbst diskutieren. So wird der Projektleiter auf Dienstleisterseite nicht zwischen dem Ärger des Kunden und dem Ärger seiner Experten zerrieben.
- Vom Anfang des Projekts an die Mentalität verbreiten, dass aus Kundensicht und aus Gesamtprojektsicht gedacht werden soll, auch auf Entwicklerebene. Das können Sie nicht erzwingen, Sie können es jedoch positiv in den Raum stellen.

15 Recht

Olivia Alig

Anfänglich offen, frei und fast anarchisch angelegt, ist das Internet inzwischen fester Bestandteil des geschäftlichen Lebens. Zwangsläufig hat damit auch Justizia Einzug in das Internet gehalten. Im Cyberspace ist die Zeit des rechtsfreien Raums lange vorbei. Dabei ist zu beobachten, dass zum einen Regularien aus der »realen« Welt auf das Internet angewandt werden, jedoch auch autonome Regeln, insbesondere durch das Europäische Recht, eingeführt wurden, die unter anderem dem globalen Charakter der virtuellen Welt gerecht werden sollen.

Dieses Kapitel soll den an Webprojekten Beteiligten einen Überblick über den rechtlichen Rahmen geben, in dem sie sich bewegen. Erfahrungen aus der anwaltlichen Praxis werden dabei ebenfalls berücksichtigt.

Inhalte:

15.1 Domain-Recht

15.1.1 Was ist eine Domain?

Zunächst stellt eine *Domain* eine Adresse im Internet dar. Sie besteht aus der *Netzangabe* (zum Beispiel www), der *Second-Level-Domain* (zum Beispiel medienanwaeltin) und der *Top-Level-Domain* (zum Beispiel .de). Neben den Top-Level-Domains der einzelnen Länder (.de, .uk, .fr etc.)[1] existieren zahlreiche generische Top-Level-Domains (zum Beispiel .biz, .info, .name, .museum). Für den deutschen Markt haben sich als wichtigste Top-Level-Domains ».de« (seit 1986 Ländercode für Deutschland) und ».com« (vorwiegend als weitere kommerzielle Adresse) herauskristallisiert. Über die reine Adressfunktion hinaus hat die Domain auch eine rechtlich relevante Namensfunktion.

15.1.2 Vergabepraxis

Derzeit existieren keine gesetzlichen Regelungen für das Vergabeverfahren von Domain-Namen. Dies gilt auch für ».de«-Adressen. Es handelt sich bei der für den Ländercode ».de« zuständigen Vergabestelle, der Denic eG mit Sitz in Frankfurt am Main, um eine eingetragene Genossenschaft. Diese hat selbst Vergaberichtlinien (Registrierungsrichtlinien und Registrierungsbedingungen) erstellt, die unter www.denic.de abgerufen werden können.[2] Registrierungen können entweder über einen Internet-Service-Provider, der Denic-Mitglied ist oder mit einem Denic-Mitglied zusammenarbeitet, oder unmittelbar bei der Denic beauftragt werden. Letzteres ist in der Regel teurer als die ersten Varianten. Sofern eine Domain frei ist, kann diese ohne bestimmte Voraussetzungen reserviert werden. Grundsätzlich gilt das Vorrangprinzip: »Wer zuerst kommt, mahlt zuerst«.

Bei der Domain-Anmeldung sollten falsche Angaben, auch bezüglich der Adresse, vermieden werden, da andernfalls die Denic eG nach den Registrierungsbedingungen berechtigt ist, den Domain-Registrierungsvertrag außerordentlich zu kündigen.

---

[1] Eine Liste der Registrierungsstellen befindet sich unter:
www.iana.org/cctld/cctld-whois.htm

[2] www.denic.de/doc/faq/vergaberichtlinien.html
www.denic.de/doc/DENIC/agb.html

15.1.3 Whois-Abfrage

Um festzustellen, ob eine Domain noch frei ist, kann eine sogenannte Whois-Abfrage bei der jeweiligen Vergabestelle online durchgeführt werden.[3] Die Whois-Abfrage ergibt den etwaigen Inhaber und Administrator der Domain. Die Internetagentur und der Kunde sollten im Einzelfall besprechen, wer sich um die Domain-Reservierung kümmert und wer Inhaber der Domain ist. Es gibt eine zu beobachtende Praxis von Agenturen, Domain-Namen auf sich als Inhaber zu reservieren, um sich so den Kunden zu sichern. Dies kann in einzelnen Streitfällen auch sinnvoll sein, da zum Beispiel bei unberechtigter Nichtzahlung unter Umständen ein Zurückbehaltungsrecht hinsichtlich der Herausgabe der Domain geltend gemacht werden kann. Zu beachten ist jedoch, dass mit der Domain-Inhaberschaft auch eine Verantwortlichkeit für die Inhalte der Website verknüpft sein kann. Zwar ist der jeweilige Betreiber einer Website, also der Kunde der Agentur, verpflichtet, als Anbieter unter anderem Namen und Adresse anzugeben (nach dem Teledienstegesetz, Medienstaatsvertrag). Dieser Pflicht kommen jedoch nicht alle Betreiber nach, so dass dem potenziell Verletzen eines Rechtes (zum Beispiel Urheberrechtes) nichts anderes übrig bleibt, als eine Whois-Abfrage durchzuführen und den registrierten Inhaber, den Auftragnehmer, zumindest als Mitstörer (unter Umständen kostenpflichtig) in Anspruch zu nehmen.

15.1.4 Rechte Dritter

Bei der Registrierung von Domain-Namen sind Rechte Dritter zu beachten. Dies kann beispielsweise Namen (§ 12 BGB), Marken (§ 4 MarkenG), Unternehmenskennzeichen und Werktitel (§§ 5, 15 MarkenG, § 37 HGB) betreffen. Die Zeiten des lukrativen sogenannten Domain-Grabbings sind vorbei. Die Rechtsprechung hat festgestellt, dass dieses Reservieren von Domain-Namen, insbesondere von bekannten Bezeichnungen, zum einzigen Zweck des Verkaufs an Dritte sittenwidrig ist.

Kann der Inhaber einer Domain den Rechten Dritter nichts an eigenen Rechten entgegenhalten, so ist er verpflichtet, seine Reservierung löschen zu lassen. Im Falle der Verletzung von Rechten Dritter sind zudem etwaige Anwaltskosten der Abmahnung, Einstweiligen Verfügung etc. zu tragen. Der Regelstreitwert von Domain-Streitigkeiten liegt bei ca. 50.000,- €. Die Anwalts- beziehungsweise Gerichtskosten sind daher entsprechend hoch. Im Falle der Entwicklung eines neuen Marken- beziehungsweise Firmennamens für das Internetangebot und einer gewünschten gleichlautenden Domain empfiehlt sich daher, wie bei einer

---

[3] http://www.denic.de/servlet/Whois
http://www.netsol.com/cgi-bin/whois/whois
www.internic.net

Markenanmeldung auch, die Durchführung einer vorherigen Recherche, die von verschiedenen Datenbankanbietern durchgeführt wird. Insbesondere bekannte Namen, Firmen und Marken (auch prägende Bestandteile dieser) sollten als Domain-Name tabu sein. Die Agentur sollte ihre Kunden entsprechend auf diese Problematik hinweisen. Die Gerichte haben einhellig festgestellt, dass auf solche Fälle der Rechtsverletzungen, wie im realen Leben auch, die gängigen gesetzlichen Bestimmungen beispielsweise des Markengesetzes und Namensrechtes Anwendung finden. Zu beachten ist, dass die Denic eG und andere Vergabestellen nicht prüfen, ob die angemeldete Domain Rechte anderer verletzt. Die Rechtsprechung hat diese Praxis bestätigt und festgestellt, dass die Denic eG keinerlei Überprüfungspflicht hat.[4]

15.1.5 Beschreibende Angaben als Domain

Besonders populär sind Domain-Namen beschreibenden Inhalts (sogenannte Gattungsbezeichnungen). Beispielsweise ein Buchhändler, der Bücher zum Verkauf über das Internet anbieten möchte, ist daran interessiert, www.buch.de zu benutzen, eine Multimediaagentur verwendet unter Umständen www.multimedia.de, etc. Da diese einzelnen Inhaber der Domain damit faktisch als einzige die Domain für diesen Begriff aus der Allgemeinsprache monopolisieren, liegt es auf der Hand, dass Mitbewerber damit nicht einverstanden sind.

Bei Gattungsbegriffen hat der Bundesgerichtshof (BGH) in seinem bekannten Urteil »Mitwohnzentrale« entschieden, dass diese Bezeichnungen grundsätzlich als Domain, im Gegensatz zur Freihaltebedürftigkeit bei einer Markeneintragung, reserviert werden dürfen. Im Einzelfall ist jedoch zu überprüfen, ob ein unlauteres Abfangen von Kunden stattfindet. Dies wird angenommen, wenn sich der Werbende gewissermaßen zwischen den »Mitbewerber« und dessen Kunden stellt, um diesem eine Änderung des Kaufentschlusses aufzudrängen. Einen sich bietenden Vorteil zu nutzen ist jedoch grundsätzlich nicht unlauter. Es dürfen bei Gattungsbezeichnungen jedoch nach der BGH-Rechtsprechung nicht sämtliche Schreibweisen der Domain oder die Verwendung derselben Bezeichnung auch unter weiteren Top-Level-Domains blockiert werden. Zum anderen darf die Verwendung nicht irreführend sein. Es darf also nicht der wahrheitswidrige Eindruck entstehen, dass es sich beim Betreiber der Website um den einzigen oder den maßgeblichen Anbieter handelt. Bei »buch.de« oder »multimedia.de« sollte jedoch keiner davon ausgehen dürfen, dass es lediglich einen Anbieter in Deutschland gibt, der Bücher verkauft oder die Dienstleistung einer Multimediaagentur anbietet. Dies wird von den jeweiligen Gerichten durchaus gegensätzlich beurteilt. Sollte im Einzelfall ein wettbewerbswidriger, irreführender Eindruck entstehen, bedeutet dies jedoch nicht, dass die Domain freigege-

---

[4] BGH, Urteil vom 17.5.2001 – AZ. ZR 251/99 – ambiente.de

ben werden muss. Vielmehr soll nach dem BGH sodann auf der Homepage angegeben werden, dass noch andere vergleichbare Anbieter existieren. Dies scheint wenig praktikabel zu sein.

15.1.6 Verfahren bei Domain-Streitigkeiten

Im Falle von Rechtsverletzungen durch die Domain-Anmeldung wird der auf der Homepage genannte Verantwortliche (nach dem Teledienstegesetz oder dem Mediendienstestaatsvertrag), der Anbieter oder der in der Whois-Abfrage Genannte (zumeist anwaltlich) abgemahnt und aufgefordert, eine strafbewehrte Unterlassungs- und Verpflichtungserklärung abzugeben. Ferner wird der Verantwortliche in der Regel aufgefordert, die Domain freizugeben. Diese Verfahrensweise könnte auch für die Agentur beziehungsweise deren Kunden relevant werden, wenn eine gewünschte, die eigenen Rechte verletzende Domain bereits reserviert ist.

Während der Streitigkeit empfiehlt es sich aus der Sicht des Rechtsverletzten, einen sogenannten *Dispute-Antrag* bei der Denic eG zu stellen.[5] Dieser bezweckt im Falle der Freigabe der Domain, dass der Antragsteller des Dispute-Antrags automatisch (nach entsprechender Konnektierung durch seinen Provider) nachrückt. Außerdem kann der Inhaber auf Grund eines Dispute-Antrags keinerlei Verfügungen mehr über die Domain treffen (beispielsweise die Domain nicht weiter übertragen). Zu beachten ist jedoch, dass der Dispute-Antrag nur für ein Jahr seine Wirkung entfaltet. Eine Verlängerung kann jedoch beantragt werden.

Wird die strafbewehrte Unterlassungs- und Verpflichtungserklärung nicht oder nicht vollständig innerhalb der in der Abmahnung gesetzten Frist abgegeben und die Domain nicht freigegeben, kann der Verletzte unter Umständen eine Einstweilige Verfügung beantragen. Eine *Einstweilige Verfügung* stellt ein verkürztes gerichtliches Verfahren dar, um Individualansprüche zu sichern beziehungsweise eine vorläufige Regelung zu erreichen. Bei Rechtsverletzungen im Bereich des gewerblichen Rechtsschutzes (Urheber-, Wettbewerbs-, Markenrecht etc.) werden damit kurzfristig Unterlassungsansprüche durchgesetzt. Ergeht die Einstweilige Verfügung und der Antragsgegner hat keinen Widerspruch eingelegt, wird der Rechtsverletzter aufgefordert, ein sogenanntes Abschlussschreiben zu unterzeichnen, das die Anerkennung der Einstweiligen Verfügung zum wesentlichen Inhalt hat.

Eine unterschriebene Unterlassungserklärung oder das Abschlussschreiben in Verbindung mit der Einstweiligen Verfügung erkennt die Denic eG als abschließenden Titel an und wird dann auf Antrag den bisherigen Domain-Inhaber löschen. Auf Grund eines zuvor gestellten Dispute-Antrags wird der Berechtigte automatisch nachrücken.

---

[5] vgl. Informationen bei der Denic: http://www.denic.de/doc/recht/faq/ansprueche.html

Sollte das Abschlussschreiben nicht unterzeichnet werden, muss ein Hauptsacheverfahren (normales Klageverfahren) beim zuständigen Landgericht eingeleitet werden, um abschließend klären zu lassen, ob die Domain Rechte Dritter verletzt. Das Hauptsacheverfahren wird dann in der Regel den Unterlassungsanspruch und einen etwaigen Schadensersatzanspruch zum wesentlichen Klagegegenstand haben (gegebenenfalls auch Auskunfts-, Beseitigungsansprüche etc.).

Die deutschen Gerichte gehen von einer weltweiten, also auch in Deutschland möglichen Abrufbarkeit sämtlicher Top-Level-Domains aus. Damit machen sich die deutschen Gerichte beispielsweise auch für ».com«-Adressen zuständig. Es gilt im Falle des Rechtsstreites vor einem deutschen Gericht daher das zuvor Gesagte für sämtliche denkbaren Top-Level-Domains, auch anderer Länder, entsprechend.

15.1.7 Internationales Schlichtungsverfahren

Die im Jahre 1998 gegründete Internet-Organisation ICANN[6] (The Internet Corporation for Assigned Names and Numbers) mit Sitz in Marina del Rey, Kalifornien, vergibt keine Domainnamen an Endnutzer, sondern koordiniert das Domainnamensystem. Außerdem ist die ICANN zuständig für die Einrichtung neuer generischer Top-Level-Domains (zum Beispiel .aero, .biz, .coop).

Seit Ende 1999 existiert für Domain-Streitigkeiten ein außergerichtliches Schiedsverfahren bei der ICANN. Dieses Verfahren ist insbesondere dann interessant, wenn der Rechtsverletzter im Ausland wohnt und ein nationales Urteil schwer vollstreckbar ist. Die Besonderheit beim ICANN-Verfahren ist, dass nicht der Domaininhaber verpflichtet wird, die Domain freizugeben, sondern die Schiedsstelle selbst. Rechtsgrundlage des Schiedsverfahrens sind die »Uniform Dispute Resolution Policy« (UDRP)[7] und die »Rules for Uniform Domain Name Dispute Resolution Policy« (RUDPR)[8]. Es wurden verschiedene Schiedsgerichte einberufen, das bekannteste ist bei der Internationalen Organisation World Intellectual Property Organisation (WIPO)[9] angesiedelt. Das Verfahren ist relativ schnell, es muss jedoch vom Antragsstellenden gut vorbereitet werden. Nach Art. 4 UDRP muss der Antragssteller darlegen und beweisen, dass

- der streitgegenständliche Domainname identisch oder verwechslungsfähig ist mit einer Marke, an der der Antragsteller Rechte besitzt (neben der Marke gilt dies entsprechend auch für Unternehmenskennzeichen, Werktitel oder Namen),

---

[6] www.icann.org

[7] www.icann.org/udrp/udrp-policy-24oct99.htm

[8] www.icann.org/udrp/udrp-rules-24oct99.htm

[9] http://arbiter.wipo.int

- der Antragsgegner weder Rechte oder ein berechtigtes Interesse an dem Domainnamen besitzt und
- der Domainname missbräuchlich angemeldet wurde und genutzt wird.

Die Verfahrensgebühren (750,- bis 1.000,- US$ pro beteiligtem Richter) und die vom Antragsteller zu verauslagenden Anwaltskosten hat dieser jedoch in der Regel auch im Falle des Verfahrenssiegs zu zahlen.

15.1.8 Vertragstypen im Domainrecht

Auch im Bereich Domainrecht sind verschiedene Verträge denkbar. Beispielsweise kann der Kunde mit der Internetagentur einen Domain-Beschaffungsvertrag schließen. Zudem ist die Vermietung einer Domain möglich. Die Parteien schließen diesbezüglich einen Domain-Vermietungsvertrag. Oft sind solche Verträge auch Vertragsbestandteil von sogenannten Homepageverträgen beziehungsweise von Verträgen über Webprojekte. Domain-Namen können aus den verschiedensten Gründen auch übertragen werden. Dann vereinbaren die Parteien einen Domain-Übertragungs-Vertrag.

15.2 Vertragstypen im Onlinerecht

Häufig ist zu beobachten, dass über vertragsrechtliche Fragen im Bereich Multimedia überhaupt nicht oder oft viel zu spät nachgedacht wird. Trotz beiderseitiger Begeisterung für das konkrete Projekt sollten rechtliche Aspekte jedoch nicht in Vergessenheit geraten. Letztlich möchte der Kunde wissen, was er am Ende für sein Geld bekommt und die Agentur ist daran interessiert, damit zu kalkulieren, welche konkreten Leistungen sie für dieses Entgelt zu erbringen hat. Insbesondere Punkte wie Rechteklärung und Übertragung der Rechte an den Inhalten der Website (sogenannter Content) und Mitwirkungspflichten des Kunden müssen geregelt werden. Für beide Seiten sind zudem Gewährleistung und Haftungsfragen von erheblicher Bedeutung.

Es existieren zahlreiche Muster von Multimediaverträgen im Internet. Diese sind sicherlich hilfreich, um sich an den behandelten Punkten »abzuarbeiten«, beispielsweise als Briefing für das erste Projektgespräch. Vom ungeprüften Übernehmen von Musterverträgen oder Muster-AGB (Allgemeine Geschäftsbedingungen) ist jedoch eindeutig abzuraten. Jeder Vertrag muss dem Einzelfall angepasst werden. Viele Verträge sind zudem entweder aus der potenziellen Lizenznehmer- oder aus der Lizenzgebersicht entworfen, also von der Interessenlage her einseitig. Als Orientierungshilfe können auch die Musterverträge des Deutschen Multimedia Verbandes dmmv dienen.[10] Hierbei wird zwischen verschiedenen Vertragsphasen unterschieden. Die Verträge sind kartellrechtlich geprüft, die verschiedenen Interessenlagen der Vertragsparteien sind daher relativ neutral umgesetzt, was von Vorteil, jedoch auch von Nachteil sein kann. Am besten ist es, diese Verträge als Orientierungshilfe zu betrachten, um sich dann, am jeweiligen Einzelfall orientiert, einen individuellen Vertrag erstellen zu lassen. Hierbei sollten auch jüngste Gesetzesänderungen Berücksichtigung finden (Umsetzung der E-Commerce-Richtlinie, Schuldrechtsreform etc.).

Zur Verwendung von Allgemeinen Geschäftsbedingungen (AGB) zwischen der Internetagentur und dem Kunden ist Folgendes zu erwähnen: Es handelt sich dabei um für eine Vielzahl von Verträgen vorformulierte Vertragsbestimmungen, die als »Kleingedrucktes« dem Vertragspartner zur Kenntnis gelangen müssen. Diese sind »en vogue«, zumindest denkt der Verwender oft, damit eine gewisse Professionalität auszudrücken. Dies ist jedoch nicht der Fall, wenn diese AGB überhaupt nicht passen, im schlimmsten Falle sogar von einem Dienstleister aus einer ganz anderen Branche übernommen sind. Mit solchen AGB wird dann ein Vertrag geschlossen, der nicht dem tatsächlich Gewollten entspricht. Vertragsbestimmungen von einem anderen Vertrag (zum Beispiel Miete) passen nicht auf einen Dienstvertrag und umgekehrt. Dies kann im Einzelfall sogar fatal sein, da sich Bestimmungen wie Gewährleistung, Verjährung etc. unterscheiden. AGB unterliegen zudem strengeren Kontrollen durch die Gerichte, so dass generell der Abschluss von Individualverträgen zu empfehlen ist.

Folgende Vertragsphasen können bei einem Internetprojekt unterschieden werden:

15.2.1 Letter of Intent

Bei einem *Letter of Intent* handelt es sich in der Regel um eine Absichtserklärung der Parteien, die zusammenarbeiten und dazu einen Vertrag schließen wollen, ohne dass bereits irgendwelche Details feststehen. Der Letter of Intent wird fälschlicherweise oft mit einem Vorvertrag gleichgesetzt, so leider auch geschehen in den zuvor zitierten dmmv-Verträgen. Dabei ist ein Letter of Intent zumeist weniger als ein Vorvertrag. In einen Letter of Intent wird sehr oft eine Geheimhaltungsverpflichtung integriert und letztlich lediglich die beabsichtigte Zusammenarbeit skizziert. Sollte bereits auf Grund des Letter of Intent eine Tätigkeit entfaltet werden, ist bereits hier auch die diesbezügliche Vergütung festzulegen.

---

[10] http://www.dmmv.de/de/7_pub/homepagedmmv/themen/produktion/agenturvertraege.cfm

15.2.2 Vorvertrag

In einem *Vorvertrag* gehen die Vertragsparteien die Verpflichtung auf Abschluss eines Hauptvertrages ein. Ein Vorvertrag ist jedoch nur wirksam, wenn er die wesentlichen Vertragsbestandteile regelt (zumindest Leistung und Gegenleistung). Wenn diese wesentlichen Vertragsbestandteile bereits verhandelt sind, können die Vertragsparteien jedoch auch sogleich einen richtigen Vertrag schließen.

15.2.3 Beratungs- und Konzeptionsvertrag

Oft hat der Kunde keine Vorstellung über die von ihm gewünschte Website. Auch existieren Agenturen, die sich ausschließlich mit der Konzeptionierung von Websites beschäftigen, ohne diese selbst auszuführen. In solchen Fällen empfiehlt sich der Abschluss eines Beratungs- beziehungsweise Konzeptionsvertrags mit dem Kunden.

15.2.4 Agentur- und Rahmenvertrag

Mit einem *Agentur-* beziehungsweise *Rahmenvertrag* werden die Bedingungen einer längerfristigen Geschäftsbeziehung geregelt. In diesem Vertrag befinden sich wesentliche Bestimmungen, die im Falle der jeweiligen konkreten Auftragserteilung spezifiziert werden (müssen). Soll Abweichendes im konkreten Auftragsverhältnis gegenüber dem Rahmen- beziehungsweise Agenturvertrag vereinbart werden, muss dies unbedingt in den konkreten Einzel-Auftrag aufgenommen werden. Agentur- beziehungsweise Rahmenverträge, die unter Umständen für eine Vielzahl von Einzelverträgen gelten, sollten gründlich geprüft werden.

15.2.5 Pflege- und Hostingverträge

Pflege- beziehungsweise *Hostingverträge* werden für die Zeit nach der Fertigstellung des jeweiligen Webprojekts abgeschlossen. Diese Verträge regeln, oft mit dem Schwerpunkt Dienstvertragsrecht,

- die Pflege: Wartung und Aktualisierung der Website, Service, gegebenenfalls Hotline für den Kunden, etc.
- das Hosting: zum Beispiel Bereitstellung von Serverkapazitäten, auf denen sich die Website befindet, Serverwartung, Abwicklung des E-Mail-Verkehrs etc.

Hierbei ist darauf zu achten, dass Pflege- bzw. Hostingdienstleistungen von der Erfüllung der Gewährleistungspflichten des Vertrages über die Erstellung des Webprojekts unterschieden werden.

15.3 Vertrag über die Erstellung einer Website

Der Vertrag über die Erstellung einer Website, oft auch *Homepagevertrag* genannt, stellt in der Regel eine Vereinbarung über die Erstellung einer individuellen Software dar. Ein solcher Vertrag unterfällt nach dem seit 01.01.2002 geltenden neuen Schuldrecht nach überwiegender Ansicht in der Rechtsliteratur kaufrechtlichen Bestimmungen. Es lässt sich juristisch mit guten Gründen zwar weiterhin für die Geltung des Werkvertragsrechtes (früher: Werklieferungsvertragsrecht) argumentieren, wie die Rechtsprechung dies künftig sieht, bleibt jedoch abzuwarten. Bislang galt nämlich die Auffassung, dass es sich bei Software um eine bewegliche Sache handelt. Die Rechtsentwicklung ist diesbezüglich zu beobachten.

Nach neuem Recht ist bis auf weiteres nach gegenwärtiger Ansicht auf Verträge über die Erstellung von Websites das Kaufrecht anwendbar[11].

In diesem Zusammenhang ist es irrelevant, wie die Parteien den Vertrag bezeichnen, ob als Werkvertrag, Dienstvertrag etc. Letztlich entscheidet der konkrete Vertragsinhalt über die anwendbaren Gesetze, im Streitfall der Richter. Die Vertragsparteien sollten daher das von ihnen Gewünschte konkret regeln und sich nicht mit (rechtlichen) Begrifflichkeiten aufhalten, die sie im Zweifel falsch verwenden. Die jeweiligen Leistungsbereiche (Erstellung Website, Hosting, Pflege etc.) sollten im Vertrag voneinander abgegrenzt werden.

Ob die Leistung per Pauschalvergütung oder nach Aufwand vereinbart wird, hat ebenfalls grundsätzlich keinerlei Auswirkungen auf den Vertragstyp, wobei praktischerweise beim Werkvertrag in der Regel eine Pauschalvergütung, ein Fixpreis oder Ähnliches und beim Dienstvertrag die Vergütung nach Aufwand gezahlt wird.

In diesem Kapitel werden wesentliche Bestandteile eines Vertrages über die Erstellung einer Website vorgestellt, dessen Inhalte Design- und/oder Programmierleistungen sein können:

15.3.1 Leistungen

Der Vertragsgegenstand sollte genau bezeichnet werden, insbesondere, welche Spezifikationen die Website haben soll. Hierzu kann ein Pflichtenheft erstellt werden. Die Webadresse (URL) kann festgelegt werden sowie ob der Auftragnehmer die erforderlichen Domainnamen reserviert etc. Gegebenenfalls kann auch der Zweck der Website (virtuelles Kaufhaus etc.) näher beschrieben werden. Es sollte genau definiert werden, welche Leistungen Vertragsbestandteil sind, zum Beispiel:

---

[11] So sehen dies auch die dmmv-Verträge vor.

- Beratung
- Planung, Konzeption
- Design
- Programmierung
- Installationsleistungen
- Dokumentation
- Pflege, Hosting (gegebenenfalls unter Verweis auf einen jeweils separat abzuschließenden Vertrag).

Zur näheren Spezifikation des Projekts empfiehlt es sich, dem Vertrag eine Anlage beziehungsweise das Pflichtenheft beizufügen. Diese definieren damit ebenfalls den Vertragsgegenstand.

15.3.2 Durchführung des Vertrages – Mitwirkungspflichten des Kunden

Die Vertragsparteien sollten jeweils Ansprechpartner im Vertrag namentlich benennen. Bindende Erklärungen und Termine sollten nur durch diese Ansprechpartner zugesagt werden.

Die Vertragsparteien können einen Zeitplan festlegen. Verbindliche Termine sollten stets schriftlich festgelegt und als solche bezeichnet werden (Achtung! Verzugsfolgen).

Auch an die Mitwirkungspflichten des Kunden sollte gedacht werden. Welches Material, insbesondere Grafiken, Texte, Daten, Fotos, Bilder, Logos und Informationen werden benötigt? Diese Materialien und Informationen sollte der Kunde rechtzeitig liefern, damit der Auftragnehmer den Vertrag überhaupt erfüllen kann. Der Auftragnehmer kann es dann übernehmen, das Material (auf Kosten des Kunden) zu digitalisieren.

15.3.3 Änderungswünsche des Kunden

Für Änderungswünsche des Kunden können die Vertragsparteien ein Verfahren zur Erweiterung des Vertrages bestimmen, insbesondere wenn ein Pauschalhonorar vereinbart ist. Beispielsweise können die Vertragsparteien ein Prüfungsrecht seitens des Auftragnehmers aufnehmen, damit dieser überprüfen kann, welche Auswirkung die gewünschten Änderungen zum Beispiel hinsichtlich der Kosten und vereinbarten Termine haben werden. Die Kosten der Mehraufwendung trägt der Kunde. Am besten ist es, auch wenn eine Pauschalvergütung vereinbart wurde, für diesen Fall den üblichen Stunden- beziehungsweise Tagessatz der Agentur in den Vertrag aufzunehmen.

15.3.4 Vergütung

An dieser Stelle sollte festgelegt werden, ob nach Aufwand vergütet (Stunden- beziehungsweise Tagessatz festsetzen) oder eine Pauschalvergütung vereinbart wird. Bei einer Pauschalvergütung sollte die Leistung sehr genau beschrieben sein, damit Änderungen des Vertrages ausdrücklich nicht mehr unter diese Pauschalvergütung fallen. Der Kunde wird im Falle der Aufwandsvergütung daran interessiert sein, zumindest eine Grundkalkulation zu erhalten.

Auf Grund des neuen Schuldrechts und Anwendbarkeit des Kaufrechts ist die Vereinbarung der Vergütung sehr wichtig, da nach Kaufrecht ohne Vereinbarung des »Kaufpreises« der Vertrag überhaupt nicht zustande kommt.

Auch an andere Vergütungsbestimmungen ist zu denken: Fahrt-, Reise- und Spesenkosten des Auftragnehmers sind gesondert zu vergüten. Fremdkosten werden an den Kunden weiterberechnet, gegebenenfalls zuzüglich eines sogenannten Handelsunkostenzuschlags (sogenannter HU, ca. 10-20%). Außerdem ist zu regeln, ob die Vergütung zuzüglich gesetzlicher MwSt. zu verstehen ist.

Die Vertragsparteien sollten vereinbaren, innerhalb welcher Zeit Zahlungen spätestens nach Rechnungsstellung fällig sind (zum Beispiel 14 Tage nach Rechnungsdatum). Nach neuem Schuldrecht reicht die Bestimmbarkeit der Fälligkeit der Zahlung aus, damit nach Ablauf dieser zu errechnenden Zahlungsfrist automatisch Verzug eintritt. Der Auftragnehmer kann sich vorbehalten, dass sämtliche Rechte am Projekt bis zur vollständigen Zahlung bei ihm verbleiben.

Gegebenenfalls ist eine Staffelung der Fälligkeit der Vergütung zu vereinbaren (zum Beispiel Zahlung von Teilen bei Vertragsschluss, bei Ablieferung der Website und eine Restzahlung nach erfolgreichem Testverfahren).

Für den Fall des Zahlungsverzugs sind Verzugszinsen (beispielsweise in Höhe von 5 % p.a. über dem Basiszinssatz der Europäischen Zentralbank) zu vereinbaren.

Außerdem kann klargestellt werden, ob der Auftragnehmer im Falle des Zahlungsverzugs berechtigt ist, seine Tätigkeit bis zur Zahlung zu unterbrechen. Auch kann vereinbart werden, dass der Auftragnehmer im Falle des Zahlungsverzugs über längere Zeit nach schriftlicher Mahnung und angemessener Fristsetzung berechtigt ist, den Vertrag fristlos zu kündigen.

15.3.5 Garantien des Kunden

Der Kunde sollte dem Auftragnehmer verbindlich zusichern, dass er berechtigt ist, die zur Verfügung gestellten Materialien und Informationen zur Herstellung der Website zu verwenden. Der Kunde sollte dafür sicherstellen, dass er die erforderlichen Rechte bei den jeweiligen Rechteinhabern eingeholt hat, insbesondere, dass er berechtigt ist, Logos, Texte, Fotos, Bilder, Musik, Filme, Marken und anderen Materialien sowie Informationen digitalisieren zu lassen und in die Website aufzunehmen.

Sofern Dritte geltend machen, dass die Verwendung der vom Kunden zur Verfügung gestellten Materialien und Informationen ihre Rechte verletzen, sollte der Kunde verpflichtet sein, den Auftragnehmer von der Haftung freizustellen, ihn bei der Rechtsverteidigung zu unterstützen und die diesbezüglichen Kosten zu übernehmen.

15.3.6 Testverfahren

Nach neuem Schuldrecht und Anwendung des Kaufrechts ist die werkvertragliche Abnahme nach derzeitigem Stand nicht mehr erforderlich. Der Vergütungsanspruch des Auftragnehmers entsteht daher grundsätzlich nach Ablieferung der fertig gestellten Website. Eine Abnahme macht jedoch praktisch Sinn, so dass sie, auch als Testverfahren bezeichnet, (weiterhin) durchgeführt werden kann. Gegebenenfalls kann es im Interesse des Auftraggebers sein, die Fälligkeit der Vergütung (zumindest teilweise) an den erfolgreichen Ablauf des Testverfahrens zu knüpfen.

Im Rahmen des gemeinsamen Tests sollte ein schriftliches Protokoll erstellt werden, in dem unter anderem der Ort, die Zeit, die technischen Umstände, die Art und Weise sowie die Ergebnisse des Tests und die teilnehmenden Personen festgehalten werden.

Sämtliche Fehler sollten in das Protokoll aufgenommen werden. Anderenfalls können die Leistungen hinsichtlich dieser nicht festgehaltenen Fehler als vertragsgemäß erbracht angesehen werden.

Nach erfolgreicher Installation und erfolgreichem Testverfahren sollte der Kunde vom Auftragnehmer eingewiesen werden. Nach neuem Schuldrecht ist der Auftragnehmer diese Installation und eine Einweisung schuldig (sogenannte »Ikea-Klausel«).

Der Kunde sollte verpflichtet werden, die Website innerhalb einer bestimmten Zeit (zum Beispiel 2-4 Wochen nach Ablieferung) auf Fehler zu überprüfen. Sofern der Kunde an den Auftragnehmer innerhalb dieser Frist keine schriftliche Fehlermeldung abgeschickt hat, kann die Website als abgenommen angesehen werden.

15.3.7 Rechteeinräumung durch den Auftragnehmer

Dies ist ein wichtiger Punkt im Vertrag.

Wird hinsichtlich der Rechteeinräumung keine ausdrückliche Vereinbarung getroffen, ist die Rechteübertragung im Zweifel eng erfolgt, also nur im Rahmen des Vertragszwecks, hier Nutzung als Website, anzunehmen. Beabsichtigt der Kunde jedoch, die Website oder gegebenenfalls Teile davon, das vom Auftragnehmer erstellte Design oder andere Leistungen über den Vertrag hinaus für andere Medien (zum Beispiel im Rahmen einer Printkampagne) zu verwenden, sollte dies ausdrücklich in den Vertrag aufgenommen und eine entsprechende Vergütung vereinbart werden.

Vorbehaltlich der Zahlung der vereinbarten Vergütung räumt der Auftragnehmer dem Kunden in der Regel das exklusive oder einfache sowie örtlich und zeitlich unbeschränkte Recht ein, die Leistungen als Website zu nutzen. (vgl. *Kapitel Übersicht zu Rechteübertragungen*.) Außerdem sollten die Vertragsparteien vereinbaren, ob es dem Kunden erlaubt ist, Rechte auf Dritte zu übertragen oder die Website zu bearbeiten.

Der Auftragnehmer muss darauf achten, die entsprechenden Rechte für seinerseits gelieferten Content und Leistungen von seinen (freien) Mitarbeitern, Zulieferern etc. eingeholt zu haben.

Es empfiehlt sich zu regeln, ob der Auftragnehmer berechtigt ist, gegenüber Dritten den Kunden oder die Website als Referenz darzustellen.

15.3.8 Gewährleistung

Nach neuem Schuldrecht ist mit Anwendung des Kaufrechts von einer zweijährigen Gewährleistungszeit auszugehen, die jedoch unter Kaufleuten gegebenenfalls auf ein Jahr reduziert werden kann.

Abweichungen von den gesetzlichen Bestimmungen müssen ausdrücklich in den Vertrag aufgenommen werden, wobei im Einzelnen zu überprüfen ist, ob diese Sonderregeln zulässig sind. Hier sollte man sich fachkundigen juristischen Rat einholen.

Die Durchsetzung von Gewährleistungsansprüchen kann bei Verträgen zwischen Unternehmen davon abhängig gemacht werden, ob Mängel innerhalb einer bestimmten Zeit (etwa innerhalb von 2-4 Wochen) nach ihrem Erkennen schriftlich gemeldet werden.

Es kann eine Regelung aufgenommen werden, dass die Mängelbeseitigung solange verweigert werden kann, bis der Kunde die für die Leistung geschuldete Vergütung vollständig gezahlt hat.

Es empfiehlt sich, im Vertrag darauf hinzuweisen, dass es nach dem Stand der Technik nicht möglich ist, bei Software Fehler unter sämtlichen Anwendungsbedingungen auszuschließen.

Die Gewährleistung sollte entfallen, soweit der Kunde die Website selbst ändert oder ändern lässt.

15.3.9 Haftung

Es kann eine Haftungsbeschränkung aufgenommen werden, die festlegt, dass der Auftragnehmer nur für Vorsatz und grobe Fahrlässigkeit haftet. Nach neuem Schuldrecht besteht jedoch die gesetzliche Vermutung, dass ein Schaden stets vom Auftragnehmer verschuldet wurde, er kann jedoch den Gegenbeweis führen.

Die Haftung für leichte Fahrlässigkeit eines Vertragspartners kann lediglich auf die Verletzung einer wesentlichen Vertragspflicht (Kardinalspflicht) sowie bei Schäden aus der Verletzung des Lebens, des Körpers oder der Gesundheit beschränkt werden. In diesem Fall kann die Haftung jedoch summenmäßig beschränkt werden, nämlich auf die Höhe des vorhersehbaren Schadens, mit dessen Entstehung typischerweise gerechnet werden muss. Außerdem kann eine Haftungshöchstgrenze aufgenommen werden. Zumindest Großprojekte sind sinnvollerweise mit einer Haftpflichtversicherung abzusichern.

Unter Umständen empfiehlt sich zudem eine Haftungsbegrenzung für den Verlust von Daten, Software etc. aufzunehmen, insbesondere wenn es der Kunde unterlassen hat, Sicherungen durchzuführen.

Haftungsbeschränkungen sollten auch zu Gunsten von Erfüllungsgehilfen ((freien) Mitarbeitern, Subunternehmern etc.) vereinbart werden.

15.3.10 Zusatzleistung Hosting

An dieser Stelle vereinbaren die Vertragsparteien, ob der Auftragnehmer den Betrieb und die Einstellung der Website auf einen Server übernimmt. Dies kann auch in einem gesonderten Vertrag vereinbart werden. Der Auftragnehmer sollte dabei darauf achten, dass diese Bestimmungen mit seinem eigenen Providervertrag abgestimmt sind.

Die Vertragsparteien können festlegen, ob der Auftragnehmer frei entscheiden kann, ob er sich eines eigenen Servers oder eines virtuellen Servers (auch eines Dritten) bedient. Gegebenenfalls sollte die Maximal-Speicherkapazität des Speicherplatzes festgelegt werden. Auch sollten die Vertragsparteien bestimmen, ob die Einrichtung des Zugangs zum Internet, von E-Mail-Accounts etc. für den Kunden Gegenstand des Vertrages ist.

Der Auftragnehmer sollte insbesondere nicht für die Funktionsfähigkeit der Telekommunikationsleitungen, für fremde Server, bei Stromausfällen oder bei höherer Gewalt haften.

Zudem sollte aufgenommen werden, ob der Auftragnehmer dafür sorgt, dass der Kunde die Möglichkeit des Zugriffs auf den Server hat, damit er Änderungen der Inhalte der Website selbst einpflegen kann.

Beide Parteien sollten die Zugangsdaten zum Server gegenüber unbefugten Dritten geheim halten. Insbesondere sind Benutzername und Passwort sicher aufzubewahren, um den Missbrauch durch Dritte auszuschließen.

Wenn der Kunde den Speicherplatz zur Speicherung rechtswidriger (z. B. strafbarer) Inhalte nutzt, sollte der Auftragnehmer berechtigt sein, diese durch geeignete Maßnahmen zu sperren. Dies kann insbesondere notwendig sein, wenn der Auftragnehmer als Host direkt von Dritten (zum Beispiel seitens der Staatsanwaltschaft) in Anspruch genommen wird.

15.3.11 Zusatzleistung Pflege

Nach Fertigstellung der Website kann es der Auftragnehmer oder ein anderer Auftragnehmer außerhalb der Gewährleistung übernehmen, diesen (nach den Vorgaben des Kunden) zu aktualisieren und zu warten. Bezüglich Pflegeleistungen kann sich der Abschluss eines gesonderten Vertrages empfehlen. Zu den Pflegeleistungen kann auch die Neu- oder Umgestaltung der Site gehören.

Die Vertragsparteien sollten vereinbaren, ob der Auftragnehmer verpflichtet ist, die Funktionsfähigkeit der Website (auf Kosten des Kunden) in regelmäßigen Abständen zu überwachen und, falls erforderlich, wiederherzustellen.

Solange der Auftragnehmer die Pflegeleistungen übernimmt, wird das Thema der Herausgabe des Quellcodes keine Rolle spielen. Dieser Punkt sollte jedoch besprochen und vereinbart werden, insbesondere für den Fall der Beendigung sämtlicher Vertragsverhältnisse. Gegebenenfalls empfiehlt sich die Hinterlegung des Quellcodes der Website bei einem Notar.

15.3.12 Abwerbungsverbot, Geheimhaltung, etc.

Es kann sinnvoll sein zu vereinbaren, dass keines der Unternehmen während der Laufzeit des Vertrages und für einen bestimmten Zeitraum (zum Beispiel ein Jahr) nach Beendigung des Vertragsverhältnisses Mitarbeiter des anderen Unternehmens abwirbt.

Außerdem empfiehlt sich eine Geheimhaltungsklausel. Diese Geheimhaltungspflicht ist gegenüber hinzugezogenen Hilfspersonen, Erfüllungsgehilfen (zum Beispiel freien Mitarbeitern, Subunternehmern etc.) sicher zu stellen. Die Geheimhaltungsverpflichtung sollte auch über die Beendigung des Vertragsverhältnisses hinaus gelten. Sie kann sich, je nach Vereinbarung, nur auf eine Vertragspartei oder auf beide erstrecken.

Einige Auftraggeber haben Interesse daran, dass der Auftragnehmer nicht für Konkurrenzunternehmen tätig ist. Jene sollten genau definiert werden. Ob die Aufnahme einer solchen Klausel wirksam ist, muss im jeweiligen Einzelfall überprüft werden. Rechtliche Bedenken bestehen insbesondere dann, wenn dieser Konkurrenzschutz (finanziell) nicht kompensiert und nicht zeitlich limitiert wird, da er in der Regel einem faktischen »Berufsverbot« entspricht. Hier kann der Interessenslage unter Umständen bereits das Geheimhaltungsgebot gerecht werden, insbesondere wenn es mit einer Vertragsstrafe abgesichert wurde.

15.4 Allgemeines zum Vertragsrecht

15.4.1 Praktische Tipps

- Die Vertragsparteien sollten von Anfang an klar eine Einigung über die Vergütung treffen, beispielsweise, was bereits die Konzeptions- und Beratungsphase kostet. Der Auftragnehmer sollte dem Kunden in diesem Zusammenhang unbedingt seinen üblichen Stunden- und Tagessatz (schriftlich) mitteilen.
- Die Vertragsparteien sollten auch wegen der Rechteübertragung den genauen Zweck des Vertrages festlegen und die gewünschten Nutzungs- und Verwertungsarten definieren, die im Verhältnis zur Vergütung stehen sollten.
- Der Auftragnehmer sollte unbedingt darauf achten, dass er seine vertraglichen Verpflichtungen (Rechteübertragung, Geheimhaltungsverpflichtungen etc.) an seine Mitarbeiter, Subunternehmer etc. entsprechend weitergibt. Die Verträge müssen sich in den relevanten Punkten decken.
- Der Auftragnehmer sollte stets den Projektverlauf und Umstände sowie Details, die Verzögerungen bedingen, schriftlich dokumentieren, damit beispielsweise im Falle von Verzögerungen festgestellt und bewiesen werden kann, wer diese zu vertreten hat.
- In regelmäßigen Abständen sollte schriftlich fixiert werden, welche Modifikationen inhaltlicher Art am Vertragsgegenstand vorgenommen wurden, damit nicht am Ende mühsam (gegebenenfalls aus sich nicht deckendem E-Mail-Verkehr) der Vertragsinhalt bestimmt werden muss. Gegebenenfalls sind Ergänzungsvereinbarungen zum Vertrag zu schließen.

15.4.2 Neues Urhebervertragsrecht

Am 1. Juli 2002 ist das Gesetz zur Stärkung der vertraglichen Stellung von Urhebern und ausübenden Künstlern (Urhebervertragsgesetz)[12] in Kraft getreten. Kernstück der Änderungen ist die Festschreibung der angemessenen Vergütung (§ 32 UrhG[13]) des Urhebers beziehungsweise ausübenden Künstlers, die auch durch die Gerichte überprüft werden kann. Große Bedeutung wird dabei den Verbänden eingeräumt, die gemeinsame Vergütungsregeln aufstellen können. Im Multimediabereich existieren solche derzeit noch nicht.

Als weitere beachtenswerte Änderung des Urhebervertragsrechtes ist § 32a UrhG zu nennen. Danach kann ein auffälliges Missverhältnis zwischen den Erträgen oder anderen Vorteilen aus der Nutzung eines Werkes gegenüber dem vereinbarten Entgelt dazu führen, dass der Urheber einen Anspruch auf Änderung des Vertrages beziehungsweise Anpassung seiner Vergütung hat.[14]

Diese Änderungen sind im Multimediabereich vor allem beim »Content«-Einkauf zu beachten. Insbesondere ein sogenanntes *Buy-Out*, also der vollständige, exklusive und unbeschränkte Rechteeinkauf, kann unter Umständen zu späteren Nachforderungen des Urhebers führen.

15.4.3 Allgemeines zum Zustandekommen von Verträgen

Verträge kommen durch zwei übereinstimmende Willenserklärungen (Angebot und Annahme) zustande (vgl. §§ 145ff BGB). Falls kein besonderes Schriftformerfordernis besteht, können Verträge auch mündlich geschlossen werden. Hier treten jedoch Beweisprobleme auf, so dass zu empfehlen ist, Verträge stets schriftlich zu schließen. Damit steht auch der Vertragsinhalt fest. E-Mail-Verkehr kommt dabei nur schwache Beweiskraft zu.

Es ist irrelevant, wie der Vertrag bezeichnet wurde, etwa als Werk- oder Dienstvertrag. Vielmehr ist alleine der Vertragsinhalt zur Bestimmung des Vertragstyps entscheidend. Die Vertragsparteien sollten daher stets Leistung und Gegenleistung genau definieren.

Der Kunde sollte zumindest das Angebot gegenzeichnen, bevor der Auftragnehmer mit seiner Tätigkeit beginnt.

---

[12] http://www.urheberrecht.org/UrhGE-2000/download/bgbl102021s1155.pdf vgl. auch http://www.bmj.bund.de/images/11476.pdf und http://www.bmj.bund.de/images/11235.pdf

[13] http://bundesrecht.juris.de/bundesrecht/urhg/index.html

[14] Vgl. zudem http://www.urheberrecht.org/UrhGE-2000/

Eine Annahme des Angebotes mit Veränderungen stellt ein neues Angebot des Kunden dar, das sodann der Annahme des Auftragnehmers bedarf.

Es existiert auch die Möglichkeit eines kaufmännischen Bestätigungsschreibens. Nachdem die Parteien (zum Beispiel telefonisch) übereingekommen sind, setzt eine Partei unverzüglich ein Schreiben auf, in dem das vereinbarte Ergebnis (ohne Abweichung) bestätigend wiederholt wird. Zudem empfiehlt sich eine Ankündigung, nunmehr mit der Tätigkeit zu beginnen. Schweigt daraufhin der Vertragspartner, sollte mit diesem Schreiben der Vertragsschluss bewiesen werden können.

15.5 Urheberrecht, Rechteübertragungen und Wettbewerbsrecht

15.5.1 Urheberrecht

Das Urheberrecht (Urhebergesetz – UrheberG[15]) schützt künstlerisch-kreative und damit individuell-schöpferische Leistungen. Realisierte, also verkörperte schöpferische Ideen in Form von Werken (Sprachwerken, Musikwerken etc.) werden dabei automatisch ab dem Zeitpunkt ihrer Schöpfung geschützt (vgl. § 2 UrhG). Selbiges gilt für Computerprogramme beziehungsweise Software (§ 69a UrhG) und damit in der Regel auch für Websites. Außerdem werden künstlerische Darbietungen von ausübenden Künstlern, Leistungen von Ton- und Filmherstellern, Datenbankherstellern etc. neben den Urheberrechten in Form von Leistungsschutzrechten durch das UrhG geschützt. Im Internet sind also stets Rechte Dritter zu beachten. Hierbei kommen insbesondere Texte, Fotos, Musik, also sämtliche Inhalte von Webseiten (sogenannter Content), in Betracht.

Im Internet ist die Praxis zu beobachten, dass ohne vorherige Klärung von Rechten ungefragt Materialien Dritter digitalisiert und im Rahmen von Websites verwendet werden. Dies kann zu kostenverursachenden Abmahnungen, Einstweiligen Verfügungen etc. führen. Neben der zivilrechtlichen Haftung kommt auch eine strafrechtliche in Betracht (vgl. § 106ff UrhG).

Materialien, für die in der »realen« Welt beschränkt Rechte übertragen wurden, dürfen ebenfalls nicht ohne weiteres im Internet verwendet werden. Dies gilt auch für Rechteübertragungen in sogenannten Altverträgen, zu deren Zeitpunkt die Internetnutzung noch nicht bekannt war. Die Rechtsprechung geht seit etwa Mitte der 90er Jahre (1995/96) von einer bekannten Nutzungsart des Internets aus. Zum Zeitpunkt der

---

[15] http://bundesrecht.juris.de/bundesrecht/urhg/index.html

Rechteübertragung muss die Nutzungsart also bekannt sein. Wurden beispielsweise seitens eines Fotografen im Jahre 1970 Rechte übertragen, dürfen die Fotos nicht ungefragt im Internet genutzt werden. Diese Nutzung im Internet stellt eine gesonderte Nutzungsart dar, die auch besonders zu honorieren ist. Bereits durch die Digitalisierung von Materialien Dritter findet eine urheberrechtlich relevante Vervielfältigungshandlung statt.

Oft werden auch Bearbeitungsrechte betroffen sein beziehungsweise ungenehmigte Werkverbindungen oder Synchronisationen stattfinden, wenn Materialien ungefragt in der Website verwendet werden. Im Rahmen des Urheberrechts sind zudem die Urheberpersönlichkeitsrechte der Urheber wie beispielsweise das Entstellungsverbot (§ 14 UrhG) und das Namensnennungsrecht des Urhebers (§ 13 UrhG) zu beachten.

15.5.2 Übersicht zu Rechteübertragungen

Verträge mit Klauseln über die Rechteübertragung sehen vor, dass die Rechte entweder exklusiv oder nicht-exklusiv sowie inhaltlich, örtlich und zeitlich uneingeschränkt oder beschränkt übertragen werden. Dies bedeutet:

<u>exklusiv</u>:

Im Falle der exklusiven Rechteübertragung ist nur noch der Lizenznehmer Inhaber der ausschließlichen Nutzungs- und Verwertungsrechte. Der Lizenzgeber oder andere sind davon ausgeschlossen.

<u>nicht-exklusives (einfaches) Recht</u>:

Der Lizenzgeber ist nach der Übertragung des nicht-exklusiven Rechtes berechtigt, parallel selbst (weiterhin) die Rechte zu nutzen und zu verwerten und an Dritte weiter zu lizenzieren.

<u>inhaltlich beschränkt oder unbeschränkt</u>:

Gegenstand dieser Festlegung ist der inhaltliche Nutzungsumfang. Im Falle der Beschränkung werden bestimmte Nutzungsarten genau bezeichnet (zum Beispiel für die Website, als DVD, als Werbespot etc.). Sollten die Rechte inhaltlich unbeschränkt übertragen werden, sind sämtliche bekannten Medien eingeschlossen.

<u>örtlich beschränkt oder unbeschränkt</u>:

Hier wird das Territorium für die Nutzung festgelegt, so zum Beispiel weltweit oder nur für Deutschland. Im Bereich Internet könnte eine Beschränkung hinsichtlich der Sprache der Website aufgenommen werden (zum Beispiel: nur deutschsprachig).

zeitlich beschränkt oder unbeschränkt:

In diesem Punkt wird die Auswertungsdauer bestimmt, zum Beispiel: für die Dauer der gesetzlichen Schutzfrist (beim Urheberrecht: 70 Jahre nach dem Tod des Urhebers, bei Leistungsschutzrechten: zum Teil 50 Jahre nach Veröffentlichung) oder beispielsweise für 10 Jahre ab Vertragsunterzeichnung.

Haben die Vertragsparteien hinsichtlich der Rechteübertragung keine speziellen Vereinbarungen getroffen, ist diese im Zweifel eng, nicht-exklusiv sowie beschränkt zum Vertragszweck erfolgt. So sind im Falle eines Vertrages für eine Website im Zweifel die Rechte für die Nutzung in einem Printmedium nicht mitübertragen.

Insgesamt ist jedoch auch das neue, bereits angesprochene Urhebervertragsrecht zu beachten. Danach hat der Kreative Anspruch auf eine angemessene Vergütung. Je exklusiver und unbeschränkter die Rechteübertragung, desto höher ist auch die Vergütung zu bemessen (vgl. Kapitel 15.4.2 Neues Urhebervertragsrecht).

Die Nutzungsarten, die entscheidend sind, sollten stets konkret aufgezählt werden (zum Beispiel DVD, Website, Präsentation).

Zudem sollte stets auch das Projekt genau bezeichnet werden, damit der Vertragszweck bestimmbar ist.

15.5.3 Wettbewerbsrecht

Das Wettbewerbsrecht als Rahmenordnung (nach dem Gesetz gegen den unlauteren Wettbewerb – UWG[16]) findet unbeschränkt auf Geschäftsprozesse im Internet Anwendung. Damit darf eine Website nicht wettbewerbswidrig (§ 1 UWG) oder irreführend (§ 3 UWG) sein. Wettbewerbsrechtliche Herkunftstäuschungen, Rufausbeutungen, irreführende Angaben etc. sind daher auch bei einer Website zu unterlassen. Der Schutz des Wettbewerbs hat dabei eine Doppelfunktion, nämlich die Bekämpfung unlauterer Wettbewerbshandlungen und die Sicherung des freien Wettbewerbs. Bei der Werbung im Internet sind dieselben »Spielregeln« zu beachten wie bei der Werbung in klassischen Medien (Regeln zur vergleichenden oder irreführenden Werbung, Werbung mit Prominenten, Besonderheiten bei der Werbung für Kinder und Jugendliche etc.). Nicht nur Mitbewerber wachen dabei über die Vereinbarkeit von Maßnahmen mit dem Wettbewerbsrecht, sondern auch Verbraucherver-

[16] http://bundesrecht.juris.de/bundesrecht/uwg/index.html

bände und Vereine gegen den unlauteren Wettbewerb, an die sich Verbraucher ebenfalls wenden können.

Auch das Verbot der wettbewerbswidrigen Verwechslungsgefahr gilt im Internet. Beispielsweise wurde einem Internetanbieter untersagt, unter der Bezeichnung »Die blauen Seiten« (in offenkundiger Anlehnung an »Die gelben Seiten«) ein WWW-Branchenverzeichnis anzubieten (OLG Frankfurt/M., Beschluss vom 15.06.1996, AZ. 6 W 73/96 - Blaue Seiten).

Nach dem Wettbewerbsrecht ist auch die unmittelbare Leistungsübernahme unzulässig, so dass beispielsweise die komplette Übernahme von Link-Verzeichnissen nicht gestattet ist (OLG Celle, Urteil vom 12.05.1999, AZ. 13 U 38/99 – weyhe-online II).

15.6 Haftungsfragen

15.6.1 Allgemeine Haftung

Im Internet sind, wie im realen Leben auch, die allgemeinen Gesetze zu beachten. Dies bedeutet, dass die einschlägigen zivilrechtlichen Gesetze zum Beispiel des Bürgerlichen Gesetzbuchs (BGB), Wettbewerbsrechtes (UWG), Handelsgesetzbuchs (HGB), Produkthaftungsgesetzes sowie die einschlägigen Strafbestimmungen (zum Beispiel Strafgesetzbuch (StGB)) und sogar öffentliches Recht (zum Beispiel Versteigerungserlaubnis gemäß Gewerbeordnung (GewO)) zu beachten sind. Im Internet darf daher eine Person genauso wenig beleidigt werden wie außerhalb des Cyberspace. Es ist daher stets die Frage zu stellen, ob das, was im Internet umgesetzt werden soll, im realen Geschäftsleben ebenfalls zulässig wäre. Eine ehrliche Beantwortung der Frage kommt sicherlich der juristisch richtigen Antwort stets sehr nahe. Eine Haftung kommt zum Beispiel auch für rechtswidrige Marketingmaßnahmen im Internet in Betracht (§§ 1, 3 UWG), für Datenschutzverletzungen, bei Marken-, Werktitelverletzungen oder Verletzungen von Geschäftszeichen (§§ 14, 15 MarkenG) sowie bei Urheberrechtsverletzungen (§ 97 UrhG). Dabei ist auch zu beachten, dass viele zivilrechtliche Gesetze auch Strafvorschriften beinhalten (zum Beispiel § 106ff UrhG).

15.6.2 Haftung für Inhalte

Jede Website beinhaltet sogenannten »Content«. Die Rechte an diesen Inhalten müssen geklärt sein. Dazu gehören, wie bereits angeführt, beispielsweise die urheber- oder leistungsschutzrechtlichen Nutzungs- und Verwertungsrechte bezüglich Fotos, Logos, Marken, Texten, Bildern, Musik etc. Je nach Funktion im Internet oder im Prozess der Entwicklung des Multimediaprodukts sind hier Verantwortungsbereiche voneinander abzugrenzen. Die Haftung eines Access-Providers, der lediglich den Zugang zum Internet verschafft, kann diesbezüglich nicht so weit gehen wie beispielsweise die eines Content-Providers als Informationslieferant oder des Inhabers der Website. Bei sogenannten Host-Providern (die Website des Kunden wird vom Provider beherbergt) wird zwar grundsätzlich nicht von der Verantwortlichkeit für den Content ausgegangen, jedoch mit einer Ausnahme: wenn dem Anbieter die (rechtswidrigen) Inhalte bekannt sind und es ihm technisch möglich und zumutbar ist, die Inhalte zu entfernen. Darüber hinausgehende Prüfungspflichten des Host-Providers sind nicht erkennbar. Dies wird jedoch teilweise gefordert.

Im Falle der Bezugnahme und »Beherbergung« von fremden Inhalten auf den eigenen Seiten sollte dies zumindest kenntlich gemacht und ein formulierter Haftungsausschluss aufgenommen werden. Dies kann jedoch nicht stets davor bewahren, dass der Betreiber der Website trotzdem haftet. Letztlich kommt es darauf an, ob fremde Inhalte *zu Eigen gemacht werden* (dann tritt in der Regel Haftung ein) oder nicht (in dem Fall tritt in der Regel keine Haftung ein).

Zu Eigen machen heißt in diesem Zusammenhang, ob der Inhalt der fremden Website Inhalt der eigenen wird oder nicht.

Als Haftungsmaßstab ist das Teledienstegesetz (TDG)[17] entscheidend. Auch dieses wurde durch das Elektronische Geschäftsverkehrsgesetz (EGG)[18] geändert. Inhaltlich ist die Regelung jedoch nahezu gleich geblieben, wenn auch nunmehr komplizierter ausgedrückt. Früher war § 5 TDG alte Fassung (a.F.) für den Haftungsmaßstab die richtige Norm, dies ist jetzt etwas ausführlicher in den §§ 8ff TDG neue Fassung (n.F.) geregelt. In §§ 9, 10 TDG n.F. ist nunmehr klargestellt, dass der Diensteanbieter für die bloße (passive) Durchleitung von Informationen von der Haftung freigestellt ist. Die Übermittlung darf jedoch nicht vom Diensteanbieter (aktiv) selbst veranlasst worden sein.

Es bleibt daher beim Problem, ob der Anbieter für Äußerungen in einer Newsgroup haftet oder nicht. Zumindest sollte ein ausdrücklicher Hinweis in Form eines Haftungsausschlusses in die Website aufgenommen werden und bei Kenntnis von rechtswidrigen Inhalten sollten diese unverzüglich gelöscht werden.

15.6.3 Linking und Framing

Auch beim Setzen von Links ist darauf zu achten, dass die fremden Inhalte, die unter Umständen fremde Rechte verletzen können, nicht als

---

[17] http://bundesrecht.juris.de/bundesrecht/tdg/index.html

[18] http://www.bmwi.de/Homepage/download/infogesellschaft/EGG.pdf

eigene Inhalte angesehen werden (sogenanntes zu Eigen machen). Wer beispielsweise im Rahmen der Darstellung einer Person einen Link auf eine Internetseite mit beleidigenden Inhalten über diese Person setzt, macht sich den Inhalt dieser zu Eigen, insbesondere wenn ein inhaltlicher Bezug zwischen den Websites besteht. Dies hat die Rechtsprechung bereits entschieden. Derjenige, der den Link gesetzt hat, wird dann wie der Rechtsverletzer behandelt. Im Übrigen haben Hyperlinks jedoch zulässigerweise lediglich die Funktion eines Türöffners und dienen der Erleichterung des Zugangs zu anderen Websites.

Außerdem ist derzeit noch nicht abschließend geklärt, ob das sogenannte Inline-Linking wettbewerbswidrig ist. Darunter wird verstanden, dass ein Link auf einer Internetseite dazu führt, dass der Nutzer mit einer anderen (fremden) Internetseite verbunden wird, ohne es zu merken. Der fremde Inhalt erscheint dann als eigene Internetseite des ursprünglichen Internetanbieters. Vergleichbar ist dies mit dem sogenannten *Framing*. Hierbei werden in die eigene Webseite fremde Inhalte gestellt. Es entstehen nicht nur haftungsrechtliche Fragen, sondern auch urheberrechtliche und wettbewerbsrechtliche unter dem Gesichtspunkt der unmittelbaren Leistungsübernahme (UWG).

Auch das sogenannte *Deep-Linking* ist problematisch. Es werden vom Nutzer automatisch unter Überspringen der Startseite der fremden Internetseite, auf der sich zumeist die Werbebanner befinden, Unter-Seiten der fremden Website angewählt. Der Nutzer geht auch hier davon aus, dass die fremden Inhalte zu der ursprünglich angewählten Homepage gehören.

Ein sogenannter Linkingvertrag kann zumindest zwischen den jeweiligen Internetanbietern Klarheit schaffen.

15.6.4 Meta-Tags

Bei der Diskussion um zulässige Meta-Tags handelt es sich zumeist um eine marken- beziehungsweise wettbewerbsrechtliche Frage. Meta-Tags sind Begriffe im Quelltext der Website, die dazu führen, dass diese mit Hilfe von Suchmaschinen aufgefunden werden kann. Dies regte sofort die Phantasie der Unternehmen an, wie man vor dem potenziellen Konkurrenten in den einschlägigen Suchmaschinen (zum Beispiel altavista, google, yahoo etc.) genannt werden könnte. Einige spitzfindige Unternehmen nannten einfach die Markennamen beziehungsweise das Unternehmenskennzeichen des Konkurrenten in ihren Meta-Tags und die vordere Position war gewonnen. Nicht lange, wie man sich vorstellen kann. Inzwischen ist es gefestigte Rechtsprechung, dass Meta-Tags in einem Zusammenhang mit dem Inhalt der Website stehen müssen und jede andere, davon unabhängige Nutzung fremder Marken, Firmierungen etc.

entweder marken- oder wettbewerbsrechtlich unzulässig ist (Entscheidungen Meta-Tags I-III.[19]).

Nach einer Entscheidung des Landgerichts Düsseldorf verstößt auch derjenige gegen §§ 1,3 UWG und handelt damit wettbewerbswidrig, der in den Meta-Tags seiner Internetseite Allgemeinbegriffe verwendet, die keinen inhaltlichen Bezug zu den angebotenen Informationen in der Website haben, weil damit die Umworbenen in unzumutbarer Weise belästigt werden (LG Düsseldorf, Urteil vom 27.03.2002, AZ. 12 O 48/02 – Sachfremde Keywords).

15.7 E-Commerce

15.7.1 Vertragsschluss im Internet

Grundsätzlich können auch via Internet Verträge abgeschlossen werden. Dies setzt, wie im realen Leben auch, zwei sich deckende Willenserklärungen (Angebot und Annahme) voraus. Vertragsschlüsse lediglich durch E-Mail-Verkehr zu beweisen, kann jedoch problematisch sein. Hier kann stets eingewandt werden, die E-Mail stamme nicht vom Versender oder sie sei nicht angekommen. Im Falle des Vorliegens von Formvorschriften (zum Beispiel Schriftformerfordernis) bedarf es zudem einer digitalen Signatur nach dem Signaturgesetz (§ 126, § 126a BGB).

15.7.2 Digitale Dokumente

Auch elektronische Willenserklärungen sind, ebenso wie automatisierte Erklärungen, echte Willenserklärungen, die zunächst dem Betreiber der EDV-Anlage zugerechnet werden. Dies gilt auch im Falle des Missbrauchs. Im Falle des Bestreitens des vermeintlichen Versenders entfalten digitale Dokumente (ohne Signatur) im Zivilprozess jedoch lediglich Indizwirkung. Sie finden in der Regel nach einer freien richterlichen Beweiswürdigung Berücksichtigung. Ein Vollbeweis kann daher mit E-Mail-Verkehr oft nicht erbracht werden. Wurde ein Auftrag jedoch beispielsweise auf Grund der Mitwirkung des Kunden realisiert, ist ein nicht formbedürftiger Vertrag ohnehin zustande gekommen. Dies ist jedoch entsprechend mit Zeugen oder anderen Beweismitteln nachzuweisen. Der E-Mail-Verkehr kann dann als Indiz der Bestimmung des Vertragsinhalts dienen. Es entspricht nicht der Lebenswahrscheinlichkeit, dass reger E-Mail-Verkehr zwischen den Parteien nicht vom Versender stammen soll.

---

[19] Entscheidungen sind nachzulesen beispielsweise unter: http://www.netlaw.de/urteile/index_wettbewerbsrecht.htm

15.7.3 Internetbestellung, AGB im E-Commerce

Das Angebot in einer Website wird wie eine Schaufensterauslage oder ein Katalogangebot als Aufforderung des Käufers zur Abgabe eines Angebots seitens des Verkäufers angesehen. Das »Angebot« in einer Website ist daher kein Angebot im Rechtssinne. Mit der Bestellung tätigt daher der Nutzer ein Angebot und der Vertrag kommt erst bei Annahme dieses Angebots durch den Anbieter zustande.

Der Eingang eines Angebots eines Internetnutzers ist nach der E-Commerce-Richtlinie[20] vom Anbieter unverzüglich zu bestätigen (Artikel 11 E-Commerce-RL). § 312e BGB sieht folgende Pflichten im elektronischen Geschäftsverkehr des Unternehmers vor:

- dem Kunden sind angemessene, wirksame und zugängliche technische Mittel zur Verfügung zu stellen, mit deren Hilfe der Kunde Eingabefehler vor Abgabe seiner Bestellung erkennen und berichtigen kann,
- der Zugang von Bestellungen des Kunden ist unverzüglich auf elektronischem Wege zu bestätigen,
- dem Kunden ist zudem die Möglichkeit zu verschaffen, die Vertragsbestimmungen einschließlich der Allgemeinen Geschäftsbedingungen bei Vertragsschluss abzurufen und in wiedergabefähiger Form zu speichern.

Bestellungen und Empfangsbestätigungen gelten grundsätzlich als eingegangen, wenn die jeweilige Vertragspartei diese abrufen kann.

Beim Bestellvorgang ist dem Nutzer die Möglichkeit zu geben, Eingabefehler zu korrigieren. Üblicherweise wird vom Anbieter dafür ein Bestätigungsfeld benutzt, das den Text der Bestellung wiederholt und dem Nutzer eine Korrekturmöglichkeit gibt.

Allgemeine Geschäftsbedingungen (AGB) müssen im E-Commerce, wie auch im »realen« Geschäftsleben, unter anderem zumutbar den Verbrauchern zur Kenntnis gelangen können. Sinnvoll ist es daher, die Akzeptanz der AGB in den Bestellvorgang zu integrieren. Die AGB sollten zudem in der Website leicht auffindbar sein. Zum Schluss der Bestellung kann ein Button angebracht werden, beispielsweise mit dem Text »Ja, ich bestelle jetzt verbindlich und bestätige, die Allgemeinen Geschäftsbedingungen gelesen zu haben und sie zu akzeptieren.«

15.7.4 Digitale Signatur

Das deutsche Recht sieht an zahlreichen Stellen die Schriftform, also die handschriftliche Unterschrift auf einer Urkunde, vor, die bei Nichteinhalten zu einer Nichtigkeit des Vertrages führt. Um dieses Formerfordernis

---

[20] Zum Beispiel http://www.lrz-muenchen.de/~Lorenz/material/ecomrl.htm

(§§ 126 Abs. 3, 126a BGB) im Internet zu erfüllen und Beweisprobleme bei elektronischen Willenserklärungen zu lösen, bedarf es der elektronischen Signatur, unter anderem zwecks Feststellung der Authentizität des Verwenders der Signatur. Das Signaturgesetz[21] soll dieser die juristische Basis liefern. Ein einheitlicher technischer Standard nach dem Signaturgesetz hat sich jedoch, soweit ersichtlich, de facto noch nicht durchgesetzt.

15.7.5 Fernabsatzgesetz

Da es sich beim Internet um ein typisches Fernkommunikationsmittel (wie beispielsweise Telefon) handelt, findet das Fernabsatzgesetz[22] in Umsetzung der Fernabsatzrichtlinie[23] Anwendung auf Verträge, die im Internet geschlossen wurden. Auch das Fernabsatzgesetz wurde im Zuge der Umsetzung der E-Commerce-Richtlinie und der Schuldrechtreform modifiziert. Die einschlägigen Bestimmungen finden sich in § 312b f BGB. Mit dem Abschluss eines Fernabsatzvertrages, also zum Beispiel eines Vertrages über die Lieferung von Waren oder über die Erbringung von Dienstleistung via Internet, sind Informationspflichten und ein Widerrufs- beziehungsweise Rückgaberecht verbunden. Der Unternehmer hat bei einem Fernabsatzgeschäft unternehmens- und produktbezogene Angaben zu machen (zum Beispiel Adresse, Eigenschaften der Ware oder Dienstleistung, Preis, Lieferkosten etc.) sowie bezüglich der Details der Zahlung und Art der Lieferung, Mindestlaufzeiten des Vertrags etc. Ferner muss deutlich über das Bestehen und den Inhalt des Widerrufs- beziehungsweise Rückgaberechts informiert werden. An dieser Stelle wird auf die BGB-Informationspflichtenverordnung vom 01.08.2002 verwiesen, die auch Muster für die Belehrungen enthält.[24] Folge der Mangelhaftigkeit der Belehrung kann sein, dass das Widerrufsrecht unbeschränkt bestehen bleibt.

15.7.6 Informations- und Impressumspflichten

Am 21.12.2001 ist das Gesetz zum Elektronischen Geschäftsverkehr (EGG)[25] in Kraft getreten, das wesentliche Teile der E-Commerce-Richtlinie umsetzt (siehe Ziffer 5.2). Neben der Einführung des Herkunftslandprinzips gemäß § 4 TDG mit der Folge, dass für in Deutsch-

---

[21] Vgl. http://www.bmwi.de/Homepage/download/infogesellschaft/Signaturgesetz1.pdf

[22] Vgl. zum Beispiel http://www.fernabsatzgesetz.de

[23] Ebenda

[24] http://bundesrecht.juris.de/bundesrecht/bgb-infov/index.html

[25] http://www.bmwi.de/Homepage/download/infogesellschaft/EGG.pdf

land niedergelassene Anbieter auch dann deutsches Recht gilt, wenn sie ihre Dienste im europäischen Ausland erbringen, enthält das Gesetz auch wichtige Änderungen des TDG bezüglich der Informations- bzw. Impressumspflicht:

Erweiterte allgemeine Informationspflichten (§ 6 TDG)

Diensteanbieter haben mindestens folgende Informationen leicht erkennbar, unmittelbar erreichbar und ständig verfügbar (auf der Homepage) zu halten:

- den Namen und die Anschrift, unter welchen der Anbieter niedergelassen ist, bei juristischen Personen zusätzlich den Vertretungsberechtigten,
- Angaben, die eine schnelle elektronische Kontaktaufnahme und unmittelbare Kommunikation ermöglichen (Adresse, Fax- und Telefonnummern und E-Mail),
- falls vorliegend, die Nennung der zuständigen Aufsichtsbehörde,
- falls vorliegend, das Handels-, Vereins-, Partnerschafts- oder Genossenschaftsregister, in das der Anbieter eingetragen ist, und die entsprechende Registernummer,
- gegebenenfalls Angabe zur zuständigen Kammer (zum Beispiel bei Ärzten, Rechtsanwälten etc.),
- die gesetzliche Berufsbezeichnung und den Staat, in dem die Berufsbezeichnung verliehen worden ist,
- die Bezeichnung der berufsrechtlichen Regelungen und Informationen dazu, wie diese zugänglich sind (ggf. als Link),
- Angabe der Umsatzsteueridentifikationsnummer nach § 27a UmsatzsteuerG.

Besondere Informationspflichten bei der kommerziellen Kommunikation (§ 7 TDG)

Bei kommerziellen Kommunikationen sind mindestens folgende Angaben (in der Website) zu machen:

- die kommerzielle Kommunikation muss klar als solche zu erkennen sein,
- die natürliche oder juristische Person, in deren Auftrag kommerzielle Kommunikation erfolgt, muss klar identifizierbar sein,
- Angebote zur Verkaufsförderung wie Preisnachlässe, Zugaben und Geschenke müssen klar als solche erkennbar und die Bedingungen für ihre Inanspruchnahme müssen leicht zugänglich sein sowie klar und unzweideutig angegeben werden,
- Preisausschreiben oder Gewinnspiele mit Werbecharakter müssen klar als solche erkennbar und die Teilnahmebedingungen leicht zugänglich sein sowie klar und unzweideutig angegeben werden.

Die Gesetze sehen vor, dass die oben aufgeführten Informationen in der Website *»leicht erkennbar, unmittelbar erreichbar und ständig verfügbar«* sind. Was dies bedeutet, darüber kann man sicherlich trefflich (insbesondere mit Juristen) streiten. In der Gesetzesbegründung steht, dass die Informationen an gut wahrnehmbarer Stelle platziert und ohne langes Suchen und jederzeit auffindbar sein müssen. Offen bleibt, ob die Informationen auf der Eingangsseite angebracht sein müssen oder ein Link auf der Startseite genügt, oder ob jede Seite mit einem entsprechenden Link oder sogar jeweils mit den Informationen versehen sein muss. Letzteres ist das Sicherste, jedoch wohl nicht das Praktikabelste und kann im Einzelfall als etwas übertrieben empfunden werden. Es ist daher vertretbar, dass ein gewisser Gestaltungsspielraum besteht. Sichergestellt werden sollte mindestens, dass die Informationen von jeder Seite der Website zugänglich sind (zum Beispiel durch einen gut erkennbaren Link).[26]

15.7.7 Datenschutz

Neben dem Bundesdatenschutzgesetz (BDSSG) ist bei der Erhebung, Verarbeitung und Nutzung von Daten durch Diensteanbieter das novellierte Teledienstedatenschutzgesetz (TDDSG) von Relevanz.[27] Der Datenschutz ist dabei stets Ausdruck des allgemeinen Persönlichkeitsrechts, das im Grundgesetz verankert ist. Grundsätzlich muss sich der Diensteanbieter vor Erhebung, Verarbeitung und Nutzung von personenbezogenen Daten die Einwilligung des Nutzers einholen. Personenbezogene Daten sind dabei beispielsweise Name, Anschrift, Beruf, Alter etc. Der Betroffene ist unter anderem über Art, Umfang, Ort und Zweck der Erhebung und Nutzung seiner Daten vor deren Erhebung zu informieren. Die Einwilligung ist auch elektronisch möglich. Dabei ist unter anderem sicherzustellen, dass die Einwilligung nur durch eine eindeutige und bewusste Handlung des Nutzers erfolgen kann, die Einwilligung protokolliert wird und der Inhalt der Einwilligung jederzeit vom Nutzer abgerufen werden kann.

15.8 Schlussbetrachtung

Die Sensibilisierung von Projektleitern und Entscheidern für juristische Regeln im Multimediabereich ist unerlässlich. Dieses Kapitel konnte in diesem Zusammenhang einzelne Problemfelder aufzeigen, ohne ab-

---

[26] In diesem Zusammenhang ist die Stellungnahme der Arbeitsgemeinschaft der Verbraucherverbände e.V. mit praktischen Tipps interessant: http://www.agv.de/politik/verbraucherrecht/polkonvent.htm

[27] http://www.iid.de/iukdg/gesetz/tddschutzgesetz.pdf

schließend sämtliche (juristischen) Aspekte klären zu können. Ferner ist die stets fortschreitende Rechtsentwicklung in diesem auch bezüglich der Technik und Möglichkeiten sich immer schneller wandelnden Medium zu beobachten. Im Einzelfall sollte fachkundiger juristischer Rat eingeholt werden.

Beispiele

Dieses Buch enthält viele Praxisbeispiele, Abbildungen und Tabellen. An Stelle isolierter Fallbeispiele werden damit im Kontext des Buchtextes Beispiele gegeben, die didaktisch demonstrieren, wie das eben Gelesene real aussieht. In den Klammern steht die Seitenzahl.

Projektbeispiele

Fallbeispiel, welches den Prozess »Erstellung der Schätzung ▸ Erstellung des Projektplanes ▸ Angebotserstellung« erläutert (64ff ▸ 68ff ▸ 107ff); Musterprojektablauf, der durch das gesamte Buch begleitet (13ff).

Beispiele für unmittelbar anwendbare Dokumentvorlagen

Kommunikationsplan (239), Statusbericht (177, 178), Risikobericht (180), Logbuch (181), Agenda (182), Protokoll (186), Entscheidungsvorlage (168), Schätzung (65).

Musteraufbau von Dokumenten

Angebot (108ff), Ist-Konzept (26), Pflichtenheft (26), Grobkonzept (29).

Checklisten

Attribute eines Projekts mit Erfolgspotenzial (2), Checkliste Risikoprojekt (191), Kostenfaktoren von Webprojekten (44), Kostenentscheidende IT-Fragen (322ff), Erfahrungswerte bei Schätzungen (74), Fehlerursachen bei Schätzungen (75ff), Attribute eines guten Projektplans (88).

Übersichten

Besonderheiten von Webprojekten (4ff), Erfolgsfaktoren (41), typische Probleme in Webprojekten (39), rechtliche Punkte bei Verträgen (350ff), Stabsfunktionen in Großprojekten (214ff), Disziplinen in Webprojekten (253), unterschiedliche Qualitätsbegriffe der Disziplinen (245ff).

Hersteller und Produkte

Beispiele für Softwareprodukte (331ff, jeweils im Absatztext), Beispiele für Branding-Agenturen und deren Methoden (263).

Autoren

Wir freuen uns, Ihnen dieses Buch überreichen zu können:

Olivia Alig ist als Rechtsanwältin mit Schwerpunkt Medienrecht in Frankfurt am Main tätig (www.medienanwaeltin.de). Sie befasst sich insbesondere mit dem Multimedia-, Werbe-, Musik-, Urheber-, Marken- und Vertragsrecht. Dabei berät und vertritt sie Kreative, Multimediaschaffende und Firmen.

Kapitel 15

John Keenan leitet derzeit Großprojekte für einen der führenden Internetarchitekten Europas. In einer internationalen Karriere von mittlerweile 16 Jahren leitete er Projekte annähernd aller Arten und Größen. John erhielt seinen BSc von der Dublin City University in Irland und lebt mit seiner Frau und seinen fünf Kindern in Dublin.

Kapitel 9 und 10

Prof. Andrea Krajewski, Diplom-Designerin, Mitbegründerin des Büros 360° in Frankfurt am Main (www.360grad.com) und Professorin an der FH Darmstadt, Fachbereiche Gestaltung und Media. In ihrer bislang 12-jährigen Praxis war sie für umfangreiche strategische Designlösungen für integrative Soft- und Hardwareprodukte (Metamedien) für den deutschen und internationalen Markt verantwortlich.

Kapitel 13

Rainer Kurbel, Diplom-Physiker. Nach seiner Tätigkeit als Geschäftsführer beim Software-Vertriebshaus Software Spatz wurde er Business Consultant und Projektmanager bei der GFT AG, wo er Firmen in ihrer Internet-Strategie beriet. Derzeit hat er Lehrverantwortung in der Berufsaus- und weiterbildung. Er wohnt mit seiner Familie in Karlsruhe.

Kapitel 7.3

Julia Prenzel, Diplom-Kommunikationswirtin, arbeitet als freie Beraterin für Strategische Planung. Sie ist spezialisiert auf empiriegestützte Markenanalysen und -strategien und profitiert von langjähriger Erfahrung als Strategische Planerin bei Equity Planning, Deutschlands erster Agentur für strategische Kommunikationsplanung, bei der Werbeagentur Publicis und beim Internet-Systemhaus GFT.

Kapitel 12

Jörg Ruckelshauß, Diplom-Kommunikationswirt, ist nach führenden Positionen bei der Corporate Identity-Agentur PLEX und dem Internet-Systemhaus GFT für das Business Development beim e-Business-Entwickler inovex verantwortlich (www.inovex.de). Er ist spezialisiert auf operative Markenführung, vor allem im Bereich Business-to-Business.

Kapitel 12

Robert Stoyan ist als Projektmanager und Managementberater in mittleren und großen Projekten tätig. Sein Branchenspektrum umfasst Banken, Logistik sowie Markenartikel- und Automobilindustrie. Sein Schwerpunkt ist die Leitung interdisziplinärer Teams für Webprojekte. Er erhielt sein Diplom in Informatik im Jahre 1995 von der Universität Erlangen.

Herausgeber; Kapitel 1 bis 8, 11 und 14

Danke

Dieses Buch wäre nicht geworden, was es ist, ohne fruchtbare Diskussionen, interessante Kritikpunkte und Beiträge zahlreicher Personen. Besonderer Dank für umfangreiche Feedbacks und Anregungen gilt: Johannes T. Bönsch, Lothar Brozy, Stefan Grass, Prof. Wolfgang Henseler, Dr. Ralf Hirning, Rudolf Janz, Dr. Bernd Kreuter, Marc Stenzel, Tsune Tanaka, Dr. Garrelt Wiese und mehreren Mitgliedern der Familie Stoyan. Für das Durchsehen von Textteilen oder technische Unterstützung danke an: Tsuy Ito, Michael Czadek, Simona Ferrario, Fatima Hasan, Arlena Jung, Miriam Kohl, Arnold Marschall, Peter Oertl, Christoph Rahn, Dirk Rehberger, Brian Sauermann, Aram Schahinian, Wolfgang Schaub und Eduardo Velazquez. Für die fruchtbare und angenehme Zusammenarbeit mit dem Springer-Verlag Dank an Dr. Martina Bihn und Barbara Karg, für die ebenso gute Zusammenarbeit in Sachen Lektorat Dank an Katrin Heck und Nadja Buoyardane von der Redaktion Wortpark.

Abkürzungen

A/V	audiovisuell	IA	Informationsarchitekt
AD	Art Director	IT	Informationstechnologie
ADS	Active Directory Service	KM	Konfigurationsmanagement
AGB	Allgemeine Geschäftsbedingungen	LA	Lenkungsausschuss
BC	Business Consultant	LDAP	Lightweight Directory Interface
BWL	Betriebswirtschaftslehre	LOI	Letter of Intent
BzA	Bereitschaft zur Abnahme	max	maximum
CD	Corporate Design oder Creative Director	mid	middle
CI	Corporate Identity	min	minimum
CMS	Content Management System	PH	Pflichtenheft
CRM	Customer Relationship Management	PI	Page Impressions
DAU	dümmster anzunehmender User	PL	Projektleiter
DB	Datenbank	PM	Projektmanager
dmmv	Deutscher Multimediaverband	PMI	Project Management Institute
DMZ	demilitarisierte Zone	PoS	Point of Sale
DV	Datenverarbeitung	PT	Personentage
DVD	Digital Video Disc	QM	Qualitätsmanagement
E-	Electronic-	QS	Qualitätssicherung
EDI	Electronic Data Interchange	RFI	Request for Information

EDV	Elektronische Datenverarbeitung	RFP	Request for Proposal
EG	Europäische Gemeinschaft	ROI	Return On Investment
EU	Europäische Union	RUP	Rational Unified Process
FAQ	Frequently Asked Questions	StA	Steuerungssausschuss
FK	Feinkonzept	SW	Software
GK	Grobkonzept	UE	Usability Engineering
GU	Generalunternehmer	UML	Unified Modelling Language
HTML	Hypertext Markup Language	URL	Uniform Ressource Locator
HU	Handelsunkostenzuschlag	WWW	World Wide Web
HW	Hardware	XP	Extreme Programming

Glossar

Die meisten Begriffe wurden bereits im Buchtext definiert und sind über den Index auffindbar. Hier werden die restlichen erläutert.

Akquise Werbung von Kunden (Vertriebstätigkeit).

Browser Benutzeroberfläche für den Zugriff auf das Internet. Am weitesten verbreitet sind Internet Explorer und Netscape Navigator.

Geschäftsprozess Austausch von Nachrichten und/oder Objekten, die zur Bearbeitung eines betriebswirtschaftlichen Objektes notwendig sind [Scheer].

Change Request Antrag einer Vertragspartei für eine Änderung im Projekt, zu der es der Zustimmung der anderen bedarf. Im Sprachgebrauch im Projektgeschäft wird Change Request oft synonym zu Vertragsänderung verwendet.

Chat Kommunikationsmöglichkeit im Internet, bei der die Nutzer ihre Botschaften eintippen und gleichzeitig die Antworten der anderen sehen.

Client-Server-Anwendung Anwendung bestehend aus zwei Teilen, dem Client und dem Server. Client und Server können auf unterschiedlichen Computern liegen, müssen aber nicht. Ein Browser ist ein Client, ein Webserver ein Server in diesem Sinne. Tatsächlich werden jedoch unter dem Ausdruck »Client-Server-Anwendungen« oft solche vor der Internetära verstanden, die sich in einen Client und einen Server aufteilen lassen. Damit soll im Gegensatz zu sog. Mainframe-Anwendungen hervorgehoben werden, dass der Client auch eigene Funktionalität hat, also nicht nur ein Bildschirm ist, der vom Host mit Daten befüllt wird.

Corporate Identity, Corporate Design Corporate Identity ist die Vorgabe an die Selbstdarstellung und Verhaltensweise des Unternehmens nach innen und außen, passend zu den Unternehmenszielen. Corporate Design ist die Vorgabe an ein einheitliches Gesamtbild und umfasst grafische Gestaltungsmittel, Farben, Schriften, Symbolik sowie sprachliche Mittel und Stil.

elektronische Signatur, digitale Signatur, digitales Zertifikat Verfahren zur Authentifizierung einer elektronischen Nachricht. Die digitale Signatur garantiert, dass der Inhalt der Nachricht bei der Übertragung nicht geändert wurde und dass sie vom Absender stammt. Sie ist ein Datenpaket, welches der originalen Nachricht beigefügt wird.

E-Shop Siehe Shop.

Flash Werkzeug der Firma Macromedia zur Erstellung animierter multimedialer Inhalte.

Frame Unterteilung des Browserfensters in mehrere Webseiten. Die Ladezeit verringert sich damit wesentlich, da nicht mehr die gesamte Seite geladen werden muss, wenn sich einzelne Inhalte ändern.

Lebenszykluskosten, Total Cost of Ownership Summe aller Kosten im Zusammenhang mit einer Investition, die über den gesamten Lebenszyklus hinweg anfallen. Bei einem Webprojekt umfasst das die Projekt-, Schulungs-, Betriebs-, Contentpflege und Wartungskosten. Notwendig werdende Weiterentwicklungen können jedoch auch hinzugerechnet werden. Die Projektkosten bilden in der Regel den kleineren Teil der Lebenszykluskosten, die Kosten nach der Projektübergabe sind meistens die größeren.

Hacker Ursprünglich bedeutet der Begriff eine Person, die außerordentlich viel Zeit mit sinnvoller Tätigkeit an einem Computer verbringt, insbesondere mit Programmieren. In der Regel wird der Begriff jedoch für jemanden benutzt, der in fremde Netzwerke und Rechner elektronisch eindringt.

hosten Beherbergen. Die Website wird auf einem Rechner gespeichert und für den Zugriff aus dem Internet erreichbar gemacht.

HTML Hypertext Markup Language. Die Programmiersprache, mit der Seiten für das WWW entwickelt werden.

Imagepräsenz Die Website dient nur der Präsentation des Firmenimage. Es werden lediglich Eindrücke vermittelt und Informationen angeboten, aber keine Dialogmöglichkeiten.

Implementierung, Realisierung Umsetzung der Konzepte in fertige Lösungen. Bei einem Webprojekt ist das seitens der Softwareentwicklung die fertige, installierbare Website, seitens des Designs die fertigen Screens.

Installationssoftware Software, die eine andere Software auf dem Computer installiert, d. h. die Anwendung dorthin kopiert, in der Regel auch konfiguriert und betriebsbereit macht.

Internetauftritt Siehe Webauftritt.

Internet-Shop Siehe Shop.

Intranet Internes Netzwerk eines Unternehmens, es kann dem Austausch von Dateien, verschiedenen Formen der Zusammenarbeit oder auch des Betriebs interner Websites dienen. Im Kontext von Webprojekten wird Intranet jedoch häufig synonym zu Intranet-Site, d. h. einer nur im Firmennetzwerk erreichbaren Website, verwendet.

Ist-Analyse, Ist-Konzept, Ist-Beschreibung Analyse der Ausgangssituation als Vorbereitung eines Projekts.

Java Objektorientierte Programmiersprache von Sun Microsystems mit dem Ziel, plattformunabhängige Software zu erstellen.

Kosten-Nutzen-Analyse Systematische betriebswirtschaftliche Analyse der Kosten und des Nutzens einer Investition. Im Kontext von Projekten wird sie zum Beispiel zur Vorbereitung der Entscheidung über deren Durchführung erstellt.

Launch Inbetriebnahme der Website für die Nutzer.

Login Authentifikation eines Nutzers oder einer Anwendung, um sich Zugang zu ansonsten gesperrten Bereichen einer EDV-Anwendung oder speziell einer Website zu verschaffen. Nutzer müssen hierzu in der Regel Benutzernamen und Passwort eingeben.

Nutzungsoberfläche Gesamtheit der am Bildschirm sichtbaren Darstellungen und Interaktionsmöglichkeiten mit dem Nutzer.

Meta-Tags Tag ist der englische Begriff für Schild, Preisschild. Meta Tags speichern Informationen, die nicht in der Website angezeigt werden. Diese Informationen sind hilfreich für Suchmaschinen oder unterstützen den Browser in der Darstellung.

Mouse-Over, Mouse-Down Änderung der Erscheinung eines Links beim Darüberfahren mit der Maus, z. B. Farbwechsel, Text erscheint, Positionsänderung.

Objektorientierte Programmierung Ein Konzept, das die heutige Softwareentwicklung maßgeblich geprägt hat. Anstatt wie früher das Programm um dessen Funktionalität herum zu organisieren, stehen hier die Daten im Zentrum der Betrachtung, auf denen die Funktionen operieren.

Printkampagne Werbemaßnahme mit gedruckten Medien, z. B. in Zeitungen.

Projektmanagement Gesamtheit der Führungstätigkeiten, -techniken und -mittel für die Abwicklung von Projekten (DIN 69901)

Projektoffice Der Begriff Projektoffice wird unterschiedlich verwendet, es kann das Projektsekretariat oder die Einheit von Projektmanagement und Sekretariat bezeichnen.

Qualität Gesamtheit von Merkmalen (und Merkmalswerten) einer Einheit, festgelegte und vorausgesetzte Erfordernisse zu erfüllen (DIN EN ISO 8402).

Realisierung Siehe Implementierung.

Ressourcen Alles, was zur Durchführung eines Projekts benötigt wird, so Personal, Hardware, Software, Content, Rechte. In erster Linie handelt es sich jedoch um Personal, wenn jemand im Projektjargon über Ressourcen spricht.

Roll-Out Globaler Prozess der Bereitstellung (z. B. einer Anwendung) für den endgültigen Gebrauch.

Sales Synonym für Vertrieb.

Screen Screens (englisch: Bildschirme) sind Arbeitsergebnisse im Design, sie demonstrieren einzelne Ansichten einer Anwendung. Sie sehen so aus, wie Screenshots, sie sind jedoch nicht von einer realen Anwendung genommene Momentaufnahmen, sondern wurden zur Konzeption einer Anwendung erstellt.

Screenshot Elektronische Momentaufnahme des gesamten Bildschirminhalts oder der Benutzeroberfläche einer Anwendung.

Server Programm, das anderen Programmen Dienste zur Verfügung stellt. Wird auch für die Einheit von solcher Software und dem Computer verwendet.

Shop, E-Shop, Internet-Shop Im Kontext von Websites ist das ein »Laden im Internet«, bei dem also über das Internet etwas gekauft werden kann.

Soft Skills Fähigkeiten im Umgang mit anderen Menschen und sich selbst.

Spezifikation, Konzept Beschreibung der zu realisierenden Lösung, kann Anforderungen an die Beschaffenheit der Lösung beinhalten und Lösungswege zu deren Umsetzung.

Stakeholder Person oder organisatorische Einheit, die am Projekt beteiligt oder davon betroffen ist. Dazu gehören unter anderem Projektleitung, Team, Entscheider, Steuerungsausschuss, Geldgeber und Auftragnehmer.

Usability Benutzungsfreundlichkeit einer Anwendung.

Usability-Labor Laborumgebung in der Nutzer bei der Nutzung einer Anwendung beobachtet werden können. Es enthält Ausrüstung zur Aufzeichnung und Auswertung des Benutzerverhaltens.

User Nutzer einer EDV-Anwendung, zum Beispiel einer Website.

Vier-Augen-Prinzip Eine Aktion kann erst erfolgen, wenn zwei Personen sie bestätigt haben. Zum Beispiel kann der Workflow in einem CMS vorsehen, dass erstellte oder geänderte Dokumente erst nach einer Freigabe von einer anderen Person online sichtbar werden.

Webauftritt Deutscher Begriff für Website.

Literaturverzeichnis

[Bramson] Robert M. Bramson: Schwierige Leute – und wie man mit ihnen umgeht. Rowohlt Taschenbuch, 1990, ISBN 3-499-18727-2

[Christiani] Alexander Christiani: Motivieren Sie sich selbst – das 6-Schritte-Programm. Erschienen in Meilensteine zum Erfolg mvg-Verlag München, 1999, ISBN 3-478-72660-3, Seite 97ff.

[Covey] Stephen R. Covey: Principle-centered Leadership. Strategies for Personal and Professional Effectiveness. Simon & Schuster, 1992, 0-671-79280-6

[de Bono] Edward de Bono: Six Thinking Hats: An Essential Approach to Business Management, Back Bay Books, 1999, 0-31617-831-4.

[E-Business] Dr. Sachar Paulus, Florian Zwerger: E-Business Projekte. Galileo, 2002, 3-89842-195-3

[Gartner] Edward Younker, Ray Valdes, David Gootzit, Gene Phifer: Management Update: Six Ways That Portal Projects Can Fail or Succeed, erschienen in: Inside Gartner, 9. Oktober 2002

[Miller-Heiman] Robert B. Miller, Stephen E. Heiman: Strategisches Verkaufen, Mod. Industrie, La, 1993, 3-47821-755-5

[Patent 2001] Deutsches Patent- und Markenamt, Jahresbericht 2001

[Absatz 2002] Absatzwirtschaft Marken-Special 2002, S. 98

[Scheer] August Wilhelm Scheer »ARIS – Modellierungsmethoden, Metamodelle, Anwenungen«, Springer Verlag 2001 3-54041-601-3

[SoftwareMagazine] Software Magazine, USA, Ausgabe Februar/März 2001, Artikel: Collaborating on Project Success

[Springer1] Axel Springer Verlag (Hrsg.): Werte-Fokus Versicherungen, 2000

[Springer2] Axel Springer Verlag (Hrsg.): Weiße Ware im Werte-Fokus der Winning Generation, 1999

[Springer3] Axel Springer Verlag (Hrsg.): Autos der Mittelklasse im Werte-Fokus der Winning Generation, 2000

[Sprenger] Reinhard K. Sprenger: Mythos Motivation. Wege aus einer Sackgasse. Campus, 2002, ISBN 3-593-36894-3

[Standish2003] The Standish Group 2003: Chaos Chronicles III

[Timekontor] Timekontor AG: Wie zufrieden sind Sie mit Ihrem IT-Dienstleister?, 2001

Index

Die **fett** gedruckten Seitenzahlen weisen auf besonders wichtige Textteile hin.

Die *schräg* gesetzten Seitenzahlen verweisen auf Definitionen von Fachbegriffen. Die meisten Definitionen stehen im Buchtext und nicht im Glossar. Im Buchtext ist die Definition auf der jeweiligen Seite ebenfalls in Schrägschrift gesetzt oder als Teil einer Überschrift fett.

Druck: Krips bv, Meppel
Verarbeitung: Stürtz, Würzburg